데이터 사이언스 교과서

하시모토 히로시 · 마키노 코오지 공저 | 권기태 역

DATA SCIENCE

BM (주)도서출판 성안당

日本 옴사 · 성안당 공동 출간

Original Japanese Language edition

DATA SCIENCE KYOHON – Python DE MANABU TOKEI BUNSEKI · PATTERN NINSHIKI · SHINSO

GAKUSHU · SHINGO SHORI · JIKEIRETSU DATA BUNSEKI –

by Hiroshi Hashimoto, Koji Makino

Copyright ⓒ Hiroshi Hashimoto, Koji Makino 2018

Published by Ohmsha, Ltd.

Korean translation rights arrangement with Ohmsha, Ltd.

through Japan UNI Agency, Inc., Tokyo

Korean language edition published by Sung An Dang, Inc., Copyright ⓒ 2020

머리말

사람은 예전부터 알아맞히는 것을 좋아한다. 알아맞히는 것에는 다음과 같은 것이 있다.

- 성격 판단: 당신은 꼼꼼한 성격이군요. 상냥한 사람과 어울릴 겁니다.
- 예언: 금년 여름의 날씨는 온화해서 가을은 풍년이 되겠군요. 환율은 상승할 겁니다.
- 도박: 다음 판에는 주사위의 눈 6이 나올 겁니다. 플랜 A와 플랜 B 중에 전자가 분명히 잘 될 겁니다.
- 감정: 이 수박은 겉만 보아도 달다는 것을 알 수 있어요. 이 상품은 분명히 잘 팔릴 겁니다.

이처럼 알아맞히기 위해 과학적 방법(제1장 1.1절 참조)을 이용하여 도움을 받으려는 것이 데이터 과학이고 이러한 지식과 기술을 발휘할 수 있는 사람을 데이터 과학자라고 부른다. 제1장 1.1절에 기술한 것처럼 폭 넓은 분야에서 목표나 과제의 설정, 데이터 수집과 분석·평가, 그 결과를 정리하여 어떻게 의사결정으로 연결시킬 것인가, 이러한 것을 고려하는 것이 진정한 의미에서의 데이터 과학일 것이다. 다만 이러한 역할을 담당할 인재가 별로 없다는 현실이다. 독자들도 배워야 할 항목이 너무 많아 어려움을 겪고 있을 것으로 생각된다.

용어의 개념을 바르게 파악하는 것이 올바른 학습의 첫 걸음이다.

필자들은 올바른 학습법의 첫 걸음은 여기에 있다는 입장에 서있다. 그러나 동일한 용어라도 분야나 문맥에 따라 다른 개념을 가지고 있고 반대로 동일한 개념이지만 다른 용어를 사용하고 있는 경우도 있다. 데이터 과학은 폭넓은 분야를 다루므로 다양한 분야와 역사에 기반을 둔 문맥(표현)이 다양하게 존재한다. 따라서 이러한 개념이나 이미지를 바르게 그리고 빨리 파악하는 것이 학습에서 중요한 일일 것이다.

동일한 용어라도 다른 개념을 가진 예로서 본문에서는 다루지 않는 것 중의 하나가 '모델(model)'이라는 용어이다. 모델에 관해 주변에서 쉽게 접할 수 있는 것으로는 패션 모델, 프라모델 등이 있다. 패션 모델은 이상적인 의상 디자인을 추상화하여 얻어진 스타일을 구현하는 직업인을 가리킨다. 프라 모델은 실존하는 것이나 SF세계에서 존재하는 것을 가까이에서 다룰 수 있도록 크기를 축소하여 플라스틱 재료로 만든 것이다. 시스템 공학에서는 실존하는 것을 '시스템'이라고 부르고, 사람이 다루기 쉽도록 근사시킨 것을 '모델'이라고 부른다.

전자는 손에 잡혀 만질 수 있지만 후자는 만질 수 없기 때문에 같은 모델이라는 용어를 써도, 모델의 이미지를 다루는 방식은 다르다. 모델이란 대상의 어느 한 면에 초점을 맞추어 본질이나 엣센스만을 뽑아낸 개념적인 것이다. 따라서 사람이 모델을 구현하기 위해 이미지를 마음속에 그리는 단계에서 다른 해석이 생기는 것은 어쩔 수 없는 일이다. 다만 그렇다면 학습은 어렵다.

동일한 용어라도 다른 이미지를 가진 두 번째 예로서 시뮬레이션이 있다. 이것은 일단 모델을 만들면 이 모델을 어떠한 형태로 동작시키는 것이다. 시뮬레이션이라는 동일한 용어를 사용하지만 다른 이미지가 연상되는 대표적인 예로 축구 경기에서의 나쁜 행위를 가리키는 시뮬레이션이 있다. 또는 앞에 기술한 모델의 종류에 따라 시뮬레이션이 실체를 다루는 것(항공사의 조종사 양성용 비행 시뮬레이터)이 있고 가상적으로 취급되는 것(컴퓨터상으로만 완결하는 것)이 있어서 분야에 따라 다른 이미지를 가진다.

반면에 동일한 이미지라도 다른 용어를 사용하는 예가 있다. 우선 모델이라는 용어는 분야나 문맥에 따라 메커니즘, 인과성, 원인과 결과 등 용어가 달라진다. 또한 이 책에서 다루는 것에는 다음과 같은 것이 있다.

> 표본, 샘플, 관측값, 측정값, 데이터
> sample, observation, measurement, data

이것들은 물론 그 배경까지 들여다보면 뉘앙스가 다르다. 그러나 이것들을 모델에 반영시킨 것(구현한 것)과 x나 y라는 기호를 이용하여 x와 y만으로 이야기를 진행해도 지장이 없기 때문에 일종의 공통 개념(공통 이미지로 파악해도 관계없음)이라는 것을 알 수 있다.

이러한 용어의 차이와 공통 개념을 형성할 수 있는 메타 학습을 진행하면 문맥에서 판단하여 각 용어의 내용을 인지할 수 있다. 이러한 방식으로 이해를 쉽도록 하는 것이 교육학의 관점이다.

이를 위해 이 책에서는 제1장에 '용어의 차이'라는 항목을 만들었다. 이것 외에도 본문 중에 용어(영어로부터 번역된 한자나 용어도 포함하고 있다)의 배경에 어떠한 역사나 의미가 있는가를 친절하게 기술할 예정이다. 이것을 읽으면, 이 책의 문장을 읽어나가는 중에 매번 해당 용어를 만날 때 순간적으로 바른 이미지(다만 하나로 한정될 필요는 없다)가 떠오른다면 분명히 학습 효율이 향상될 것으로 생각된다. 또한 분야나 문맥에 따라 다른 용어의 후보가 여러 개 있는 경우에는 가능하면 본문 중에 '표본(데이터라고 하는)'이라는 식으로 괄호 안의 주석을 이용하기로 한다.

데이터 과학이 폭넓은 분야를 다룬다는 것은 해당 분야에 있는 다양한 문화에 접하게 된다는 의미이다. 이 책을 통해 독자 여러분이 다양한 문화에 익숙해지고 데이터 과학자가 되는 계기를 얻게 되는 것이 저자의 바램이다.

2018년 10월

집필자를 대표하여 하시모토 히로시(橋本洋志)

역자 머리말

지금은 데이터 과학의 시대입니다. 다량의 데이터 수집과 분석을 의미하는 데이터 과학은 4차 산업혁명의 핵심 기술을 구성하고 있으며, 시대적 흐름에 맞게 데이터 과학을 소개하는 많은 책들이 쏟아져 나오고 있습니다. 뚜렷하게 구별하기는 어렵지만 데이터 과학과 유사한 분야로서 머신러닝, 데이터마이닝 등을 들 수 있고 시중에 출간된 기존의 책들은 대부분 공통적으로 이들 분야의 대표적인 이론을 간략하게 소개하면서 오픈 데이터를 이용하는 결과를 보이는 데 그치고 있습니다. 서적들 간의 차별성이 뚜렷하지 않고, 실제로 데이터 과학을 필요로 하는 다양한 분야의 독자들의 요구를 만족하기 어려웠습니다.

데이터 과학은 기본적인 통계학 이론에 바탕을 두고, 데이터 과학을 구성하는 각 이론들의 원리에 기반을 두고 적용되어야 합니다. 이 책은 분석 도구로는 파이썬을 이용하여 데이터 과학에 필수적인 확률 및 통계, 회귀분석의 이론을 정리한 후 패턴 인식, 심층학습, 신호 처리, 시계열 데이터 분석, 디지털 필터, 스펙트럼 분석, 이미지 처리 등에서의 핵심적인 내용을 다루고 있습니다. 기존에 출간된 데이터 과학이나 머신러닝 관련 서적에서는 거의 다루지 않았던 신호 처리, 시계열 데이터 분석, 디지털 필터, 스펙트럼 분석을 다루고 있는 점이 가장 큰 특징입니다.

기존의 관련 서적에서 한계를 느꼈던 독자들을 위한 유용한 서적이 될 것으로 확신하면서 양서를 번역할 수 있는 기회를 주신 성안당 관련자 분들께 감사드립니다.

역자

목차

제2장 데이터 처리와 가시화 — 33

제3장 확률의 기초 — 53

제4장 통계의 기초   77

제5장 회귀분석   99

제6장 패턴 인식   137

제11장 이미지 처리　　　　　　　　　　　　　　　　　　　　　341

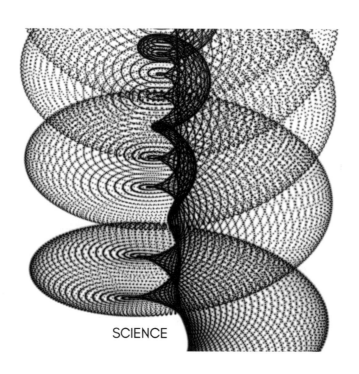

SCIENCE

이 장에서는 데이터 과학의 의미, 이 책에서 기본적으로 가정한 내용, 설치나 스크립트 실행 방법을 설명한다. 추가로 다양한 분야의 전문용어가 이 책에서 사용되는 방식, 데이터 과학에 필요한 초보적인 수학, 수치계산, 물리의 내용을 설명한다.

▌ 1.1 데이터 과학 개요

1.1.1 읽기 전에

이 책을 읽기 전에 다음 사항에 주의하기 바란다.

[주의 사항]

- 프로그램 실행 시에 인터넷을 경유하여 데이터를 취득하므로 인터넷 접속이 필수적이다.
- 파이썬(Python) 문법의 설명은 하지 않기 때문에 파이썬에 관한 내용은 다른 책을 참조한다.
- 스크립트 내용을 자세하게 설명하지 않고, 실행 결과를 중시하는 서술 방식을 취한다.
- 패키지 함수의 상세한 내용(의미, 사용 방법 등)은 독자 스스로 알아보도록 한다.
- 빨리 본론으로 들어가고 싶은 사람은, 최소한 제1장 '몇 가지 약속'과 '퀵 스타트'는 읽기 바란다.

1.1.2 데이터 과학이란

과학(Science)이란 어떤 영역을 대상으로 과학적 방법(문제의 발견, 가설의 설정, 측정 수단, 실험에 의한 관찰·데이터 등에 대한 객관적 분석, 고찰, 결론의 유도)에 의해 지식체계를 구축하는 연구 활동을 말한다.

이러한 과학의 의미에 따라 이 책은 데이터 과학(Data Science)을 다음과 같이 정의한다.

> **[데이터 과학]**
>
> 데이터 과학은 '데이터를 과학적으로 다루는' 학문 분야이다. 즉, 과학적 방법(여러 가지 데이터의 수집, 가시화, 분석과 해석, 마이닝, 평가, 고찰 등)에 의한 가설 발견·가설 검정을 통해서 데이터 산출 메커니즘(원인, 인과 관계, 모델 등을 포함)을 밝힘으로써 그 지식 체계를 구축하는 것이다.

이 책을 통해 데이터 과학의 비밀에 도달하는 것이 아니라 기초적인 교양을 습득하는 것을 목적으로 한다. 이를 위해 파이썬을 이용한 분석 기법에 관한 지식과 기술을 배운다. 이 때 확률통계학, 시스템공학, 컴퓨터과학 등의 관점에서 데이터에 대한 가설 발견, 가설 검정을 하고 객관적·정량적 평가를 할 수 있는 자질을 익힐 수 있도록 설명하는데 중점을 두었다.

1.1.3 데이터 과학의 영역과 역할

데이터 과학은 다음 일련의 활동을 담당한다. 센싱/조사 방식에 의해 데이터(계측/관측/통계 등의 분야)를 취득하고 분석 기법을 구사하여 의미 있는 특징/성질을 추출하고 얻어진 모델을 분석하고 가설을 발견/검증을 수행하고 이러한 결과를 의사결정/행동에 적용한다. 데이터 과학의 개요는 **[그림 1.1]**과 같다.

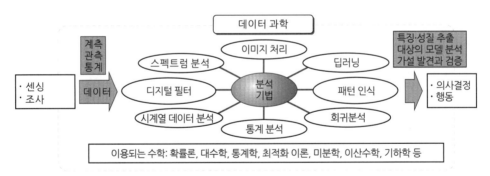

[그림 1.1] 데이터 과학의 개요

이 책은 **[그림 1.1]**의 가장 중심에 위치한 분석 기법의 설명을 주로 한다. 이 설명 중에는 다음을 포함한다.

- 분석 기법이 가지는 특징과 한계(세상에는 만능인 방법은 없기 때문에 한계를 아는 것이 중요하다)
- 결과의 해석 방식(이것을 모르면 잘못된 결론을 유도하게 된다)

이를 위해 분석 기법의 기초를 이루는 수학을 제시해야 하지만 수학의 엄밀한 전개나 증명은 다른 서적에게 양보하고 필요한 최소한의 기술에 머무르기로 한다.

여기에서 제시한 분석 기법을 포함한 비슷한 사고 방식에 기계학습이 있고 이것도 데이터 과학의 사고 방식에 근거를 두고 있다. 데이터 과학과 엄밀하게 구별할 수는 없지만 과학적 방법을 적용·실시하는 점에서 다소 차이가 있다고 할 수 있다.

1.1.4 데이터를 보는 안목을 기른다

다음에 기술한 예는 데이터 과학의 문제로서 유명한 것이고 데이터 과학이라는 학문 분야는 무엇을 배우고, 무엇을 생각하면 좋은가를 알게 해주는 데 도움이 되는 것이다. 여기에서는 문제 제기만을 하고 그 본질, 배경에 숨어 있는 문제, 메커니즘을 어떤 식으로 표현하는가는 각자가 생각하기 바란다.

- 태백시의 병원 수가 감소한 후 시민이 건강해졌다.
  - 이 문장을 읽으면 병원을 줄이는 쪽이 좋지 않을까? 라고 오해하는 사람이 있다.
  - 병원이 줄어들 때 어떠한 대처를 했는가라는 메커니즘을 무시하는 오해가 생긴다.
  - 검색 사이트에서 '태백', '병원', '건강'이라는 키워드로 조사하면 다양한 대처 방식을 알 수 있다.
- 와인 맛의 등급(grade)은 화학 분석을 한 수치로 분류할 수 있다.
  - 소믈리에가 필요 없어질까? (최근의 인공지능 붐은 결론적으로 이렇게 말하는 경향이 강하다)
  - 센싱 기술(센서 정밀도, 분석 비용 등)이 대응할 수 있을까?
  - 데이터 과학, 인공지능도 데이터를 정확·정밀하게 취득할 수 없다면, 바르게 응답할 수 없다.
- TV 시청률 15%, 정부 지지율 50%, 긴급 여론 조사 60%
  - 이 숫자를 어떻게 이해하는가? 오차를 어떻게 생각하는가?
  - 조사 대상의 층(연령, 생활층, 사고 방식이나 가치관 등으로 분류된다)이 특정 층에만 편중되어 추출되지 않았는가?
- 전력 수요나 강우량 예측
  - 예측할 수 있는 것의 장점을 누가 어떻게 누릴 수 있을까?
  - 이와 같은 것을 생각하면 몇 시간 전에 예측하는 것이 좋은가? (예: 야외 도시락 판매 업자가 1시간 전의 강우량 예보를 가치있게 생각할까?)
  - 예측하기 위해 어떤 종류의 데이터가 필요한가?

위와 같은 문제를 다루는 지침을 제공하는 서적은 많이 있다. 예를 들면 다음과 같다.

- 네이트 실버, 〈신호와 소음: 미래는 어떻게 당신 손에 잡히는가〉, 더 퀘스트, 2014
- 이언 에어즈, 〈슈퍼크런처 불확실한 미래를 데이터로 꿰뚫는 힘〉, 북하우스, 2009
- 이토코우 이치로 〈데이터 분석의 힘: 인과 관계로 접근하는 사고법〉, 광문사, 2017

1.2 파이썬과 패키지

1.2.1 파이썬의 도입

파이썬 개발의 역사, 이름의 유래, 특징 등은 다양한 웹 사이트에서 자세히 설명하고 있기 때문에 해당 사이트를 참조한다. 또한 파이썬의 설치는 1.4절 '퀵 스타트'를 참조하기 바란다.

이 책이 파이썬을 이용하는 이유는 단지 파이썬의 인기가 높기 때문이다. 예를 들면,

- IEEE(Institute of Electrical and Electronics Engineers, 공학 분야의 세계 최대 규모 학회) Spectrum 학술잡지에 따르면, 2017년 학술분야에서 사용된 언어 1위였다: https://spectrum.ieee.org/computing/software/the-2017-top-programming-languages
- 미국의 대학 컴퓨터과학과 과목의 교육용 언어로 인기가 높다: https://www.computersciencedegreehub.com/best/computer-science-online/, https://www.onlinecoursereview.org/computer-science/
- 민간 지표(Tiobe)에서도 인기가 높다: https://www.tiobe.com/tiobe-index/
- 파이썬으로 구현한 제품·상품이 풍부하다: https://en.wikipedia.org/wiki/List_of_Python_software

파이썬이라는 스크립트 언어의 설명은 다른 서적을 참조한다. 다만 다음 내용은 기술해두기로 한다.

- 라이선스 내용을 참조한다: PSFL(Python Software Foundation License): https://docs.python.org/3/license.html
- 풍부한 패키지가 있다. 과학 기술 계산으로서의 수치계산, 수식처리, 통계, 패턴 인식, 신호 처리, 시스템 제어, 기계학습 외에도 서버 개발에서의 서버 시스템 개발, 크롤링, 스크래핑이 있다.
- 실행 속도를 높일 수 있다. 물론, 스크립트 언어라는 이유로 실행 속도가 느리다고 알려져

있지만 numpy를 잘 사용하면 C/C++보다도 빠른 경우가 있다. 또한 GPU 전용의 컴파일이 가능하다. 예를 들면, CUDA(엔비디아(NVIDIA) 개발) 전용의 numba, CuPy 등의 라이브러리가 제공되고 있다.

파이썬에 관한 사이트는 다음과 같다.

- 파이썬 공식 홈페이지: https://www.python.org/
- 문서
  - 공식 문서: https://docs.python.org/3/
  - 한국어 번역: https://docs.python.org/ko/3/
- 레퍼런스: https://docs.python.org/3/reference
- 표준 라이브러리: https://docs.python.org/3/library
  - 표준 라이브러리(standard library), 내장 함수(built-in function) 사용 방법의 설명이 있다.
  - 예를 들면, 위의 사이트에서 2. Built-in Functions → open( )을 선택하면 다음과 같이 표시된다.
    ```
    open(file, mode='r', buffering=-1, encoding=None, errors=None,
    newline=None, closefd=True, opener=None)
    ```
  - 여기에 open( ) 문의 인수 파라미터 설명이 있다. 영어에 자신이 없는 사람은 위의 한국어 문서 사이트의 라이브러리 '라이브러리 레퍼런스'로 들어가면, 동일한 내장 함수 사용 방법의 한국어판을 볼 수가 있다.

여기에서 고민이 되는 것은 라이브러리, 패키지, 모듈, 함수라는 용어의 사용 방법이다. 다음 항에서 소개하는 패키지의 각 공식 홈페이지에서도 사용 방법이 통일되지 않은 것이 가끔 보인다. 따라서 이 책에서는 다음과 같이 계층적인 이미지(계층의 아래에서 위 방향으로 설명문이 나열되어 있다)로 사용하지만 독자가 가진 정의와 다른 사용 방법을 제시하는 경우도 있으므로 이에 구애 받지 말고 적용하기 바란다.

- 함수(function): def 문으로 정의된 각 함수를 말한다. 객체지향 언어에서는 메서드라고 부르는 경우도 있다.
- 모듈(module): 함수를 몇 개(하나라도 무방) 정리하여 하나의 파일에 기술한 것으로 예를 들면 import scipy.signal 선언에서는 scipy.signal이 모듈이 된다.
- 패키지(package): 모듈을 여러 개 정리한 것을 말한다. 파이썬 문서에서는 패키지를 im-

port한다고 표현한다. 이 경우 각 모듈에 기능을 분담하여 정리한 것을 패키지라고 부른다. 라이브러리와 동의어로 사용하는 경우도 있다. 또한 Chainer는 패키지를 대신하는 프레임워크라고 부른다.

- 라이브러리(library): 파이썬 문서에 라이브러리라는 용어가 나타난다. 그러나 scikit-learn 등에서는 라이브러리가 아니라 패키지라고 부른다. 이 책에서는 이것들을 동의어로 취급한다.

예를 들면, SciPy.org(https://www.scipy.org/)를 보면 SciPy를 라이브러리, scipy.signal을 모듈이라고 부르고, import scipy는 import 문의 인수 파라미터에 라이브러리를 지정하고 있는 셈이다. 이 책은 이러한 용어의 사용 방법이 너무 번거로우므로 구별하지 않도록 한다.

1.2.2 이 책에서 이용하는 패키지

이 책에서 이용하는 패키지(라이브러리/프레임워크)의 개요를 기술한다.

Numpy   http://www.numpy.org/
- 벡터 연산을 이용한 고속 연산이 특징이고 그 외의 패키지로부터도 참조된다.

Scipy   https://ww.scipy.org/
- 과학 기술 계산에 관한 다양한 도구를 제공하는 패키지이다. 예를 들면, 보간, 적분, 최적화, 이미지 처리, 통계, 특수 함수 등이 있다.
- 다음은 이 패키지의 사용 방법을 배우는데 유용하다: Scipy Lecture Nites   https://www.scipy-lectures.org/

pandas   https://pandas.pydata.org/
- 다변량 통계나 시계열 분석에 적합한 데이터 형식인 DataFrame이 유명하다. 이 데이터 형식에 의하면 기본 통계량의 계산으로부터 데이터베이스 처리(추출, 정렬), 그래프 그리기 등을 쉽게 할 수 있다.

statmodels   https://www.statmodels.org/
- 통계분석용 패키지이다. 각종 통계량을 풍부하게 제시하는 것이 특징이다.

scikit-learn   http://scikit-learn.org
- 기계학습용 패키지이다. 이 책은 패턴 인식에서 이 패키지를 이용한다.

Chainer   https://Chainer.org/
- 심층학습용 프레임워크이다. 일본인이 중심이 되어 개발을 진행하고 있다.

OpenCV   https://opencv.org/

– 이미지 처리·인식 라이브러리의 세계적 표준이다. C++/파이썬용의 라이브러리를 제
공한다.

그 외에 그래프 작성에 matplotlib 등을 이용하지만 그래프 관련 내용은 제2장을 참조하
기 바란다. 여기에서는 SciPy와 NumPy의 관계를 기술한다. SciPy는 NumPy가 이름을 등록
한 모든 함수를 import한다고 기술하고 있다. 이것은 SciPy의 Docstring(독스트링, document
string의 약어)에 기술되어 있고 다음 명령으로 볼 수 있다.

```
>import scipy
>print(scipy.__doc__)
```

이것을 기반으로 살펴보면 SciPy의 난수 초깃값은 numpy.random.seed()에서 공통적으로
설정된 것을 알 수 있다. 또한 scipy.polyfit과 numpy.polyfit는 모두 동일한 것임을 알 수 있다.
다만 모든 것이 공통적이거나 동일한 것은 아니다. 예를 들면, numpy.fft.fft와 scipy.fftpack.fft
는 다른 것이다(알고리즘은 동일하지만 표현이 다르다는 의미). SciPy와 NumPy에서 다른 함
수가 있는 경우는 계산속도 면에서는 SciPy를 사용하는 쪽이 더 나은 경우가 많다.

1.3 몇 가지 약속

이 책은 설명을 간략하게 하기 위해서 이 책에서 독자적으로 정한 몇 가지 약속을 기술한다.

1.3.1 노트북과 스크립트

이 책이 제공하는 파이썬 파일은 다음 두 가지이다.

- 주피터 노트북(Jupyter Notebook) (확장자 '.ipynb')
- 파이썬(Python) 스크립트 (확장자 '.py')

제2장 이후에서 전자를 '노트북', 후자를 '스크립트'라고 부른다. 또한 '노트북 안에 스크립트
를 기술한다'라는 식으로 언급한다(뒤에 기술). 양쪽의 파일을 총칭하여 '프로그램'이라고 한다.

1.3.2 모듈 이름의 생략어

파이썬 모듈에서 빈번히 사용하는 것은 생략된 이름을 이용한다. 예를 들면, 다음과 같
이 생략하는 것이 대표적이다.

[파일 1.1] Example.ipynb

```
import numpy as np
import pandas as pd
import scipy as sp
import matplotlib.pyplot as plt
```

[파일 1.1]은 앞으로 본문 중에는 제시하지 않고, 생략어(np, pd, sp, plt 등)를 설명 없이 이용한다. 또한 이 스크립트 표기 위쪽에 이 스크립트가 기록되어 있는 노트북의 파일명 'Example1.ipynb'(스크립트의 파일 명이 '.py'인 경우도 있다)과 같이 표시한다.

본문을 읽을 때 무엇이 생략어인가 분명하게 기억나지 않을 경우에는 이 노트북 'Example1.ipynb'(또는 스크립트 '.py')를 보기 바란다.

1.3.3 파일명의 생략

'앞의 파일명이 스크립트 표기 위에 나타난다'라는 표현은 앞으로도 계속된다. 스크립트의 설명은 짧기 때문에 일련의 스크립트가 동일한 파일에 있고 이것이 동일한 파일명이라는 것을 알 때에는 스크립트에 파일명을 생략하고 표시하지 않는 경우가 있다. 예를 들면,

```
url = 'https://sites.google.com/site/datasciencehiro/datasets/
    data_Laundry.csv'
df = pd.read_csv(url, index_col='date', comment='#'))
```

위와 같이 파일명이 기술되어 있지 않은 경우에는 직전에 나타낸 노트북(또는 스크립트)의 파일명을 보기 바란다.

1.3.4 패키지 함수 사용법의 조사 방법

첫 부분에서 기술한 것처럼 파이썬의 문법 설명은 하지 않기 때문에 문법은 각자 알아보기 바란다(매우 수준 높은 기술은 이용하지 않는다). 각 패키지에 포함되어 있는 함수의 사용법에 관해서 일일이 문서가 있는 곳의 URL을 표시하면 본문이 복잡해진다. 이 때문에 URL 대신, 예를 들면 'pandas.DataFrame을 참조'라고 표시한다. 이 의미는 독자 자신이 검색 사이트에서 검색 키워드 'pandas.DataFrame'을 이용하여 검색하기 바란다. 많은 경우 이 공식 문서를 간단히 찾아낼 수 있다. 또한 공식 문서를 읽는 방식에 익숙해지기 바란다.

여기에서 각 패키지의 문서는 함수의 인수(입력이라고도 하는)를 파라미터(parameter)라고 부르는 경우가 많다. 그러나 파라미터는 확률통계나 시계열 모델 등의 모수를 가리키는 의미로 이용된다. 이것들과 구별하기 위해 함수에 넘겨주는 값이나 변수를 **인수**라고 부른다.

1.4 퀵 스타트

빠르게 스크립트를 실행하기 위해 여기에서는 다음을 설명한다.

- 설치(심층학습용 Chainer만은 제7장을 참조하기 바란다)
- 주피터 노트북·스크립트의 개발과 실행

여기에서 독자는 컴퓨터를 인터넷에 연결한 상태에서 설명을 따라오기 바란다.

1.4.1 설치

이 책에서 설치하는 것은 다음 두 가지이다.

1. 아나콘다(Anaconda)(**[그림 1.2]**): 파이썬 자체와 파이썬이 포함하는 패키지(100개 이상)를 일괄적으로 배포(배포물)
   - 공식 홈페이지: https://www.anaconda.com/
   - 주의: 이 책에서는 파이썬 3 계열을 이용한다. 파이썬 2.7 계열은 이용하지 않는다.
2. 아나콘다만으로는 부족한 패키지

[그림 1.2] Anaconda 로고

아나콘다는 파이썬 외에도 통계·계산과학·그래프 등의 패키지, 콘다(Conda)라고 부르는 패키지 관리 시스템, 추가로 주피터 개발 환경 등을 비롯한 100개 이상의 패키지에 대한 일괄적인 배포물(distribution)이다. 이 때문에 한꺼번에 설치하는 것이 편리하다.

아나콘다의 설치 설명은 PDF로 기술되어 있고 이것을 다음의 저자 웹 사이트에 업로드했으므로 참조하기 바란다. 다만 이러한 설치 관련 설명은 Windows 10에 한정되어 있지만 macOS나 Linux에서도 설치할 수 있다(이것은 독자 자신이 조사하기 바란다).

https://sites.google.com/site/datasciencehiro/
→ 'INSTALL AND NOTE'

아나콘다만으로는 패키지(라이브러리)가 부족하므로 다음을 추가로 설치한다.

- mlxtend: 패턴 인식 등에서 결과 그래프를 간단하게 생성
- rpy2: R의 데이터 세트에 액세스하는 인터페이스
- pyauio: 음성 파일의 입출력, 처리
- mpl_finance: 캔들 차트 그리기
- OpenCV: 이미지 처리 라이브러리
- Chainer: 심층학습용 프레임워크(이 설치만은 제7장을 참조하기 바란다)

이러한 설치에는 conda 명령어나 pip 명령어를 이용한다. 이 설명은 앞의 저자 웹 사이트에 업로드한 별도의 PDF에 기술되어 있으므로 PDF를 참조하기 바란다.

아나콘다를 설치한 후에 아나콘다 네비게이터 애플리케이션을 실행하면 **[그림 1.3]**의 화면이 나타난다.

[그림 1.3] Anaconda Navigator의 실행 화면

이 Navigator에는 몇 개의 애플리케이션이 제공되는 것을 알 수 있다. 다만 이 책은 이 Navigator를 거치지 않고, 직접 애플리케이션을 이용하기로 한다. 또한 이 중에 주피터 노트

북[*1]을 다음 항에서 설명한다. 그 밖의 내용은 독자 스스로 알아보기 바란다.

1.4.2 주피터 노트북·스크립트의 구현과 실행 방법

파이썬 스크립트의 구현과 실행만이라면, 적당한 편집기를 이용하여 스크립트를 작성하여 커맨드를 입력할 수 있는 윈도우(Windows에서는 커맨드 프롬프트가 Powershell, macOS는 터미널, Linux는 터미널 윈도우)에서 스크립트를 실행하면 된다.

여기에서는 조금 더 편리한 주피터 개발 환경을 이용하는 방법을 제시한다. 아래에 설명하는 주피터는 아나콘다에 포함되어 있으므로 새로 설치할 필요는 없다.

비영리 단체인 **[그림 1.4]** Project Jupyter의 공식 홈페이지와 활동 내용은 다음에 제시된다.

- 공식 홈페이지: http://jupyter.org/
- Julia + 파이썬 + R을 대상으로 하고 있지만 다른 언어도 지원
- 브라우저(browser)용의 인터랙티브 인터페이스를 복수 제공

[그림 1.4] Project Jupyter의 로고

Project Jupyter가 제공하고 있는 것 중에 주피터 노트북이 있다. 이 특징과 유의 사항은 다음과 같다.

- 브라우저상에서 구현, 편집, 실행을 하고 단계적으로 구현하고 순차적으로 실행 확인하는 것이 적절한 개발 방식이다.
- 브라우저에서 구현, 편집, 실행을 끝낼 수 있기 때문에 다른 편집기나 통합개발환경(IDE)을 준비할 필요는 없다.
- 실행 결과의 그래프 외에, 메모(HTML 같은)나 수식(LATEX 같은)을 기술할 수 있으므로 마치 리포트를 작성하는 느낌으로 개발이 이루어진다. 따라서 하나의 파일에 스크립트 외의 코드도 포함된다. 이 파일 형식을 이 책은 노트북이라고 부른다.
- 파이썬 스크립트나 HTML 형식으로 변환할 수 있다.
- 파일 확장자는 '.ipynb'(I파이썬 노트북의 약어)이다.

[*1] 두 말할 필요도 없지만 jupiter(목성)와 철자가 다르다.

이 책에서는 다루지 않지만 다음을 소개한다.

- Jupyter Lab: 노트북과 유사하고 멀티 윈도우와 디버그가 가능한 특징이 있다. 다만 2018년 1월 현재 아직 개발 중이다. 실행 방법은 커맨드 라인에서 >jupyter lab
- Spyder: 파이썬 스크립트 '.py'를 구현, 실행, 디버그할 수 있는 통합환경이다. 공식 홈페이지: https://pypi.org/project/spyder/
- 비고: 이 책에서는 스크립트 '.py'는 콘솔에서 실행한다.

주피터 노트북을 이용한 구현 예는 **[그림 1.5]**와 같다. 이 예는 크롬 브라우저 상에서 동작한다. 이것을 보면 첫 번째 셀^{*2}의 첫 번째 행에 있는 '정규분포와 그 계산 방법'은 HTML처럼

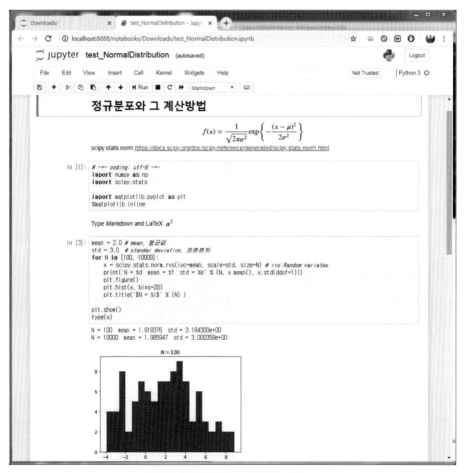

[그림 1.5] 주피터 노트북의 개발 예

---

*2 Cell이라는 사각형이 있고 이 셀의 종류로서 스크립트, 메모 등을 가리킬 수 있고 셀 내에 출력 결과가 나타나게 된다.

입력된 것이 대문자로 표시되고 아래에 있는 수식은 LATEX 형식의 문법으로 기술된 것이 변환되어 표시된다. 그 아래의 행에 스크립트를 기술하고 실행 결과인 수치나 그래프가 출력된다.

이 파일은 다른 형식으로 변환할 수 있다. File 메뉴에서 'Download as'를 선택하면 파이썬 스크립트('.py')나 HTML 파일('.html') 로 변환할 수 있다. 특히 후자는 그래프 그대로 HTML 파일로 저장할 수 있고 리포트 자체로 저장·전송할 수 있어서 편리하다.

주피터 노트북의 실행 방법 등을 포함한 사용 방법은 저자의 사이트에서 다음을 참조하기 바란다.

https://sites.google.com/site/datasciencehiro/

→ '파이썬 개발 환경'

파이썬 스크립트('.py')에 관해서 이 책에서는 거의가 노트북을 이용한 스크립트를 제공하지만 심층학습(딥러닝)과 이미지 처리만은 빠른 실행 속도 또는 실시간 처리를 요구하기 때문에 스크립트('.py')를 제공한다.

스크립트의 구현을 위한 적절한 에디터가 통합개발환경(앞에 소개한 Spyder 등)에서 수행되고 이 방법은 많은 해설이 있으므로 해설을 참조하기 바란다. Spyder를 이용한 구현·실행, 또한 커맨드 라인에서의 실행에 관해서는 위 사이트의 '파이썬 개발 환경'에 설명되어 있으므로 실행 방법을 확인하기 바란다.

1.4.3 프로그램과 데이터를 구하는 방법

프로그램(노트북 '.ipynb'과 스크립트 '.py')은 (주)성안당 홈페이지의 자료실에서 일괄적으로 다운로드(ZIP 파일)할 수 있으므로 이것을 압축을 풀어 생성된 폴더를 독자 자신의 PC에 저장하기 바란다.

https://www.cyber.co.kr

→ [자료실] → [자료실 바로가기]

사용하는 데이터를 구하는 방법은 다운로드하여 독자의 PC에 일단 저장하는 순서가 아니라 스크립트를 실행할 때 인터넷을 경유하여 직접적으로 클라우드로부터 데이터를 읽어 들이는 방법을 이용한다. 또한 각 데이터 유형은 다음에 저장되어 있다.

- 심층학습의 스크립트와 데이터는 위 폴더 중의 DeepLearning이라는 폴더 안에 있다.
- 이미지 처리를 위한 데이터는 위 폴더 중의 data라는 폴더 안에 있다.

1.5 파이썬을 이용한 한글 처리

파이썬을 이용한 한글 처리에 관해서는 다음 상황을 가정한다.

❶ 스크립트에 한글을 기술한다.
❷ 데이터 파일에 한글이 있다.
❸ matplotlib으로 한글을 표시한다.

이것들을 순서대로 설명한다.

1.5.1 스크립트에 한글을 기술한다

스크립트 중에 print('한글 표시')나 커맨드 라인에 한글로 작성하고 이것을 파일로 저장하고 싶은 경우를 고려한다. 문제는 이 파일이 어떤 인코딩을 이용하여 저장되는가이다. 파이썬이 준비하고 있는 인코딩(https://docs.python.org/2.4/lib/standard-encodings.html) 중에 자주 사용되는 인코딩은 다음과 같다.

• utf-8, cpc 949, euc_kr

파이썬은 저장한 파일을 읽어 들일 때에 명시된 인코딩에 따라 문자 코드를 해석한다. 인코딩이 명시된다는 것은 다음에 제시한 스크립트의 첫 번째 행이나 두 번째 행에 이용한 인코딩이 무엇인가를 기록하는 것이다.

```
# -*- coding: utf-8 -*-
```

또는 다른 표기로

```
# coding: utf-8 -*-
```

이 표기의 설명은 다음에 있다. https://www.pyhton.org/dev/peps/pep-0263/

이 표기에서 utf-8(unicode transformation format-8)은 인코딩 이름이고 이곳에 그 밖의 'cpc949', 'euc_kr' 등을 입력할 수 있다.

또한 파이썬은 디폴트로 utf-8를 지정하고 있다(https://www.python.org/dev/peps/pep-3120/). 혹시 파일의 인코딩과 지정된 인코딩이 다른 경우 파이썬이 파일을 읽어 들일 때에 오류가 생기게 된다. 저자는 윈도우 상의 에디터(메모장 등)를 이용하여 스크립트 파일이나 다음에 설명하는 데이터 파일의 인코딩을 자주 확인한다.

1.5.2 한글을 포함한 데이터 파일 읽기

이것도 앞과 마찬가지로 데이터 파일에 한글이 있는가의 여부가 문제가 아니라 데이터 파일의 인코딩이 무엇인가가 문제이다. 그러나 주의를 끌기 위해서 일부러 '한글을 포함한 데이터 파일'로 표기했다.

pandas의 read_csv( )나 numpy의 loadtxt( )로 파일을 읽어 들이는 경우를 고려하자. 이 파일의 인코딩이 utf-8이라면, 아무것도 지정하지 않고 읽는 것이 가능하다.

그러나 예를 들면, euc_kr의 경우에는 매개변수 인코딩을 다음과 같이 지정한다.

```
pd.read_csv('file.csv', encoding='euc-kr')
```

이것은 numpy.loadtxt( )도 동일하다. Microsoft 사의 Excel로 한글을 포함한 파일을 CSV 파일로 저장하면 cpc949로 저장되는 것에 주의하기 바란다.

1.5.3 matplotlib로 한글을 표시한다

이것은 분명히 한글의 문제이다. 우선 다음의 스크립트를 실행하여 독자가 사용하고 있는 PC의 폰트 리스트를 출력한다.

```
import matplotlib.font_manager as font_manager
font_list = font_manager.findSystemFonts(fontpaths=None,
fontext='ttf')
font_list[:200]
```

마지막 행의 font_list[:200]은 200행까지 출력하라는 의미로 이 숫자는 임의로 변경할 수 있다. 이 출력은 다음과 같이 된다(PC에 따라 출력 결과는 다르다).

```
['C:\\Windows\\Fonts\\iskpota.ttf'],
['C:\\Windows\\Fonts\\HMKBS.TTF'],
..................
['C:\\Windows\\Fonts\\NanumGothic.TTF'],
..................
```

이 출력 결과를 보면 한글 폰트를 찾는 것이다. 여기에서는 'NanumGothic'를 이용하는 것으로 한다.

이것을 이용한 matplotlib의 한글 출력 스크립트는 다음과 같다.

```
# -*- coding: utf-8 -*-
import numpy as np
import matplotlib.pyplot as plt
import matplotlib
matplotlib.rcParams['font.family'] = 'NanumGothic'
```

```
plt.hist(np.random.normal(50, 10, 1000))
plt.title('한글 표시')
plt.show()
```

이 plt.title( )의 한글 표시가 정확하게 수행되는 것을 각자가 확인하기 바란다.

1.6 용어의 차이

데이터 과학은 다른 문화를 가진 분야를 망라하기 때문에 용어의 사용 방법이 다르거나 동일한 용어에도 의미나 개념이 다른 경우가 있다. 이 때문에 여러 책을 읽으면 혼란스러운 경우가 가끔 있다. 이 책은 이러한 혼란을 다소나마 줄이고자 한다.

이를 위해 다소 의미의 차이가 있다고 하더라도, 이 용어를 사용한다는 식으로 설명한다. 사용하는 용어는 각항에서 찾아 제시한다. 물론 당연히 이 책에서의 사용법을 무조건 따라야 한다는 의미는 아니므로 독자 여러분이 적절하게 바꿔 읽기 바란다.

1.6.1 설명 변수/목적변수, 입력/출력

통계, 패턴 인식 분야에서는 설명 변수 x, 목적변수 y를 이용한다. 이것들은 다양한 분야에서 다르게 표현된다([표 1.1], 실제로 이 표의 내용은 모든 용어를 망라하지 않았다). 설명 변수/목적변수를 이용한 이유는 단순히 사용빈도가 높기 때문이다. 또한 파이썬 statsmodels의 문서에서는 외생변수, 내생변수의 머리글자를 취해 exog, endog라고 표현하고 있다.

[표 1.1] 설명 변수 x와 목적변수 y의 다른 표현

설명 변수(explanatory variable)	목적변수(objective variable)
예측변수(predictor variable)	결과변수(outcome variable)
독립변수(independent variable)	종속변수(dependent variable)
외생변수(exogenous variable)	내생변수(endogenous variable)

한편, 시스템 공학 분야(전기전자, 기계, 정보, 건축토목, 물리, 화학, 기상학, 우주과학, 바이오 공학 등의 이공학 분야)에서는 입력/출력이라는 표현을 사용한다. 여기에서 시스템(system)이란 단순한 기능이든 복잡한 기능이든 상관없이 어떠한 기능을 가지는 요소가 조합된 것으로 새로운 기능이 드러나게 되는 것을 말한다.

시스템 공학에서는 [그림 1.6]과 같이 블록 다이어그램(block diagram)을 이용하여 시스템의 입력과 출력을 나타내고, 조합된 요소가 내부 상태로 동작하는 것은 매우 복잡하기 때문에 내부 상태를 보지 않아도 되도록 그림을 사각형 블록으로 간주한다. 따라서 입력 $x(t)$와 출력 $y(t)$만을 본다(이것을 신호라고 부르는 경우도 있다).

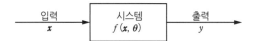

[그림 1.6] 시스템과 입력 출력, 시스템 공학에서는 입력을 u 라고 표기하는 경우가 많다.

입력과 출력의 관계를 엄밀하게 표현하는 것이 아니라 근사적으로 표현할 수 있는 **모델**(model, 메커니즘, 인과 관계라고도 한다)로 관계를 맺는 것을 가정한다. 이 때 이 관계를 수학적으로 표현할 때에는 함수(function)의 의미로 시스템을 $f(\boldsymbol{x}, \boldsymbol{\theta})$로 나타내고, 입력과 출력의 관계를 $y = f(\boldsymbol{x}, \boldsymbol{\theta})$로 나타낸다. 여기에서 θ는 파라미터(계수라고도 한다)이다.

예를 들면, 중회귀분석에서는 벡터 $\boldsymbol{x} = [1, x_1, \cdots, x_n]$, $\boldsymbol{\beta} = [\beta_0, \beta_1, \cdots, \beta_n]$으로 두고

$$y = f(\boldsymbol{x}, \boldsymbol{\beta}) = \boldsymbol{x}\boldsymbol{\beta}^\top = \beta_0 + \beta_1 x_1 + \cdots + \beta_n x_n$$

으로 표현한다. 여기에서 계수를 θ가 아닌 $\boldsymbol{\beta}$로 표현하는 경우가 많고, 경제학 분야에서는 벡터 계수라는 전문 용어가 있다. 또한 $\boldsymbol{\beta}$에 편회귀계수라는 이름이 주어진다. 추가적으로 $\boldsymbol{\beta}$가 변수 x의 뒤에 위치하는 것도 매우 흥미롭다.

한편, 시스템 공학 분야에서 기호는 다양하게 이용된다. 만일 $\boldsymbol{\theta} = [a_0, a_1, \cdots, a_n]$이라고 두면

$$y = f(\boldsymbol{x}, \boldsymbol{\beta}) = \boldsymbol{\theta}\boldsymbol{x}^\top$$

라는 식으로 변수 x가 뒤에 온다. 이것은 수학의 전통이 전해진 것으로 생각된다.

시스템이 동적 시스템이라면, x를 1차원으로 하고 또한 $\boldsymbol{\theta} = [a, b, c]$로 두는

$$a\frac{d^2}{dt^2}y = b\sin(y) + cx$$

와 같은 표현이 있다. 이 표현은 시간 미분을 수행하기 위해 출력 y는 시간 인자 't'를 포함하게 되고 이것을 명시적으로 표현하기 위해 $y(t)$라고 표현하는 경우가 있다. 시간 인자 't'를 포함하여 시스템 출력이나 상태가 함께 변동하는 시스템을 **역학**(dynamics)이라고 한다. 또한 이것을 **동적 시스템**(dynamical system)이라고도 한다.

위의 표현 각각을 대응시키면, 시스템 이론에서는 다음과 같이 볼 수 있다.

설명 변수 = 입력,   목적변수 = 출력

이것을 보면 통계·패턴 인식과 시스템 공학도 동일한 관점으로 보는 것이 가능할 것이다.

1.6.2 표본과 데이터

표본(sample)의 의미로 **샘플**이라는 용어도 보급되어 있다. **표본화**(sampling)와 **샘플링**도 동일하다. 동일한 개념이지만 이 책에서는 보기 쉽고 문맥을 이해하기 쉬운 것을 우선적으로 섞어 쓰기로 한다.

또한 **표본수**(샘플수, the number of sample)의 동의어가 되는 **데이터수**(the number of data), 더 나아가 **데이터 세트의 수**라는 표현도 있다. 추가적으로 **관측값/측정값, 관측수/측정수**라는 표현도 있다. 이러한 용어를 사용하는 것이 더 적절한 설명일 수 있으므로 다양한 용어로 인해 너무 신경이 날카로워지지 않고 읽기를 바란다.

1.6.3 예측과 추정

'예측한다'에 해당하는 영어로 predict와 forecast가 있다. predict는 라틴어 praedicere(prae-'beforehand' + dicere 'say')를 기원으로 한다. 현재의 의미를 영영사전에서 찾아보면 to say that an event or action will happen in the future, especially as a result of knowledge or experience.라고 한다. 문제는 본문 중의 'in the future'의 해석이 분야에 따라 다르다는 점이다.

크게 나누면, 동적이지 않은 대상을 다루는 분야(통계, 패턴 인식, 기계 재료 계열 등의 분야)는 미지의 것을 이제부터(future) 찾아내어 알아맞히는(predict에는 foretell의 의미도 있다) 경우에 predict를 사용하는 경우가 많은 듯하다. 예를 들면, 중회귀분석 분야에서는 x를 기반으로 y를 구하는 것을 predict라고 한다.

한편, 동적인 대상을 다루는 시스템 공학에서는 대상이 되는 시스템 자체에 시간 인자 't'를 포함하기 위해 시간축을 강하게 의식하여 현재 시각을 기준으로 과거와 미래를 구별하여 생각한다. 이것은 적분을 다룰 때에 구간을 의식해야 하기 때문이다. 또한 현재와 과거는 관측값을 얻을 수 있지만 미래의 관측값은 당연히 얻을 수 없다. 이 차이로 시스템 상태의 분석·해석이 다른 지점에서 미래(future)의 상태(state)를 아는 것을 예측(prediction), 현재와 과거의 관측할 수 없는 상태를 아는 것을 추정(estimation)이라고 구별하고 있다(**[그림 1.7]**).

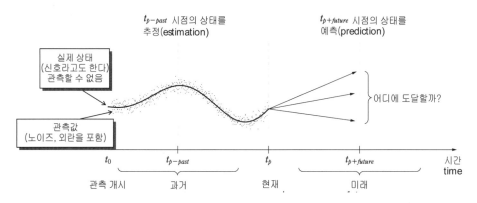

[그림 1.7] **현재, 과거, 미래에서의 상태의 관측에 기반을 둔 추정과 예측**

시스템 공학에서는 실제 상태(state, 신호(signal)라고도 한다)는 관측 잡음이나 외란의 영향이 있기 때문에 직접적으로는 관측할 수 없다고 가정하는 경우가 많다.[3] 즉, 실제 상태 ≠ 관측값이다. 이 때문에 과거로부터 현재까지의 관측값을 얻는다고 해도, 시스템의 진정한 상태를 알 수 없기 때문에 이것을 알고 싶다는(추정) 요구가 자주 있다.

또한 시간 불변(time-invariant)의 파라미터를 구하는 것은 시간축에 관계없기 때문에 '추정(estimation)'이라고 한다.

통계 분야에서도 '추정(estimation)'이라는 용어를 사용한다. 예를 들면, 점추정, 구간추정이 있다. 이것은 관습인 것 같고, Bret Larget: Estimation and Prediction, Dept. of Botany and Statistics Univ. of Wisconsin, 2007[4] 에 의하면

- 평균값 등 모집단의 파라미터를 구하는 것은 estimation
- X를 기초로 Y를 구하는 것을 prediction

이라고 하는 경우도 있다.

마지막으로 forecast는 시간에 관한 미래의 상태를 아는 것을 말하고 있고 이것은 통계·패턴 인식 분야에서도 동일한 의미로 사용되고 있다. 이 forecast와 prediction의 차이는 Wikipedia(http://en.wikipedia.org/wiki/Prediction)에서도 '통계 분야에서는'이라는 단서를 달아 언급하고 있다.

이상과 같은 차이는 영어를 번역할 때 생긴 것은 아닐까라고 추측한다. 이 책은 예측, 추정의 용어는 각 분야에서 이용되는 방식을 따르는 것으로 한다.

1.6.4 클래스 분류

패키지 scikit-learn은 용어 classification을 이용한다. 이 책은 이 용어를 **클래스 분류**라고 번역한다.

본래 이 용어의 번역은 '분류'만으로도 좋지만 단순히 분류라고 하면 grouping, categorization 등과 혼동이 되는 경우가 있다. 이 때문에 분류만이 아닌 무엇을 어떻게 분류하는가가 문맥만으로는 불분명한 경우가 있다. 이 때문에 쓸데없이 중복되는 감이 있기는 하지만 '클래스를 분류한다'를 명시하기 위해 클래스 분류라는 용어를 이용한다.

이 용어와 동일하게 이용되는 것으로 '판별(또는 식별)(discrimination)'이라는 용어가 있다. 판별의 원래 의미로는 차이를 인식 또는 지각한다 등이 있다. 따라서 분류한 것을 판별(식별)

---

[3] 관측 잡음이 없는 데이터는 드물다. 저자가 기억하는 것은 주가나 외환 등의 금융 데이터나 인구통계 등의 사회조사 데이터 정도일까? 이것들은 정수를 다룬다는 특징이 있다.

[4] http://www.stat.wisc.edu/courses/st572-larget/Spring2007/handouts03-1.pdf

한다고 말할 수 있다. 이 분류와 판별(식별)의 목적을 생각하면 클래스 분류와 판별 분석은 거의 동의어라고 생각해도 좋다. 판별(식별)에는 조금 더 깊은 의미가 들어 있는 경우도 있지만 이 책에서 다루는 클래스 분류는 깊은 의미에서의 판별(식별)까지는 아니다.

다만 다음과 같은 용례가 있다. 군중 속에서 있는지 없는지 알 수 없는 범인의 얼굴을 (식별, 판별, 분류, 감정)한다. 이 괄호 속에서 적당한 단어를 하나 선택하라는 물음에 어떻게 답하면 좋을까? 이 예에서는 일단 분류는 사용하지 않을 것이다.

1.6.5 트레이닝 데이터, 테스트 데이터

영어인 training data, test data를 발음 그대로 표기한 것을 이용한다. 패턴 인식이나 기계학습 분야에서는 트레이닝 데이터를 학습, 훈련, 교사 데이터 등으로 부르고 있다. 또한 테스트 데이터를 평가, 인증(validate), 검증 데이터 등으로 부르고 있다. 모두 나름대로의 의미가 있지만 이 책에서는 뜻을 명료하게 하기 위해 영어 발음 그대로 표기한 용어를 이용하기로 한다.

또한 영어 training의 의미에는 훈련, 양성, 연습, 단련, 조련, 훈련과정이 있다. 뉘앙스로는 어떤 기술을 발휘하기 위해 훈련·조련한다는 의미이다. 원래 train(열차)의 원뜻이 '끌다(pull, draw)'이고 이제부터 바라는 형태로 성장시킨다는 의미로 연결된다. 이제부터 생각하면 training을 학습이라고 바꿔 부르기는 좀 내키지 않는다.

1.6.6 오버피팅

Overfitting이 등장하는 이유는 수치계산 분야에서 Runge 현상(Runge's phenomenon)이 발생되기 때문이다. 이것은 어느 측정점을 다항식 함수로 보간(interpolation, fitting)할 때 차수가 너무 높으면, 측정점 사이에서 크게 진동하는 현상을 말한다. 이 원인으로서는 보간하는 알고리즘이 차수에 해당하는 고차의 미분계수를 이용하기 때문에 이 계수가 너무 커서 진동을 야기하는 것이 알려져 있다. 비유를 하여 설명하자면, $10x^4$의 계수는 10, 이 3차 미분의 계수는 $10 \times 4 \times 3 \times 2 = 240$으로 24배가 된다.

Runge 현상의 해설은 Wikipedia (https://en.wikipedia.org/wiki/Runge%27s_phenomenon)에 상세히 기술되어 있다. 또한 Overfitting의 해설도 Wikipedia (https://en.wikipedia.org/wiki/Overfitting)에 상세히 기술되어 있고 Overfitting이라는 용어도 자주 사용하고 있다.

한국어로는 Overfitting을 과적합(또는 과잉학습)이라고 번역하는 경우도 있지만 의미를 명료하게 하기 위해 이 책에서는 영어 발음 그대로 오버피팅을 이용한다.

주의할 것은 오버피팅 현상은 패턴 인식, 기계학습 등에서 동적이지 않은 경우를 대상으로 할 때에 생기는 경우가 있다. 한편, 시계열 데이터에 대한 ARMA 모델에서는 차수가 높아도 생기지 않는다. 왜냐하면 매개변수 추정 알고리즘에 고차의 미분계수를 사용하는 것은 거의 없기 때문이다.

1.6.7 분석

분석과 해석은 모두 영어로 analysis이지만 한국어로 분석과 해석은 다른 의미이다. 여러 자료를 찾아보면 다음과 같다.

분석

- 복잡한 일을 하나하나의 요소나 성분으로 나누어 그 구성 등을 명확하게 하는 것.
- 분석화학, 리스크 분석, 포트폴리오 분석, 재무 분석, 정성분석과 같이 데이터에 기반한 행위를 가리키는 경우가 많다.
- 이러한 용례에서 나타나듯이 분석은 어떻게 말하든, 대상을 수학 모델보다는 도표나 그래프, 언어 등으로 표현하고 그것들을 서로 간의 관계를 명확하게 해서 대상의 특성이나 특징을 알아볼 때에 이용하는 경우가 많다.

해석

- 사물의 구성요소를 상세히 이론적으로 조사하는 것에 의해, 그 본질을 명확하게 하는 것.
- 해석학/푸리에 해석(수학), 노드 해석(전기공학), 암호해석(정보학), 유체해석(기계공학), 형태소 해석(언어학)과 같이 수식, 또는 정리에 기반을 둔 행위를 가리키는 경우가 많다.
- 이러한 용례에서 나타나듯이 해석은 수학적으로 다루는 경우가 많고, '해석적으로 푼다' '해석해' '해석학' 등으로 표현한다. 대상을 수학 모델(수식, 함수)로 나타내는 경우가 많고, 해석 결과는 정량적(수량적)인 것이 되는 경우가 많다.

이 구분은 엄밀한 것은 아니고, 분석과 해석을 서로 바꾸어 사용하는 경우도 있다. 이 책에서는 데이터에 의존하고 있는 경우에는 '분석'을 이용하기로 한다.

1.6.8 변수

변수와 유사한 용어로 변량이 있다. 변수에 관한 다음의 해설이 있다. "통계 집단을 이루는 개체가 '담당하고 있는 수량'을 추상화하여 **변량**(variate)라고 부르는 경우가 많다. 수학의 **변수**(variable)의 개념에 해당하지만 개체에 따라서 변화하고 물리적, 경제적인 의미를 가진 양이라는 의식이 강하다. 데이터는 변량이 취하는 **값**(value)이다. 그러나 변량과 데이터는 변수와 변숫값과 같이 혼동되기 십상이고 번거롭게 구별하지 않는 편이 편리하다. 변량과 변수도 혼동되기 쉬워서 이 사전 내에서도 구별하지 않는 경우가 많다." (타케우치 케이 편집위원 대표: 통계학사전, 동양경제신문사, 1.2.1 데이터와 변량에서 발췌)

이 책에서도 번거로운 구별은 하지 않기로 한다.

또한 통계 분야에서는 '다변량해석'이라는 용어가 있지만 '다변수해석'은 없다. 이것은 수학에 '다변수해석 함수론'이라는 용어가 있어서 이것과 혼동하지 않도록 하기 위한 것일까?

1.6.9 상관과 공분산

상관에는 자기상관(auto-dorrelation)과 상호상관(cross-correlation)이 있다. 이것들은 통계학과 신호 처리에서 약간의 차이가 있다. 즉, 통계학에서는 값을 −1 ~ +1로 정규화시키지만 신호 처리에서는 정규화시키지 않는다. 따라서 동일한 상관이라도, 공식은 약간 다르다. 또한 통계학의 자기공분산(auto-covariance), 상호공분산(cross-covariance)은 신호 처리에서는 각각 상호상관, 자기상관이라고 말하는 경우가 있다. 이것은 다음을 참조하기 바란다.

- Wikipedia: https://en.wikipedia.org/wiki/Cross-correlation

이 용어들의 엄밀한 구별을 여기에서 간략하게 설명하는 것은 저자의 능력으로는 무리이기 때문에 해당 분야를 설명하는 곳에서 식을 여러분이 직접 참조하기 바랄 수밖에 없다.

1.7 수학, 수치계산, 물리의 시작

수학, 수치계산, 물리 분야에서 데이터 과학에 관련된 몇 가지 기본적인 항목을 설명한다.

1.7.1 수학의 시작

이 책에서 이용하는 수학 표현의 설명을 한다.

벡터와 행렬의 표기

알파벳 표기에서 굵은 이탤릭체를 이용하기 때문에 소문자는 벡터(vector), 대문자는 행렬(matrix)을 나타낸다. **예** 벡터 x, 행렬 W

수학 책을 보면 벡터 정의는 크기(magnitude)와 방향(direction)을 가지고 있는 것으로 되어 있고 우리들은 화살표(→) 그림으로 그린 개념으로 파악하고 있다. 그 수치적 표현은 예를 들면 다음과 같이 1차원 배열로 나타낸다.

$$x = [1, 0.5, 3]$$

이것은 요소 수에 따라 3차원 벡터라든가 $x \in R^3$이라고 표현된다(R은 실수 공간이다). 패턴 인식 분야에서는 특징 벡터라는 용어가 있다. 특징 벡터를 위의 x로 하는 경우 첫 번째는 색, 두 번째는 크기, 세 번째는 질량이라는 식으로 특징을 할당하고 각각의 수치를 입력한 것을 생각한다. 이렇게 하면 특징 패턴은 정의된 특징 공간 안에서 나타낼 수 있으므로 충분히 벡터라고 부를 수 있다.

다항식과 총합의 표현

$$y = a_n x^n + a_{n-1} x^{n-1} + \cdots + a_1 x + a_0 = \sum_{i=0}^{n} a_i x^i$$

여기에서 다항식(polynomial)이란 $+$, $-$로 둘 이상의 항을 연결한 식을 말한다. 확실히 항이 많은 식이다. 또한 $\sum$의 의미는 총합(summation)이고 이것은 그리스 문자이므로 시그마(sigma)라고 부르는 사람도 있다.

앞의 벡터를 이용하면 $\boldsymbol{x} = [x^n, x^{n-1}, \cdots, 1]$, $\boldsymbol{a} = [a_n, a_{n-1}, \cdots, a_0]$일 때

$$y = \boldsymbol{a}\boldsymbol{x}^\top$$

라는 표현도 있다. 여기에서 오른쪽 위의 $\top$는 전치(transpose)를 나타낸다.

오차

오차(error)의 수치적 평가에는 크게 다음의 두 가지가 있다.

$$절대오차(absolute\ error) = |측정값 - 참값|$$

$$상대오차(relative\ error) = \left| \frac{측정값 - 참값}{참값} \right|$$

그런데, 참값은 기준값을 대신한다. 예를 들면, 측정값에 10cm의 절대오차가 생긴다고 하더라도, 기준값(또는 참값)이 100m인가 1m인가로 이 오차평가가 크게 달라지므로 상대오차가 몇 %인가로 표현하는 편이 좋은 경우가 많다.

유효숫자

유효숫자(significant figure, significant digit)는 예를 들면 4자리 유효숫자가 있다고 하는 경우 다섯 번째에는 불확실성(또는 오차)이 있기 때문에 확실한(이라고 믿어지는) 상위 4자리를 이용한 수치를 말한다.

유리수

유리수(rational number)는 정수 M, N을 이용하여 분수 M/N으로 표현한 것으로 예를 들

면 $0.125 = 1/8$이나 $7/3 = 2.\dot{3}$은 유리수이다.[*5] 이것에 대응하는 용어로 무리수(irrational number)가 있고 유리수와 같이 분수로 표현하는 것이 **무리**인 수를 말한다. 예를 들면, $\sqrt{2}$, π, e(자연대수의 밑) 등이 있다. 또한 이 의미로부터 파생되어 분모 분자를 다항식으로 나타내는 식을 유리다항식이라고 부른다.

놈과 거리

놈(norm)과 거리(distance, metric)[*6]는 매우 유사하기 때문에 이 차이에 유의하기 바란다.

놈은 여기에서는 벡터의 길이(크기라고 생각해도 좋다)를 말한다. 길이이므로 음의 값은 없다(체중에 음수가 없는 것처럼). 지금 벡터 $\boldsymbol{x}$, $\boldsymbol{y}$와 실수 a를 생각할 때 놈의 성질은 다음 조건을 충분히 만족한다.

$$||\boldsymbol{x}|| = 0 \iff \boldsymbol{x} = 0$$
$$||a\boldsymbol{x}|| = |a|\,||\boldsymbol{x}||$$
$$||\boldsymbol{x}|| + ||\boldsymbol{y}|| \geq ||\boldsymbol{x} + \boldsymbol{y}||$$

세 번째 부등식은 삼각형 세 변의 부등식 관계를 연상하면 된다.

대표적인 놈으로 L^p놈이 있고 다음 식으로 나타낸다.

$$\sqrt[p]{|x_1|^p + |x_2|^p + \cdots |x_n|^p}$$

이 중에서 $p = 2$, $p = 1$의 경우는

$$L^2 \text{ 놈}: \sqrt{x_1{}^2 + x_2{}^2 + \cdots + x_n{}^2}$$
$$L^1 \text{ 놈}: |x_1| + |x_2| + \cdots |x_n|$$

L^2 놈은 자주 본 것으로 유클리드 놈이라고 부른다. L^1 놈은 맨해튼 거리 등으로 사용되고 있다.

거리는 두 점 사이의 차이를 말한다. 놈이 신장을 나타낼 때 발뒤꿈치의 좌표로부터 머리 꼭대기까지의 좌표가 거리가 된다. 즉, 거리는 좌표를 의식한다. 여기에서 거리는 항상 두 점 사이를 연결하는 직선으로 한정되지 않고, 맨해튼 거리와 같이 굽은 측정 방법도 있는 것에 유의하기 바란다.

패턴 인식 등에서는 맨해튼 거리(L^1 거리, Manhattan distance, taxicab geometry라고도 부

[*5] rational이 합리적이라는 의미이므로 분수로 표현할 수 있는 것이 합리적이라는 의미에서 유리라고 번역되었다고 추측된다. 이 의미라면, '가분수'라는 표현하는 쪽이 잘 이해되는 것이 저자만의 생각일까?

[*6] 거리라는 값을 측정하는 것이라면 distance를 사용하고 거리를 측정하는 함수가 갖추어진 공간을 다루는 경우에는 metric(계량)을 자주 사용하지만 매우 엄밀하게 구별하지 않아도 된다.

른다), 유클리드 거리(Euclidean distance), 마할라노비스 거리(Mahalanobis' distance) 등이 이용된다. 맨해튼 거리는 도시의 도로가 바둑판 모양일 때 그 도로를 따라서(상하좌우만, 대각선 방향은 아니고) 거리를 측정하는 것으로 이 도시의 도로로부터 유래하여 맨해튼이라는 이름이 지어졌다. 이러한 거리의 정의는 Wikipedia 등에 상세히 기술되어 있다.

1.7.2 수치계산의 문제

수치계산 그 자체를 다루는 것이 아니라 수치계산의 기본적인 한계와 문제를 몇 가지 지적한다. 컴퓨터를 이용하는 계산에서는 숫자가 유한 자리인 것, 내부 표현이 2진수인 것, 이산 데이터를 다루는 것 등에 기인한 몇 가지 문제가 있다.

이것들에 기인한 여러 가지 오차나 문제가 생기기 때문에 데이터를 다룰 때에는 이러한 문제를 사전에 염두에 두어야 하는 문제를 다음에 열거한다.

0.1의 변환 오차

10진수 0.1을 2진수로 변환하면 다음과 같다.

$$(10진수의)\ 0.1 \Rightarrow (2진수의)\ 0.0\dot{0}01\dot{1}$$

이것은 소수 두 번째 자리부터 다섯 번째 자리가 순환소수가 되어 무한히 계속된다는 것을 의미한다. 컴퓨터의 기억 영역이 유한하기 때문에 어딘가에서 잘라야만 한다. 이것은 10진수 데이터 0.1을 컴퓨터에 입력한 순간에 오차가 생긴다는 것을 의미한다.

반올림, 정보손실, 자릿수 손실 오차

반올림은 사사오입, 절사, 절상 등 어느 자릿수에 대해서 수행되는 것을 그 상위 자릿수로 유효 자릿수를 맞추는 것을 말한다. 당연히 반올림에 수반되는 오차가 생긴다. 또한 반올림은 양의 편향이 생기기 때문에 컴퓨터 내부 계산에서는 그다지 이용되지 않는다.

정보 손실에 관해서는 예를 들면 기억 영역이 4자릿수까지의 변수로 1,000이 이미 저장되어 있을 때 0.1을 더하더라도 이것을 무시하는 것이다. 이 사실로부터, 예를 들어 100만건의 데이터를 더할 때 1건의 값이 0.1일 때 100만건을 더하더라도 결과가 10만에 모자라게 되는 것이 생기므로 방대한 데이터를 더하는 경우에는 특별한 연구가 필요하다.

자릿수 손실은 거의 동일한 값을 뺀 결과 유효숫자가 감소하는 경우를 말한다.

머신 입실론(machine epsilon)

컴퓨터가 다루는 실수는 부동소수점수(floating point number)이다. 부동소수점수는 IEEE

754 규격을 따르는 경우가 많아 이 규격에서는 수의 분해능(구별, resolution, discrimination)(이웃한 각 수의 거리)이 수의 절댓값에 따라 일정하지 않고, 절댓값이 커지는 만큼 분해능이 저하되고 반대도 마찬가지인 성질을 가진다.

머신 입실론은 두 가지 정의가 있다. 첫 번째는 '1보다 큰 최소의 수'와 1과의 차이이다. 조금 이해하기 어렵지만 IEEE 754 배 정밀도의 경우 52비트 가수부의 최소 비트 정도만이 머신 입실론이 된다. 즉,

$$epsilon = 2^{-52} \simeq 2.2204 \times 10^{-16}$$

두 번째 정의는 $(1 + epsilon) > 1$이 참(true)이 되는 최소의 부동소수점수 $epsilon$을 말한다. 이 경우 부동소수점수가 2진수로 표현됨으로써 $epsilon$의 다음 작은 수는 $epsilon/2$이 되고 $(1 + epsilon/2) > 1$은 거짓(false)이 된다. 이것을 확인하는 노트북을 다음에 제시한다.

[파일 1.2] INT_Epsilon_Newton.ipynb

```
a = 1.0
while (1.0+a) != 1.0:
        epsilon = a
        a = a/2.0
        print(epsilon)

print('epsilon=', epsilon)
```

이 결과는 `epsilon=2.220446049250313e-16`이 되고 첫 번째 정의와도 일치하므로 파이썬은 IEEE 754 규격의 배정밀도 실수를 취급한다는 것을 알 수 있다. 또한 이 경우에 첫 번째와 두 번째 정의는 일치한다.

머신 입실론이 말하는 것은 유효자릿수의 수(IEEE 754에서는 가수부(mantissa)에 해당한다)가 점점 작아질 때 어느 정도보다 작은 수는 취급할 수 없다는 것을 의미한다. 반대의 경우도 마찬가지이다.

이 분해능과 앞의 0.1의 변환문제, 정보손실, 자릿수 손실의 문제 등을 포함하여 생각하면 **실수를 다루면 어떠한 오차가 섞여 들어간다**라고 말하는 것을 알 수 있다. 그렇다면 숫자는 모두 정수로 다루면 좋은가? 그렇게는 반드시 안 되는 이유를 다음 방정식의 연산오차에서 설명한다.

방정식의 연산오차

다음 방정식을 x에 관해서 수치계산으로 해를 구하는 것을 고려하자.

$$3x = 7$$

초보적인 사고방식은 예를 들면 $(1/3) \simeq 0.333$인 반올림한 숫자로 양변에 나눗셈을 하는

것이다. 이것은 처음의 (1/3)의 계산과 두 번째 나눗셈을 하는 두 곳에서 오차가 섞이므로 바람직하지 않다.

연립방정식에서 가우스 소거법은 이것을 피해 양변을 x의 계수로 나눗셈을 한다. 이렇게 되면 수치계산 상의 오차가 들어갈 기회는 한 번으로 끝난다.

이 예는 알고리즘을 주의 깊게 설계하지 않으면, 수치계산 그 자체에 오차가 섞이는 문제가 생긴다는 것을 지적하고 있다.

수렴 판정

이 책에서는 우도 함수나 분산의 최소화에 기반을 둔 데이터 분석의 주제를 다룬다. 이러한 계산 외에도 대규모 행렬 계산을 하면 한 번에 해결할 수 없으므로 반복 계산을 하여 구하게 된다. 이 때 수치계산 상의 여러 가지 요건(무한정 계산할 수 없으므로)에 의해, 반복계산을 통해 '어느 정도'까지 해에 가까워졌다고 판정되면, 비록 실제의 해에 도달하지 않아도, 그것을 해로 간주하고 계산을 중지하는 알고리즘이 대부분이다.

예를 들면, 반복계산에서 고전적으로 유명한 뉴턴법에서 $f(x) = x^2 - 9$의 해를 구하는 것을 생각하자. 이것을 앞의 노트북 'INT_Epsilon_Newton.ipynb'에 제시한다. 이 알고리즘에서는 초깃값 x0 = 1.0으로부터 계산을 시작하여 수렴 판정을 위한 eps(입실론) = 0.01이라고 두면, 수치해(근사해) = 3.000091554138을 구한다. 이것은 반복 계산에서 지난 번의 계산과 이번 계산에서 구한 수치해의 차이가 eps 이내로 수렴하면 계산을 중지함으로써 얻은 결과이다. 또한 반복횟수는 5회이다. 이 결과 정확한 해인 3(수식을 이론적으로 푼 해라고 생각하면 된다)에 오차가 더해진 값이 수치해이다.

이와 같이 일반적으로 수치해는 실제 해에 오차가 더해진 형태로 출력되는 것을 염두에 두기 바란다.

의사난수의 성질

컴퓨터를 이용하는 이상, 여러 가지 확률분포를 따르는 확률 변수를 근사값으로 생성한다. 특히, 균일난수, 정규 난수의 의사난수는 자주 이용된다.

컴퓨터를 이용하여 유사 균일난수를 발생하는 구조는 다음에 상세히 기술되어 있다.

균일난수, (공익사단법인) 일본 OR 학회:

http://www.orsj.or.jp/~wiki/wiki/index.php/一様乱数

이것에 의하면 유사 균일난수에는 메모리의 비트 길이만큼 정해진 주기성이 있다. 예를 들면, 32비트 메모리의 경우에는 최대 2^{32} = 4294967296, 즉 약 43억 개의 균일난수를 생성하면 1주기가 되는 것이다. 다시 말하면 이 길이에서 상관이 있게 되고 확률론에서 설명하고 있는 무상관과는 반대가 된다.

그러나 우리들은 약 43억이라는 유한개수(이것이 많은가 적은가는 저자는 판단할 수 없다)

의 제약 속에서 시뮬레이션을 할 수밖에 없다. 게다가 정규 난수는 이 유사 균일난수를 이용하여 Box-Muller 법(Wikipedia에 상세히 기술되어 있다)의 근사계산을 이용하여 생성된다. 이 주기성에 추가하여 근사계산도 수행되고 있다는 것을 염두에 두기 바란다.

지금까지 기술한 것처럼 파이썬 패키지가 제공하는 분석 도구[*7]는 앞의 문제를 포함한 수치해를 제시한다. 이 때문에 수치해는 어디까지나 정확한 해와는 다르기 때문에 수치결과를 그대로 받아들이지 않는 것이 중요하다. 한편, 수치해는 어떤 종류의 해나 지식을 발견하는 귀중한 길잡이이므로 파이썬 패키지를 충분히 활용하는 것이 바람직하다. 이 책에서 전체적으로 주의를 기울여 데이터의 배경, 물리적·사회적 메커니즘, 인과 관계, 사용 조건 등을 종합적으로 고려하여 분석 기법의 수치결과를 잘 평가할 수 있도록 한다.

1.7.3 물리의 시작

데이터 과학은 여러 가지 물리 배경을 가진 수치를 취급한다. 이 때문에 수치를 물리적 관점, 특히 **단위**(unit)를 통해 보면 사물의 본질을 잘못 보지 않도록 도와준다. 이 관점에서 다음은 몇이 될까?

$$1 + 1 = \ ?$$

이 질문은 이 항을 읽은 후에 독자 자신이 생각하면 된다. 또한 이 책의 제9장에 에너지라는 용어가 있으므로 뒤에 설명을 한다.

단위계

많은 변량, 물리량에는 단위가 있다(**예** 1kg, 1m/s 등). 이것들을 정리한 것이 **단위계**(system of units)이다. 단위의 통일이 되면, 육상 100m 경기의 국제기록 인정, 빌딩·교량의 길이의 설계, 금속·석유 등의 무역이 체계적으로 이루어지게 된다.

단위계는 세계적인 통일이 이루어져 있고 이것을 **SI 단위계**라고 한다. SI는 프랑스어인 Système International d'unitès에서 유래했고, 영어로는 International System of Units가 된다. 이를 직역하면 '단위들(units)의 국제적인(international) 체계(system)'이다. 번역하면 국제단위계이지만 SI 단위계라고 부르는 경우도 많다.

우리나라에서는 1964년 1월 1일 계량법에 의거 SI 단위계만 사용하도록 하였다. 따라서 바르게 단위를 붙인 표현은 50mL[*8]의 원동기 구동 자전거(모터구동식 자전거), 50kW의 급탕기, 5kg의 상자를 2m 들어올리는 100J의 일을 행했다 등이 된다.

[*7] 파이썬에 국한하지 않고, 컴퓨터상에서 실행되는 프로그래밍 언어가 제공하는 모든 계산 도구(다만 수식 처리는 제외)라고 말하는 편이 옳다.

[*8] 리터(litre, liter)의 표기는 소문자나 대문자 'ℓ', 'L' 그리고 이탤릭체가 아닌 정자체로 한다. 따라서 과거의 표기 ℓ은 허용되지 않는다.

칼로리(cal)는 정의가 몇 가지 있기 때문에 현재에는 줄(J)로 통일되었지만 '식물 또는 대사 열량의 계산'에 칼로리를 사용하기도 한다. $1cal \simeq 4.8J$에 의해, 밥 한 그릇의 열량을 약 220kcal로부터 약 919.6J로 표현을 변경하게 되어, 증가한 숫자만큼 혼란을 줄 (다이어트를 과하게 진행하는 등의) 가능성이 없어진 경우가 있었다.

단위에는 소수로 한정한 **기본 단위**(base units)와 기본단위를 조합하여 작성된 **조립 단위**(derived units)가 있다. SI 단위계의 기본단위는 [**그림 1.8**]에 제시한 것처럼 MKSA계의 4가지인 온도[K], 물질량[mol], 광도[cd]를 추가하여 총 7가지가 있다.

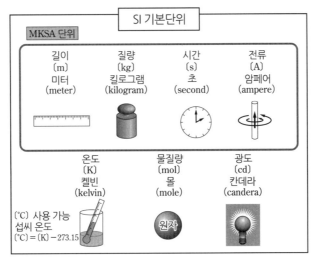

[**그림 1.8**] SI 기본단위

조립 단위는 기본 단위에 곱셈과 나눗셈을 하여 만들어낸 단위를 말한다. 예를 들면, 면적이라면, $[m] \times [m] = [m^2]$, 힘의 단위라면 $[kg·m/s^2] = [N]$의 표현이 있다([**그림 1.9**]).

단위의 조립에서 주의할 점은

- 단위의 곱셈 나눗셈(×, /)은 새로운 물리량을 만들어낸다([**그림 1.9**] 참조).
  - **예** 거리[m] / 시간[s] = 속도[m/s]
- 단위의 곱셈 나눗셈은 다른 단위에도 가능하다. 그러나 덧셈 뺄셈(+, −)은 동일한 단위가 아니면 안 된다.
  - 1,000원의 화폐에 0.2kg의 소고기를 뺄 수가 없다. 그러나 1,000원/0.2kg이라는 나눗셈은 1kg당 가격(비율)을 나타낸다.

이것으로부터, 물리적 배경이나 사회과학적 배경을 수식을 통하여 볼 때 등호 (=)의 양변은 동일한 단위인가, 식 안에서 덧셈 뺄셈을 수행할 때 동일한 단위인가를 체크하는 것이 좋다.

물론 경우에 따라 다른 단위의 변환을 더하고 빼고 싶을 때도 있다는 것을 부정하지는 않는다.

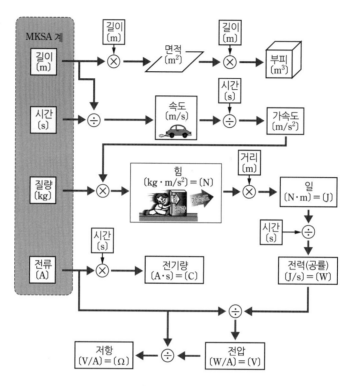

[그림 1.9] 조립단위의 예(MKSA계의 예)

에너지, 일과 일률(파워)

에너지(energy)를 비유적으로 설명해보자. 다만 이상적인 상태를 고려하여 어떠한 손실도 없다고 한다.

커다란 통을 연상하자. 여기에 수돗물을 넣고, 200L를 채운다고 하자. 이 200L의 물이 에너지라고 생각하자. 이 물을 폭포와 같이 위에서 조금씩 떨어뜨려, 수차를 돌리게 한다. 이 때 물이라는 에너지는 '수차의 날개를 회전하는 **일**(work)을 한다'라고 한다. 이 일을 하는 것으로 물을 끌어올리고, 다시, 물을 모으게 되면, 이것은 에너지를 비축하게 된다. 즉, 다음과 같이 말할 수 있다.

에너지란 어느 물체가 일을 하는 능력이다.
일을 하기 위해서는 동일한 에너지가 필요하다.

에너지와 일은 동전의 양면과 같은 관계(어느 쪽이라고 할 것도 없이)가 되고 단위는 동일하게 [J] (줄, J. P. Joule, 영국, 이름의 첫 글자를 따서 부름)이다. 또한 물리학에서는 역학 에너지, 전기 에너지, 광 에너지, 열 에너지 등 모든 에너지는 동일한 것으로 취급된다. 예를 들면, 전기 분야에서는 다음과 같다.

> 전기 에너지가 하는 일
> (= 전하의 위치 에너지 감소분 = 전류가 하는 일)
> 이것을 **전력량**이라고 한다.

이 일인 전력량을 전류를 이용하여 표현하면 (전류)^2 × (저항값)이 된다. 저항값은 단순하게 정수라고 보면 전기의 일(전력량)은 전류의 제곱에 비례하는 것이 된다. 즉, 전류의 제곱은 에너지에 비례한다고 한다.

이 책의 후반부에 설명하는 신호론이나 스펙트럼 이론에서는 (전류의 제곱)과 유사하게 신호의 제곱을 에너지라고 부르기로 한다. 또한 이렇게 표현하는 것으로 이론이 잘 체계를 이루게 되었고, 신호의 제곱을 에너지라고 부르게 되었다.

다음에 **일률**(power, **파워**라고 부른다)이라는 용어는 '단위 시간 당 행해지는 일'을 의미한다. 앞의 통에 물을 담는 예에서 1시간 동안 저장되는 것보다는 5분 동안 저장되는 쪽이 12배 효율이 좋다는 사고 방식이다. 이에 따라

$$\text{일률} = \frac{\text{일}}{\text{시간}}$$

이라고 정의된다. 이 단위는 와트(J. Watt, 존 와트, 발명가)의 첫 글자를 따서 [J]/[s] = [W]라고 표기한다. 이 [W]는 전력, 기계, 역학 분야뿐만 아니라 급탕기 등 물의 온도 상승 능력을 나타내는 경우에도 등장한다.

지금까지의 이야기에 관련하여 SF 영화에서는 '에너지 충전'이라는 대사가 있고 이런 표현은 틀리지 않았다. 에너지를 충전하고 나서 이에 상응하는 일(레이저 빔 발사, 우주선 항해 등)을 수행하기 때문이다. 그러나 '파워 충전'이라는 표현은 틀린 것이다. 파워는 일률이므로 이것을 충전할 수는 없다.

마지막으로 단위에 관련된 수의 접두어(SI 접두사)를 [표 1.2]에 제시한다. 이 접두어를 잘 활용하면 된다. 이것은 복잡한 데이터에 관한 스케일 불균형 문제 등에 대처하기 위한 것이다.

예를 들면, 청량음료의 매출이 기온과 전력소비량(냉방기의 사용 정도를 간접적으로 보아도, 현대인은 기온에 영향을 받지 않는다는 가설을 세웠다고 하자) 중 어느 쪽의 영향을 강하게 받는가를 조사해보고 싶다고 하자. 기온이 30℃일 때 전력 소비량이 40,000,000,000W였다고 하면 전력소비량의 영향이 매우 크다는 결과를 얻을 뿐이다. G(기가)를 도입하면 기온과

전력소비량은 동일한 스케일이 되고 합리적이고 객관적인 분석을 수행하기 쉬워진다. 이와 같이 물리적 또는 사회적 배경의 합리적 설명이 가능한 접두어를 도입하여 복수의 데이터 스케일을 조정하는 것이 필요한 상황이 많다.

[표 1.2] 수의 접두어 (SI 접두사)

10^n	기호	접두사	의미(어원)
10^{24}	Y	요타(yotta)	8(그리스어)
10^{21}	Z	제타(zet)	7(그리스어)
10^{18}	E	엑사(exa)	6(그리스어)
10^{15}	P	페타(peta)	5(그리스어)
10^{12}	T	테라(tera)	괴물(그리스어 또는 라틴어)
10^9	G	기가(giga)	거인(그리스어 또는 라틴어)
10^6	M	메가(mega)	대량(그리스어)
10^3	k	킬로(kilo)	1000(그리스어)
10^2	h	헥토(hecto)	100(그리스어)
10	da	데카(deca)	10(그리스어)
10^{-1}	d	데시(deci)	10(라틴어)
10^{-2}	c	센티(centi)	100(라틴어)
10^{-3}	m	밀리(milli)	1000(라틴어)
10^{-6}	μ	마이크로(micro)	미소(그리스어 또는 라틴어)
10^{-9}	n	나노(nano)	소인(그리스어 또는 라틴어)
10^{-12}	p	피코(pico)	소량, 첨단(스페인어)
10^{-15}	f	펨토(femto)	15(덴마크어)
10^{-18}	a	아토(atto)	18(덴마크어)
10^{-21}	y	젭트(zept)	7(그리스어)
10^{-24}	z	욕토(yocto)	8(그리스어)

Tea Break

MKSA 단위 중에서 이름이 한자어로 되어 있는 것은 초뿐이다(그 외에는 킬로그램 등 외래어 표기). 초라는 것은 이삭의 털(붓의 한 가닥 실)이라는 의미로 매우 작다는 것을 뜻한다. 영어 second의 어원은 프랑스어이고 두 번째(다음)라는 의미로 결국 '다음 번'이라는 의미일 것이다. 분의 minute는 라틴어 minutus가 어원으로 시간의 작은 부분을 의미한다. hour는 그리스어에서 유래했고, 일 년 4계절 또는 하루의 움직임을 의미한다. 이것이 프랑스를 경유하여 퍼졌기 때문에 어원의 h를 발음하지 않는다. 즉, 그램 [g]는 라틴어 gramma(작은 무게)가 어원이다. 확실하게 실감할 수 있는 의미이다.

이 장에서는 데이터 처리(handling)에 관해, 처음에는 데이터의 종류를 설명하고 그 후에 입력, 저장에 관해서 설명한다. 추가적으로 데이터의 가시화(visualization)로서 그래프의 작성법을 소개한다.

2.1 데이터의 종류

데이터 분류법의 하나로 다음과 같은 것이 있다.

양적 데이터(quantitative data): 수치로 나타내고, 추가로 비율 데이터('비례척도'라고도 부르는)와 간격 데이터('간격척도'라고도 부르는)로 분류된다([표 2.1]).

질적 데이터(qualitative data): 정성적으로 나타내기 때문에 비수치적 표현이 된다. 이 때문에 임의의 수치가 할당된다. 이것은 추가로 범주형 데이터('명의척도'라고도 부르는)와 순위 데이터('순위척도'라고도 부르는)로 분류된다([표 2.2]).

양적 데이터는 쉽게 이해할 수 있을 것이다. 질적 데이터에 관해서 조금 설명하기로 한다. 표에서 예를 들면, 전화번호의 국번 다음에 있는 번호 그 자체에는 의미가 없기 때문에(임의로 할당되므로), 이것은 질적 데이터로 분류된다. 또한 앙케트(questionnaire)의 결과인 5단계 평가는 예를 들면 5와 4 사이의 거리(거리의 의미는 제1장 참조)가 엄밀하게 정의된 것은 아니기 때문에 이것도 질적 데이터로 분류된다.

[표 2.1] 양적 데이터(수치 데이터)

데이터 이름	설명	예
비율 데이터 (비율 척도)	비율이나 대소관계가 의미가 있다.	신장, 연령 등. 롯데월드타워의 높이(555m)는 서울타워(236.7m)의 2.345배이다(이 예는 가감도 가능).
간격 데이터 (간격 척도)	대소 관계에 더해진 적당한 의미가 있다.	시험 점수, 연월일 등. 30도와 20도의 차이는 10도와 0도의 차이와 동일하다.

[표 2.2] 질적 데이터(정성적 데이터)

데이터 이름	설명	예
범주형 데이터 (이름의 척도)	분류, 구분에 의미가 있다. 차이나 비율에 의미가 없다.	이름, 성별, 혈액형, 전화번호 등 형식적으로 숫자나 기호를 적용시킨 것.
순위 데이터 (순위 척도)	순서에 의미가 있다. 5등과 4등 차이는 성적 2등과 1등의 차이와 동일하다는 주장은 불가능.	성적(S > A > B > C > D), 앙케트 결과(5: 매우 좋음, 4: 좋음, 3: 보통, 2: 나쁨, 1: 매우 나쁨)

범주형 데이터의 예로 제시한 것처럼 숫자가 아닌 데이터를 형식적으로 숫자로 변환한 변수를 더미변수라고 부르는 경우가 있다. 예를 들면, 다음과 같은 것이다.

예 {1: 네, 2: 아니오}, {봄: 1, 여름: 2, 가을: 3, 겨울: 4}

더미변수의 자리수는 대부분 한 자리이므로 다른 변수와의 스케일 조정이 필요할 때가 있다.

2.2 데이터의 취득

이 책에서는 다음 두 종류의 데이터를 이용한다.

인공 데이터(artificial data): 스크립트 안에서 수학 함수 등을 이용하여 생성시킨 것
오픈 데이터(open data): 2차 이용이 가능한 이용 규칙으로 공개된 데이터[*1]

이 책에서는 다음과 같이 구분하여 사용한다. 인공 데이터는 분석 기법의 원리나 특성을 알고 싶을 때에 이용한다. 오픈 데이터는 분석 기법을 구사하여 그 데이터로부터 어떠한 의미 있는 특징을 추출하고 싶을 때 이용한다.

오픈 데이터로서 다수의 데이터 세트(data set)를 제공하고 있는 유명한 사이트의 일부를 소개한다.

- UC Irvine Machine Learning Repository: 캘리포니아 대학 어바인 캠퍼스(University of California, Irvine)가 운영하고 기계학습이나 데이터 마이닝에 관한 데이터를 배포하는 사이트
- StatsModels Datasets Package: StatsModels이 제공하는 데이터 세트
- scikit-learn Datasets Package: scikit-learn이 제공하는 데이터 세트
- Kaggle: 세계 최대의 데이터 과학 커뮤니티를 형성하여 데이터 분석이나 모델 개발 대회를 개최하는 사이트

[*1] 참고: 오픈 데이터 등은 국가통계포털.
http://kosis.kr/statisticsList/statisticsListIndex.do?menuId=M_01_01&vwcd=MT_ZTITLE&parmTabId=M_01_01

- KOSIS: 한국의 통계를 열람할 수 있는 정부 통계 포털 사이트
- 기상자료개방포털: 기상 데이터를 제공
- 원주통계정보: 원주시의 인구 이동에 관한 데이터를 제공
- 한국전력통계: 과거의 전력사용량 데이터를 제공

이것들 중에는 데이터를 그대로 사용할 수 없고 데이터 분석에 적합하도록 데이터 가공이 필요한 것도 있다.

위의 자료 중 일부를 포함하여 다수의 오픈 데이터 제공 사이트를 정리한 저자의 Web 사이트는 다음과 같다.

오픈 데이터 세트(Open Data Sets):

https://sites.google.com/site/datasciencencehiro/datasets

이 웹 사이트에는 각 오픈 데이터의 액세스 URL이 제공되는 것 외에도, 이 책에서 이용하는 데이터 몇 가지가 업로드되어 있다. 이 책이 제공하는 스크립트는 위에 기술한 오픈 데이터 사이트 또는 저자의 사이트에 **인터넷을 경유하여 액세스**하여 데이터를 취득하고 분석을 한다. 이를 위해 인터넷 환경을 필요로 하지만 사전에 데이터를 취득하여 독자 자신의 로컬 기억장소에 저장하여 인터넷 없이 실행하는 것을 권한다.

2.3 데이터의 저장

이 책에서는 데이터의 저장은 numpy.ndarray, panda.DataFrame(pandas.Series는 여기에 포함된다)이라는 클래스를 이용한다. 각 클래스의 특징과 서로간의 데이터 변환 방법을 설명한다.

2.3.1 numpy.ndarray

numpy.ndarray(N-dimensional array의 약어)는 N차원 배열을 작성하는 클래스이다.

- The N-dimensional array:
  https://docs.scipy.org/doc/numpy-1.13.0/reference/arrays.ndarray.html

고속 수치계산을 할 때 배열 내 요소의 형태는 동일하고 배열 크기는 고정(고정 크기 배열), 배열의 각 차원의 요소 수는 동일하다는 제약이 있다. 이 점에서 파이썬 리스트와 다른 점에 주의하기 바란다.

다음의 예는 numpy,ndarray 클래스의 데이터 작성과 그 속성을 알아보는 것이다.

```
x = np.array([[1, 2, 3], [4, 5, 6]]. dtype=np.float64)
print('type(x):', type(x),' x.shape:', x.shape,' x.dtype', x.dtype)
```

type(x): ⟨class 'numpy.ndarray'⟩ x.shape: (2, 3) x.dtype float64

이 결과는 변수 x는 numpy.ndarray 클래스, shape는 (2,3)차원, 데이터 타입은 float64(64비트 실수형)을 의미한다. 'dtype='에 제공하는 종류는 Data types(https://docs.scipy.org/doc/numpy-1.14.0/user/basics.types.html)을 참조하기 바란다.

numpy는 텍스트 파일을 읽어 들이는 함수를 제공한다(참조: https://docs.scipy.org/doc/numpy-1.14.0/reference/generated/numpy.loadtxt.html).

```
x = np.loadtxt('filename.txt', delimeter=',', skiprows=1, comments='#')
```

이 의미는 파일명 'filename.txt'로부터 데이터를 읽어 들이고 데이터의 구분(delimiter)은 콤마 ',', skiprows 지정으로 첫 번째 행은 읽지 않고, 주석은 '#'으로 시작한다는 것이다. 데이터 구분은 탭 구분은 '\t', 스페이스 구분은 반각 스페이스 문자 ' '로 하지만 이 delimiter 지정은 없는 것(디폴트)으로 한다. np.loadtxt로 읽어 들이면, x의 클래스는 numpy.ndarray가 된다.

2.3.2 pandas,DataFrame

DataFrame과 Series

pandas.DataFrame 클래스는 데이터베이스 같은 데이터나 시계열 등을 저장하기 위해 이용된다.

- pandas.DataFrame:
  https://pandas.pydata.org/pandas-docs/stable/generated/pandas.DataFrame.html

pandas.dataFrame은 2차원 데이터를 저장하는 클래스이다. numpy.ndarray와 다른 점은 2차원 배열이라는 점과 데이터 요소의 형은 달라도 되고 배열 크기는 가변적인 유연성 있는 구조라는 점이다. 또한 인덱스나 레이블이 주어지면 이 이름을 참조하면서 다양한 연산(삭제, 추가, 치환 등)이 수행된다.

pandas.Series는 1차원 데이터의 저장이라는 점에서 다르지만 pandas.Data.Frame과 거의 동일하다. 이 때문에 아래에서는 pandas.DataFrame을 주로 설명한다.

DataFrame의 구조와 index/columns

여기에서는 CSV(Comma-seperated values) 파일을 pandas.DataFrame 클래스로 변환할

때의 다양한 항목에 관해서 설명한다.

지금 'data_pandas_01.csv'를 [그림 2.1]과 같이 간단하게 파일명을 지정하는 것만으로 읽어 들인다. 여기에서 변수명 df는 DataFrame의 약어로서 이용된다.

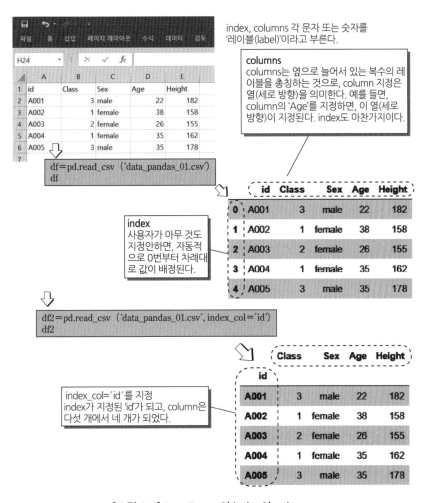

[그림 2.1] DataFrame의 index와 columns

DataFrame은 반드시 index를 (왼쪽 끝의 열)로 가지고 이것을 참조하는 것으로 데이터 처리를 한다. 이 때문에 index가 어느 열인가를 지정하지 않은 경우에는 df의 구조에는 자동적으로 0번부터 시작하는 index가 부여된다. 또한 columns에 관한 지정을 하지 않으면, CSV 파일의 첫 번째 행을 column으로 인식하여 이 레이블을 각 열(column)에 할당한다.

다음에는 index가 되는 열이 어느 것인가를 index_col='id'에 지정하지 않은 경우를 그림에 나타내었다. 즉, df2에는 index를 'id'의 열이 할당된다. 이 결과 columns의 레이블 수는 5에서 4로 줄어들었다.

주의하자면, columns은 물론 열이고 columns='Age'라는 것은 'Age'의 열(세로 방향)을 의미하는 것이고 columns이 행(가로)을 의미하는 것은 아니다. 그림을 보면 가로 방향으로 파선이 둘러져 있지만 각 컬럼(세로)의 레이블 이름을 총칭하는 것의 유의하기 바란다. index도 마찬가지이다.

또한 이 df와 df2의 속성을 다음에 제시했으므로 이것을 보는 것도 DataFrame의 구조를 이해하는데 도움이 될 것이다.

df의 속성:

- df.index: RangeIndex(start=0, stop=5, step=1)

- df.columns: Index(['id', 'Class', 'Sex'. 'Age', 'Height'], dtype='object')

- type(df): class 'pandas.core.frame.DataFrame'

- df.shape: (5, 5)

df2의 속성:

- df2.index: Index(['A001', 'A002', 'A003', 'A004', 'A005'], dtype='object', name='id')

- df2.columns: Index(['Class', 'Sex'. 'Age', 'Height'], dtype='object')

- type(df2): class 'pandas.core.frame.DataFrame'

- df2.shape: (5, 4)

read_csv( )는 다수의 기능을 가지고 있고 그 일부를 다음의 예로 소개한다. 상세한 것은 pandas_read_csv를 참조하기 바란다.

```
df=pd.read_csv( 'foo.csv', index_col='Date', parse_dates='Date',
     encoding='euc_kr', names=('Date', 'Day', 'Item', 'Expense'))
```

[스크립트의 설명]

- 'foo.csv': 읽어 들인 파일명으로 CSV 형식이다.
- index_co: index의 열을 지정하고 여기에서는 레이블명('Date')으로 지정하고 있다.
- parse_dates: pandas가 경제·금융 데이터 분석에 강하기 때문에 index에 시간(마이크로초로부터 연 단위로 지정 가능)을 지정하는 경우가 많다. 시간의 포맷은 '2018/05/25', '30-May-2020' 등 여러 가지가 있다. 이러한 포맷을 문법적으로 파싱하는 기능이 있고 파싱해야 하는 시간열을 지정하고 있다. 이 예에서는 index와 동일하다.
- encoding: 문자 코드 안의 부호화 방식을 나타내지만 문자 코드 그 자체도 지정할 수 있다. pandas의 디폴트는 'utf-8'이다.

- names: columns의 레이블 이름이 데이터 파일 안에 기술되어 있지 않을 때 이와 같이 읽어 들일 때에 주어질 수 있다.

DataFrame의 연산을 일부 소개한다.

행, 열의 지정

- loc, iloc: 복수 요소를 선택, 취득·변경
- at, iat: 단독 요소의 지정

시작 부분에 'i'가 붙으면 0 이상의 자연수를 지정하고 붙지 않으면 레이블 이름(문자)을 지정한다. 또한 현재에는 과거에 있었던 ix의 사용을 추천하지 않는다.

행에 대한 액세스는 다음 예와 같다.

```
df2.iloc[0:2]
```

```
         Class      Sex      Age     Height
    id
  A001       1      male      22        182
  A002       1    female      38        158
```

index 번호는 0부터이고 0번 행부터 2번 행 이전까지(0번 행과 1번 행) 액세스하게 된다. 이것은 파이썬의 슬라이스 규칙(파이썬 slices)과 동일하다.

```
df2.iloc['A001':'A002']
```

```
         Class      Sex      Age     Height
    id
  A001       3      male      22        182
  A002       1    female      38        158
```

이 슬라이스는 파이썬 슬라이스와는 다르고, df2.loc['start':'end']에서 'end'까지 액세스한다.

```
df2.iloc['A001':'A003']
```

```
         Class      Sex      Age     Height
    id
  A001       3      male      22        182
  A003       2    female      26        155
```

이 예에서 이중 괄호 '[[…]]' 안쪽은 파이썬의 리스트를 나타내고, 이 리스트를 바깥쪽의 괄호 안에 넣는 것으로 간주한다. 지정된 index 레이블 이름의 행만을 액세스하게 된다.

열에 대한 액세스는 슬라이스 표기(slice notation)를 이용한다.

```
df2.iloc[:, 'Age']
```

```
id
A001      22
A002      38
A003      26
A004      35
A005      35
Name:      Age,     dtype:      int64
```

DataFrame의 데이터 연산에는 그 외에도 치환, 삭제, 조건추출, 이름 변경, Columns의 순서 교체 등 복수의 기능이 있다. 이러한 내용은 Indexing and Selecting Data(https://pandas. pydata.org/pandas-docs/stable/index.html)을 참조하기 바란다. 또한 여기에서 상세한 것은 학습하지 않아도, 예제를 통해 필요에 따라 배우는 학습법도 있다.

시간 계열

시계열 데이터를 취급하는 경우에는 index에 시간 계열이 주어진다. pandas에는 시간 계열/날짜를 부여하는 기능(Time Series/Date functionality)(https://pandas.pydata.org/pandas-docs/stable/timeseries.html)이 있다. 이 중에서 date_range(pandas.date_range를 참조)를 설명한다.

```
nobs = 8
ts = pd.date_range('1/1/2000', periods=nobs, freq='M')
ts
```

[스크립트 설명]

- '1/1/2000'은 시간 계열의 개시 시각을 나타내고, 시간 표기의 포맷에는 'Jul 31, 2009', '2012-05-01 00:00:00' 등 몇 가지가 있다.
- period는 freq에서 지정한 시간 간격으로 발생하는 데이터 수
- freq는 시간 간격을 지정한다. 이 종류는 예를 들면 'N': 나노초로부터 'H': 1시간, 'D': 일, 'W': 주, 'M': 월, 'Q': 사분기(4개월), 'Y': 년 등이 있다. 다음을 참조하기 바란다: http:// pandas.pydata.org/pandas-docs/stable/timeseries.html#offset-aliases

```
DatetimeIndex(['2000-01-31', '2000-02-29', '2000-03-31', '2000-04-30',
'2000-05-31', '2000-06-30', '2000-07-31', '2000-08-31'],
dtype='datetime64[ns]', freq='M')
```

이와 같이 ts에 시간 계열을 생성하고 y0를 이 시간 계열에 대응되는 데이터로 한다. 이것을 pd.Series의 index에 지정한다.

```
y0 = np.random.normal(loc=1.5, scale=2.0, size=nobs)
y = pd.Series(y0, index=ts)
y. head
```

```
2000-01-31  -0.401877
2000-02-29   3.827683
2000-03-31   3.142196
2000-04-30   5.235469
2000-05-31   1.220139
Freq:    M,    dtype:     float64
```

2.3.3 numpy.ndarray와 pandas.DataFrame의 변환

파이썬 패키지는 numpy.ndarray를 사용하는 것과 pandas.DataFrame을 사용하는 것으로 구분되는데, 스크립트의 사정상 다른 형을 사용하는 것이 있기 때문에 이 상호 변환을 설명한다.

numpy.ndarray ⇒ pandas.DataFrame으로 상호 변환

이 변환은 단순히 **[표 2.3]**과 같이 수행하면 된다.

[표 2.3]

변수의 생성	type
x = np.random.normal(size=10)	numpy.ndarray
y = pd.Series(x)	pandas.core.series.Series
df = pd.DataFrame(x)	pandas.core.frame.DataFrame

pandas.DataFrame ⇒ numpy.ndarray로 변환

이 변환은 메소드 values를 이용하여 다음과 같이 수행하면 된다.

```
val = df['Height'].values
print(type(val))
```

```
<class 'numpy.ndarray'>
```

2.4 그래프 작성

그래프를 작성하는 패키지는 다음을 이용한다.

matplotlib   파이썬에서 대표적인 그래프 패키지
- 공식 홈페이지: https://matplotlib.org/
- 갤러리: https://matplotlib.org/gallery/index.html

pandas   통계 분석 외에 그래프 기능을 가지고 있다.
- 공식 홈페이지: https://pandas.pydata.org/pandas-docs/stable/visualizatio.html

seaborn   통계용 데이터나 기계학습의 그래프 작성에 자주 이용된다.
- 공식 홈페이지: https://seaborn.pydata.org/

mlxtend   패턴 인식이나 기계학습의 결과 그래프 작성에 유용하다. 별도의 설치가 필요(제1장 참조).
- 공식 홈페이지: https://github.com/rasbt/mlxtend

그래프 작성 방법은 제공하는 Notebook의 스크립트를 참조하여 각자 찾아보고 배우는 것이 바람직하다. 다만 matplotlib과 pandas를 가장 자주 이용하기 때문에 이 두 가지의 개요를 주로 설명한다. 또한 seaborn은 간단한 소개에 그치기로 한다.

2.4.1 matplotlib

matplotlib를 사용하는데 있어서 자주 참조하는 Web 사이트를 다음에 소개한다.

The Matplotlib API APllication Programming Interface라고 표기하고 함수명과 그 인수가 설명되어 있다.
- 웹 사이트: https://matplotlib.org/api/index.htm;
- 이 API에서 자주 참조하는 것으로 cm(color map): 사용할 수 있는 컬러 맵, colors: 사용할 수 있는 컬러, makers: 사용할 수 있는 마커(기호) 등이 있다.

matplotlib.pyplot 다수의 그래프 작성 도구를 제공한다.
- 웹 사이트: https://matplotlib.org/api/_as_gen/matplotlib.pylot.html
- 이 웹 사이트에는 acorr, axes, bar, figure, gcf, hist, imread, plot, savefig, scatter, tick_parms, xlim, ylim 등의 설명이 있다.

matplotlib를 이용한 그래프 작성 방식은 몇 가지가 있고 그 선언에도 몇 가지 패턴이 있다. 이 책에서는 혼란을 피하기 위해 하나의 그래프나 복수의 그래프를 그리는 경우에도, `plt.subplots()`를 주로 사용한다. 이러한 처리에 관한 설명은 matplotlib.pyplot.subplts에 있다. 이 인수 중에 figisize 등은 matplotlib.pyplot.figure에 있다.

2.4.2 복수의 그래프

matplotlib를 이용하여 복수의 그래프를 그리는 경우 **[그림 2.2]**와 같은 구조를 가진다. 즉, figure는 전체 그림, axes는 그 내부에 있는 좌표축 체계를 의미한다. figure 하나에 대해, axes의 수는 하나, 둘 그 이상의 더욱 복잡한 배치도 가능하다(이것은 독자가 알아보기 바란다).

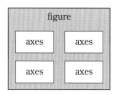

[그림 2.2] 개념도

다음의 예를 제시한다.

- 하나의 그래프에 하나의 좌표축이 있고 여러 개를 그린다.
- 하나의 그래프에 네 개의 좌표축이 있고 각각 하나씩 그린다.

이 스크립트는 다음과 같다.

[파일 2.1] PLT_MultiplePlot.ipynb

```
x = np.linspace(-3, 3, 20)
y1 = x
y2 = x ** 2
y3 = x ** 3
y4 = x ** 4

fig = plt.subplots(figsize=(10,3))  # size [inch,inch]
plt.plot(x,y2)
plt.plot(x,y3)

plt.grid()
plt.xlabel('x')
plt.ylabel('y')
plt.title('Example')
```

그래프의 크기 단위는 인치(inch)이다. 출력은 **[그림 2.3]**과 같다.[*2]

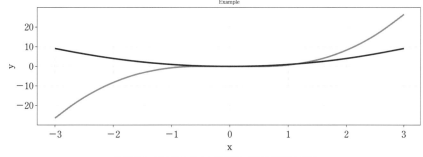

[그림 2.3] 하나의 그래프에 여러 개를 그림

---

*2 흑백 화면에서 이해하기 어려운 그림은 일부 다시 그린 것이다.

다음의 예는 하나의 그래프에 네 개의 좌표축을 그린다. 이것에는 두 가지 방법이 있다.

```
#방법 1
fig, axs = plt.subplots(nrows=2, ncols=2, figsize=(6, 4))

axs[0, 0].plot(x, y1) # upper left
axs[0, 1].plot(x, y2) # upper right
axs[1, 0].plot(x, y3) # lower left
axs[1, 1].plot(x, y4) # lower right

#방법 2
fig, ((ax1, ax2), (ax3, ax4)) = plt.subplots(nrows=2, ncols=2,
figsize=(6,4))

ax1.plot(x, y1)  # upper left
ax2.plot(x, y2)  # upper right
ax3.plot(x, y3)  # lower left
ax4.plot(x, y4)  # lower right
```

이 두 가지 방법은 모두 **[그림 2.4]**의 그래프를 그린다.

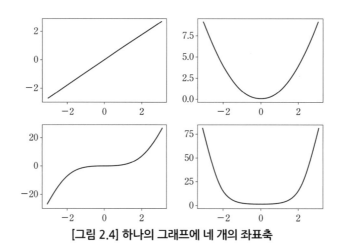

[그림 2.4] 하나의 그래프에 네 개의 좌표축

xlabel의 누락을 방지하는 방법

[그림 2.3]을 savefig 함수를 이용하여 파일에 저장할 때 이미지 파일에서 xlabel이 누락될 때가 있다. 이것을 막는 방법은 두 가지가 있고 다음과 같이 하면 된다.

```
#첫 번째 방법
plt.tight_layout()
plt.savefig('filename.png')

#두 번째 방법
plt.savefig('filename.png', bbox_inches='tight')
```

2.4.3 Titnic(타이타닉호)의 pandas 그래프 그리기

pandas의 그래프 기능을 Titanic의 데이터를 이용하면서 설명한다. 모든 그래프 기능을 설명하지는 않기 때문에 빠진 부분은 다음을 참조하기 바란다.

- pandas Visualization:

  http://pandas.pydata.org/pandas-docs/stable/visualization.html

또한 **결측값**(missing value)을 다루는 법을 설명한다.

타이타닉(Titanic)이란 영국의 여객선으로 처녀항해를 한 1912년에 북대서양에서 빙산에 접촉하여 침몰하여 희생자가 다수 나왔다. 영화에서 몇 번인가 상영되었기 때문에 세계적으로 매우 유명하게 되었다. 이 승객의 생존에 관한 데이터가 있고 이것을 이용한다. 여기에서는 하나의 Notebook 'PLT_Titanic.ipynb'를 이용하여 이 안의 스크립트를 단계적으로 다루면서 설명을 한다.

[파일 2.2] PLT_Titanic.ipynb

```
titanic_url = "http://s3.amazonaws.com/assets.datacamp.com/course/
    Kaggle/train.csv" #read training data
df = pd.read_csv(titanic_url) # df short for DataFrame
# df.to_csv('titanic_train.csv') # for saving file
df.head()
```

	PassengerId	Survived	Pclass	Name	Sex	Age	SibSp	Parch	Ticket	Fare	Cabin	Embarked
0	1	0	3	Braund, Mr. Owen Harris	male	22.0	1	0	A/5 21171	7.2500	NaN	S
1	2	1	1	Cumings, Mrs. John Bradley (Florence Briggs Th...	female	38.0	1	0	PC 17599	71.2833	C85	C
2	3	1	3	Heikkinen, Miss. Laina	female	26.0	0	0	STON/O2. 3101282	7.9250	NaN	S
3	4	1	1	Futrelle, Mrs. Jacques Heath (Lily May Peel)	female	35.0	1	0	113803	53.1000	C123	S
4	5	0	3	Allen, Mr. William Henry	male	35.0	0	0	373450	8.0500	NaN	S

⋮

[데이터의 설명]

PassengerId	Survived		Pclass		Name	Sex	Age
승객 ID	생존결과(1:생존, 0:사망)		객실 등급 1>2>3		성명	성별	연령
SibSp		Parch		Ticket	Fare	Cabin	Embarked
형제, 배우자의 수		부모, 자녀의 수		티켓 번호	티켓 요금	객실번호	승선한 항구 *

* C : Cherbourg, Q : Queenstown, S: Southampton

[그림 2.5] 타이타닉 데이터를 보는 방법

이 데이터의 경우 데이터 수는 891, Age는 몇 개가 누락되어 있다. 누락된 레코드를 생략하면 데이터 수가 줄어들기 때문에 보완하기로 한다. 보완에는 몇 가지 방식(min, max, mean 등[*3]) 이 있고 별로 의미가 없지만 중앙값(median)을 적용한다.

---

*3 pandas API 레퍼런스: https://pandas.pydata.org/pandas-docs/version/0.18/api.html

```
df['Age'].fillna(df.Age.median(), inplace=True)
```

여기에서 inplace=True는 변수 df의 메모리 자신을 변경한다. False의 경우(df의 내용은 변하지 않고, 그 외의 새로운 변수(DataFrame 형)에 대입한다)보다는 처리 시간이 짧다.

이 히스토그램(histogram)을 그린 것이 **[그림 2.6]**이다. 중앙값으로 보완했으므로 20대 후반 사람 수가 돌출하고 있다.

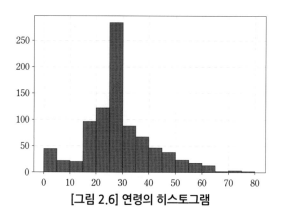

[그림 2.6] 연령의 히스토그램

다음은 승객의 연령 구성을 원 그래프(pie chart)로 살펴본다(**[그림 2.7]**). 체력적인 관점에서, 어린이(child)를 15세 미만, 성인(adult)을 15세 이상 60세 미만, 고령자(elderly)를 60세 이상으로 하였다.

```
age1 = (df['Age'] < 15).sum()
age2 = ( (df['Age'] >= 15) & (df['Age'] < 60) ).sum()
age3 = (df['Age'] >= 60).sum()
print(age1, age2, age3, (age1+age2+age3))

series = pd.Series([age1, age2, age3], index=['Child', 'Adult',
        'Elderly'], name='Age')
series.plot.pie(figsize=(4, 4))
```

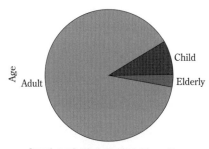

[그림 2.7] 연령 구성의 원 그래프

다음은 남녀별로 생존 교차 집계(cross tabulation)를 구한 다음, 막대 그래프(bar graph)를 살펴본다([그림 2.8]).

```
cross_01 = df.pivot_table(index=['Survived'], columns=['Sex'], \
values=['PassengerId'],aggfunc='count', fill_value=0)
print(cross_01)
```

```
          PassengerId
Sex           female male
Survived
0                81   468
1               233   109
```

```
cross_01.plot(kind='bar')
```

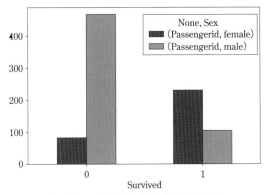

[그림 2.8] 남녀별 생존 막대 그래프

이 Notebook으로 추가적으로 누적 막대 그래프나 그 외의 분석도 할 수 있기 때문에 참조하기 바란다.

타이타닉 데이터를 보면 여성의 생존율이 높다는 것을 알 수 있다. 또한 어린이의 생존율도 높은 것도 알게 된다. 이 원인의 하나로 스미스 선장의 'Women and children first'의 지시가 있었다고 한다(이 말은 여기에서 시작된 것은 아니고 선원의 긍지로서 예전부터 있었다). 배 사고에서 항상 이와 같은 생존율이 생기는가?라는 의문에 대해 조사 분석을 했던 논문이 다음에 있다.

논문: 아카쓰카(赤塚): Women and children first, IFSMA 소식, No.23, (사단법인) 일본선장협회사무국, http://captain.or.jp/?page_id=4231.

이 논문을 읽으면, 다수의 선박 사고에서는 체력이 강한 남성의 생존율이 높았고, 타이타닉 사건의 생존율은 특수한 것임을 알 수 있다. 이것은 데이터 분석을 할 때 유명한 사건이나 정치적 입장에 영향을 받지 않도록 주의가 필요하다는 것을 가르쳐주고 있다.

Tea Break

타이타닉 데이터는 통계분석의 예제로서 자주 이용되고 있다. 이 데이터를 설명하는 사이트는 많이 있고 예를 들면 다음도 그 중의 하나이다.

- R Documentation:

  https://www.rdocumentation.org/packages/datasets/

침몰한 RMS Titanic(RMS: Royal Mail Ship 또는 Steamer, 우편선으로서 기능이 있었다) 자체의 조사를 수행하였고, 이 조사 결과는 다음에 있다.

- Encyclopedia Titanic: Titanic Facts, History and Biography:

  https://www.encyclopedia-titanica.org/

타이타닉을 실제로 영상으로 만든 비디오나 다큐멘터리가 몇 개 있고 영화 '타이타닉' (1997)의 영화감독 제임스 카메론(James. F. Cameron)도 실제로 과학적 조사를 실시하여 그 보고서를 다음에 제시했다.

- TITANIC: 20 YEARS LATER WITH JAMES CAMERON:

  http://www.natgeotv.com/int/titanic-20-years-later-with-james-cameron

2.4.4 Iris(아이리스)의 seaborn 그래프

이제부터 seaborn의 설명을 하기로 한다. 다만 seaborn 자체가 Iris(아이리스) 데이터를 이용한 예를 다음에 소개하기 때문에 여기에서는 간단히 다루는 정도로 한다.

- 공식 홈페이지: http://seaborn.pydata.org/

- seaborn.pairplot:

  https://seaborn.pydata.org/generated/seaborn.pairplot.html

- Multiple linear regression

  https://seaborn.pydata.org/examples/multiple_regression.html

- Scatterplot with categorical variables:

  https://seaborn.pydata.org/examples/scatterplot_categorical.html

2.4.5 Iris 데이터

Iris 데이터는 피셔(Sir R. A. Fisher, 영국의 통계학자)가 다변수의 선형판별법 등을 이용하여 데이터를 분석한 뒤에, 어떤 관계성을 발견한 것으로 통계학에서는 유명한 예이다. 다만 이 Iris 데이터의 첫 버전은 에드거 앤더슨(Edger Anderson, 미국의 식물학자)이 작성했다.

- E. Anderson: The Species Problem in Iris. Annals of the Missouri Botanical Garden, Vol. 23, 457–509, 1936:

http://biosor.org/reference/11559

- R. A. Fisher: The use of multiple measurements in taxonomic problems. Annals of Eugenics, Vol. 7, No. 2, pp. 179–188, 1936:
http://onlinelibrary.wiley.com/doi/10.1111/j.1469-1809.1936.tb02137.x/abstract

여기에서 말하는 Iris는 붓꽃속에 속하는 것이다. Iris 데이터 의 내용은 다음과 같다. 먼저 종류(species)는 3종으로 setosa, versicolor, virginica가 있다. 각각 Sepal(꽃받침)과 Petal(꽃잎)에 관한 length(길이)와 width(폭)의 수치 데이터가 있고 종류에 따 라 Sepal과 Petal에 어떤 특징이 있는가를 알기 위한 목적이 있다.

Sepal, Petal이 꽃의 어느 부분을 가리키고, 각각의 length와 width는 어디를 측정하였는가에 흥미가 있는 독자는 검색 사이 트, 특히 이미지 검색을 하면 많은 설명을 볼 수 있다.

[그림 2.9] Iris setosa

Iris 데이터의 seaborn에 의한 가시화 스크립트는 다음과 같다. 처음에 Iris setosa의 이미지 를 **[그림 2.9]**에 표시한다.

[파일 2.3] PLT_Iris.ipynb

```python
from IPython.display import Image
# Iris Setosa
url = 'https://upload.wikimedia.org/wikipedia/commons/a/a7/Irissetosa1.jpg'
Image(url,width=300, height=300)
```

그 외의 2종에 대한 이미지 표시를 하고 있으므로 Notebook을 참조하기 바란다.

```python
sns.set()
iris = sns.load_dataset("iris")  # type (iris) = pandas.core.frame.DataFrame
```

[스크립트 설명]

- sns.set( )는 Seaborn의 디폴트 스타일이 적용되는 것을 지정한다.
- Iris 데이터를 읽어들인 변수 iris의 형은 pandas.core.frame.DataFrame, 즉 pandas의 DataFrame이다.

다음은 회귀 모델의 생성과 그래프 작성을 하기 위해 lmplot( )을 이용한다. 이 그래프는 **[그 림 2.10]**과 같다.

```python
g = sns.lmplot(x="sepal_length", y="sepal_width", hue="species",
        truncate=True, height=4, data=iris)
g.set_axis_labels("Sepal length (cm)", "Sepal width (cm)")
```

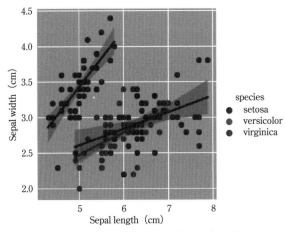

[그림 2.10] Iris 데이터의 단순회귀 모델

[스크립트 설명]

- 가로축을 sepal_length(cm), 세로축을 sepal_width(cm)로 하고 3종의 iris 각각에 대한 회귀 모델을 구한다. truncate=True는 회귀 모델의 그래프를 데이터의 범위 내로만 한정하고 =False는 가로축 범위를 넘어서 그래프를 그린다.
- hue는 색조, size는 그래프의 크기[inch]를 지정한다.

다변수 데이터 분석을 할 때에, 각 변수의 조합에 의한 산점도를 보는 것이 유용한 경우가 있다. 이것을 한꺼번에 그리는 것이 pairplot( )로 이 그래프는 **[그림 2.11]**과 같다.

```
sns_plot = sns.pairplot(iris, hue="species", diag_kind='hist')
```

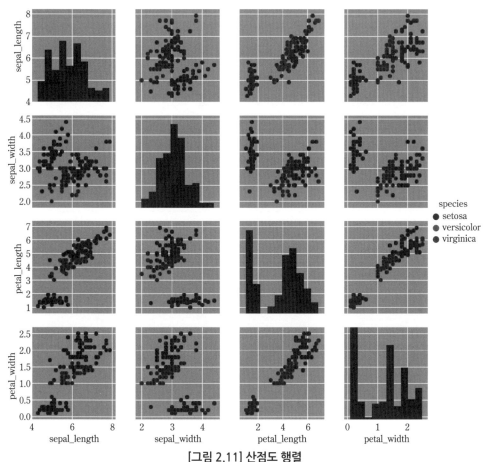

[그림 2.11] 산점도 행렬

Tea Break

가시화(visualization)라는 용어에 관해서 몇 가지를 기술한다. 이 장에서 설명하는 데이터 가시화 외에도 작업의 가시화라는 예와 같이 이 용어는 자주 사용된다. 가시화가 요구되는 이유는 가시화된 그래프나 그림은 직감적으로 개요를 알기 쉽고, 즉각적으로 취지를 빠르게 상대에게 전달할 수 있다는 이유가 첫 번째이다. 이에 반해서, 엄밀한 또는 치밀한 이론을 만들어 내기 위해서는 기호(변수, 수식, 전문 용어 등)를 구사하는 경우가 많다. 치밀한 이론을 상대에게 전체 내용을 전달하려면 시간이 필요하다. 따라서 상대방이 전체 내용을 빠르게 이해하기 바랄 때에는 가시화가 자주 요구된다.

이 장의 가시화는 graphics를 이용하고 있다. 영어로는 graphics의 's'가 없는 경우도 자주 눈에 띈다. 이 두 가지 사용 방식을 살펴보면 컴퓨터를 이용하는 것이 당연한 이 시대에는 그 정도 엄밀하게 구별하지 않는 것 같다. 다만 영어의 원뜻을 보면 graphic은 간단한 이미지나 도표를 의미하고 graphics는 이미지나 도표의 이론이나 학문을 의미하는 경우가 많다. 이것은 어미의 ics에 '~론' '~학'이라는 의미가 있고 유사한 예로 electronics(전자공학), robotics(로봇공학) 등이 있다.

그래프로 나타낸다(또는 문자로 나타낸다)라는 의미를 가진 어미로 -gram이 있다. 이 파생어로는 histogram, diagram, program, periodogram 등이 있고 이것들은 분명히 이 어미의 의미를 가지고 있다. 주의해야 할 것은 질량을 나타내는 단위인 그램(gram)과는 다른 점이다. 이 gram은 원래 프랑스어인 gramme이 생략된 것(이 원어는 프랑스어인 gramma)이고 그래프 표현의 -gram과는 다르다.

제 3 장
확률의 기초

확률론(probability theory)은 재판의 증거법이나 도박을 기원으로 시작되어, 현재 다양한 학문분야의 기초를 구축하였다. 확률론은 각 장의 기초가 되기 때문에 이 장에서는 필요한 최소한의 내용을 설명한다. 도구로는 scipy.stats를 이용한다.

3.1 확률이란

확률(probability)이란 수식으로 나타내는 비율이다.

$$\frac{\text{기대하는 } \textbf{사건}(\text{event})\text{이 일어나는 경우의 수}}{\text{발생할 가능성이 있는 모든 사건의 수}} \qquad (3.1)$$

표본공간(sample space)이란 **시행**(trial)의 결과로서 생기는 실현값 전체의 집합이다. 실현값은 표본공간의 한 점이기 때문에 **표본점**(sample point)이라고 한다. **확률 변수**(random variable)[*1]란 표본공간을 수치화한 것으로 확률적으로 정한 변수이다. **확률분포**(probability theory)란 확률 변수 각각의 값에 대한 확률의 형태(형상이라고 생각해도 된다)를 말한다. 또한 이 장에서는 표본점을 모두 알고 있는 것으로 취급한다. 일부밖에 모르는 경우에 관해서는 다음 장의 통계에서 설명한다.

확률 변수에는 이산확률 변수와 연속확률 변수가 있고 각각 점과 면과 같은 개념의 차이가 있다. 이 설명을 다음 항에서 하기로 하자. 각각의 대표적인 분포인 포아송분포(이산확률 변수), 정규분포(연속확률 변수)에 관해서는 별도의 절에서 설명한다. 그 외의 확률분포는 마지막 절에서 간결하게 정리하여 기술한다.

3.2 기본적인 용어 설명

확률론의 기본적인 용어를 설명한다.

[*1] 랜덤 변수라고도 부른다. 외래어가 이 용어가 눈에 들어오기 쉽다고 생각될 때 이 책에서도 이용한다.

3.2.1 이산확률 변수

이산확률 변수 X^{*2}를 다음과 같이 나타낸다.

$$X = \{x_1, x_2, \cdots, x_n\} \triangleq \{x_i\} \tag{3.2}$$

이 의미는 예를 들면, 성공과 실패를 각각 1과 0으로 할당하고 $X = \{1, 0\}$라고 하는 것에 해당한다. 또한 '주사위를 두 번 던질 때 나온 눈의 합'의 경우 $X = \{2, 3, \cdots, 12\}$이다. 이 확률을 [표 3.1]에 제시한다.

[표 3.1] 두 주사위 눈의 합 확률분포, 단봉형분포 형태로 나타난다

눈의합 $X = x_i$	2	3	4	5	6	7	8	9	10	11	12
확률 $P(X = x_i) = p_i$	$\frac{1}{36}$	$\frac{2}{36}$	$\frac{3}{36}$	$\frac{4}{36}$	$\frac{5}{36}$	$\frac{6}{36}$	$\frac{5}{36}$	$\frac{4}{36}$	$\frac{3}{36}$	$\frac{2}{36}$	$\frac{1}{36}$

[표 3.1]을 보고, 가로축을 X, 세로축을 $P(X)$로 취한 그래프를 연상하면 이 그래프는 단봉형을 나타낸다. 이런 형태의 모양이 확률분포이다. 다만 이산형이기 때문에 분포는 점이 몇 개 그려지는 이산 이미지이다.

이산확률 변수의 확률분포는

$$P(X = x_i) = p_i \tag{3.3}$$

로 나타낸다. 여기에서 (3.3)의 식을 읽는 방법은

확률 변수 X가 x_i의 값이 될 때의 확률 P는 p_i이다.

또한 확률의 공리((3.1)의 식에 기초하고 상세한 내용은 다른 책을 참조하기 바란다)에 의해, 전체 확률의 총합은 1이 된다. 즉

$$\sum_{x_i \in X} P(X = x_i) = p_1 + p_2 + \cdots = 1 \tag{3.4}$$

3.2.2 연속확률 변수

이산확률 변수에서는 집합 X의 각 요소^{*3}에 대해서 확률이 주어져 있다. 한편, 연속확률 변수에서는 집합의 각 요소에 대한 확률은 0, 즉 $P(X = x) = 0$이다. 이것을 직감적으로 설명한 것이 [그림 3.1]이다.

그림의 왼쪽에 나타낸 것처럼 실수축 x의 어느 구간 $[a, b]$ 내의 한 점을 생각하고 이 확률을 1로 하고 높이로 비유하기로 한다. 다음에 한 가운데를 그림에 나타낸 것처럼 한 점을 두 점으

---

*2 대문자 X로 나타낼 필연성은 없고 소문자 x라도 굵은 글씨체 $\boldsymbol{x}$라도 상관이 없다. 요점은 우변에 취하는 값이 복수 개라는 것이 명기될 수 있으면 된다.

*3 이산확률 변수의 각 요소는 폭도 면적도 0인 점과 같은 이미지이다.

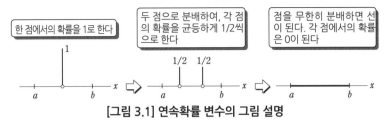

[그림 3.1] 연속확률 변수의 그림 설명

로 분배하고 확률도 균등하게 절반씩 나누는 것으로 한다. 이 분배를 무한히 반복하면 그림의 오른쪽에 나타낸 것처럼 구간 $[a, b]$ 내의 선분이 그려진다. 이 선분을 구성하는 무한개의 점 각각에 대한 확률은 극한을 생각하기 때문에 0이 되지만 처음의 정의에 의해 확률의 모든 합은 1이 된다. 또한 확률이 0이라고 해도, 이것은 극단적인 경우에 0이므로 사건이 일어나는 일도 있다. 이것이 연속확률 변수의 특징이다. 이것 이상 엄밀한 논의는 측도론에 기초하여 설명되지만 상세한 내용은 다른 책을 참조하기 바란다.

연속확률 변수의 이용 용도는 예를 들면 어떤 사람이 은행의 ATM 앞에 선 시간부터 떠날 때까지의 이용시간을 생각할 때에 이용된다. 이 이용시간의 분포 중 하나가 **[표 3.2]**에 있다.

[표 3.2] ATM 이용 시간의 분포 예

이용시간	1분 이내	1~2분	2~3분	3~4분	4~5분
확률	1/2	1/4	1/8	1/16	1/16

시간이 확률 변수일 때 '이용시간은 1분 15초'라는 식으로 시간을 딱 맞춰 가리키는 것이 불가능하고 **[표 3.2]**에 나타낸 것처럼 '몇 분 이내'라는 식으로 시간의 폭, 즉 구간을 지정해야 한다. 이 이유는 앞에 설명한 것처럼 1~2분의 구간에는 이산점으로 표현되는 시간이 무수히 존재하기 때문이다. 따라서 몇 천, 몇 만 자리 정밀도의 디지털 시계라고 하더라도 이 구간 내의 이산점 모두를 엄밀하게 표현할 수는 없다. 이 때문에 정확하게 '이용시간은 1분 15초' (정확하다는 것은 이 뒤에 0이 무한히 계속되는 것)가 되는 확률은 0이라는 것을 이해하기 바란다. 이에 비해 **[표 3.2]**와 같은 구간으로 지정되면 이용 시간을 연속확률 변수로 취급할 수 있다.

3.2.3 확률밀도 함수, 확률질량 함수와 백분위점

[표 3.1]에서 설명한 이산확률 변수의 분포를 그림으로 그린 것이 **[그림 3.2]**(a)이고 이산점으로 나타내고(그림에서는 보기 쉽게 한 것이므로 세로선을 점선으로 그렸다), 그 총합은 1이라고 약속하고 있다. 이 분포를 나타내는 함수를 **확률질량 함수**(pmf: probability mass function) $f(x)$라고 한다.

[그림 3.2]에서 설명한 연속확률 변수의 분포를 그린 것이 **[그림 3.2]**(b)이고 매끄러운 곡선

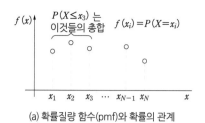 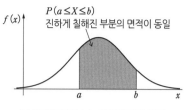

(a) 확률질량 함수(pmf)와 확률의 관계   (b) 확률밀도 함수(pdf)와 확률의 관계

[그림 3.2] 분포 함수와 확률의 관계

으로 나타내고, 그 전체 면적은 1이라고 약속하고 있다. 이 분포를 나타내는 함수를 **확률밀도 함수(pdf**: probability density function) $f(x)$라고 한다.

여기에서는 $f(x)$는 양쪽 공통이지만 문맥에서 어떤 것인가를 판단하면 된다. 또한 이산, 연속으로 용어를 구분해서 사용하는 것이 번잡할 때에는 확률분포라고 총칭하는 경우가 있다.

확률분포와 확률 $P(X)$와의 관계를 기술한다. 이산형의 경우 확률은 $f(x_i) = P(X = x_i)$가 되는 것에 유의하고 어느 범위의 확률은 다음의 덧셈 형태가 된다.

$$P(X \leq x) = \sum_{X \leq x} f(X) \tag{3.5}$$

연속형의 경우 구간 $[a, b]$의 확률은 다음 식으로 표현된다. 이것은 구간 $[a, b]$에서 $f(x)$의 면적과 같다.

$$P(a \leq X \leq b) = \int_a^b f(x)dx \tag{3.6}$$

이 둘 사이의 차이는 덧셈을 하는 것과 면적을 구하는 것에 있다.

백분위점(percentage point)에 관해서는 확률밀도 함수(연속형)를 이용하여 설명한다. 이산형확률 변수의 경우에도 거의 동일한 이론을 적용할 수 있다.

백분위점 z_α는 그 점보다 위쪽의 확률이 α(또는 $100\alpha\%$)가 되는 점을 말한다. **[그림 3.3]**의 예에서는 $\alpha = 0.05$일 때의 z_α를 구하는 순서가 기록되어 있다. 분포 함수에 따라 이 값은 다르고, 또한 분포가 대칭이 아닌 경우도 있다. 표준정규분포 $N(0, 1)$의 경우는 약 $z_\alpha = 1.645$가 된다(구하는 방법은 뒤에 기술).

양측의 경우 즉 백분위점이 아래쪽과 위쪽의 $[z_a, z_b]$로 주어지고 이 구간의 확률을 구하는 방법을 설명한다. 이 경우 한쪽 부분을 구하는 방법을 이용한다.

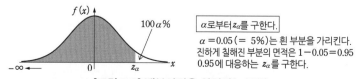

[그림 3.3] 백분위점을 설명하는 그림

예를 들면, 구간 $[z_a, z_b]$의 확률을 구하고 싶다고 하자. 이 경우 **[그림 3.4]**에 나타낸 것처럼 구간을 나누어 생각하여 $P(x \leq z_b)$의 확률을 p_b, $P(x \leq z_a)$의 확률을 p_a라고 할 때 구하려는 확률 $= p_b - p_a$로 구해진다.

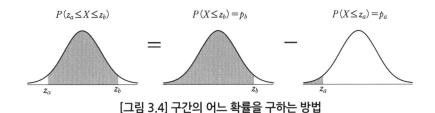

[그림 3.4] 구간의 어느 확률을 구하는 방법

이 책에서 이용하는 확률분포를 **[표 3.3]**, **[표 3.4]**에 나타낸다. 양쪽 표의 왼쪽 열은 SciPy의 표기, 오른쪽 열은 그 확률분포의 이름을 나타낸다. 확률분포를 기초로 몇 가지 계산을 SciPy가 담당한다. 이것은 이 장의 후반부에 제시한다.

[표 3.3] 이산확률분포(discrete probability distribution)

bernoulli	Bernoulli distribution
binom	Binomial distribution
poisson	Poisson distribution

[표 3.4] 연속확률분포(continuous probability distribution)

chi2	Chi-squared(χ^2) distribution
f	F distribution
norm	Normal distribution
t	Student's t distribution
uniform	Uniform distribution

3.2.4 모집단과 표본

모집단(population)이란 조사대상이 되는 집단 전체를 말하고 모집단의 특성을 나타내는 값을 **모수**(parameter)라고 한다. 확률론, 통계학의 세계에서는 **파라미터**(parameter)라고 부르는 방식보다는 모수라는 용어를 이용하는 경우가 많다. 또한 모집단의 특성을 확률분포로 나타내는 경우에는 모수는 그 확률분포를 특징짓는 값을 말한다. 예를 들면, 평균 λ인 포아송분포라든가, 평균 μ, 분산 σ^2(분산의 제곱근을 취한 표준편차 σ도 이용한다)인 정규분포처럼 평균이나 분산을 가리킨다.

모집단의 요소 모두를 조사하는 것은 어려운 점이 많다. 예를 들면, 한국인의 의식 조사를 하는 경우는 모집단은 한국인 전체이고 이것에 관해서 완전히 아는 것은 사실상 불가능하다. 따라서 모집단의 일부를 보고, 전체의 특성이나 성질을 알 수 있는 수단을 얻는 것은 당연하다. 이것을 통계라고 하고 다음 장에서 설명한다.

Tea Break

μ(그리스 문자, 뮤라고 발음)의 대문자는 M이다. 이것도 영어의 m, M에 해당하기 때문에 mean(평균)의 첫 문자와 관련지어, 평균을 나타내는 기호로 자주 이용된다. 주의해야 할 것은, 영어는 비교적 새로운 언어이기 때문에 그리스 문자 등의 오래된 언어문자와 문자 순서가 다르다는 점이다.

이론을 말할 때는 분산 σ^2(σ는 그리스 문자, 시그마 제곱이라고 읽는 경우가 많다)을 이용한다. 한편, 현장에서는 표준편차 σ쪽이 자주 이용된다. 모두 분포의 퍼진 정도를 나타내는 양이다(뒤에서 설명). 예를 들면, 어떤 부품의 직경이 [mm]로 표시될 때 분산의 단위인 [mm]^{2}의 이미지를 떠올리기 어렵다. 한편, 표준편차라면 직경과 동일한 단위인 [mm]이므로 현장에서 사용하기 편리하다.

3.2.5 평균, 분산, 그 외의 양

평균(mean), **분산**(variance), **표준편차**(standard derivation), **공분산**(convariance) 등의 정의를 제시한다. 이산확률 변수, 연속확률 변수에 대해서 각각 정의한다.

이산확률 변수의 경우

확률 변수 $X = \{x_1, x_2, \cdots, x_N\}$에 대한 확률을 $P(X = x_i) = p_i$라고 할 때 평균과 분산은 각각 다음 식으로 주어진다.

$$E[X] \triangleq \mu = \sum_{i=1}^{N} x_i p_i \tag{3.7}$$

$$V[X] \triangleq \sigma^2 = \sum_{i=1}^{N} (x_i - \mu)^2 p_i \tag{3.8}$$

여기에서

- $E[\cdot]$는 **기댓값**(expected value)을 구하는 연산자이다. 기댓값과 **평균값**(mean value)과의 관계는 뒤에 기술한다.
- $V[\cdot]$는 **분산**(variance)을 구하는 연산자이다.
- 두 가지 연산자가 모두 '[ ]'을 이용하는 이유는 이산값과 연속값에서 연산 내용이 다르다는 점을 강조하고 싶은 것뿐으로 다른 이유가 있는 것은 아니다. 그 외의 함수를 나타내는 경우에는 $f(\cdot)$와 같이 '( )'를 이용한다.
- 표준편차는 분산의 제곱근 σ(시그마)로 나타낸다.

- 개수 N은 전체 사건수(또는 전체 요소수)를 나타내고, μ와 σ^2은 실제 모수를 나타낸다. N이 전체 사건수보다 작은 표본수라면 통계량이 된다(통계의 장을 참조).

공분산은 두 개의 확률 변수 X, Y에 대해서 다음과 같이 계산된다.

$$C[X, Y] = E[(X - E[X])(Y - E[Y])] = E[XY] - E[X]E[Y] \tag{3.9}$$

연속확률 변수의 경우

확률 변수 X의 확률밀도 함수를 $f(x)$라고 할 때 평균, 분산은 각각 다음 식으로 정의된다.

$$E[X] \triangleq \mu = \int_{-\infty}^{+\infty} x f(x) dx \tag{3.10}$$

$$V[X] \triangleq \sigma^2 = E\left[(X - E[X])^2\right] = \int_{-\infty}^{+\infty} (x - \mu)^2 f(x) dx \tag{3.11}$$

표준편차는 σ이다. 또한 공분산은 (3.9) 식과 동일한 정의가 된다.

3.2.6 이산형의 기댓값과 평균

기댓값과 평균의 관계를 간단하게 설명하기 위해 이산형의 구체적인 예를 통해 설명한다. 기댓값은 (3.7) 식에 의해, 다음과 같이 계산된다.

$$기댓값 = (확률 변수 \times 해당 값을 갖는 확률)의 총합$$
$$= (상금(a) \times 당첨확률(b))의 총합 \tag{3.12}$$

이 식을 복권 예([**표 3.5**])에 적용시켜 계산하면 기댓값은 1,450원이 된다.

[표 3.5] 복권, 총 수는 1,000만 장

등수	상금(a)	당첨 매수	당첨 확률(b)	a × b
1등	20억 원	2매	0.00002%	400원
아차상	5억 원	4매	0.00004%	200원
다행상	100만 원	198매	0.00198%	20원
2등	1억 원	3매	0.00003%	30원
3등	1,000만 원	40매	0.0004%	40원
4등	100만 원	100매	0.001%	10원
5등	3만 원	10만 매	1%	300원
6등	3,000원	100만 매	10%	300원
보너스상	50만 원	3,000매	0.03%	150원
			기댓값 ⇒	1,450원

다음으로 어느 학급의 학생 수가 10명, 시험점수(10점 만점)는 다음과 같다고 하자.

$$4, 7, 5, 9, 7, 8, 10, 5, 8, 5 \Rightarrow 합계 \ 60점$$

이 예에 대해서도 동일하게 기댓값의 계산을 적용해본다. 다만 확률 $p = 1/N = 1/10$은 어느 점수에서도 동일하다는 것을 고려하여

$$기댓값 = \sum_{i=1}^{N} x_i \frac{1}{N} = \frac{1}{N} \sum_{i=1}^{N} x_i$$

로 한다. 이것은 우리가 이미 잘 알고 있는 평균값의 계산이다. 즉, 확률이 동일한 경우에는 기댓값은 평균값이 된다.

Tea Break

다음 두 가지 문제를 직감적(즉시라는 뉘앙스를 넣어)으로 답해 보자.

문제 1) 어느 선술집에서 주사위 1개를 손님이 굴리기로 한다. 짝수가 나오면 지정된 메뉴의 요금을 절반, 홀수가 나오면 2배의 요금을 지불하기로 한다. 여러분은 이 게임에 참여할 것인가?

문제 2) 한 학급에 40명의 학생이 있다고 하자. 생일이 동일한 학생이 적어도 2명 이상일 확률은 얼마인가?

문제 1의 기댓값은 원래 메뉴 요금의 $1\frac{1}{4}$이 되고 평균적으로 손님은 손해를 보는 것으로 된다(게임에 참여할 것인가의 여부는 그 사람의 사고 방식에 달려 있다). 문제 2의 확률은 약 89%이다. 직감적으로 답한 독자 중에는 이 답이 의외라고 느끼는 사람이 있을 수도 있다. 이것은 확률이 직감을 초월하는 사실을 제시한다는 의미이다, 현실 사회에서 넘쳐나는 수학에 대해서, 옳은 직감을 몸에 익히는 것이 필요하다는 것을 이 예로 설명할 수도 있다.

3.3 정규분포

정규분포(normal distribution)[*4] 는 확률·통계학에서 가장 유용한 연속형 확률분포 함수이므로 그 외의 확률분포로부터 따로 떼어내어 여기에서 설명한다.

3.3.1 정규분포의 표현

정규분포의 확률밀도 함수 $f(x)$는 다음 식으로 나타낸다.

$$f(x) = \frac{1}{\sqrt{2\pi\sigma^2}} \exp \left\{ -\frac{(x - \mu)^2}{2\sigma^2} \right\} \tag{3.13}$$

[*4] 이 함수는 드 모아블(프랑스, 1667-1745)이 발견하고 그 후에 가우스(독일, 1777-1855)가 오차론에서 상세하게 논했기 때문에 가우스분포(Gaussian distribution)라고도 부른다.

여기에서 μ는 평균값, σ^2은 분산(σ는 표준편차), π는 원주율, 식에서 exp라고 표현되는 e는 자연대수의 밑(네피어 수라고도 한다)이다.

정규분포는 **[그림 3.5]**(a)에 나타낸 것처럼 평균값 μ를 중심으로 좌우대칭 분포의 모양으로 나타낸다.

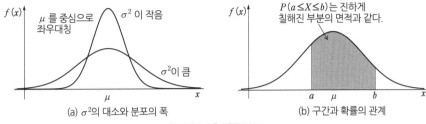

(a) σ^2의 대소와 분포의 폭   (b) 구간과 확률의 관계

[그림 3.5] 정규분포

또한 분산 σ^2은 x의 성질을 나타내는 파라미터의 하나로 전체 면적 = 1의 조건 아래에서 다음과 같은 성질이 있다.

- $\sigma^2 \to$ 대: x의 산포도가 크다(그래프의 높이 → 낮다, 폭 → 넓다)
- $\sigma^2 \to$ 소: x의 산포도가 작다(그래프의 높이 → 높다, 폭 → 좁다)

분산에 의해 분포의 모양이 바뀌는 것은 다음 Notebook에서 확인할 수 있다.

[파일 3.1] PRB_NormalDistribution.ipynb

```
m = 5     # mean
std = 2 # standard deviation
x = np.arange( -5, 15, 0.01)
y = norm.pdf(x, loc=m, scale=std)
```

이 스크립트는 정규분포 그래프를 그리고, **[그림 3.5]**(a)와 동일한 분포형태를 나타낸다. 여기에서는 그래프를 제시하지는 않으므로 Notebook을 보고 확인하기 바란다.

연속형 확률이란 **[그림 3.5]**(b)에 나타낸 것처럼 구간 $[a, b]$ 영역의 면적과 같다. 즉, 확률 변수 x가 이 구간 내에 있을 확률이란 다음과 같이 표현된다.

$$P(a \le x \le b) = \int_a^b f(x)\,dx \tag{3.14}$$

또한 확률 변수 x가 정규분포를 따르는 변수라는 것을 나타내는 표현은 다음과 같다.

$$x \sim N(\mu, \sigma^2) \tag{3.15}$$

비고 말할 필요가 없을 지도 모르지만 확률 변수를 대문자 X로 하고 소문자 x나 z(z에 관해서는 관습상이라고 표현하는 경우가 많다)로 하는 경우도 많다. 그러나 대문자, 소문자에 특별한 의미의 차이가 없기 때문에 신경 쓰지 말고 계속 읽기 바란다.

표준정규분포(stnadard normal distribution)는 통계의 검정 등에서 사용되는 것으로 정규분포를 따르는 x를 다음과 같이 변환한다. 이 변환된 z는 평균값 0, 분산 1인 정규분포가 된다.

$$z = \frac{x - \mu}{\sigma} \sim N(0, 1) \tag{3.16}$$

원래의 x가 존재하는 구간이 $[a, b]$일 때 표준정규분포로 변환된 z의 구간은 다음과 같다.

$$[a, b] \rightarrow \left[\frac{a - \mu}{\sigma}, \frac{b - \mu}{\sigma} \right] \tag{3.17}$$

이 때 $P(a \leq x \leq b)$는 위의 변환된 구간에서의 z의 면적과 동일하다.

scipy.stats.norm은 정규분포에 관한 몇 가지 계산을 수행한다.

norm.ppf(percent point function, 백분위점 함수) α가 주어지고 확률 $(1 - \alpha)$가 되는 백분위점(단측)을 구한다.

norm.isf(inverse survival function, 역생존 함수) norm.ppf의 $(1 - \alpha)$를 계산하지 않고, 직접 α로부터 백분위점을 구한다.

norm.interval 구간 $[z_a, z_b], (|z_a| = z_b)$의 확률 $(1 - \alpha)$가 주어지고 백분위점 z_α, z_b를 구한다.

norm.cdf(cumulative density function, 누적분포 함수) 백분위점이 주어지고 이 확률을 구한다.

norm.pdf(probability density function, 확률 함수) 확률 변수 x가 주어지고 확률밀도 함수 $f(x)$의 값을 구한다.

norm.rvs(random variables) 평균값 loc, 표준편차 scale, 크기 size의 랜덤 변수를 발생시킨다.

다음의 Notebook에서는 구간 $[-1.65, 1.65]$인 경우의 확률을 구한다. 여기에서는 간단히 $|z_a| = z_b$로 두고 있지만 여러분이 다양한 값을 시험해보기 바란다.

[파일 3.2] PRB_NormalDistribution.ipynb

```
from scipy . stats import norm   # normal distribution

za = 1.65
zb = -1.65
pa = norm.cdf(za, loc=0, scale=1)   # loc is mean
pb = norm.cdf(zb, loc=0, scale=1)   # scale is standard deviation
p = pa - pb
print('p=',p)
```

```
p= 0.9010570639327038
```

뒤에 설명하는 검정에서는 α(검정에서는 유의수준이라고 한다)로 주어지기 때문에 백분위점의 단측(z_α), 양측(z_α, z_b)을 구하는 경우가 자주 있다. 이 경우 표준정규분포를 이용하여 이것이 대칭분포라는 것을 전제로 구간이 대칭($|z_a| = z_b$)을 가정하고 있다.

예를 들면, $\alpha = 0.05$라고 둔 경우 [그림 3.4]에 나타낸 흰 부분의 면적은 양측으로 두 개가 있기 때문에 한 쪽 흰 부분의 면적은 0.05/2 = 0.025이다. 이 값에 대한 백분위점을 구하는 것이 된다. 이 계산을 scipy.stats.norm.interval을 이용하여 수행한 것이 다음과 같다.

```
za,zb = norm.interval(alpha=0.95, loc=0, scale=1)
print('za=',za,' zb=',zb)
```

```
za= -1.959963984540054    zb= 1.959963984540054
```

3.3.2 확률 변수의 생성

인공적으로 확률 변수(random variable, 랜덤변수라고도 부른다)를 생성하는 스크립트는 다음과 같다.

```
np.random.seed(123)

mean = 2.0 # mean
std = 3.0   # standard deviation
for N in [100, 10000]:
    x = scipy.stats.norm.rvs(loc=mean, scale=std, size=N)
    print('N = %d  mean = %f  std = %e' % (N, x.mean(), x.std(ddof=1)))
    plt.figure()
    plt.hist(x, bins=20)
    plt.title('$N = %i$' % (N) )
```

[스크립트 설명]

- 확률에 관한 계산은 SciPy에서 수행하고 있지만 난수발생의 초기 설정은 numpy.random.seed( )를 이용한다. 또한 이 호출을 하지 않으면 계산결과를 매번 다르게 할 수 있다.
- 표준편차의 계산 x.std(ddof=1)에서 ddof=1은 1/(N−1)인 나눗셈을 의미한다. ddof를 지정하지 않으면 1/N인 나눗셈이 되어 불편표준편차가 되지 않는다(제4장 참조).

계산 결과는 다음과 같다.

```
N = 100  mean = 2.081327  std = 3.401773e+00
N = 10000  mean = 2.031495  std = 2.991842e+00
```

생성된 확률분포의 데이터에 대한 히스토그램([그림 3.6])을 보면 데이터 수가 10,000개일 때 점차로 정규분포와 같은 형태가 된다.

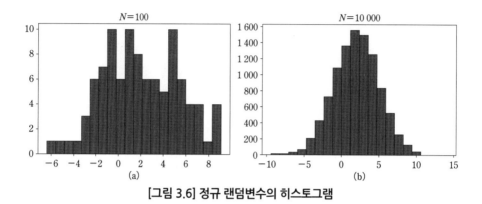

[그림 3.6] 정규 랜덤변수의 히스토그램

3.3.3 중심극한정리

다음 중심극한정리를 소개한다.

> **[중심극한정리(central limit theorem)]**
>
> 표본 $x_1, x_2, \cdots, x_n$이 독립이고 기댓값이 μ, 표준편차 σ인 어떤 확률분포를 따른다고 한다. 표본평균은
>
> $$\hat{\mu} = \frac{x_1 + x_2 + \cdots + x_n}{n} \tag{3.18}$$
>
> 이라고 한다($\hat{\mu}$는 새로운 확률 변수가 되는 것에 유의하기 바란다). 표본의 크기 n이 커짐에 따라 이 $\hat{\mu}$는 평균 μ, 표준편차 $\sigma/\sqrt{n}$인 정규분포에 가까워진다. 다만 n이 커짐에 따라 분포의 폭이 좁아지는 것에 주의한다.
>
> $$z = \frac{(\hat{\mu} - \mu)}{\sigma/\sqrt{n}} \tag{3.19}$$
>
> 이것은 n이 커짐에 따라 표준정규분포 $N(0, 1)$에 가까워진다.

이 정리는 모집단의 확률분포가 어떠한 것이라도, n이 충분히 크다면, 표본분포 $\hat{\mu}$는 정규분포 $N(\mu, \sigma^2/n)$를 따른다고 간주하면 된다는 것을 기술한다. 이것이 정규분포가 자주 이용되는 이유 중의 하나이다.

이 정리를 확인하는 스크립트가 다음과 같다. 생성하는 확률 변수는 균일난수(평균 1/2, 분산 1/12)라는 것에 유의하기 바란다.

[파일 3.3] PRB_NormalDustribution.ipynb

```
N = 2000
y= np.zeros(N)
for n in [5, 5000]:
    for i in range(N):
        x = scipy.stats.uniform.rvs(size=n)
        y[i] = (x.mean() - 1/2)/(np.sqrt(1/12)/np.sqrt(n))
    plt.hist(y, bins=20, range=(-4,4), density=True)
```

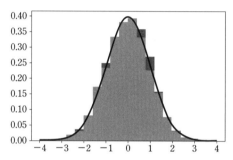

[그림 3.7] 중심극한정리의 시뮬레이션 결과

이 히스토그램(**[그림 3.7]**)은 정규분포와 비슷하다는 것을 알 수 있다.

3.4 포아송분포

포아송분포(Poisson distribution)는 이산확률분포의 한 가지 종류이다. 오퍼레이션 리서치 분야에서는 많이 이용되며, 이 책에서는 일반화 선형 모델로 등장한다. 이 분포의 이미지를 파악하는 것이 어려울 수 있으므로 이산확률분포 중에서 따로 떼어내어 설명한다.

3.4.1 포아송분포의 표현

포아송분포는 시간 간격$(0, t)$[5] 안에서 평균 λ(그리스 문자, 람다)번 발생하는 확률 사건이 k번 발생하는 확률을 표현하는데 이용되며, 다음과 같이 나타낸다.[6]

$$P(X = k) = e^{-\lambda t}\frac{(\lambda t)^k}{k!} \tag{3.20}$$

---

[5] 폐구간을 [,], 개구간을 (,)으로 나타낸다.
[6] 지금까지의 표기는 $P(X = x)$이었지만 k를 이용한 표기 $P(X = k)$도 받아들이기로 한다.

여기에서 k는 자연수, e는 자연대수의 밑($= 2.71828\cdots$, 네피어 수라고도 한다)이다. 또한 $0! = 1$이라고 가정한다.

포아송분포를 따르는 확률 변수는 다음과 같은 특성이 있다.

❶ (독립성) 사건이 발생하는 것은 서로 독립이다.

❷ (정상성) 사건이 발생하는 확률은 어느 시간대에도 동일하다.

❸ (희소성) 매우 짧은 시간 t 사이에 해당 사건이 2번 이상 발생할 확률은 무시할 수 있을 정도로 작다.

포아송분포가 적용되는 예로 교통사고 발생확률, 하루에 수신하는 전자우편 건수, 단위 시간 당 웹 서버에 대한 액세스 수, 단위 시간당 은행 지점이나 ATM을 방문하는 손님의 수 등이다.

λ를 변수로 할 때 $P(X = k)$, $(k = 0, 1, \cdots, 15)$의 그래프를 그리는 스크립트는 다음과 같다. 다만 단위 시간은 $t = 1$로 둔다.

[파일 3.4] PRB_Poisson.ipynb

```python
from scipy.stats import poisson

k = np.arange(0,16)
for lamb in range(1,6):
    p = poisson.pmf(k, lamb)
    plt.plot(k, p, label='lamb='+str(lamb))
```

[**그림 3.8**]을 보면 λ가 커짐에 따라 분포의 형태가 완만해지고 또한 오른쪽으로 이동하는 것이 확인할 수 있다.

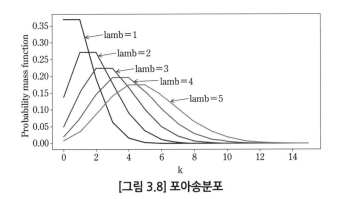

[그림 3.8] 포아송분포

3.4.2 포아송분포의 예

[예제 3.1] 어느 도시의 교통사고가 하루에 평균 2.4건 있다. 하루에 일어나는 교통사고의 건수가 포아송분포를 따른다고 가정할 때 하루의 교통사고가 2건 이하일 확률을 구하라.

해설 구하는 확률은 $P(X \leq 2) = P(X = 0) + P(X = 1) + P(X = 2)$이다. 이 식의 오른쪽 변 세 값을 차례대로 구하여 해를 얻는 스크립트는 다음과 같다.

[파일 3.5] PRB_Poisson.ipynb

```
lamb = 2.4
psum = 0
for k in [0, 1, 2]:
    p = poisson.pmf(k, mu=lamb)
    psum = psum + p
print('sum of p =',psum)
```

```
sum of p = 0.569708746658
```

결과에 의하면 약 57%의 확률로 2건 이하의 사고가 발생한다.

[예제 3.2] FIFA 월드컵 축구 2002년과 2006년 대회에서 1차 리그 전체 시합의 득점을 조사하여 특징을 분석하라. 다만 이 스크립트는 제공하지 않고, 본문만으로 설명한다.

해설 시합에서 대전하는 두 팀의 득점을 모두 더한 값을 한 시합의 득점으로 하고 이 빈도를 구한다. 빈도를 전체 시합수로 나눈 값을 세로축으로 잡고, 가로축을 득점분포로 잡은 것을 [그림 3.9]에 나타낸다. 여기에서 λ는 한 시합당 평균득점이다.

 [그림 3.9](a), (b)에서 각 λ를 이용하여 포아송분포 (3.20) 식을 계산한 결과를 그림에서 ● 으로 나타낸다. 그림 (a)는 실제의 득점 분포가 포아송분포에 가깝다는 것을 확인할 수 있다.

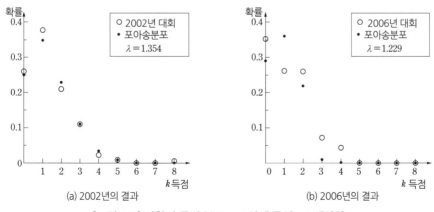

(a) 2002년의 결과   (b) 2006년의 결과

[그림 3.9] 시합의 득점 분포, ○: 실제 득점, ●: 계산값

한편, 그림 (b)는 실제의 득점분포와 포아송분포가 서로 비슷하다고 말하기 어렵다. 이것은 무득점 시합이 증가한 원인인 근대 축구 전술의 영향이 아닐까?

여기에서 다소 까다로운 논의이지만 축구의 득점은 **[그림 3.9]**(a)보다는 포아송분포로 나타난다고 가정하자. 이 가정을 기초로 축구시합에서 약한 팀(A)과 강한 팀(B)이 대전할 때 약한 팀이 이길 확률을 생각해보자.

A팀의 1시합 당 평균득점은 $\lambda_A = 1$점, B팀의 평균득점은 $\lambda_B = 2$점이라고 한다. 예를 들면, A팀이 1점, B팀이 2점을 득점한 것을 (A, B) = (1, 2)라고 표기할 때 A팀이 이긴 경우는 (A, B) = (1, 0), (A, B) = (2, 1)와 (2, 0), (A, B) = (3, 2)와 (3, 1)과 (3, 0), (A, B) = (4, 3)과 ⋯, ⋯이다. 각 경우의 확률을 구하면 예를 들면, (A, B) = (2, 1)이 되는 확률은

$$\frac{{\lambda_A}^{k_A}}{k_A!}e^{-\lambda_A} \cdot \frac{{\lambda_B}^{k_B}}{k_B!}e^{-\lambda_B} = \frac{1^2}{2!}e^{-1} \cdot \frac{2^1}{1!}e^{-2} = 0.0498 \tag{3.21}$$

이 된다. 이와 같이 A팀이 이기는 경우의 확률의 합이 어느 정도 수렴할 때까지 계산을 계속하면 A팀이 이길 확률은 18.2%가 된다. 추가적으로 무승부 확률을 동일하게 구하면 21.2%이다. 따라서 A팀이 무승부 이상이 될 확률은 39,4%가 되고 10번의 시합 중 4번 정도는 승점을 얻을 수 있게 된다.

그러나, 득점력에 2배의 차이가 있어도 야구와 같이 A가 평균 3점, B가 평균 6점인 경우에 A팀이 이길 확률은 9.5%, 무승부일 확률은 8.0%로 훨씬 낮아진다.

이와 같이 확률론에서 생각하면 공격력이 축구처럼 적은 득점력으로 1점차로 이긴다면 예상 밖의 결과가 높은 빈도로 생기는 것을 지적할 수 있다.

3.4.3 포아송 도착 모델의 시뮬레이션

오퍼레이션 리서치 분야에서 대기 행렬 이론(queueing theory)[7]이 있다. 대기 행렬은 은행의 ATM, 티켓 판매 창구, 슈퍼마켓 계산대 등에서 고객이 기다리는 현상을 가리킨다. 대기 행렬 시뮬레이션 모델의 하나로 포아송 도착 모델이 있다. 이 시뮬레이션 예를 소개한다.

고객이 처음부터 뿔뿔이 도착하는 경우 통계적 성질인 정상성, 독립성, 희소성이 성립할 것으로 생각되고 도착 형태를 포아송분포로 표현한다. 어느 일정한 시간당 도착하는 고객의 사람 수가 포아송분포를 따른다는 것을 다음 식으로 표현한다.[8]

---

[7] 대기 행렬 이론의 창시자인 아그너 얼랑(A. K. Erlang, 덴마크, 1878-1929, 수학자·통계학자·기술자)이 전화회사에 근무하고 있을 때 '허용된 전화 서비스를 제공하기 위해 어느 만큼의 회선을 준비할 필요가 있는가'라는 문제를 제시했다. 그는 임의의 전화 트래픽을 나타내기 위해 포아송분포가 적용 가능하다는 것을 증명한 논문 'The Theory of Probabilities and Telephone Conversations' (1909)을 발표했다. 이것이 계기가 되어 대기 행렬 이론을 생각할 수 있게 되었다.

[8] 지금까지 $P(X = x)$, $P(X = k)$라는 표현을 이용했지만 이 $P(k)$도 동일한 의미의 표현이고 이것도 받아들이기로 한다.

$$P(k) = e^{-\lambda t} \frac{(\lambda t)^k}{k!} \tag{3.22}$$

여기에서 k는 도착하는 고객의 수, λ[명/s]는 평균도착률(t시간 당 도착하는 고객 수의 평균 값)이라고 할 때 (3.22) 식은 't시간 당 k명의 고객이 도착하는 확률'을 나타낸다. 이 도착을 **포 아송 도착**(poisson arrival)이라고 한다.

지금 $t = 1$로 두고 단위 시간 당(단위 시간은 1시간마다 또는 5분마다 등이 적합하다) 도달 하는 사람 수의 확률을 생각한다.

$$P(k) = e^{-\lambda} \frac{(\lambda)^k}{k!} \tag{3.23}$$

(3.23)식을 이용하면 예를 들면 단위 시간 당 평균 6명($\lambda = 6$)일 때 8명의 고객($k = 8$)이 도 착하는 확률은 다음과 같다.

$$P(8) = e^{-6} \frac{6^8}{8!} \approx 0.103 \tag{3.24}$$

도착 시간의 분포

포아송 도착 시에 고객의 도착시간 간격은 지수분포를 따른다. 이것을 증명하기로 한다. 시 간 간격 T 사이에 사건이 한 번도 일어나지 않는(즉, 한 명도 고객이 도착하지 않는) 확률은 (3.22)식에 의해

$$P(0) = e^{-\lambda T} \tag{3.25}$$

이고 이것은 관점을 바꾸면, 사건이 일어나는 시간 간격이 T보다 긴 확률은

$$P^c(T) = e^{-\lambda T} \tag{3.26}$$

으로 표현된다. 여기에서 P의 위첨자인 c는 complement를 나타낸다. 따라서 사건이 일어나는 시간 간격은 T 이하, 즉 어느 고객이 도착하고 나서 T 시간 이내에 다음 고객이 도착하는 확 률은

$$P_{arr}(T) = 1 - P^c(T) = 1 - e^{-\lambda T} \tag{3.27}$$

이 되고 위식의 양변을 T로 미분하여 다음 식을 얻는다.

$$f_{arr}(T) = \lambda e^{-\lambda T} \tag{3.28}$$

이것은 지수분포(exponential distribution, 연속인 확률밀도 함수의 일종이다)이다. 즉, 포아 송 도착 시에 고객의 도착 시간은 지수분포를 따른다는 것을 알 수 있다.

시뮬레이션에서 확률 변수인 T를 구하고 싶은 경우 (3.27) 식을 T에 관해서 풀면 다음과 같다.

$$T = -\frac{1}{\lambda} \log_e \left(1 - P_{arr}(T) \right) \tag{3.29}$$

다음 절에서 설명하듯이 식 중의 $P_{arr}(t)$에 균일난수 $U(0, 1)$을 대입함으로써 T를 구할 수 있다. 여기에서 $U(0, 1)$의 성질로부터 $1 - P_{arr}(T)$과 $P_{arr}(T)$의 통계적 성질은 동일하다. 이에 따라 (3.29)식 대신

$$T = -\frac{1}{\lambda} \log_e P_{arr}(T) \tag{3.30}$$

을 이용해도, 통계적인 결과는 동일하다.

Num 명 고객의 도착시각을 시뮬레이션하는 스크립트는 다음과 같다. 여기에서 $\lambda = 1$(lamb = 1)로 둔다.

[파일 3.6] **PRB_Poisson.ipynb**

```python
Num=30  # the number of arrival,
t_arrive = np.zeros(Num)
lamb = 1 # lamda

sum = 0.0
 for i in range(Num):
     sum = sum - (1/lamb) * np.log( uniform.rvs(size=1) )
     t_arrive[i] = sum

fig, ax = plt.subplots(figsize=(6,3))
ax.vlines(t_arrive, ymin=0, ymax=1)
```

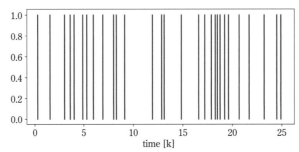

[그림 3.10] **포아송 도착 모델의 시뮬레이션, 세로선은 고객이 도착한 시각을 나타낸다.**

이 결과를 나타내는 [**그림 3.10**]은 고객이 도착한 시각에 세로선이 그려진다. 가로선은 단위 시간이다. [**그림 3.8**]에서 $\lambda = 1$의 분포 형태를 생각하면 시간 간격이 벌어질수록 고객의 도착률이 낮아지는 것을 이 결과로부터 알 수 있다. 분명히 고객의 도착시간 간격의 확률은 지수형태이다.

3.4.4 역함수를 이용한 난수 생성

(3.28) 식으로 나타낸 포아송분포를 따르는 확률 변수를 생성하는 방법으로 역함수법을 설명한다. 역함수법은 연속확률을 대상으로 역함수를 계산할 수 있으면, 그 외의 확률분포에도 적용할 수 있다. 또한 계산할 수 없는 경우에는 기각법 등의 방법을 이용한다.

어떤 확률밀도 함수를 $f(x)$, 누적분포 함수를 $F(x)$라고 한다. 여기에서

$$F(x) = \int_{-\infty}^{x} f(\tau)d\tau \tag{3.31}$$

$\mu = f(x)$는 구간 $[0, 1]$에서 균일분포라는 사실을 이용한다. 증명은 μ의 확률밀도 함수를 $g(u)$라고 두면, $f(x)dx = g(u)du$가 된다. 또한 $\mu = f(x)$에 의해 $du = \{F(x)\}'dx = f(x)dx$ 가 된다. 이것에 의해 $g(u) = 1$이 된다. 즉, 구간 $[0, 1]$에서 균일분포한다.

따라서 생성하고 싶은 누적분포 함수 $F(x)$의 역함수 $F^{-1}(u)$을 이용하여 다음 식

$$x = F^{-1}(u), \quad u \text{ 는 } 0, 1 \text{에서 균일 분포하는 확률변수} \tag{3.32}$$

를 계산하면 된다.

예를 들면, 지수분포 $f(x) = \lambda e^{-\lambda x}$를 따르는 확률 변수를 생성하고 싶은 경우 이 누적분포 함수와 그 역함수를 준비한다.

$$F(x) = 1 - \exp(-\lambda x) \tag{3.33}$$

$$x = F^{-1}(u) = -\frac{1}{\lambda} \log_e(1 - u) \tag{3.34}$$

이때 x는 지수분포를 따르는 확률 변수가 된다.

3.5 확률분포와 패키지 함수

이 책에서 다루는 확률분포의 주된 성질과 대응하는 scipy.stats의 패키지 함수명을 제시한다. 설명은 알파벳 순으로 하고 포아송 분포와 정규분포를 다시 수록한다.

이산확률분포: 베르누이분포, 이항분포, 포아송분포
연속확률분포: 카이제곱분포(χ^2분포), 지수분포, F분포, 정규분포, t분포, 균일분포

여기에서 각각의 확률분포 함수의 성질을 구하는 계산은 복잡하지만 여러분은 scipy.stats 를 이용하면 쉽게 계산할 수 있다. scipy.stats는 공통적인 함수명을 적용하고 있다. 예를 들면, 정규분포에서 ppf(percent point function)를 이용하여 백분위점을 구하고 싶은 경우에는 scipy.stats.norm.ppf라는 표기를 적용한다. 마지막 '.ppf'는 다양한 함수명으로 변환할 수 있다. 함수명은 [표 3.6]에 있다. 이 표에서 α는 백분위점으로 기술한 확률(또는 유의수준),

[표 3.6] 확률분포 함수의 패키지 함수명과 기능

함수명	기능
ppf (percent point function)	$(1 - \alpha) \to x_p$
isf (inverse survival function)	$\alpha \to x_p$
interval	$P(x_a \leq X \leq x_b) \to [x_a, x_b]$
cdf (cumulative distribution function)	$x_p \to P(-\infty \leq X \leq x_p)$
pdf (probability density function)	$x \to f(x)$
rvs (random variates)	X를 생성

$x_i,\ (i = p, a, b)$는 백분위점, x는 확률 변수를 나타낸다(여기에서는 소문자를 이용한다). 또한 화살표 기호를 이용하여 인수 파라미터 → 반환값(출력)이라는 표현을 이용한다.

3.5.1 베르누이분포(Bernoulli distribution)

베르누이분포는 베르누이 시행의 결과를 0과 1(성공/실패, 발생/미발생 등의 두 값)로 나타내는 분포를 가리킨다. 베르누이 시행은 다음 세 가지 조건을 만족하는 시행이다.

❶ 시행의 결과는 성공 또는 실패 중의 한 가지이다.

❷ 각 시행은 독립이다.

❸ 성공확률 p, 실패확률 $(1 - p)$는 시행 내내 일정하다.

확률질량 함수를 $f(x)$로 두면, x가 베르누이 분포를 따르는 확률 변수라고 할 때

$$f(k) = p^k(1-p)^{1-k} \quad for\ k \in [0,\ 1] \tag{3.35}$$

$$E\,[x] = p \tag{3.36}$$

$$V\,[x] = p(1 - p) \tag{3.37}$$

k는 0 또는 1인 것에 주의하기 바란다. 또한 이산형의 경우 $x = k$가 되는 확률 $P(x = k)$는 $f(k)$와 같다(그 외의 이산형분포 함수도 마찬가지).

패키지 함수명: scipy.stats.bernoulli

3.5.2 이항분포(binomial distribution)

다음 시행을 고려한다.

❶ 각 시행에서 해당 사건이 발생하는가의 여부만을 문제로 한다.

❷ 각 시행은 독립이다.

❸ 사건이 발생하는 확률 p는 일정하다고 한다.

한 번의 시행에서 사건 A가 발생하는 확률을 p로 한다. n번 시행에서 사건 A가 일어나는 횟수를 나타내는 확률 변수를 x라고 하고 이것이 확률질량 함수 $f(x)$를 따를 때

$$f(k) = {}_nC_k p^k (1-p)^{n-k} \quad (k = 0, \cdots, n) \tag{3.38}$$

$$E[x] = np \tag{3.39}$$

$$V[x] = np(1-p) \tag{3.40}$$

패키지 함수명: scipy.stats.bionom

3.5.3 포아송분포(Poisson distribution)

포아송분포의 개념을 파악할 수 있는 설명은 이미 하였기 때문에 그것을 참조하기 바란다. 포아송분포는 시간 간격 t 내에서 평균 λ번[*9] 발생하는 확률사건이 k번($k = 0, 1, 2, \cdots$) 발생하는 확률을 표현하기 위해 이용된다. 포아송분포를 따르는 확률 변수는 다음과 같은 특성이 있다.

❶ 각 시행은 독립이다.

❷ 사건이 일어나는 확률은 어느 시간대에도 동일하다.

❸ 매우 짧은 시간 동안 해당 사건이 두 번 이상 일어나는 확률은 무시할 수 있을 정도로 작다.

확률질량 함수를 $f(k)$로 두고, x가 포아송분포를 따르는 확률 변수일 때

$$f(k) = \exp(-\lambda t) \frac{(\lambda t)^k}{k!} \quad (k = 0, 1, 2, \cdots) \tag{3.41}$$

$$E[x] = \lambda \tag{3.42}$$

$$V[x] = \lambda \tag{3.43}$$

또한, 팩토리얼의 기본 가정에 의해 $0! = 1$이다.

패키지 함수명: scipy.stats.poisson

3.5.4 카이제곱분포(chi-squared distribution)

카이제곱분포(χ^2분포)는 카이제곱 검정이나 프리드만 검정에 이용된다. 또한 뒤에 설명하는 t분포의 성질에도 관련되는 등, 통계학에서 폭넓게 이용된다.

$z_1, z_2, \cdots, z_N$을 각각 표준정규분포 $N(0, 1)$을 따르는 서로 독립인 확률 변수라고 할 때 다음과 같이 정의된 새로운 확률 변수

$$\chi_N{}^2 = z_1{}^2 + z_2{}^2 + \cdots + z_m{}^2 \tag{3.44}$$

[*9] λ는 '람다'라고 한다.

의 확률분포를 자유도 m인 카이제곱분포라고 한다. 여기에서 자유도란 $z_i{}^2$을 몇 개 더한 것을 나타낸다. 주의해야 할 것은 $z_i{}^2$은 거듭제곱의 의미에서 2제곱을 나타내고 있지만 χ^2의 2는 단순한 표기라고 보아도 무방하다는 점이다.

자유도 m인 확률밀도 함수를 $f(m, x)$라고 둘 때

$$f(m, x) = \frac{1}{2^{m/2}\Gamma\left(\frac{m}{2}\right)}x^{m/2-1}e^{-x/2} \qquad (0 \leq x < \infty) \qquad (3.45)$$

$$E\left[x\right] = m \qquad (3.46)$$

$$V\left[x\right] = 2m \qquad (3.47)$$

여기에서 $\Gamma(\cdot)$는 감마 함수(gamma function)이고 또한 $x < 0$에서는 $f(m, k) = 0$이다.

패키지 함수명: scipy.stats.chi2

3.5.5 지수분포(exponential distribution)

은행 창구에 고객이 도착하는 시간 간격이나 쇼크가 일어나고 나서 사망할 때까지의 시간 간격 등, 어떤 현상이 일어나는 주기의 확률을 나타낸다. 포아송분포를 다룰 때에 함께 사용되는 경우가 많다.

확률밀도 함수를 $f(x)$, x가 이 분포를 따르는 확률 변수일 때

$$f(x) = \begin{cases} \lambda e^{-\lambda x} & x \geq 0 \\ 0 & x < 0 \end{cases} \qquad (3.48)$$

$$E\left[x\right] = \frac{1}{\lambda} \qquad (3.49)$$

$$V\left[x\right] = \frac{1}{\lambda^2} \qquad (3.50)$$

여기에서 λ는 포아송분포와 동일한 의미를 가진다.

패키지 함수명: scipy.stats.expon

3.5.6 F분포(F distribution)

카이제곱분포를 따르는 확률 변수를 생각하고 서로 독립인 두 변수 x_1(자유도 m_1)과 x_2(자유도 m_2)의 비

$$\frac{x_1/m_1}{x_2/m_2} \qquad (3.51)$$

는 F분포를 따른다.

확률밀도 함수를 $f(x)$라고 둘 때

$$f(x) = \frac{1}{B\left(\frac{m_1}{2}, \frac{m_2}{2}\right)} \left(\frac{m_1}{m_2}\right)^{\frac{m_1}{2}} x^{\frac{m_1}{2}-1} \left(1 + \frac{m_1}{m_2}x\right)^{-\frac{m_1+m_2}{2}} \tag{3.52}$$

$$E[x] = \frac{m_2}{m_2 - 2} \tag{3.53}$$

$$V[x] = \frac{2{m_2}^2(m_1 + m_2 - 2)}{m_1(m_2 - 2)^2(m_2 - 4)} \tag{3.54}$$

여기에서 $B(\cdot, \cdot)$는 베타 함수(beta function)이다.

패키지 함수명: scipy.stats.f

3.5.7 정규분포(normal distribution)

정규분포는 앞에서 설명했으므로 참조하기 바란다. $f(x)$를 확률밀도 함수라고 할 때

$$f(x) = \frac{1}{\sqrt{2\pi\sigma^2}} \exp\left\{-\frac{(x-\mu)^2}{2\sigma^2}\right\} \tag{3.55}$$

$$E[x] = \mu \tag{3.56}$$

$$V[x] = \sigma^2 \tag{3.57}$$

패키지 함수명: scipy.stats.norm

3.5.8 t 분포(t distribution)

t분포는 스튜던트분포라고도 부른다. 검정에서 모분산을 알지 못하는 경우에 자주 이용되고 이 때 불편 표본분산이 이용되는 경우가 많다.

자유도 m인 확률밀도 함수 $f(x)$의 그래프는 정규분포와 유사한 **좌우대칭**인 분포형태를 나타낸다. 이 때문에 정규분포의 백분위점과 확률과 동일한 관계를 이용하는 것이 가능하다. 또한 m이 작은 경우에는 분포의 높이는 낮고, m이 커짐에 따라 높이가 커지는 정규분포에 가깝다.

$$f(x) = \frac{\Gamma\left(\frac{m+1}{2}\right)}{\sqrt{\pi m}\,\Gamma\left(\frac{m}{2}\right)} \left(1 + \frac{x^2}{m}\right)^{-\frac{m+1}{2}} \tag{3.58}$$

$$E[x] = 0 \quad (m > 1) \tag{3.59}$$

$$V[x] = \begin{cases} \infty & (1 < m \le 2) \\ \dfrac{m}{m-2} & (m > 2) \end{cases} \tag{3.60}$$

여기에서 $\Gamma(\cdot)$는 감마 함수이다.

패키지 함수명: scipy.stats.t

3.5.9 균일분포(uniform distribution)

연속과 이산 각각 균일분포가 있지만 여기에서는 연속인 균일분포를 설명한다. 어떤 실험 구간 $[a, b]$에서 모든 값을 동일하게 취하는 분포이다. 수치계산에서의 난수발생의 기초, 전차의 대기시간, 전기전자공학의 A/D 변환에서 양자화 오차 등에서 이용된다.

확률밀도 함수 $f(x)$는 다음 식과 같다.

$$f(x) = \begin{cases} \dfrac{1}{b-a} & (a \leq x \leq b) \\ 0 & (\text{그 외}) \end{cases} \tag{3.61}$$

$$E[x] = \frac{1}{2}(a + b) \tag{3.62}$$

$$V[x] = \frac{1}{12}(b - a)^2 \tag{3.63}$$

패키지 함수명: scipy.stats.uniform

제 **4** 장
통계의 기초

통계(statistic)는 표본을 조사함으로써 모집단의 성질을 명확히 하는 것을 목적으로 하고 개개의 요소를 표본화(샘플링, sampling)하여 이것을 분석하고 모집단의 성질을 수량적으로 나타내는 것이다. 이 장에서는 필요한 최소한의 통계로서 추정, 검정에 관해서 설명한다. 도구로서는 scipy.stats를 이용한다.

▌ 4.1 통계란

[그림 4.1]에 나타낸 것처럼 **모집단**(population)의 특징을 나타내는 것이 모수(parameter) θ 이다. 모수는 **모평균**(population mean) μ, **모분산**(population variance) σ^2 등 몇 개의 후보가 있다. 모집단 모두를 아는 것이 불가능한 경우에는 이것으로부터 요소를 몇 가지 추출한다. 이것을 **표본화**(sampling, 표본추출, 샘플링이라고 하는)라고 부르고, 얻어진 것을 **표본**(sample)이라고 한다. 이 표본에 대해서 어떠한 분석을 수행하여 모수를 추정하는 것이 **통계**(통계분석이라고도 하는)이다.

N개의 샘플링된 데이터(표본화된 표본)를 $\{x_i\}$, $(i = 1 \sim N)$라고 한다.[*1]

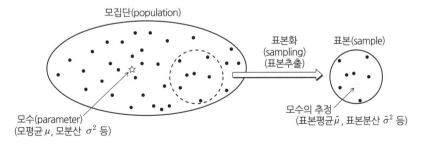

[그림 4.1] 모집단과 표본의 설명

[*1] 표본은 샘플, 표본화는 샘플링, 표본화된 표본은 데이터 또는 데이터 세트라고 부르기도 한다. 이 책에서는 이러한 용어를 통일하지 않고, 여러 가지 표현을 사용한다. 이것은 다른 책을 읽을 때에 거부감을 느끼지 않게 하려는 의도이다.

N은 표본수(샘플수라고도 하는)이다. 표본으로부터 계산된 수치(표본평균, 표본분산, 표본표준편차 등)를 **통계량**(statistic)이라고 한다. 표본은 모집단의 일부이므로 통계량을 통하여 모수를 추정하게 된다.

4.2 추정

표본으로부터 얻어진 통계량을 기초로 모수가 존재하는 범위를 구하는 것을 **통계적 추정**(statistical inference)이라고 한다. 예를 들면, 표본평균으로부터 모평균의 존재 범위를 알고 싶거나, 표본비율로부터 모비율의 존재 범위를 알고 싶은 경우 등에 이용한다. 추정에는 예를 들면 '모평균이 0.125이다'라는 식으로 하나의 값을 추정하는 **점추정**과 '모평균은 0.120과 0.130 사이에 있다'라는 식으로 범위를 추정하는 **구간추정**이 있다. 이 절에서는 이 두 가지에 관해서 설명한다.

4.2.1 점추정

점추정(point estimation)이란 모집단의 모수를 하나의 값으로 추정하는 방법이다. 점추정을 하는 값이 가져야 할 바람직한 특성으로 불편성, 일치성, 유효성 등이 자주 언급되지만 여기에서는 불편성을 설명한다. 일치성은 뒤에 기술한다. 그 외의 특성에 관해서는 다른 책을 참조하기 바란다.

불편성이란 추정량 $\hat{\theta}$의 기댓값이 모수 θ에 일치하는 것이다. 즉

$$E[\hat{\theta}] = \theta \tag{4.1}$$

이 성립할 때 추정량 $\hat{\theta}$를 **불편추정량**(unbiased estimator)이라고 부른다. 불편성을 가질 때 θ의 주변에 $\hat{\theta}$가 분포한다. 불편추정량은 기댓값[*2]이 참값과 일치한다고 말하는 것뿐으로 추정량이 참값에 어느 정도 가까운가는 말하지 않는다. 가까운 것을 말하는 것은 일치성이지만 이것은 뒤에 기술한다.

모평균 μ와 모분산 σ^2의 점추정으로서 표본평균 $\hat{\mu}$와 표본분산 $\hat{\sigma}$이 계산식을 다음에 제시한다. 햇(hat, ^)은 추정량의 의미로 사용되고 있다.

$$\hat{\mu} = \frac{1}{N} \sum_{i=1}^{N} x_i \tag{4.2}$$

$$\hat{\sigma}^2 = \frac{1}{N-1} \sum_{i=1}^{N} (x_i - \hat{\mu})^2 \tag{4.3}$$

[*2] 이 기댓값이란 전체 요소에 대해서 구해지는 것이다.

표본이 다르면, 표본평균도 표본분산의 값도 다르다. 즉, 둘 모두 확률 변수라는 것에 주의하기 바란다.

표본평균의 기댓값에 관해서 생각하자.

$$E\left[\hat{\mu}\right] = \frac{1}{N}E\left[\sum_{i=1}^{N} x_i\right] = \frac{1}{N}N\mu = \mu \tag{4.4}$$

따라서 표본평균은 불편추정량이라는 것을 알 수 있다.

다음으로 표본분산의 기댓값에 관해서 생각하면

$$E\left[\hat{\sigma}^2\right] = E\left[\frac{1}{N-1}\sum_{i=1}^{N}\left(x_i - \hat{\mu}\right)^2\right] = \frac{1}{N-1}E\left[\sum_{i=1}^{N}\left(x_i - \mu\right)^2 - \left(\hat{\mu} - \mu\right)^2\right]$$
$$= \frac{1}{N-1}\left(N\sigma^2 - \sigma^2\right) = \sigma^2 \tag{4.5}$$

가 되고 $\hat{\sigma}^2$는 불편추정량이 된다. 이 의미로 $\hat{\sigma}^2$은 불편분산이라고도 한다(표준편차에도 동일한 수식어가 붙는다). 이 결과로부터 표본분산의 식에서 $N-1$ 대신 N으로 나누면 불편분산이 되지 않는 것을 알 수 있을 것이다.

다음은 표본평균의 분포를 살펴보는 스크립트이다. 샘플수 N의 표본평균을 num개로 계산하고 이 분포를 히스토그램으로 살펴본다.

[파일 4.1] STA_Estimation.ipynb

```python
from scipy.stats import norm
num = 50
N = 10
mean, std = 2, 0.5
mu = np.zeros(num)
for i in range(num):
    mu[i] = np.mean( norm.rvs(loc=mean, scale=std, size=N))
plt.hist(mu, bins=20, range=(1.5, 2.5))
```

이 결과를 **[그림 4.2]**에 나타낸다.

이 결과를 보면 주어진 평균값(mena)의 주변에 분포하고 있는 모습이 확인된다. 이 스크립트에서 num을 크게 하면 분포의 평균값이 실제의 평균값(모평균 μ)에 가까운 모양이 되는 것을 그래프로 확인하기 바란다.

표본분산의 자유도

확률 변수의 **자유도**(degree of freedom, DoF라는 표기가 있다)라는 용어가 자주 등장한다. 자유도란 개략적으로 말하자면, 몇 개의 변수를 마음대로(자유롭게) 움직여도 되는가를 측정하는 지표이다. 예를 들면, 표본 $\{x_i\}$, $(i = 1 \sim N)$에 대해, $N = 1$이라고 해도, 표본평균은 계산할 수 있다. 즉, N개의 표본을 자유롭게 할 수 있으면 자유도는 N이라고 한다. 다음에 표본

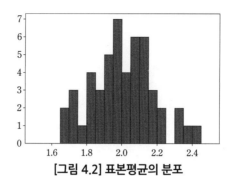

[그림 4.2] 표본평균의 분포

분산의 계산식을 생각하면 $N = 1$에서는 표본분산은 0이 되고 의미를 가지지 않는다. 최소한 $N \geq 2$이면, 표본분산은 계산할 수 있다. 따라서 표본수 중의 하나는 자유롭게 사용할 수 없다. 이 때문에 표본분산의 자유도는 $N - 1$ 이라고 간주한다.

일치성

제8장에 있는 ARMA 모델의 파라미터 추정에서 추정 파라미터의 일치성을 조금 다루기 때문에 여기에서는 개요만 기술한다.

표본의 수가 증가함에 따라 추정량 $\hat{\theta}$에 대응하는 모수에 가까워지는 것이 바람직하다. 이 성질을 나타낸 것이 다음 식이다.

$$\lim_{N \to \infty} P\left(\left|\hat{\theta}_N - \theta\right| < \varepsilon\right) = 1 \tag{4.6}$$

(4.6)식은 $N \to \infty$일 때 어느 충분히 작은 양의 수 ε가 있고 $|\hat{\theta} - \theta| < \varepsilon$가 되는 확률이 1이 된다는 의미이다. 이와 같은 성질을 가질 때 $\hat{\theta}$을 **일치추정량**(consistent estimator)이라고 부른다.

이 성질을 가진 것으로 표본평균이 있다. 표본평균의 분산을 생각하면 다음과 같아진다.

$$E\left[(\hat{\mu} - \mu)^2\right] = \frac{1}{N}\sigma^2 \tag{4.7}$$

이것에 의해 $N \to \infty$가 되면 0이 되므로 일치추정량이다.

4.2.2 구간추정

표본평균이나 표본분산은 모평균이나 모분산 주변에 분포한다고 설명했다. 그러나 각각이 어느 정도의 확률로 해당 분포의 어느 구간에 들어가는 가를 생각해보자. 이것이 **구간추정**(interval estimation)이다.

이러한 추정에 대한 지표의 하나로 신뢰구간이 있다.

[신뢰구간(confidence interval)]

신뢰구간은 $(1 - \alpha)$의 확률(또는 신뢰도)로 실제 모수의 값 θ가 구간 $[L, U]$에 들어가는 구간이라고 한다. 이것을 식으로

$$P(L \le \theta \le U) = 1 - \alpha \tag{4.8}$$

와 같이 표현한다. 이 때 L과 U를 구하는 것이 주된 목적이 된다. 여기에서 L, U는 각각 **신뢰하한**(lower confidence limit), **신뢰상한**(upper confidence limit), $(1 - \alpha)$는 **신뢰도** 또는 **신뢰계수**(confidence coefficient)라고 하고 구간 $[L, U]$를 **100(1 − α)% 신뢰구간**(또는 간단히 **신뢰구간**)이라고 부른다.

$(1 - \alpha)$는 목적에 따라 적당한 값을 선택하지만 보통 0.90, 0.95, 0.99를 선택하는 경우가 많고, 이 때 α는 각각 0.1, 0.05, 0.01이 된다. 또한 확률분포가 좌우대칭일 때 신뢰구간을 [그림 4.3]에 나타낸 것처럼 대칭으로 하고 $1 - \alpha$를 중심의 면적이라고 할 때 양끝의 진한 부분은 각각 $\alpha/2$가 된다. 따라서 신뢰구간 $[L, U]$를 백분위점으로 표기하는 $[-z_{\alpha/2}, z_{\alpha/2}]$으로 치환하여 생각하기로 한다.

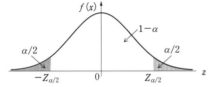

α	0.1	0.05	0.01
$1-\alpha$	0.9	0.95	0.99
$\alpha/2$	0.05	0.025	0.005
$Z_{\alpha/2}$	1.645	1.960	2.576

[그림 4.3] 표준정규분포에서 신뢰도 $1 - \alpha$와 신뢰구간

[그림 4.3]은 표준정규분포에서 각 신뢰도와 $z_{\alpha/2}$를 나타낸다. 이 $z_{\alpha/2}$를 계산으로 구하기 위해서는 예를 들면 $\alpha = 0.1$이라고 주어질 때 $1 - \alpha = 0.9$의 경우를 구하기 위해서는 다음과 같이 하면 된다.

[파일 4.2] STA_Estimation.iptnb

```
alp = 0.01
za, zb = norm.interval(alpha=(1-alp), loc=0, scale=1)
print('za=',za, ' zb=',zb)
```

그런데 [그림 4.3]에 나타낸 것처럼 분포 형태와 z_α의 위치가 대칭이라는 것을 가정했기 때문에 norm.interval을 이용했다. 이 계산 결과는 다음과 같다.

```
za= -2.57582930355   zb= 2.57582930355
```

확률·통계 분야에서 이미 출판된 서적들에서는 이 결과를 자주 4자리수로 반올림하여 표시하는 경우가 많다. 이것은 보고서의 표 등에서 정리할 때의 작성법이고 수치계산을 실시할 때에는 최대유효자리수 그대로 이용하는 것이 오차가 조금이라도 포함되지 않게 하려는 관점에서 바람직하다.

다음 항에서 구간추정으로 모평균의 신뢰구간과 모비율의 신뢰구간에 대해서 설명한다.

4.2.3 모평균의 신뢰구간

모분산 σ^2을 알고 있는 경우

모집단의 평균이 μ, 모분산이 σ^2일 때 표본평균은 다음과 같다.

$$\hat{\mu} = \frac{1}{N}\left(x_1 + x_2 + \cdots + x_N\right) \tag{4.9}$$

앞에서 기술한 것처럼 $\hat{\mu}$는 정규분포 $N(\mu, \sigma^2/N)$를 따르므로 이것을 표준화한 z를 고려한다.

$$z = \frac{\hat{\mu} - \mu}{\sigma/\sqrt{N}} = \frac{\hat{\mu} - \mu}{SE(\sigma, N)}, \qquad SE(\sigma, N) = \frac{\sigma}{\sqrt{N}} \tag{4.10}$$

그런데 확률통계 분야에서는 표본표준편차 $\hat{\sigma}$를 이용한 **표준오차**(standard error)($= \hat{\sigma}/\sqrt{N}$)라고 하는 양이 있다. 이것에 유사하게 SE라는 이름이 여기에서 주어졌다.

다음에 신뢰구간을 (4.8) 식에 기반하여 다음과 같이 나타낸다.

$$\begin{aligned}
1 - \alpha &= P\left(-z_{\alpha/2} \leq z \leq z_{\alpha/2}\right) \\
&= P\left(\hat{\mu} - z_{\alpha/2} \cdot SE(\sigma, N) \leq \mu \leq \hat{\mu} + z_{\alpha/2} \cdot SE(\sigma, N)\right)
\end{aligned} \tag{4.11}$$

이것은 미지의 모평균 μ가 이 구간에 존재하는 확률(신뢰도)이 $(1 - \alpha)$라고 기술하는 것이다. 따라서 μ의 신뢰도 $1 - \alpha$의 신뢰구간은 다음과 같다.

$$\left[\hat{\mu} - z_{\alpha/2} \cdot SE(\sigma, N), \quad \hat{\mu} + z_{\alpha/2} \cdot SE(\sigma, N)\right] \tag{4.12}$$

모분산 σ^2을 모르는 경우

(4.10) 식에서 σ대신 불편 표본분산 $\hat{\sigma}^2$을 이용하여 다음의 새로운 확률분포 t를 정의한다.

$$t = \frac{\hat{\mu} - \mu}{\hat{\sigma}/\sqrt{N}} = \frac{\hat{\mu} - \mu}{SE(\hat{\sigma}, N)} \tag{4.13}$$

여기에서 $SE(\hat{\sigma}, N) = \hat{\sigma}/\sqrt{N}$이다. 또한 상세한 내용은 다른 책에서 소개하고 있지만 이 t가 자유도 $N - 1$인 t분포 t_{N-1}을 따른다는 것이 알려져 있다.

(4.11) 식과 유사한 신뢰구간을 고려하자.

$$\begin{aligned}
1 - \alpha &= P\left(-t_{\alpha/2} \leq t \leq t_{\alpha/2}\right) \\
&= P\left(\hat{\mu} - t_{\alpha/2} \cdot SE(\hat{\sigma}, N) \leq \mu \leq \hat{\mu} + t_{\alpha/2} \cdot SE(\hat{\sigma}, N)\right)
\end{aligned} \tag{4.14}$$

따라서 μ의 신뢰도 $1 - \alpha$의 신뢰구간은 다음과 같다.

$$\left[\hat{\mu} - t_{\alpha/2} \cdot SE(\hat{\sigma}, N), \quad \hat{\mu} + t_{\alpha/2} \cdot SE(\hat{\sigma}, N)\right] \tag{4.15}$$

이상을 정리하면 다음과 같다.

> **[모평균의 신뢰구간]**
>
> 모평균 μ에 대하여 신뢰도 $1 - \alpha$의 신뢰구간은
>
> **모분산 σ^2을 알고 있는 경우** $\left[\hat{\mu} - z_{\alpha/2} \cdot SE(\sigma, N), \quad \hat{\mu} + z_{\alpha/2} \cdot SE(\sigma, N)\right]$ (4.12)
>
> **모분산 σ^2을 모르는 경우** $\left[\hat{\mu} - t_{\alpha/2} \cdot SE(\hat{\sigma}, N), \quad \hat{\mu} + t_{\alpha/2} \cdot SE(\hat{\sigma}, N)\right]$ (4.15)

생각해보면 신뢰구간 (4.12), (4.15) 식의 양변에서 공통이라고 말할 수 있는 것은

- 신뢰도를 높이면, 신뢰구간이 넓어진다. 역도 마찬가지이다. 이것은 직감적으로 알 수 있을 것이다. 그러나 너무 높은 신뢰도는 그다지 의미가 없다. 왜냐하면 신뢰도 100%(확률 100%라고 바꿔 읽어도 좋다)란 추정하는 모평균이 어떤 값이라도 구간을 벗어나지 않는다는 것을 의미하기 때문이다.
- $SE(\sigma, N)$, $SE(\hat{\sigma}, N)$는 모두 N이 증가하면 함께 작아지고 신뢰구간이 좁아진다. 즉, 표본수가 증가하면 그 만큼 모평균 값의 범위가 축소 가능하게 된다.

[예제 4.1] 초등학교 어느 학년의 전국 아동수는 110만 명이라고 한다. 이 아동을 대상으로 하는 전국 학력평가 평균값을 추정하기 위해 $N = 10$명을 무작위로 추출한 결과 표본평균은 $\hat{\mu} = 145.2$점이었다. 또한 표본표준편차 $\hat{\sigma}$는 23.7점이었다. 이 때 신뢰도 0.99, 0.95, 0.90에 대한 신뢰구간을 구하라.

해설 $N = 10$인 표본수가 적다고 생각하므로 t분포를 이용한 (4.15) 식을 기초로 신뢰구간을 구한다. 신뢰도 0.99, 0.95, 0.90에 대한 신뢰구간을 다음과 같이 구한다.

[파일 4.3] STA_Estimation.ipynb

```python
from scipy.stats import t
N = 10
mu_hat = 145.2
std_hat = 23.7
t1 = t.interval( 0.99, df=N-1)
t2 = t.interval( 0.95, df=N-1)
t3 = t.interval( 0.90, df=N-1)
se = std_hat / np.sqrt(N)

print('1-alp = 0.99, interval:', mu_hat + t1[0]*se, mu_hat + t1[1]*se)
print('1-alp = 0.95, interval:', mu_hat + t2[0]*se, mu_hat + t2[1]*se)
print('1-alp = 0.90, interval:', mu_hat + t3[0]*se, mu_hat + t3[1]*se)
```

t1[0] 등은 부호가 음수라는 것에 주의하기 바란다.

```
1-alp = 0.99, interval: 120.843788854 169.556211146
1-alp = 0.95, interval: 128.246041329 162.153958671
1-alp = 0.90, interval: 131.461555381 158.938444619
```

당연하지만 이 결과를 보면 신뢰도가 높아짐에 따라 신뢰구간이 넓어지는 것을 알 수 있다.

4.2.4 모비율의 신뢰구간

모비율은 예를 들면 국정 지지율이나 TV 시청률 등을 나타낸다. 이 경우의 모집단은 각각 모든 유권자, 세대수가 고려된다. 표본조사를 기초로 하는 경우 모비율은 표본비율에 의해 추정된다.

국정 지지율이나 TV 시청률은 지지하는가의 여부나 프로그램을 시청하는가의 여부를 문제로 하기 때문에 표본비율은 이항분포를 따른다. 따라서 표본비율이 이항분포를 따르는 경우의 모비율의 신뢰구간을 고려한다. 구하는 방법은 모평균의 경우와 동일하다.

시행횟수가 N, 어떤 사건(지지한다, 프로그램을 시청한다 등)이 발생하는 확률을 p라고 할 때 이항분포를 따르는 확률 변수를 $X \sim B(N, p)$라고 기술한다. 이 평균값과 분산은 각각 다음과 같다는 것을 알고 있다.

$$E[X] = Np \tag{4.16}$$

$$V[X] = Np(1-p) \tag{4.17}$$

또한 N이 충분히 클 때 중심극한정리에 의해 X는 정규분포 $N(Np, Np(1-p))$을 따른다. 이것을 표준화한 z를 도입한다.

$$z = \frac{X - Np}{\sqrt{Np(1-p)}} \sim N(0, 1) \tag{4.18}$$

이 z를 표본비율 $\hat{p} = X/N$으로 나타내기 위해 다음과 같이 변형한다.

$$z = \frac{1/N}{1/N} \frac{X - Np}{\sqrt{Np(1-p)}} = \frac{\frac{X}{N} - p}{\sqrt{\frac{p(1-p)}{N}}} = \frac{\hat{p} - p}{\sqrt{p(1-p)/N}} \tag{4.19}$$

이 z는 $N(0, 1)$을 따르므로 (4.12) 식과 유사하게 다음과 같아진다.

$$1 - \alpha = P\left(-z_{\alpha/2} \leq z \leq z_{\alpha/2}\right) \tag{4.20}$$

$$= P\left(\hat{p} - z_{\alpha/2} \cdot \sqrt{\frac{p(1-p)}{N}} \leq p \leq \hat{p} + z_{\alpha/2} \cdot \sqrt{\frac{p(1-p)}{N}}\right) \tag{4.21}$$

위 식의 신뢰하한과 신뢰상한에는 모비율 p를 포함하고 있다. 여기에서 N이 충분히 클 때에는 $\hat{p}$는 p에 거의 일치[3] 한다고 생각하여 p를 $\hat{p}$로 치환한다. 따라서 다음을 얻는다.

---

[3] $N \to \infty$일 때 $\hat{p}$는 p의 일치추정량이라고 말한다. 이 내용은 다른 책을 참조하기 바란다.

[모비율의 신뢰구간]

모비율 p에 대해, 신뢰도 $1-\alpha$의 신뢰구간은 다음과 같다.

$$\left[\hat{p} - z_{\alpha/2}\sqrt{\frac{\hat{p}(1-\hat{p})}{N}}, \quad \hat{p} + z_{\alpha/2}\sqrt{\frac{\hat{p}(1-\hat{p})}{N}}\right] \tag{4.22}$$

[예제 4.2] 국정 지지율을 조사하기 위해 여론조사를 실시했다. 표본수는 1,000명이고 지지하는 사람 수는 550명이었다. 신뢰도 95%인 신뢰구간을 구하라.

해설 $\hat{p} = 550/1000 = 0.55$, $z_{\alpha/2} = 1.96$, $\sqrt{\hat{p}(1-\hat{p})/N} = \sqrt{0.55(1-0.55)}/\sqrt{1\,000} = 0.01573$인 값을 (4.22)식에 대입하면 $\hat{p} \pm 1.96 \times 0.01573 = 0.55 \pm 0.0308$, 즉 $0.5192 \le p \le 0.5808$이 된다.

이 예제의 결과를 보고 표본조사에 불만을 가지고 있다고 가정하여 개선 방안을 고려하기로 하자. 첫 번째 아이디어는 신뢰도를 95%보다 높이기 위한 방안이다. 예를 들면, 100% 신뢰구간을 고려하면 모비율 p는 이 사이에 있다는 것을 100% 확신할 수 있다. 그러나 이것은 의미 없는 생각이다. 왜냐하면 이 경우의 구간은 $[-\infty, \infty]$이 되기 때문에 어떠한 추정값이라도 수용할 수 있기 때문이다.

두 번째는 $\hat{p} = 0.55$는 그대로 두어도, 예제의 결과에서는 신뢰구간이 너무 넓어지므로 이 신뢰구간을 좁히면, $\hat{p}$의 정확도는 더욱 올라가게 된다. 이를 위해서는 표본수 N을 크게 하면 된다. 그러면 어느 정도 크게 하는가에 대해 생각해보자. 앞의 모비율의 신뢰구간을 구하는 문제의 경우 신뢰도 95%의 신뢰구간의 폭은 $2 \times 1.96\sqrt{\hat{p}(1-\hat{p})}/\sqrt{N}$이었다. 여기에서

$$\hat{p}(1-\hat{p}) = -\hat{p}^2 + \hat{p} = -\left(\hat{p} - \frac{1}{2}\right)^2 + \frac{1}{4} \le \frac{1}{4} \tag{4.23}$$

이므로 $\hat{p}(1-\hat{p})$의 최댓값은 1/4이다. 따라서 신뢰구간의 폭은 넓어져도

$$2 \times 1.96\sqrt{\frac{1}{4N}} = 1.96\frac{1}{\sqrt{N}} \tag{4.24}$$

이다. (4.24) 식을 보면 알 수 있듯이 신뢰구간의 폭을 반으로 줄이려고 하면 표본수는 제곱의 4배가 될 필요가 있다는 것을 알 수 있다. 이 4배의 효과를 확인하기 위해 'STA_Estimation. ipnyb'에서는 $N = 1,000$, $N = 4,000$의 경우의 계산을 수행하고 있다.

또한 신뢰구간의 폭을 0.06(= $\pm$3%) 이내로 두기 위해서는 $1.96/\sqrt{N} \le 0.06$이 성립하는 N을 구하면 된다. 즉, $1.96/\sqrt{N} \le 0.06 = 32.67$에 의해 $N \ge 32.67^2 \simeq 1067$을 얻는다. 이 사

실에 기초하여 예제에서 표본수를 1000으로 두었다.

그럼 $\hat{p}$의 정확도를 더 높이고 싶고, 신뢰구간의 폭을 0.01로 좁히고 싶다고 생각한다고 하자. 앞의 신뢰구간의 최댓값에 관한 식을 이용하여 $\sqrt{N} \geq 1.96/0.01 = 196$, 따라서 $N = 38416$이 된다. 신뢰구간을 0.06에서 0.01로 좁히기 위해서는 표본수를 약 38배로 해야만 한다.

현실에서는 샘플링은 비용이 들기 때문에 통계조사의 정확도와 비용에 양의 상관관계가 있다는 것이 알려져 있다.

Tea Break

average와 mean에 관해서, 통계학에서 average가 의미하는 것은 **대푯값**이고 여기에는 산술평균(상가평균이라고도 한다), 중앙값(메디안 median), 최빈값(모드 mode)을 포함한다. 산술평균을 의미한다는 용어로 mean을 이용한다.

4.3 가설검정

4.3.1 가설검정이란

가설검정(hypothesis testing)이란 어느 가설에 대해서 그것이 옳은가의 여부를 통계학적으로 검증하는 수단이다.

예를 들면, 연구 개발된 신약의 효용을 조사하기 위해 복수의 시험자에게 투여하여 의학적으로 정해진 기준에 기초하여 그 효과를 평가하는 경우를 생각할 수 있다. 가설검정에 기초하면 이 평가에는 다음의 두 가설을 세울 수 있다.

귀무가설(null hypothesis)　　　　H_0: 약의 효과가 없다
대립가설(alternative hypothesis) H_1: 약의 효과가 있다

여기에서 어떠한 검정(검증이라고 바꿔 읽어도 된다)을 통해 H_0가 틀렸다는 것을 알았다고 하자. 이 때 H_0를 **기각한다**(reject)라고 판단된다. 이 경우 H_1이 옳은 것으로 **채택**(accept)된다. 그러나 이 기각이 틀릴 수도 있다. 기각해야 하는 것을 기각하지 않을 수도 있다.

이러한 오류를 위의 예로 말하자면 다음과 같다.

- 신약의 효용이 있는데도 불구하고 효과가 없다고 판단했다
- 신약의 효용이 없는데도 불구하고 효과가 있다고 판단했다

이와 같은 오류를 다음과 같이 표현한다.

[표 4.1]

판단	H_0이 옳음	H_1이 옳음
H_0을 기각	제1종의 오류	옳음
H_0을 기각하지 않음	옳음	제2종의 오류

일반 데이터(표본)를 잘못 취득한 상황으로 다음과 같은 예를 생각할 수 있다.

- 제1종의 오류 → 취득해야 하는 데이터를 얻지 못했다(계측기가 일시 정지하여 관측에 실패했다 등)
- 제2종의 오류 → 취득하지 않아야 할 데이터를 취득했다(회의에서 틀렸어도 목소리가 큰 의견이 통과되었다 등)

여기에서 기각의 해석에 관해서 설명한다. H_0를 기각했을 때에는 H_1(대립가설)을 채택한다. 이것은 문제가 아니다. 문제는 H_0를 기각하지 않았을 때이다. 이 경우 H_0가 옳다는 것을 알지 못한다([그림 4.4]).

(a) H_0를 기각하는 경우   (b) H_0를 기각하지 않는 경우

[그림 4.4] 가설검정, 해석에 주의

귀무가설은 어디까지나 가설이기 때문에 이것이 기각되지 않는 것은 가설이 옳다고 입증된 것과는 다르다. 이와 같이 귀무가설이 기각되지 않으면 그 존재가 인정되고 **'없던 것으로 되돌아간다'**라는 의미를 나타내는 용어이다.

유의수준

유의수준(significance level)이란 가설검정을 행하는 경우에 귀무가설을 기각하는가의 여부를 판정하는 기준을 말한다. 다음의 예를 통해 설명한다.

- 유의수준 α = 5%라고 설정할 때 귀무가설 H_0는 기각된다고 한다.
- 그러나 사실 좀처럼 일어나지 않는 일이 간혹 일어난 것뿐이고 가설이 옳은 것이었을지도 모른다(제1종의 오류).
- 이와 같은 오류를 범하는 확률이 유의수준 α = 5%라고 한다. 이 의미에서 유의수준을 **위험률**이라고도 한다.
- α = 5%란 동일한 상황에서 검정을 수행하면 20번에 한 번은 검정을 잘못할 위험성이 있다는 것을 의미한다.
- 역도 마찬가지이다(제2종의 오류).

- α 값의 후보로서 0.05(5%), 0.01(1%), 0.001(0.1%)이 자주 이용된다.

제1종과 제2종의 오류, 양쪽의 오류를 가능하면 작게 하고 싶지만 유의수준을 작게 해서 귀무가설이 기각되기 어려워지면, 거꾸로 옳지 않은 가설을 수용하는 위험이 증가한다. 즉 제2종의 오류 확률이 증가한다. 일반적으로 이 양쪽을 동시에 작게 하는 것은 불가능하다.

가설검정 절차는 다음과 같다.

> **[가설검정 절차]**
> 1. 명제를 세운다.
> 2. 명제에 적당한 검정통계량(뒤에 기술)을 계산한다.
> 3. 귀무가설 H_0와 이것을 부정하는 대립가설 H_1을 세운다.
> 4. 유의수준 α를 정한다(5%, 1% 등).
> 5. 이용된 검정통계량이 나타내는 확률분포(표준정규, t, χ^2분포 등)로부터 확률 p값을 구한다(검정에서는 p값이라고 부르는 경우가 많다).
> 6. $p < \alpha$라면, H_0가 일어날 확률이 충분히 작다고 판단하여 H_0를 기각하고 H_1을 채택한다.
> 7. $p > \alpha$라면, H_0를 기각하지 않는다. 표본수, 분석 방법 등을 다시 살펴보고, 재검정을 실시할 것인가를 고려한다.

$p < \alpha$, $p > \alpha$의 조건에 의해 H_0를 기각·기각하지 않는 이유는 다음 절에서 명확히 설명한다.

문제는 H_0를 설정하는 방법이다. 앞에서 기술한 것처럼 H_0는 기각되어 의미를 갖는 것이라고 해서 자의적으로 기각될 것 같은 H_0나 α를 정하는 것은 통계학 관점에서 보면 의미가 없는 것이다. 또한 H_0가 기각되지 않은 경우 H_0를 설정하는 방식을 다시 고찰하는 것은 물론 샘플링의 방식, 분석 방법도 다시 검토해야 한다.

4.3.1 단측검정과 양측검정

단측검정과 양측검정이란

귀무가설 H_0는 '평균 $\mu = 2.0$이다'라는 식으로 등호를 이용하는 형식으로 설정되는 경우가 많다. 이것에 대한 대립가설 H_1을 '$\mu > 2.0$' 또는 '$\mu < 2.0$'으로 두는 것을 **단측검정**(one tailed test/one side test)이라고 한다. 또한 '$\mu \neq 2.0$'과 같이 두면, μ는 큰지 작은지 어느 것에 포함되는가의 여부를 고려하게 된다. 이것을 **양측검정**(two tailed test/two side test)이라고 한다. 대립가설을 특별히 제시하지 않을 때는 대립가설을 양측검정으로 하는 것이 보통이다.

단측검정과 기각역

[그림 4.5](a)에 나타낸 것처럼 유의수준 $\alpha = 5$%란 기각역의 면적이 5%(0.05)라는 것이다. 문제에 적절한 검정통계량(뒤에 기술)을 구하고 이에 대응하는 확률분포를 이용한다. 검정통

계량이 기각역(그림에서 진하게 칠해진 부분)에 속하면 H_0를 기각, 속하지 않으면 H_0를 기각하지 않는다.

이 판정에는 두 가지 방식이 있다. 첫 번째는 α에 대응하는 확률 변수의 값(백분위점에 해당하는)을 구하고 검정통계량의 값과 비교한다. 검정통계량 쪽이 크면 기각, 반대라면 기각하지 않는다. 두 번째는 검정통계량을 기초로 확률 p를 구해, 이것과 α를 비교한다. $\alpha > p$ 값이라면 기각, 반대라면 기각하지 않는다. [그림 4.5](a)는 기각하는 경우를 나타내고 있다. 또한 단측검정의 경우 기각역이 음의 영역에 있는 경우도 있다.

양측검정과 기각역

α 값이 동일한 경우를 [그림 4.6](b)에 나타낸다. 양측 검정이므로 α 값 5%를 둘로 나누면, 한쪽 기각역의 면적은 0.025가 된다. 검정통계량이 기각역(그림에서 진하게 칠한 부분)에 들어가면 H_0를 기각, 들어가지 않으면 H_0를 기각하지 않는다. [그림 4.5](a)와 같이 상세하게 기술하지는 않지만, 기각 여부의 판정은 단측 검정과 동일하다. 다만, 양쪽 끝의 영역을 살펴보는 것만 다를 뿐이다.

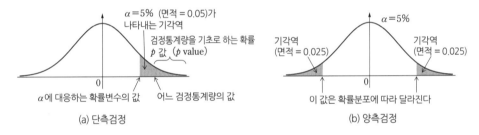

[그림 4.5] 단측검정과 양측검정의 그림을 이용한 설명

4.3.3 모평균의 검정

표본 $\{x_i\}$, $(i = 1 \sim N)$ 이 서로 독립이고 정규분포 $N(\mu_0, \sigma^2)$를 따른다고 가정한다. 문제는 모집단의 모평균이 μ_0인가의 여부를 검정하는 것이다(실제 모평균 μ는 알지 못한다는 것을 전제로 한다). 여기에서 모분산 σ^2을 알고 있는 경우와 알지 못하는 경우 각각에 대응하는 검점통계량을 도입한다.

> **[z검정과 t검정]**
>
> **모분산 σ^2을 알고 있는 경우(z 검정이라고 한다)** 다음 검정통계량을 이용한다.
>
> $$z = \frac{\hat{\mu} - \mu_0}{\sigma/\sqrt{N}} \ \sim \ N(0, 1) \qquad (4.25)$$
>
> **모분산 σ^2을 모르는 경우(t 검정이라고 한다)** 다음 검정통계량을 이용한다.

$$t = \frac{\hat{\mu} - \mu_0}{\hat{\sigma}/\sqrt{N}} \quad \sim \quad t(N-1) \tag{4.26}$$

여기에서 좌변의 t는 검정통계량이지만 오른쪽에 있는 $t(N-1)$은 자유도 $N-1$인 분포의 함수를 의미한다. 좌변의 t는 $t(N-1)$분포를 따르지만 이 양자가 다르다는 것에 주의하기 바란다.

z검정의 의미를 설명한다. (4.25) 식을 보면 중심극한정리에 의해 z는 표준정규분포에 가깝기 때문에 검정에서는 표준정규분포 함수를 이용하기로 한다. 정성적으로 기술하면 $|z|$가 크면, **[그림 4.5]**를 보면 알 수 있듯이 기각하는 확률이 높아진다.

$|z|$가 크다는 것은 분자가 크든지, 분모가 작든지, 또는 양쪽 모두이다. 분자가 크다는 것은 가정한 μ_0와 $\hat{\mu}$의 차이가 크다는 것을 의미하고 기각의 가능성이 높아진다는 것이 자연스러울 것이다.

분모가 작다는 것은 σ^2은 일정하고 표본수 N이 크다는 것을 의미한다. 그러나 통계의 정확도를 높이려면 N을 크게 잡아야 한다는 정설과는 모순되는 것이 아닐까? 증감률로 보면 N은 제곱근에 의해 영향을 받고 있다.

한편, N의 증가와 함께 $\hat{\mu}$가 실제의 μ을 잘 나타내는 비율 쪽이 높다는 것을 나타내는 것을 기대할 수 있고 이것을 바꾸어 생각하면 $\mu - \mu_0$인 차이의 정밀도가 높아지면 검정의 정밀도가 높아진다고 생각할 수 있다.

t검정의 경우도, 정성적으로는 z검정과 마찬가지로 볼 수 있다. 다른 점으로는 N이 작아지면 t분포는 양쪽 폭이 높고 넓어진다. 이 때문에 N이 작아질 때 검정통계량 t의 오차나 변동만큼 다소 영향이 커지더라도 z검정 때보다도 기각하는 확률을 줄이려는 견해가 있다.

또한 컴퓨터 성능이 충분하지 않았던 시대에는 $N > 30$에서는 t분포는 z분포에 가깝기 때문에 $\hat{\sigma}^2$을 σ^2으로 간주하여 t검정 대신 z검정을 이용해도 된다는 이론이 있었다, 그러나 현재 시대는 컴퓨터 성능이 충분하기 때문에 N의 값에 구애받지 않고 σ^2을 모르면 t검정을 이용하는 편이 더 정확한 값을 구할 수 있을 것이다.

평균값의 검정 절차를 예제를 통해 설명한다. 다만 z검정은 t검정과 비슷하므로 여기에서는 t검정만을 설명한다.

[예제 4.3] 모분산을 모르는 경우(단측검정)

어느 학급에서 수학 평균점수를 올리기 위해 보강 전후에 시험을 쳤다. 보강 전후의 점수 차이는 1, -1, -2, 3, -1, 5, 4, 0, 7, -1이었다. 보강의 효과를 알고 싶다. 유의수준 $\alpha = 5\%$에서 검정하라.

해설 보강 후 평균점수가 올랐다($\mu_0 > 0$)고 주장하고 싶다면, 이것을 대립가설 H_1으로 둔다. 보강의 효과는 없었다는 귀무가설은 $H_0(\mu_0 = 0)$로 한다. 이것은 단측검정이 된다. 이것을 확인하는 스크립트는 다음과 같다.

[파일 4.4] STA_HypothesisTesting.ipynb

```python
from scipy import stats

data = np.array([1, -1, -2, 3, -1, 5, 4, 0, 7, -1])
m = np.average(data)  # mean
s = np.std(data, ddof=1)  # std, ddof=1 : unbiased
N = len(data)  # the number of sample

alp = 0.05
talp = stats.t.ppf((1-alp),N-1)
print('talp (alpha=0.05, df=%d) =%f' %((N-1),talp))

m0 = 0  # null hypothesis
t = (m-m0)/(s/np.sqrt(N))
print('t=', t)
```

여기에서 talp는 α에 대응하는 확률 변수의 값, t는 (4.26) 식의 t이다.

```
talp (alpha=0.05, df=9) =1.833113
t= 1.5480470613460082
```

이 결과 talp > t이므로 H_0는 기각할 수 없다. 이와 같은 확률 변수의 값으로 비교하는 것이 아니라 확률의 값으로 비교하기 위해서는 다음과 같이 계산한다.

```python
prob = stats.t.cdf(t,N-1)
print('p value=',1-prob)
```

```
p value= 0.07800883831234118
```

p value(p값)는 설정한 α보다 크기 때문에 H_0를 기각할 수 없다.

고찰하자면, 평균점수가 올랐기 때문에 보강의 효과를 입증할 수 있다는 것이다. 이 이유 중의 하나로 (4.26) 식을 보면 분모에 $\hat{\sigma}$가 있고 이 값이 커지면 값이 작아진다. 즉, 데이터의 산포도가 크면 t값이 작다. 따라서 동일한 평균점수에서도 산포도가 작아지면 기각하여 보강의 효과가 있다는 것을 입증할 수 있다. 이것은 독자 스스로 스크립트를 수정하여 확인하기 바란다.

[예제 4.4] 모분산을 모르는 경우(양측검정)

알파 사의 정밀부품의 직경은 1.54cm이다. 제작된 것으로부터 8개를 표본 추출하여 직경을 측정하였더니 1.5399, 1.5390, 1.5399, 1.5395, 1.5400, 1.5390, 1.5399, 1.5399이었다. 이 부품은 규격대로인가? 유의수준 α = 5%로 검정하라.

해설 이 예에서는 규격의 값보다 크든 작든 불합격이므로 양측검정을 고려한다. 따라서 $H_0 : \mu_0 = 1.54$, $H_0 : \mu_0 \neq 1.54$로 둔다. 이것을 확인하는 스크립트는 다음과 같다.

[파일 4.5] STA_HypothesisTesting.ipynb

```python
data2 = np.array([1.5399, 1.5390, 1.5399, 1.5395,
1.5400, 1.5390, 1.5399, 1.5399])
m = np.mean(data2)              # mean
s = np.std(data2, ddof=1)  # std, ddof=1 : unbiased
N = len(data2)
df = N - 1                        # DoF
m0 = 1.54                         # H0:


t = (m-m0)/(s/np.sqrt(N))
prob = stats.t.cdf(t, df)
if t >= 0:
    p = 1 - prob
else:
    p = prob


print('t = ',t)
print('p value =',2*p)
```

위와 같이 t가 음수 값을 가질 때에는 p = prob로 한다. 또한 양측검정보다 p가 두 배가 되는 2*p로 한다.

```
t =  -2.4373067467182707
p value = 0.04493615922381196
```

α = 5%로 하면 p value $< \alpha$에 의해, H_0는 기각하고 H_1를 채택한다, 즉 규격대로가 아니라고 할 수 있다.

다른 계산 방법으로서 다음 함수를 이용하는 방법도 있다.

```
t, p = stats.ttest_1samp(data2, m0)
```

여기에서 함수의 인수는 data2: 한 그룹(한 표본)의 샘플 데이터, m0: 귀무가설 H_0으로 가정한 평균값, 반환값은 t: t값, p: p값을 나타낸다.

또한 이 함수는 양측검정을 전제로 하고 있으므로 단측검정에서 이용할 때 p값은 이 절반의 값을 이용한다. 위의 Notebook에는 이 사용예도 기술되어 있으므로 참고하기 바란다.

4.3.4 모분산의 검정

표본 $\{x_i\}$, $(i = 1 \sim N)$이 정규분포 $N(\mu, \sigma^2)$을 따른다고 가정한다. 이 μ, σ^2 양쪽 모두 알지 못한다. 이 때 모분산이 가정하는 σ_0^2와 동일한가의 여부를 검정하는 것이 모분산의 검정이다. 이를 위해 다음의 검정통계량을 이용한다.

[모분산의 검정]

$$\chi^2 = \frac{N-1}{\sigma_0{}^2}\hat{\sigma}^2 \sim \chi^2(N-1) \qquad (4.27)$$

표본분산 $\hat{\sigma}^2$은 불편이고($N-1$로 나눈 것), 또한 좌변의 χ^2은 검정통계량을 나타내고, 오른쪽 위의 2는 단순한 표기에 불과하다. 한편, 우변의 $\chi^2(N-1)$은 자유도 $(N-1)$인 카이제곱분포 함수이다. 좌변의 검정통계량 χ^2은 χ^2 분포를 따르는 것을 알고 있다(증명은 다른 책을 참조).

이 사용법을 다음에 제시한다.

[예제 4.5] 앞의 알파 사의 정밀부품에 관한 규격으로 분산은 1×10^{-7}mm이하로 되어 있다(산포도가 작다는 것을 말하고 싶다). 정밀부품의 모표준편차는 이 규격에 어긋나는지의 여부를 유의수준 5%에서 검정하라.

해설 분산이 양의 값을 갖는다는 것에 유의하여 분산이 어느 값 이하인가를 묻는 검정이므로 단측검정이다. 이 때문에 귀무가설 $H_0 : \sigma_0{}^2 = 1 \times 10^{-7}$, 대립가설 $H_1 : \sigma_0{}^2 > 1 \times 10^{-7}$로 둔다. 이것을 확인하는 스크립트가 다음과 같다.

[파일 4.6] STA_HypothesisTesting.ipynb

```python
var = np.var(data2, ddof=1)
print('variance =',var)


var0 = 1.e-7
alp = 0.05
N = len(data2)
df = N - 1


chi2 = (N-1)*var / var0
chi2_alp = stats.chi2.ppf( (1-alp), df=df)
print('chi2 =',chi2, '  chi2_alp=',chi2_alp)
pval = 1 - stats.chi2.cdf(chi2, df)
print('p value=',pval)
```

```
variance = 1.76964285714e-07
chi2 = 12.3875    chi2_alp= 14.0671404493
p value= 0.0885144666823
```

이 결과, α = 5%일 때 H_0를 기각할 수 없다. 즉, 규격 내에 있다고는 명확하게 말할 수 없지만 그 가능성이 있다는 것이 된다. 이 예제에서 $\sigma_0{}^2 = 1 \times 10^{-8}$이라고 할 때에 결과는 어떻게 변하는가 확인해보기 바란다.

4.3.5 두 표본의 평균 차이에 대한 검정

두 표본의 모집단(모두 정규분포를 따른다고 한다)의 모평균 차이 $\mu_1 - \mu_2$를 검정하는 것을 고려한다. 즉, 두 모평균이 동일한가의 여부를 알고 싶다고 한다. 이 경우 다음 세 가지를 고려할 수 있다.

- 두 모분산 $\sigma_1{}^2, \sigma_2{}^2$을 알고 있음
- 두 모분산은 모르지만 두 값은 동일함
- 두 모분산 모두 알지 못함 ⇒ 웰치의 t검정(Welch's t test)

원래는 두 표본이 정규분포를 따르는 것을 확인하는 검정 등이 필요하지만 여기에서는 정규분포를 따르고 있다고 가정한다. 또한 두 표본이 종속인가의 여부에 대한 검토도 본래 필요(이것을 대응이다, 독립이다라고 하는 경우도 있다)하지만 독립이라고 가정한다. 이러한 조건과 함께, 두 모분산 모두 알지 못하고 두 표본이 서로 독립인 경우만을 설명한다. 이 경우에는 웰치의 t검정을 이용한다.

표본 $\{x_1, \cdots, x_N\}$, $\{y_1, \cdots, y_M\}$ 각각의 표본평균 $\hat{\mu}_x$, $\hat{\mu}_y$, 표본분산을 $\hat{\sigma}_x^2$, $\hat{\sigma}_y^2$ 이라고 한다. 이 때 다음 검정통계량을 도입한다.

> **[두 표본의 평균차의 검정]**
>
> 두 모분산을 모두 알지 못하는 경우에는 웰치의 t검정을 이용한다. 이 검정통계량은 다음과 같다.
>
> $$t = \frac{\hat{\mu}_x - \hat{\mu}_y}{\sqrt{\dfrac{\hat{\sigma}_x{}^2}{N} + \dfrac{\hat{\sigma}_y{}^2}{M}}} \tag{4.28}$$
>
> 자유도는 웰치·사털드와이트의 식(Welch-Satterthwaite equation)에 의해 근사적으로 구할 수 있다(Wikipedia Welch-Satterthwaite equation을 참조).

자유도의 계산은 복잡하며, 일반적으로 실수가 된다. 함수 scipy.stats.ttest_ind는 이 계산도 포함하여 값을 계산한다. 이것을 이용한 예를 아래에 제시한다.

[예제 4.6] 두 체온계의 성능검정

다음은 두 개의 체온계 (s1)과 (s2)의 측정 정확도에 차이가 있는가(성능이 동일한가)를 확인하기 위한 10번의 측정 결과이다.

[파일 4.7] STA_HypothesisTesting.ipynb

```python
s1 = np.array([37.1, 36.7, 36.6, 37.4, 36.8, 36.7, 36.9, 37.4,
    36.6, 36.7])
s2 = np.array([36.8, 36.6, 36.5, 37.0, 36.7, 36.5, 36.6, 37.1,
    36.4, 36.7])
```

이 두 체온계는 동일한 체온 측정 정확도를 나타낸다고 말할 수 있을까? 따라서 양쪽의 평균값 차이에 유의한 차이가 있는가의 여부에 대한 검정을 실시한다. 이를 위해 귀무가설 $H_0 : \hat{\mu}_x = \hat{\mu}_y$ 대립가설 $H_1 : \hat{\mu}_x \neq \hat{\mu}_y$로 둔다. 이 때문에 양측검정이 된다. 이 검정을 실행하는 스크립트는 다음과 같다.

```
t, p = stats.ttest_ind(s1, s2, equal_var = False)
print('t = ',t,' p value = ',p)
```

여기에서 equal_var = False는 양쪽의 분산이 다르다는 것을 지정하고 있다. 실행결과는 다음과 같다.

```
t =  1.66538214496  p value =  0.114776580923
```

p value를 보면 $\alpha = 5\%$라고 할 때 α 값보다 크기 때문에 H_0를 기각할 수 없다. 즉, 두 체온계의 평균값은 동일하다는 가설을 기각할 수 없다.

4.3.6 상관, 무상관의 검정

상관

신장과 체중, 압력과 온도 등 2가지 데이터를 대상으로 이들 데이터 사이에 어떤 관계를 알아보는 방법으로 상관이 있다.

샘플수 N이 2인 두 가지 데이터 $\{x_1, \cdots, x_N\}$, $\{y_1, \cdots, y_M\}$의 분포 형태를 알아보기 위해 측정값의 쌍 x_i, y_i를 그래프로 그린 것을 **[그림 4.6]**에 제시한다. 이것을 **산점도**(scattergram)라고 한다.

x와 y 사이의 관계를 **상관**(correlation)이라고 한다. 산점도를 보고, 이 상관의 강약을 정량적으로 측정한 것으로 **상관계수**(correlation coefficient)가 있고 다음 식으로 계산된다[4].

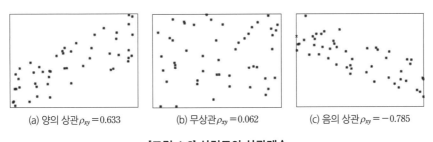

(a) 양의 상관 $\rho_{xy} = 0.633$ (b) 무상관 $\rho_{xy} = 0.062$ (c) 음의 상관 $\rho_{xy} = -0.785$

[그림 4.6] 산점도와 상관계수

---

[4] 상관계수에는 몇 가지 정의가 있고 (4.29) 식은 피어슨의 상관계수(Pearson correlation coefficient, 피어슨의 적률상관계수라고도 부른다)라고 부르는 것이다.

$$\hat{\rho}_{xy} = \frac{\dfrac{\sum\limits_{i=1}^{N}(x_i - \hat{\mu}_x)(y_i - \hat{\mu}_y)}{N}}{\sqrt{\dfrac{\sum\limits_{i=1}^{N}(x_i - \hat{\mu}_x)^2}{N}}\sqrt{\dfrac{\sum\limits_{i=1}^{N}(y_i - \hat{\mu}_y)^2}{N}}} = \frac{\sum\limits_{i=1}^{N}(x_i - \hat{\mu}_x)(y_i - \hat{\mu}_y)}{\sqrt{\sum\limits_{i=1}^{N}(x_i - \hat{\mu}_x)^2}\sqrt{\sum\limits_{i=1}^{N}(y_i - \hat{\mu}_y)^2}} \qquad (4.29)$$

여기에서 $\hat{\mu}_x$, $\hat{\mu}_y$는 각각 $\{x_i\}$, $\{y_i\}$의 표본평균이다.

상관관계는 반드시

$$-1 \le \hat{\rho}_{xy} \le 1 \qquad (4.30)$$

의 범위에 있다. $\hat{\rho}_{xy} > 0$일 때 **양의 상관**, $\hat{\rho}_{xy} < 0$일 때 **음의 상관**, $\hat{\rho}_{xy} \approx 0$일 때 **무상관** (uncorrelated)이라고 한다.

상관관계의 절댓값 $|\hat{\rho}_{xy}|$가 커질수록, 상관이 강해진다는 것이 일반적인 해석이지만 $|\hat{\rho}_{xy}|$가 얼마일 때 강하다, 중간정도이다, 약하다는 기준은 정해져 있지 않고, 대상에 따라 기준을 정하는 경우가 많다. 또한 경험상 $N < 1$ 정도일 때 $\hat{\rho}_{xy} = 0.7$ 정도에서도 실제로는 상당히 약한 상관인 경우가 있다. 따라서 상관계수의 숫자만으로 판단하는 것이 아닌, 산점도를 그려 확인하는 것이 필요하다.

무상관 검정

위에 기술한 것처럼 상관계수의 숫자를 보는 것만으로 상관이 있는가의 여부를 바로 판정하는 것은 위험하다. 따라서 상관이 있는가의 여부를 검정하는 무상관 검정이 있다. 이것은 무상관이라면 모상관계수는 $\rho_{xy} = 0$이 될 것이다. 이 검정을 수행하기 위해 다음의 검정통계량을 도입한다.

[무상관 검정]

$$t = \frac{|\hat{\rho}_{xy}|\sqrt{N-2}}{\sqrt{1 - \hat{\rho}_{xy}{}^2}} \sim t(N-2) \qquad (4.31)$$

좌변의 t는 이 검정을 위한 검정통계량이고 t검정의 t와는 다르다. 또한 이것이 자유도 $N-2$인 t분포를 따르는 이유는 다른 책을 참조하기 바란다.

이 검정을 다음 예를 통해 확인한다.

[예제 4.7] [표 4.2]는 아버지의 신장 x [cm]와 아들의 신장 y [cm]이고 이 양자 사이에 상관이 있는가의 여부(아버지의 신장이 크면, 아들의 신장도 크다는 가설)를 유의수준 $\alpha = 0.05$, 0.01의 경우에 관해서 알아 보자.

해설 이 문제의 경우 귀무가설 $H_0 : \hat{\rho}_{xy} = 0$, 대립가설 $H_1 : \hat{\rho}_{xy} \neq 0$이다. 이 예제를 위한 스크립트에서는 피어슨의 상관계수와 p값 두 가지를 동시에 계산하는 scipy.stats.pearsonr을 이용한다.

[표 4.2] 신장 측정 데이터

No.	1	2	3	4	5	6	7	8	9	10
x	168	172	181	179	166	185	177	176	169	161
y	111	125	129	120	126	133	130	116	118	115

```
x = np.array([168, 172, 181, 179, 166, 185, 177, 176, 169, 161])
y = np.array([111, 125, 129, 120, 126, 133, 130, 116, 118, 115])
corr, pvalue = stats.pearsonr(x,y)
print('corr. coef.=',corr, '  p value=',pvalue)
```

```
corr. coef.= 0.634270317334   p value= 0.0488829901933
```

p value를 보면 $\alpha = 5\%$일 때는 H_0 (무상관)를 기각하고 상관이 있다고 한다. $\alpha = 1\%$일 때는 H_0를 기각할 수 없다.

만일을 위해서 데이터의 산점도를 **[그림 4.7]**에 제시한다. 산점도 및 무상관 검정으로만 상관이 있는가의 여부를 판정하기란 어렵다. 실제로는 데이터를 둘러싼 조건 등을 고려하여 판정해야 할 것이다.

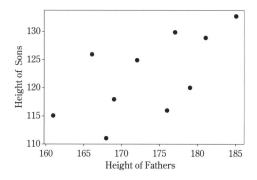

[그림 4.7] 아버지와 아들의 신장 산점도

Tea Break

　통계의 역사는 다음에서 볼 수 있다. 첫 번째는 통계청의 '통계전시관'을 찾아보는 것이 좋다. 두 번째는 스티븐 스티글러의 〈통계학의 역사〉(한길사)를 읽어보는 것이 좋다. 이러한 역사를 따라가 보면 데이터가 방대해지고 이 데이터로부터 어떠한 유익한 정보를 추출하고 싶지만 그 메커니즘이나 모델이 불분명할 때 통계를 이용한다는 것을 알 수 있다. 다만 유익한 정보란 사용자의 어떤 자의적인 사고에 좌우되는 것이 많다.

통계는 확률론을 기반으로 한다. 확률론은 광범위한 학술 분야에 도입되었다. 예를 들면 확률 시스템 제어론의 칼만 필터(Kalman filter)가 유명하다. 이것은 동적 시스템의 출력에 확률 잡음이 중첩될 때 그 상태량을 추정하는 것이다. 이 필터는 인공위성(특히 NASA의 아폴로 계획에 채택된 것으로 유명했다), 플랜트, 로봇 등의 광범위한 분야에서 응용되어 왔다. 필터의 아이디어는 루돌프 에밀 칼만(Rudolf Emil Kalman, 헝가리, 1930-2016, 공학자, 수학자)에 의한 것이다.

칼만의 강연을 들었을 때 칼만 필터에 확률을 도입한 것에 대하여 "God does not cast dice (신은 주사위를 굴리지 않는다)"라고 말하며, 자신의 필터를 약간 부정적으로 말해 저자는 의아하게 생각했다. 이것과 동일한 것이 상대성 이론으로 유명한 아인슈타인(Albert Einstein, 독일, 1879-1955, 이론물리학자)이 양자역학을 문제시하여 말했던 "God does not play dice with the universe"일 것이다. 이 두 사례가 말하고자 하는 것은, 잘 모르는 상태나 변수를 뭐든지 확률로 다루는 것은 연구자의 자세로서 어떠한가? 라는 문제 제기이다. 미래를 전망하는 신은 깊게 고찰하지 않고 탐구를 포기한 채 손에서 던지는 주사위 놀이는 하지 않는다는 식으로 표현한 것이다.

그런데, 어떠한 현상도 모두 엄밀한 모델로 표현하는 것이 절대적으로 옳은가? 이것을 끝까지 파고 들면 '라플라스의 악마(Laplace's demon)'에 맞닥뜨린다. 이 용어를 저자 나름대로 해석하면 모든 현상을 원자 레벨까지 모델로 만들어 시뮬레이션하면 불확실한 미래가 아니라 미래를 완벽한 형태로 예측할 수 있다는 사고 방식이다. 물론 이 사고 방식은 현재에는 과학적으로 부정되고 있다. 다만 잘 생각해보면 엄밀한 모델의 '엄밀함'이란 어느 레벨까지가 적절할까? 여러분의 의견을 듣고 싶다.

제5장
회귀분석

이 장에서는 설명 변수가 하나인 경우(단순회귀 모델, 다항식회귀 모델), 여러 개인 경우(중회귀 모델, 일반화 선형 모델)의 회귀분석을 설명한다. 이용하는 도구인 statsmodels은 회귀분석을 수행하는 다른 파이썬 라이브러리(scikit-learn 등)에 비해 p 값 등의 각종 통계량이 충분히 준비되어 있으므로 이것을 이용한다.

▌5.1 회귀분석이란

먼저 회귀분석의 개요와 의의에 관해서 설명한다.

5.1.1 회귀의 유래

회귀(regression)의 의미는 사전에 의하면 한 바퀴 돌아 원래대로 돌아간다는 것으로 단순회귀 모델(뒤에 설명)처럼 $y = \beta_0 + \beta_1 x$이 어떻게 해서 원래대로 돌아가는가 이상한 생각이 들지도 모른다. **회귀분석**(regression analysis)에서 회귀라는 용어를 최초로 도입한 사람은 Sir F. Galton(영국, 1822-1911, 통계학자)으로 알려져 있다. 그는 아버지와 아들의 신장 상관관계를 1차식을 이용하여 조사한 결과, 세대를 걸쳐 평균값에 수렴하는 것을 발견했다. 이것을 평균회귀(regression toward the mean)라고 부른 것이 발단이 되었다. 이 이야기는 다음에 상세히 기록되어 있다.

- 데이터 사이언스 스쿨 :
  http://www.stat.go.jp/dss/ → '비즈니스에 도움이 되는 통계강좌' → '미래를 알 수 있는 방정식'
- https://en.wikipedia.org/wiki/Regression_analysis

회귀분석이라는 명칭은 Galton의 업적에 기초한 것으로 현재 사용되고 있는 회귀의 의미는 이것을 확장한 것이다.

5.1.2 시스템 이론에서 본 회귀분석

여기에서는 회귀분석의 개요를 **[그림 5.1]**을 이용하여 시스템 이론으로 설명한다. 다만 이 책에서는 설명 변수는 하나 또는 여러 개, 목적변수는 한 개의 변수로 한정하고 있다.

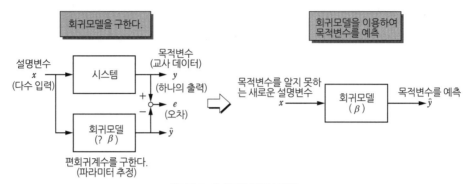

[그림 5.1] 회귀분석의 개요

먼저, 그림에서 말하는 시스템이란 설명 변수가 입력되어 주어질 때 목적변수가 출력되어 나타나는 것으로 물리현상이나 사회·경제 현상 등에서 다수 눈에 띈다. 시스템의 구조는 물리적 고찰 또는 경험규칙에 의해 어떤 수학 모델에 근사할 수 있는 것으로 한다(이 가설이 성립하지 않을 때는 구조를 식별(수식의 선택)해야 하다). 이것이 그림에서 나타낸 회귀 모델이 된다. 회귀 모델의 차수를 이미 알고 있다고 가정하여 이 파라미터(수학 모델의 계수를 나타낸다)를 구하면 시스템을 근사할 수 있는 모델이 얻어지게 된다. 이렇게 구하는 방법은 그림에서 오차 $e = y - \hat{y}$를 어떠한 기준으로 측정한 뒤, 최소화를 목표로 하는 것이 자주 이용된다.

이상을 정리하면 회귀 모델을 구하는 것은 파라미터를 구하는 것을 의미한다. 이것은 시스템 공학 분야에서의 시스템 식별과 유사하지만 대상이 되는 시스템이나 회귀 모델에는 동적인 특성이 없다는 것이 차이이다.

모델은 선형이라고 가정할 수 있을 때 다음과 같이 나타낸다.

$$y = \boldsymbol{x}\boldsymbol{\beta}^{\top}$$
$$= \beta_0 + \beta_1 x_1 + \cdots + \beta_p x_p \tag{5.1}$$

여기에서 p는 모델의 차수로 다음과 같이 둔다.

$$\boldsymbol{x} = \begin{bmatrix} 1 & x_1 & \cdots & x_p \end{bmatrix}$$
$$\boldsymbol{\beta} = \begin{bmatrix} \beta_0 & \beta_1 & \cdots & \beta_p \end{bmatrix}$$

회귀분석 분야에서 $\boldsymbol{\beta}$는 **편회귀계수**(partial regression coefficient)라고 부른다. 이것을 단순

회귀분석에서는 회귀계수라고 부르는 경우도 있지만 이것들을 모두 단순히 계수(또는 파라미터)라고 부르는 경우도 많다.

이 장에서는 기억해야 할 용어의 수가 적어진다는 의미에서 **회귀분석 전반에서 편회귀계수로 통일하여 이용**하는 것으로 한다[*1]. 또한 경제학에서는 β를 베타계수라고 부르고, 특히 상수(절편항)인 β_0를 편향된 파라미터라고 부르고, 중요시하는 경우가 있다. 이 때문에 이 항을 골라낸 다음 표현도 자주 이용된다.

$$y = \beta_0 + \boldsymbol{x}\boldsymbol{\beta}^{\top} \tag{5.2}$$

여기에서 의도적으로 동일한 기호 x, $\boldsymbol{\beta}$를 이용했고, 차원이 줄어든 것에 주의하기 바란다.
모델이 비선형이라면, 다음과 같이 나타낸다.

$$y = f(\boldsymbol{x}, \boldsymbol{\beta}) \tag{5.3}$$

여기에서 함수 $f(\cdot)$의 구조(어떠한 식으로 표현되는가)는 이미 알고 있는 것이 일반적이다.

선형, 비선형에 상관없이, 회귀분석이란 다음을 수행하는 것이다.

- 모델 구조를 이미 알고 있다고 가정하고 모델 차수 p를 선택한다.
- x, y를 이용하여 편회귀계수 $\boldsymbol{\beta}$를 추정하고 회귀 모델을 구한다.
- 이 회귀 모델을 이용하여 목적변수를 알지 못하는 경우 새로운 설명 변수를 모델에 입력(투입이라고 부른다)하여 목적변수를 예측한다.

목적변수를 예측하는 것의 의의를 예제를 통해 이해하도록 하자.

(5.1), (5.3) 식의 파라미터 추정은 수치계산 분야에서 곡선 적합 문제로서 잘 알려져 있지만 구한 모델의 통계적 검정을 수행한다는 점에서 회귀분석의 특색이 있다.

5.1.3 statsmodels

statsmodels는 다양한 통계 모델을 제공하며, 공식 홈페이지는 다음과 같다.
https://www.statsmodels.org/

이 장은 회귀 모델의 파라미터 추정에서 OLS법(ordinary least squares)을 다루지만 그 외에 GLS법(generalized least squares) 등이 있다. 뒤에 설명하는 것처럼 계산은 OLS를 이용하지만

[*1] 다변수 함수의 한 변수만의 미분을 편미분(전미분과 구별하기 위해)이라고 하고 '편'의 어원이 되는 partial은 일부분을 나타낸다. 편회귀계수 하나 하나는 모델 표현의 일부분을 나타내는 의미이므로 단순회귀 모델의 두 계수도 일부분을 담당한다는 의미에서, 반드시 편회귀계수라고 부르는 것이 잘못된 것은 아니다.

해당 파라미터(인수)는 R[*2] 식의 기술을 이용하는 것으로 한다.

또한 statsmodels는 설명 변수를 exog(exogenous variable), 목적변수를 endog(endogenous variable)로 표현한다. statsmodels의 사용 방법은 다음을 참조하기 바란다.

- 선형회귀의 설명: Linear Regrssion,
  http://www.statsmodels.org/dev/regression.html
- 선형회귀 계산 결과의 설명: statsmodels.regression.linear_model.RegrssionResults
- OLS의 사용 방법: statsmodels.regression.linear_model.OLS

Tea Break

회귀분석의 설명에서 (5.1) 식이 아니라 β_0를 중요시하므로 (5.2) 식을 이용하는 경우가 자주 있다. 특히, 경제 분야에서는 파라미터 추정 후에 계수 그 자체의 의미를 논하는 일이 많으므로 이러한 표현이 되는 것 같다. 한편, 시스템 공학 분야에서는 선형대수 등의 수학 표현을 받아들이는 경우와 계수보다는 변수를 중요시하는 경우가 자주 있기 때문에 우변은 $y = \beta x$의 형태가 될 것이다. 이렇게 형성된 역사적 경위를 저자는 알지 못하지만 이러한 식의 표현 차이만으로도 각 분야에서의 연구 문화의 깊이가 느껴진다.

5.2 단순회귀분석

단순회귀분석(simple linear regression)은 (5.1) 식에서 $y = \beta_0 + \beta_1 x$인 1차식을 다룬다. 이 것을 단순회귀 모델이라고 한다(간단하게 1차 모델이라고도 한다).

단순회귀분석이란 얻어진 표본(데이터)에서 편회귀계수[*3]를 추정하여 모델을 구한 뒤에 이 모델을 이용하여 예측을 하는 것이다. 여기에서 이 설명을 하기로 한다.

5.2.1 단순회귀분석의 의의

[그림 5.2]의 산점도에서 둥근점은 어떠한 관측을 기반으로 측정된 값을 그린 것이다. 이 때 x는 설명 변수, y는 목적변수이다. 이러한 세트로 관측된 것을 (x_i, y_i), $(i = 1 \sim N)$라고 나타낸다. 여기에서 N은 표본 수(데이터 수)이다.

이제 x와 y의 관계가 1차식으로 표현된다고 가정하고 다음의 단순회귀 모델을 도입한다.

$$y = \beta_0 + \beta_1 x \tag{5.4}$$

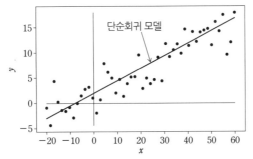

[그림 5.2] 단순회귀분석과 단순회귀 모델의 설명

이 모델이 관측된 데이터에 가장 잘 적합되도록 편회귀계수를 구한다. 이것은 수치계산의 적합이라고 부르는 문제에 속하고 보통은 최소제곱 문제로 다루어진다. 단순회귀 모델이 얻어지고 이것을 직선으로 그린 것이 **[그림 5.2]**이다.

이 단순회귀 모델은 수식(연속값을 취하고 $-\infty$, $+\infty$의 구간에 자리잡는)으로 표현되고 다음과 같은 의미를 가진다.

- 측정된 데이터는 이산값이다. 이 때문에 서로 인접한 데이터 사이의 y를 알고 싶은 경우에 이 값을 예측할 수 있다.
- 이 예에서는 $-20 \leq x_i \leq 60$이다. 이 구간을 넘어선 y를 예측하는 것도 가능하다.
- 절편항 β_0, 기울기 β_1을 살펴보면 설명 변수를 기반으로 하는 목적변수의 생성 메커니즘을 추정하는 단서를 얻을 수 있다.

5.2.2 단순회귀 모델의 통계적 평가

[그림 5.1]에서 오차 e는 이산 시계열 데이터 $\{e_i\}$, $(i = 1 \sim N)$이고 확률 변수로 두는 경우가 많다. 이 전제를 세울 때 단순회귀 모델은 확률 시스템이 되고 모델의 좋고 나쁨은 통계적 평가를 거치게 된다. 특히, 오차가 정규분포를 따른다고 가정할 때의 평가지표는 이론적으로 입증되어 있다. 여기에는 기본적인 평가지표를 보는 방법을 설명하고 수식에 의한 설명은 뒤로 미루기로 한다.

편회귀계수의 t검정

단순회귀 모델이 확률시스템이라는 가정 아래, 편회귀계수는 확률 변수가 되고 표본마다 그 값이 변한다. 특히 계수 β_0, β_1의 값이 0인가의 여부를 문제로 하고 싶은 경우가 있다[*4]. 이를 위해 다음 가설검정을 실시한다.

[*4] 예를 들면, y = 점포의 매출, β_0 = 고정비, β_1 = 단가, x = 판매 수량이라고 할 때 $\beta_0 = 0$ 또는 $\beta_1 = 0$이라는 계산 결과가 얻어지면, 이것은 현실적이지 않기 때문에 통계 데이터의 품질이 나쁘다고 판단하여 통계를 다시 내도록 요구할 수 있다.

H_0 : 계수는 0이다.

H_1 : 계수는 0이 아니다.

여기에서 계수는 β_0, 또는 β_1 모두를 나타내고, 각각 별도로 검정을 실시한다. 각 계수에 관한 검정은 e_i의 분산을 이용하는 것이 되지만(뒤에 기술), 이 분산은 알지 못한다. 이 때문에 표본분산을 이용한 t 검정을 실시하게 된다(제4장을 참조). 각 계수에 대한 t 검정통계량과 이것에 수반되는 값은 statsmodels이 계산하기 때문에 이 값을 보고 H_0를 기각할지의 여부를 판단할 수 있다.

결정계수

결정계수(coefficient of determination)는 R^2로 표현하고(위첨자 2는 단순히 표기에 불과하므로 신경 쓰지 않아도 된다), 회귀 모델의 데이터에 대해서 적합한 정도를 나타내는 지표로 statsmodels가 계산한다. 결정계수는 다음 범위를 취하는 것으로 알려져 있다.

$$0 < R^2 \leq 1 \tag{5.5}$$

이 식이 1에 가까울수록 잘 적합되었다고 판단하고 설명 변수가 목적변수를 잘 설명하고 있다고 말한다. 일반적으로 자주 언급되지만 R^2이 0.6이하라면 좋지 않지만 0.8 이상이라면 어느 정도 좋은 모델이라고 판단된다. 그러나 이 값은 절대적 평가가 아니므로 0.6 이하라면 절대로 안 되고 0.8 이상이라면 절대로 좋은 것이라고 말할 수 없다.

예를 들면, [그림 5.3]에서 단순회귀 모델 A의 결정계수를 $R_A{}^2$, 모델 B의 결정계수를 $R_B{}^2$라고 할 때 그림 (a) 사례 1의 경우 $R_B{}^2 < R_A{}^2$라는 결과는 데이터의 분포에서 보면 납득이 갈 것이다. 그림 (b) 사례 2의 경우 점선으로 둘러싼 데이터 군의 영향에 의해 $R_A{}^2 < R_B{}^2$ 가 되었을 것이다. 그러나 겉보기로는 단순회귀 모델 A 쪽이 좋다고 볼 수 있다. 이 판단은 데이터의 배경이나 사용 조건에 좌우되므로 어떠한 모델이 좋은가의 판단은 R^2만으로는 결정될 수 없다. 이 예가 나타내듯이 결정계수 R^2의 값은 절대적인 지표가 아니라 어디까지나 기준이라는 것을 인식하는 편이 좋다.

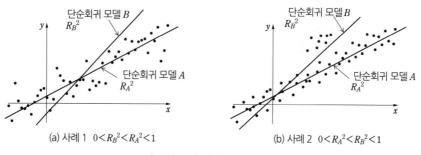

(a) 사례 1 $0 < R_B{}^2 < R_A{}^2 < 1$　　　　(b) 사례 2 $0 < R_A{}^2 < R_B{}^2 < 1$

[그림 5.3] 결정계수의 예

5.2.3 가계 동향 조사

가계 동향 조사(통계청)의 Web 사이트에서 2인 이상 세대의 연간 수입에 대해, 1개월당 지출과 엥겔계수 각각에 대한 단순회귀분석을 실시한다. 이 데이터의 취득과 가공 방법은 몇 가지 순서를 밟기 위해 본문에 기술하지 않고, 다음 Notebook 내에 기술하였으므로 참조하기 바란다. 가공한 데이터를 다음에 제시한 URL로 액세스하여 이 데이터를 읽어 들인다.

[파일 5.1] REG_Simple_FamilyIncome.ipynb

```python
import statsmodels.formula.api as smf

url = 'https://sites.google.com/site/datasciencehiro/datasets/
    FamilyIncome.csv'
df = pd.read_csv(url, comment='#')
df_save = df.copy() # deep copy
print(df)
```

```
     income   expenditure   engel
0      216        172462     30.8
1      304        204599     29.9
2      356        224776     28.8
3      413        240153     27.8
4      481        255497     27.3
<이하 생략>
```

데이터의 내용은 위와 같이 income(연간 수입 [10만 원]), expenditure(월간 지출), engel(엥겔계수)이 나열되었다. 맨 왼쪽 열 0 ~은 자동적으로 부여되는 index이고 이것은 세로 방향으로 income의 순위 0(최저 수입) ~ 9(최고 수입)의 10등급을 의미한다.

이 데이터에서 설명 변수를 income, 목적변수를 expenditure로 하는 단순회귀분석은 다음과 같이 기술한다.

```python
result = smf.ols('expenditure ~ income', data=df).fit()
print(result.summary())
b0, b1 = result.params
```

여기에서 변수 b0, b1에는 단순회귀 모델의 절편항과 기울기가 반환된다. 또한 smf.ols는 최소제곱법을 이용한 계산을 수행하고 인수 파라미터의 제공 방식은 R 언어 스타일의 표기법을 따른다. 즉, 목적변수를 y, 설명 변수를 x(단순회귀분석의 경우), x1, x2(중회귀분석의 경우)로 두고, 설정하고 싶은 모델에 따라 [표 5.1]과 같이 표기한다. 이 R 언어 스타일 표기는 Patsy라고 부르고, www.statsmodels.org 아래의 'Fitting models using R-style formulas'에 상세히 기술되어 있다.

이에 따라 앞의 스크립트는 절편항이 있는 단순회귀 모델을 적용한 것이 된다. 이 결과의 일부를 다음에 제시한다.

[표 5.1]

모델식	식의 의미
y ~ x	단순회귀 모델, y는 x에 의해 설명되고 절편항이 있다.
y ~ x -1	단순회귀 모델, '-1'은 절편항이 없는 것을 의미한다.
y ~ x1 + x2	중회귀 모델, y는 x1과 x2에 의해 설명되고 절편항이 있다.
y ~ x1 + x2 - 1	중회귀 모델, y는 x1과 x2에 의해 설명되고 절편항이 없다.
y ~ x1:x2	y는 교호작용항(x1*x2)으로 설명된다.
y ~ x1*x2	y ~ x1 + x2 + x1:x2와 동일하다.

```
                  OLS Regression Results

Dep. Variable:     expenditure   R-squared:      0.987

               coef    std err     t       P>|t|     [0.025    0.975]

Intercept 1.4e+05  6550.516   21.366     0.000    1.25e+05  1.55e+05
income     233.8560    9.356   24.994     0.000    212.280   255.432
```

이것을 읽는 방법을 설명한다.

- OLS(최소제곱법)를 이용한 회귀분석 결과이고 목적변수(Dep. Variable)는 expenditure이다.
- R-squared: 결정계수 R^2의 값은 0.987이다.
- Intercept: 절편항, coef(계수값)는 1.4×10^5, t는 계수에 관한 검정통계량(뒤에 기술)의 값, P > |t|는 t 검정에서 p값이 0.000임을 나타내고 있다. 유의수준을 5%(0.05)로 할 것까지도 없이 이 계수가 0이라는 가설은 기각된다. 즉, 이 값은 유의하게 존재한다고 할 수 있다.
- income: 설명 변수 income의 계수에 대해서, 그 계수값, p값 등이 표시된다. 이것도 계수값이 0이 아님을 나타내고 있다.
- 그 외의 std err(계수값의 산포도를 나타내는 표준편차), [0.025 0.975] (유의수준 5%로 할 때의 계수의 구간추정, 계수의 하한값과 상한값)는 이 책에서는 다루지 않기로 한다.
- 앞으로 살펴보아야 할 숫자는 계수의 값과 P > |t|로 충분하다.

이 결과에 의해, 구해진 단순회귀 모델은 다음과 같다(계수 b0, b1의 값은 위의 스크립트에서 제공되고 있다).

$$\text{expenditure} = b0 + b1 * \text{income} \tag{5.6}$$

이 모델의 그래프와 데이터의 산포도를 **[그림 5.4]**에 나타낸다.

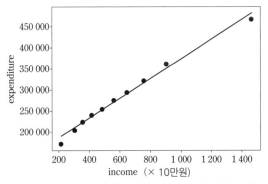

[그림 5.4] 연간 수입과 1개월 지출의 단순회귀 모델

단순회귀 모델을 이용한 예측

이 그래프를 보고, 구해진 단순회귀 모델이 좋은 지표가 된다고 판단한다면, 데이터에는 없는 연간 수입이 1억 1,000만 원, 1억 2,000만 원인 가정의 월 지출액을 예측할 수 있을 것이다. 이것은 다음과 같이 수행한다.

```
NewData = {'income':[1100,1200]}
df = pd.DataFrame(NewData)
pred = result.predict(df)
```

이 결과는 397198, 450854(소숫점 이하를 절사)이다.

여기에서 그래프를 보면 최저 수입과 최고 수입이 크게 차이가 나므로 중간 수입층만 고려하고 싶다면, 이 두 세트를 제외하고 다시 단순회귀분석을 실시하기로 한다. 이것은 여기에서는 나타내지 않지만 Notebook에서는 시행하고 있으므로 참조하기 바란다.

다음으로 목적변수를 engel, 설명 변수를 income이라고 할 때 살펴보아야 하는 결과만을 추출하여 다음에 제시한다.

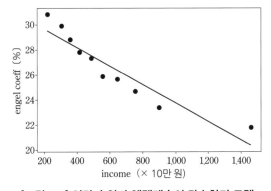

[그림 5.5] 연간 수입과 엥겔계수의 단순회귀 모델

```
R-squared:          0.882

            coef      std err       t       P>|t|
Intercept  31.0757     0.664     46.781    0.000
income     -0.0073     0.001      -7.738    0.000
```

이 결과에 의해, 계수는 유의하게 0이 아니라고 할 수 있다. [그림 5.5]를 보면 음의 상관이 있다는 것에 이론이 없다고 생각하지만 R^2의 값 0.882를 포함하여 이 모델의 좋고 나쁨에 대한 판단은 독자에게 맡긴다.

5.2.4 심슨의 역설

회귀분석을 바로 수행하지 않고, 그 전의 데이터 가시화도 포함하여 몇 가지 통계량을 살펴보고 나서 회귀분석을 실시한 뒤에 사전분석과 대조하여 확인한 후 결과를 평가하는 것이 바람직하다.

이것을 게을리하여 잘못을 범하는 대표적인 예로 통계학에서 유명한 심슨의 역설(Simpson's paradox)이 있다. 이것은 모집단의 상관과 부분집단의 상관이 다른 경우가 있고 부분집단에서의 가설이나 통계분석 결과가 모집단과는 정반대의 결과가 나오는 것을 지적하고 있다. 이 설명은 다음에 상세히 기술되어 있으므로 참조하기 바란다.

- Wikipedia: Simpson's paradox
- Judea Pearl: Lord's Paradox Revisited(Oh Lord! Kumbaya!), Journal of Causual Inference, 2016, DOI: https://doi.org/10.1515/jci-2016-0021

5.2.5 수학적 설명

엄밀한 수학에 의해 증명이나 도출을 수행하지 않고(이것은 다른 책에게 맡긴다), 수식으로 표현된 항목이나 지표를 어떻게 생각하면 좋은가라는 **판단력을 기르는** 것에 초점을 맞추어 설명한다.

우선 다음과 같이 설정한다.

취득 데이터 $\quad \{x_i, \ y_i\} \ (i = 1, \cdots, N)$

실제 시스템 $\quad y_i = \beta_0 + \beta_1 x_i + \varepsilon_i, \quad \varepsilon_i \sim N\left(0, \sigma^2\right)$

회귀 모델 $\quad \hat{y}_i = \hat{\beta}_0 + \hat{\beta}_1 x_i$

$\boldsymbol{x, y}$**의 표본평균** $\quad \hat{\mu}_x, \ \hat{\mu}_y$

여기에서 실제 시스템에 불확실성 ε를 추가했지만 회귀 모델로 옮겨도 된다. 또한 [그림 5.1]에서는 시스템과 회귀 모델 출력의 차이(오차)를 ε라고 두었지만 이것도 포함한 것이 ε라고 보아도 된다. 다른 책을 보면 이 표현법은 다양한 형태가 있지만 결국은 시스템과 모델과의 사이에 어떠한 차이가 있는가를 표현할 수 있으면 된다.

예를 들면(이 설명에 얽매일 필요는 없다), 시스템에 어떠한 변동분(생체적 동요, 부품의 열화, 외부 잡음의 혼입. 이것들은 외란이라고 한다)이 있고 이것을 ε_i라고 표현하는 것으로 한다. 한편, 관측값과 모델 출력은 함께 계측되고 그 차이가 e이고 ε와는 다르다는 이론도 있다.

다만 ε와 e는 확률 변수라고 두면, 각각의 정확한 값을 알 수 없기 때문에 개개의 값을 정리하는 통계적 성질이 중요하다. 이 때문에 여기에서는 너무 번거롭게 구별하지 않는 것으로 한다.

여기에서의 가정은 시스템 구조를 이미 알고 있고(이렇게 가정하는 것은 항상 자신이 없다) 또한 ε_i가 표준정규분포를 따르는 것이다. 이 가정을 기초로 다음과 같이 말할 수 있다.

편회귀계수의 성질

앞에 기술한 가정 하에 추정한 편회귀계수의 성질은 다음과 같다.

불편추정량:

$$E\left[\hat{\beta}_0\right] = \beta_0, \quad E\left[\hat{\beta}_1\right] = \beta_1$$

일치추정량: $N \to \infty$일 때 아래 계수의 분산은 0에 가까워진다.

$$\sigma_{\hat{\beta}_0}^2 = V\left[\hat{\beta}_0\right] = \left(\frac{1}{N} + \frac{\hat{\mu}_x{}^2}{\sum_{i=1}^{N}(x_i - \hat{\mu}_x)}\right)\sigma^2 \tag{5.7}$$

$$\sigma_{\hat{\beta}_1}^2 = V\left[\hat{\beta}_1\right] = \frac{\sigma^2}{\sum_{i=1}^{N}(x_i - \hat{\mu}_x)} \tag{5.8}$$

정규성:

$$\hat{\beta}_0 \sim N\left(\beta_0, \ V\left[\hat{\beta}_0\right]\right), \quad \hat{\beta}_1 \sim N\left(\beta_1, \ V\left[\hat{\beta}_1\right]\right)$$

이러한 성질 중에서 불편추정량과 일치추정량은 유용하게 이용된다.

편회귀계수의 검정

추정한 편회귀계수의 검정 개요를 기술한다. 우선 $\hat{\beta}_1$을 대상으로 고려한다. 이것은 어느 특정값 β_1과 동일한가의 여부에 대한 검정을 고려한다. 이 경우의 가설은 $H_0 : \hat{\beta}_1 = \beta_1$, $H_1 : \hat{\beta}_1 \neq \beta_1$이다.

모분산 σ^2를 알지 못하므로 대신 다음의 σ^2을 이용한다.

$$e_i = y_i - \hat{y}_i = y_i - \left(\hat{\beta}_0 + \hat{\beta}_1 x_i\right) \tag{5.9}$$

$$\hat{\sigma}^2 = \frac{1}{N-2} \sum_{i=1}^{N} e_i^2 \tag{5.10}$$

두 번째 식에서 $N-2$로 나누는 이유는 편회귀계수를 최소제곱법으로 구할 때 ε_i의 총합은 0, 또한 변수 벡터와 계수 벡터의 내적을 0으로 한다는 두 가지 제약이 가해져서 자유도가 2만큼 줄어들기 때문이다.

(5.8) 식의 σ^2대신 $\hat{\sigma}^2$을 이용하여 $V[\hat{\beta}_1](\hat{\sigma}^2)$으로 나타낸다. 이것을 이용하여 $\hat{\beta}_1$의 검정통계량을 다음 식으로 나타낸다.

$$t_{\beta_1} = \frac{\hat{\beta}_1 - \beta_1}{\sqrt{V[\hat{\beta}_1](\hat{\sigma}^2)}} \quad \sim \quad t(N-2) \tag{5.11}$$

이 t_{β_1}은 통계의 검정에서 나타나는 것과 동일한 형식이기 때문에 검정과 동일한 검정절차 β_0를 수행하게 된다. 다만 자유도 $N-2$인 t분포를 따르는 것에 주의하기 바란다.

β_0에 관해서도 동일한 검정을 수행할 수 있는 검정통계량이 도출된다(다른 서적 참조). statsmodels의 회귀분석에서는 $\beta_0 = \beta_1 = 0$으로 두고 β_0 및 β_1이 개별적으로 0이 되는가의 여부에 대한 검정을 수행하고 그 결과를 P > |t|로 나타낸다.

결정계수 R^2

결정계수는 다음 식으로 정의된다.

$$R^2 = \frac{\sum_{i=1}^{N} (\hat{y}_i - \hat{\mu}_y)^2}{\sum_{i=1}^{N} (y_i - \hat{\mu}_y)^2} = 1 - \frac{\sum_{i=1}^{N} (y_i - \hat{y}_i)^2}{\sum_{i=1}^{N} (y_i - \hat{\mu}_y)^2} \quad (0 \le R^2 \le 1) \tag{5.12}$$

(5.12) 식의 의미를 조금 생각해보자. 가운데 식을 보면 분자가 모델 출력 $\hat{y}$의 분산, 분모가 시스템 출력 y의 분산이라고 볼 수 있고 분산비를 나타내고 있다(물리에서 보면 에너지비이다). 이것을 통계에서는 변동비라고 부르고 있다. 따라서 최적적합의 $R^2 = 1$이라는 것은 분산이 동일하다는 것을 기술하고 있다. 통계량인 분산이나 평균이 동일하더라도, 다른 데이터 계열을 나타내는 경우는 자주 있다. 따라서 이것만을 살펴보면 R^2가 적합이 잘 되었다는 것을 나타내는 지표가 될 수 없다.

그러나 오른쪽 식의 두 번째 항 분자를 보면 시스템과 모델 출력의 오차분산을 측정하고 이것은 일치성을 측정하는 지표이므로 이 관점으로부터 R^2는 적합이 잘 되었다는 것을 나타내는 지표가 된다는 것을 알 수 있다.

가운데 식이 도움이 안 되는가하면 그렇지도 않다. 세상에는 적합보다도 분산비(즉, 에너지비)를 중요시하는 분야도 있고 이러한 관점에서 보면 유용한 표현이다.

이와 같이 식으로부터 어떠한 것을 말할 수 있는지 생각해보는 것도 도움이 된다는 것을 알기 바란다. 또한 중회귀분석에서는 R^2에 차수를 고려한 조정결정계수(adjusted coefficient of determination)도 이용되고 statsmodels에서 Adj. R-squared라고 출력되는 것이 이 계산결과를 나타낸다.

5.3 다항식회귀분석

다항식회귀분석(polynomial regression analysis)은 다항식 모델을 이용하고 비선형 회귀분석으로 분류된다. 다만 설명 변수는 한 종류이고 이 점에서 단순회귀분석과 동일하므로 여기에서 설명한다.

5.3.1 다항식 모델

중·고등학교에서 배우는 다항식, $y = ax^2 + bx + c$(2차식), $y = ax^3 + bx^2 + cx + d$(3차식)의 그래프를 그려보자. 관측 데이터가 이 다항식에 가까운 분포를 나타낼 때 단순회귀 모델(1차식)보다 다항식 모델을 이용한 적합 쪽이 바람직하다.

설명 변수가 한 종류인 다항식 모델의 표현은 회귀분석에서는 다음과 같다.

$$y = \beta_0 + \beta_1 x + \beta_2 x^2 + \cdots + \beta_p x^p \tag{5.13}$$

$$= \sum_{i=0}^{p} \beta_i x^i \tag{5.14}$$

여기에서 p는 차수(degree)이다.

5.3.2 R 데이터 세트 cars

R[*5]의 데이터 세트 중에 있는 cars는 차가 브레이크를 밟았을 때의 정지거리 [ft]와 속도 [mile/h]와의 측정 데이터(1920년대에 측정)이다. 이 상세한 내용은 https://stat.ehhz.ch/R-manual/R-devel/library/datasets/html/00Index.html의 cars를 참조하기 바란다. 데이터는 2변수(speed, dist(distance)) 50세트로 구성된다.

R의 데이터 세트를 읽어 들이는 패키지 rpy2.robjects를 사전에 설치해두었기 때문에(제1장 참조) 다음과 같이 읽어 들인다.

[*5] https://www.r-project.org/

[파일 5.2] REG_Poly_R-cars.ipynb

```
import statsmodels.formula.api as smf
from rpy2.robjects import r, pandas2ri

pandas2ri.activate()
df = r['cars']    # read datasets of cars
x = df.speed
print(df.head())
```

```
     speed      dist
1    4.0     2.0
2    4.0    10.0
3    7.0     4.0
4    7.0    22.0
5    8.0    16.0
```

차수를 얼마로 하면 좋은가 알지 못하는 것으로 하고 여기에서는 2차와 3차의 다항식 모델을 적용한다.

```
# 2nd order
result2 = smf.ols('dist ~ np.power(speed,2) + speed', data=df).
fit()
# 3rd order
result3 = smf.ols('dist ~ np.power(speed,3) + np.power(speed,2) +
      speed', data=df).fit()
```

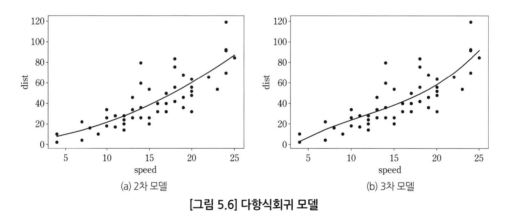

(a) 2차 모델   (b) 3차 모델

[그림 5.6] 다항식회귀 모델

이 결과의 그래프는 [그림 5.6]과 같다. 결과만으로는 차수가 어떤 것이 좋은가 판단하기 어렵다. 또한 이 예제에서는 t검정이나 그 외의 통계량(R^2, AIC 등)을 차수 선정의 평가 기준으로 이용하는 것이 좋은 방안은 아니다. 왜냐하면 공학에서 정지거리는 속도의 제곱에 비례하는 것이 알려져 있기 때문이다. 즉, 다음과 같다.

$$\text{dist} \propto \text{speed}^2$$

이와 같은 경우에는 이 물리 모델에 준하는 회귀 모델을 이용하는 것이 좋다. 따라서 차수는 2가 적당하고 할 수 있다.

아직 문제가 있다. 현실적 문제로 속도 0일 때 정지 거리는 0이어야 한다. 이것은 $\beta_0 = 0$을 의미한다. 그러나 앞의 스크립트는 이 조건을 넣지 않은 것이므로 속도 0이라도 정지거리는 0이 아니라는 결과를 나타내고 있다. 이 때문에 이미 이 결과는 의미가 없는 것이 된다. 이 문제의 대처 방안은 독자에게 맡긴다.

또한, 앞의 Notebook에는 이 문제를 간단히 곡선 적합으로 보아 numpy를 이용한 예를 기술했으므로 흥미가 있는 독자는 살펴보기 바란다.

Tea Break

회귀분석에서는 설명 변수를 독립변수라고 하는 경우가 있다. 이 용어는 수학이나 과학에서 말하는 독립변수의 뉘앙스와는 아무래도 조금 다른 것 같다. 후자에서 말하는 독립이란 다른 요인에 영향을 받지 않고 독립된 값이 변화한다는 의미이다. 예를 들면, 현실세계에서 독립성이 있는 물리량은 시간이다(다만 우주물리론에서는 중력이나 속도에 영향을 받기 때문에 우주 규모에서는 독립이 아니다). 한편, 설명 변수의 의미로 독립변수를 온도라고 하는 경우 온도는 가스레인지의 연료, 기온에서 기상조건 등과 같은 그 외의 물리량에 영향을 받는다. 이것은 수학이란 독립이 아니라는 것을 의미한다. 그러나 저자의 짧은 지식으로는 독립성이 있는 물리량을 시간 외에는 알지 못하고 그 외에 다른 것이 있다면 알려주기 바란다.

여담이지만 앞에 제시한 엥겔계수는 전후 한 시기에는 빈곤함의 지표로서 이용되었다. 현재, 고령자만의 가정에서 엥겔계수는 올라가고 있다. 이것을 보고 바로 저소득 고령자가 증가하고 있다고 단언하는 것은 금물이다. 왜냐하면 현재 편의점에서는 고령자나 독신자를 위한 풍부한 식자재가 늘고 있고 간편한 즉석식품으로 생활이 편리해지면서 식비가 증가하고 있다. 이것이 엥겔계수를 증가시키고 있다. 즉, 풍족함의 한 면을 나타내는 것이 된다. 시대와 더불어 지표를 재검토하는 것이 필요한 사례이다.

5.4 중회귀분석

중회귀분석(multiple regression analysis)은 (5.1) 식에서 p차 회귀 모델($p \geq 2$)을 이용한다. 즉, 설명 변수가 여러 개이다. 이 때 단순회귀 모델과는 관점이 다르다. 그것은 복수의 편회귀 계수가 0인지의 여부를 일괄적으로 고려하는 F검정 및 설명 변수 사이에 강한 상관이 있는 경우의 다중공선성(multicollinearity)이다. 이러한 설명을 위해 가상 데이터를 이용한 시뮬레이션을 이용한다.

5.4.1 F검정

중회귀 모델의 편회귀계수 중에 편향 모수 β_0를 제외한 $\beta_1, \cdots, \beta_p$의 값이 0인가의 여부를 일괄적으로 알아볼 때가 있다. 이를 위한 가설을 다음과 같이 설정한다.

$H_0 : \beta_1 = \beta_2 = \cdots = \beta_p = 0$

$H_1 : \beta_1, \beta_2, \cdots, \beta_p$ 중 적어도 하나는 0이 아님

이 검정에 F검정(F test)을 이용한다. 식을 이용한 표현은 다음에 기술하기로 하고 F검정의 의미를 설명한다.

실제 2차 시스템은 다음으로 주어진다.

$$y = \beta_1 x_1 + \beta_2 x_2 + \varepsilon \qquad (5.15)$$

여기에서 편향 모수 $\beta_0 = 0$으로 하고 $\varepsilon \sim N(0, \sigma^2)$이다.

이 x_1, x_2 및 ε(스크립트에서는 noise라고 표현)를 다음과 같이 설정한다.

[파일 5.3] REG_MultipleRegrssion.ipnyb

```
num = 30
noise = np.random.normal(0.0, 0.1, num)
rad = np.linspace(-np.pi,np.pi,num)
x1 = np.sin(rad)
x2 = np.random.normal(-2.0, 3.0, num)
```

이것을 이용하여 계수를 다음과 같이 두고, 중회귀 모델을 작성한 후, 분석을 수행한다.

```
b1, b2 = 1.1, -0.55  # beta_0, beta_1
y = b1*x1 + b2*x2 + noise
df = pd.DataFrame({'y':y, 'x1':x1, 'x2':x2})
results = smf.ols('y ~ x1 + x2 -1', data=df).fit()
results.summary()
```

결과의 일부를 발췌하면 다음과 같다.

```
 F-statistic:              8302.
 Prob(F-statistic): 1.47e-39

          coef     std err        t      P>|t|
 x1      1.0820    0.024      46.036     0.000
 x2     -0.5487    0.004    -123.729     0.000
```

이 결과에서 F-statistic은 F 값, Prob(F-statistic)는 확률을 나타내고, 충분히 작은 것을 나타내므로 H_0는 기각할 수 있다. 즉, β_1, β_2중, 적어도 하나는 0이 아니라고 할 수 있다. 또한 t검정은 양쪽의 계수 모두 0이 아닌 것을 나타내고 있다.

다음으로 편회귀계수를 작게 했을 때 어떻게 되는가를 알아보자. 다만 관측 잡음(noise)은

있는 것으로 한다. 이 때문에 b1, b2 = 0.0001, −0.000055로 두고, 동일한 계산을 한 결과는
다음과 같다.

```
F-statistic:          0.05634
Prob(F-statistic):    0.945

            coef      std err       t        P>|t|
x1        0.0020      0.032       0.064      0.949
x2       -0.0027      0.008      -0.335      0.740
```

이 결과 Prob(F-statistic): 0.945는 모든 계수가 0임을 시사하고 있다, 실제로 t검정도 α의
값을 적절하게 두면, 동일한 것을 나타낸다.

이 시뮬레이션에서는 노이즈(noise)가 신호($x_1 + x_2$)에 비하면 크고, 중회귀의 계산은 노이
즈를 마치 모델로 보기 때문에 생긴 결과이다. 계수의 값이 작아도, 노이즈가 없으면, 계수의
값은 충분히 허용할 수 있는 값으로 추정되기 때문에 독자 스스로 시험하기 바란다.

5.4.2 다중공선성

다중공선성(multicollinearity)은 설명 변수끼리 높은 상관이 있는 경우에 생기는 현상이다.
이것을 시뮬레이션을 통해 설명한다.

시스템을 앞의 예와 동일하게 2차로 하고 노이즈는 중첩되는 것으로 한다.

[파일 5.4] REG_MultipleRegrssion.ipnyb

```
num = 30
rad = np.linspace(-np.pi, np.pi, num)
x1 = np.sin(rad)
x2 = np.random.normal(-2.0, 3.0, num)

b1, b2 = 3.3, -1.25
noise = 0.001*np.random.normal( 0.0, 1.0, num)
y = b1*x1 + b2*x2 + noise
```

이 때 관계가 없는 x3를 측정한 뒤 $y = \beta_1 x1 + \beta_2 x2 + \beta_3 x3$가 좋은 회귀 모델이라고 생각
하여 이것을 이용한 중회귀분석을 수행하기로 한다.

```
x3 = 3.35*np.sin((rad+0.001)) +
                    0.001*np.random.normal( 0.0, 1.0, num)
df = pd.DataFrame({'y':y, 'x1':x1, 'x2':x2, 'x3':x3})
results = smf.ols('y ~ x1 + x2 + x3 -1', data=df).fit()
results.summary()
```

이 데이터의 작성은 매우 기발하지만 연습문제로 두는 것을 양해하기 바란다. 이 결과의 일
부를 발췌하면 다음과 같다.

```
 R-squared:          1.000
 Prob(F-statistic):   4.00e-99

             coef        std err        t        P>|t|
 x1        3.3508       0.311       10.771      0.000
 x2       -1.2500       5.9e-05     -2.12e+04   0.000
 x3       -0.0152       0.093       -0.163      0.812
```

이 결과를 보면 R-squared(R^2) = 1은 충분히 적합되었고, Prob(F-statistic)의 값도 충분히 작다. 이것만을 보면 좋은 모델을 얻은 것처럼 볼 수 있다. 그러나 x1 계수의 표준편차(산포도)가 0.311로 추정계수값의 10% 정도로 비교적 크다고 할 수 있다.

이용된 데이터는 x1과 x3의 상관이 강하게 작성되어 있다(이것은 독자가 검증하기 바란다). 이 때문에 다중공선성이 있으면 추정계수의 표준편차가 크게 되는 경향이 생긴다. 더 나아가 관측 잡음(스크립트 안의 noise)이 있으면, 더욱 이런 경향이 강해진다.

다중공선성의 검출방법으로서 설명 변수 사이의 상관관계, VIF(variance inflation factor, 분산확대요인), 설명 변수 상관행렬의 행렬식 등의 지표가 이용된다. 다중공선성이 있는 경우의 대처 방법으로서 원인이 되는 변수를 제거하는 것이 최상의 방법일 것이다. 그 외에 변수를 변환·합성하는 것 등도 고려되고 상세한 내용은 다른 책을 참조하기 바란다.

또한 동일한 Notebook 내에 실제 시스템에 차수를 맞춘 모델 $y = \beta_1 x1 + \beta_2 x2$ 를 이용한 분석도 제공하였으니 각종 통계량이 개선되는 것을 확인하기 바란다. 또한 데이터 분석에서는 그래프를 그리는 것이 중요하지만 중회귀분석은 이것이 어렵다. $p = 2$라면 3차원 그래프가 가능하고 이것을 시도한 결과를 Notebook에 제시했으니 참조하기 바란다.

5.4.3 전력과 기온의 관계

소비전력(전력이라고 부르는)이 최고 기온과 최저 기온과의 사이에 어떠한 관계가 있는가를 중회귀분석을 통해 고찰한다. 전력예측(30분 일찍, 4시간 일찍 등)은 전력계통 전체를 안정화시키는데 필수적이다. 이 예측을 하기 위해서 연습문제로 간단한 형태를 다루기로 한다.

전력 데이터는 다음과 같이 취득하다. 도쿄전력 전기예보 페이지(http://www.tepco.co.jp/forecast) → '과거 전력 사용 실적 데이터' → '2017년', 이것을 CSV 파일로 다운로드한다.

이 데이터를 적절하게 가공하여 [그림 5.7](a)와 같이 만든다. 이 데이터의 내용은

- 2017년 1월 1일 ~12월 31일, 1시간당 전력 데이터가 있다.
- 주석행은 첫 번째 열에 '#'가 있다.
- 레이블명은 네 번째 행으로 한다.
- 인코딩은 SHIFT-JIS

기온 데이터의 취득은 다음과 같이 수행한다. 기상청 과거의 기상 데이터·다운로드 페이지(http://www.data.jma.go.jp/gmd/risk/obsdl/)에서

- '지점을 선택' → 도쿄
- '항목을 선택' → '데이터의 종류': 일별값, '기온': 일최고기온과 일최저기온에 체크
- '기간을 선택' → 2017년 1월 1일부터 12월 31일을 지정
- 인코딩은 SHIFT-JIS

이 CSV 파일을 다운로드하여 적절하게 가공한 것이 **[그림 5.7]**(b)이다. 이 두 데이터는 각각 'REG_Multi_PowerTemp.ipyn' 스크립트에 업로드했다.

	A	B	C	D	E
1	# 2018/6/25 4:40 UF	2017年電力消費			
2	# http://www.tepco.co.jp/forecast/html/download-j.html				
3	# Power :実績(万kW)				
4	DATE	TIME	Power		
5	2017/1/1	0:00	2783		
6	2017/1/1	1:00	2634		
7	2017/1/1	2:00	2520		
8	2017/1/1	3:00	2438		
9	2017/1/1	4:00	2389		
10	2017/1/1	5:00	2394		
11	2017/1/1	6:00	2491		
12	2017/1/1	7:00	2626		
13	2017/1/1	8:00	2715		
14	2017/1/1	9:00	2637		
15	2017/1/1	10:00	2507		
16	2017/1/1	11:00	2400		

(a) 전력 데이터

	A	B	C	D
1	# 2017年 東京, 最高気温, 最低気温			
2	# http://www.data.jma.go.jp/gmd/risk/obsdl/			
3	Date	MaxTemp	MinTemp	
4	2017/1/1	13.8	2	
5	2017/1/2	13.3	3.8	
6	2017/1/3	13.7	3.5	
7	2017/1/4	14	3.6	
8	2017/1/5	10.4	3.7	
9	2017/1/6	8.8	1.5	
10	2017/1/7	8.7	0.1	
11	2017/1/8	6	1.6	
12	2017/1/9	11.1	3.8	
13	2017/1/10	12.7	3.5	
14	2017/1/11	11	3.9	
15	2017/1/12	12.1	0.7	
16	2017/1/13	12.7	1.4	

(b) 최고, 최저 기온 데이터

[그림 5.7] 전력과 기온 데이터

전력 데이터는 1시간 간격으로 있기 때문에 기상 데이터에 맞추어, 이것을 하루마다 다운샘플링(down-sampling)을 수행한다. 다만 이 때의 전력은 해당 일의 최댓값을 적용한다. 이것을 다음에 나타낸다.

[파일 5.5] REG_Multi_PowerTemp.ipynb

```
url = 'https://sites.google.com/site/datasciencehiro/datasets/
          ElectricPower.csv'
df_pow = pd.read_csv(url, comment='#',
          index_col='DATE', parse_dates=['DATE'],
          encoding='SHIFT-JIS' )
f_pow2 = df_pow.resample('D').max()
```

위에서 parse_dates의 의미는 지정된 열의 데이터가 시간을 나타내고 있고 일반적으로 몇 가지 포맷이 있기 때문에 여기에 대응할 수 있는 파싱을 통해 pandas의 시간형 데이터로 변환하는 것이다.

기상 데이터를 다음과 같이 읽어 들이고 앞의 전력 데이터와 결합한다.

```
url = 'https://sites.google.com/site/datasciencehiro/datasets/
        AirTemperature.csv'
df = pd.read_csv(url, comment='#',
        index_col='Date', parse_dates=['Date'],
        encoding='SHIFT-JIS' )
df['MaxPower'] = df_pow2.Power
```

이 데이터에 대해서 2차 중회귀 모델을 이용한 분석을 수행하고 그 결과의 일부를 나타낸다.

```
result = smf.ols('MaxPower ~ MaxTemp + MinTemp', data=df).fit()
result.summary()
```

```
R-sqaured:                   0.002
Prob(F-statistic):           0.711

                coef     std err        t      P>|t|

Intercept  3919.7384    104.068    37.665    0.000
MaxTemp      -3.9502      9.762    -0.405    0.686
MinTemp       1.1954      9.427     0.127    0.899
```

이 결과를 보면 R-squared나 편회귀계수의 검정 등에서 전반적으로 좋지 않은 결과를 나타 낸다. 그리고 전력 데이터는 **[그림 5.8]**, 기온 데이터는 **[그림 5.9]**와 같다.

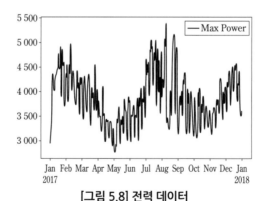

[그림 5.8] 전력 데이터

전력 데이터(**[그림 5.8]**)를 보면 기간에 따라 상승 경향과 하강 경향이 있다. 이용되고 있는 중회귀 모델은 선형이므로 이 두 가지 경향을 동시에 표현하는 것은 불가능하다. 이 때문에 그 래프를 보고, 대략적이지만 다음과 같이 기간을 구분하여 분석을 실시하기로 한다.

```
df1 = df['2017/1/15':'2017/4/30']
df2 = df['2017/5/1':'2017/8/31']
```

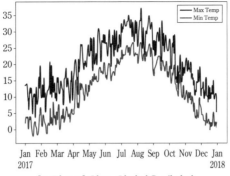

[그림 5.9] 최고, 최저기온 데이터

여기에서 1월 1일 ~ 1월 14일은 정초의 쉬는 기간 때문에 전력소비량이 적어서 df1에서 제외한다. df1에 대한 분석은 다음과 같다.

```
result1 = smf.ols('MaxPower ~ MaxTemp + MinTemp', data=df1).fit()
print(result1.summary())
```

이 결과의 일부는 다음과 같다.

```
 R-sqaured:                      0.707
 Prob(F-statistic):           3.41e-28

                coef     std err        t     P>|t|
 ─────────────────────────────────────────────────
 Intercept  4831.8773     89.797    53.809    0.000
 MaxTemp     -49.5928      8.269    -5.998    0.000
 MinTemp     -41.9843      9.837    -4.268    0.000
```

또한 df2에 대한 결과는 다음과 같다.

```
 R-sqaured:                      0.695
 Prob(F-statistic):           1.22e-31

                coef     std err        t     P>|t|
 ─────────────────────────────────────────────────
 Intercept   400.5727    232.395     1.724    0.087
 axTemp       65.9611     12.546     5.258    0.000
 MinTemp      78.7165     12.934     6.086    0.000
```

모든 데이터를 일괄적으로 처리한 결과보다는 의미가 있는 듯이 보인다. 편회귀계수를 보면 df1에 대한 결과에서는 최대기온 쪽이 최대전력에 약간 영향이 있는 것 같다. df2에 대한 결과에서는 이것과 반대의 결과가 있는 것처럼 보인다.

이 예는 아무렇게나 데이터 분석을 수행하는 것이 아니라 사전에 데이터를 세로로도 보고, 가로로도 보는 식으로 여러 가지 분석(상관이나 독립성 검정 등)이 필요하다는 것을 기술한다. 물론 그래프에 의한 시각화도 유효한 수단일 것이다.

예측은 단순회귀분석과 마찬가지로 다음과 같이 수행한다. 다만 여기에서는 df1의 결과에 대해서만 수행했다.

```
NewData = {'MaxTemp':[18.5, 14.0], 'MinTemp':[9.0, 6.5]}
NewDf = pd.DataFrame(NewData)
pred = result.predict(NewDf)
```

```
0    3857.418964
1    3872.206192
```

이 예에서는 이야기를 간단히 하지만 실제는 더 많은 요인을 고려해야만 한다. 예를 들면, 하루 소비전력 중에 피크 시간은 여름과 겨울이 다르며, 또한 주택가와 상업 지역도 다르다는 식으로 시간과 지역의 분산성 등이 있다. 이것들을 고려한 추가적인 분석은 흥미를 가진 독자에게 맡기기로 한다.

5.4.4 와인의 품질 분석

와인의 품질 분석을 와인의 성분으로만 수행하려는 시도가 있다. 이것에 관해서는 이론이 많이 있지만 독자가 데이터 과학의 미래를 개척할 계기를 잡으면 좋다는 생각에서 간단히 소개한다.

이용하는 와인 데이터는 UCI Machine Learning Repository에 있는 Wine Quality Data Set: http://archive.ics.uci.edu/ml/datasets/Wine+Quality → 'Data Folder' → 'winequalityred. csv'이다. 여기에서는 레드 와인을 대상으로 하고 화이트 와인의 분석은 독자에게 맡긴다. 또한 이 CSV 파일은

- 구분자(숫자의 구분)가 세미콜론(;)이다.
- 레이블명에 공백을 포함하고 있는 것이 있고 pandas로 읽기 위해 공백을 밑줄문자로 변환하고 이 파일명을 'winequality-red_mode.csv'로 하고 클라우드에 업로드했다(이렇게 읽어 들이는 것은 다음 스크립트를 참조).

이 데이터는 P. Cortez 등이 조사한 포르투갈 와인의 성분을 기초로 레드 와인과 화이트 와인의 품질을 검증하는 것으로 와인별로 측정된 11종류의 성분 데이터가 있고 와인의 맛을 평가한 등급은 3인 이상의 와인 감정사가 평가한 결과의 평균치이다. 이것은 quality(품질 점수: 0(매우 맛이 없음)부터 10(아주 뛰어난 품질)까지 있다)로서 표현되고 있다. 데이터 각 변수의 내용을 [표 5.2]에 나타낸다.

이 데이터는 다음에 제시하는 스크립트로 읽어 들인다.

[표 5.2]

fixed acidity	volatile acidity	citric acid	residual sugar	chlorides	free sulfur dioxide
주석산 농도	아세트산 산도	구연산 농도	잔류당분 농도	염화나트륨 농도	유리아황산 농도
total sulfur dioxide	density	pH	sulphates	alcohol	quality
아황산 농도	밀도	pH	황산염 농도	알콜 도수[%]	품질 점수

[파일 5.6] REG_Multi_WineQuality.ipynb

```
url='https://sites.google.com/site/datasciencehiro/datasets/
    winequality-red_mod.csv'
wine_set = pd.read_csv(url, sep=";")
wine_set.head(6)
```

데이터 표현은 Notebook을 참조하기 바란다. 저자는 와인 전문가가 아니기 때문에 중회귀분석 모델이 특별한 의미가 있는 것은 아니고, 다음과 같이 설정했다.

```
ols_model = "quality ~ volatile_acidity + chlorides +
    total_sulfur_dioxide + sulphates + alcohol"
results = smf.ols(formula = ols_model, data=wine_set).fit()
results.summary()
```

이 요약(summary)도 Notebook을 참조하기 바란다. 평가의 핵심은 quality를 11개 설명 변수로 예측할 수 있는가의 여부이다. 데이터 세트는 1,599개가 있고 평가를 위해 트레이닝 데이터와 테스트 데이터로 나누어 수행하게 된다. 이러한 모델을 만드는 방식이나 평가 방법은 독자에게 맡기기로 한다.

Tea Break

와인의 품질 분석에서 유명한 이야기로 2009년에 북하우스에서 발행한 이안 에이즈 저 〈슈퍼크런처: 불확실한 미래를 데이터로 꿰뚫는 힘〉(원서: Ian Ayres: Super Crunchers: Why Thinking-By-Numbers is the New Way To Be Smart, Bantam)이 있다. 이 책은 데이터 과학의 선구자 역할을 했다고 할 수 있다. 와인 애호가인 경제학자 Orley Ashenfelter(프린스턴 대학)가 와인 품질의 정량적 평가 방식을 제안한 것을 에이즈가 이 책에서 소개하였고, 이로 인해 정량적 표현 및 사고 방식 때문에 저자는 부정적인 와인 애호가라는 비평을 들었다. 그러나 원문을 저자가 옮기는 과정에서 실수가 있고 Ashenfelter의 논문에는 가격에 관한 회귀분석이 있었다. 이것은 에이즈나 Ashenfelter의 홈페이지, 또한 위 책의 개정판에도 기록되어 있다.

이렇게 와인의 품질분석을 경험에 의존하는 소믈리에에게 맡기는 것이 아니라 정량적으로 수행하기 위해서는 어떻게 하면 좋은가를 생각하는 것도 데이터 과학으로서의 중요한 도전일 것이다.

5.4.5 수학적 설명

단순회귀분석과 다른 방식으로 F검정이 있다. 이 이야기를 진행해 나가기 위해서는 중회귀 모델을 다음과 같이 둔다.

$$y_i = \beta_0 + \beta_1 x_{1,i} + \beta_2 x_{2,i} + \cdots + \beta_p x_{p,i} + \varepsilon_i, \quad (i = 1, \cdots, N)$$

여기에 $\varepsilon_i \sim N(0, \sigma^2)$라는 가정이 있다. 또한 이것은 실제 시스템과 중회귀 모델과의 차이가 통계적으로 $N(0, \sigma^2)$이라고 간주한다.

편회귀계수를 추정할 때 단순회귀분석의 경우와 마찬가지로 계수가 0인가의 여부를 알기 원한다. 그러나 t검정에서는 계수를 하나씩만 검정할 수 있기 때문에 번거로워서 일괄적으로 검정하고 싶다는 생각이 든다. 이 때문에 다음과 같이 가설을 세운다.

$H_0 : \beta_1 = \beta_2 = \cdots = \beta_p = 0$

$H_1 : \beta_1, \beta_2, \cdots, \beta_p$ 중에 적어도 하나는 0이 아님

이 가설검정에 F검정(F test)이 이용된다. 이러한 사고 방식은 중회귀분석의 해법을 행렬방정식으로 표현하여 행렬의 랭크(조건수로 간주하는 경우도 있다)를 찾는 것과 같다. 이 해법을 기반으로 다음과 같은 사용하기 쉬운 검정통계량 F를 도입하는 것이 가능하다(검정통계량의 유도는 다른 책을 참조).

$$F = \frac{\left(\sum_{i=1}^{N} \left(y_i - \widehat{\mu}_y \right)^2 - \sum_{i=1}^{N} e_i^2 \right) \Big/ (N-1) - (N-1-p)}{\sum_{i=1}^{N} (y_i - \hat{y}_i)^2 \Big/ (N-1-p)}$$

$$= \frac{\sum_{i=1}^{n} (\hat{y}_i - \hat{\mu}_y)^2 \Big/ p}{\sum_{i=1}^{N} e_i^2 \Big/ (N-1-p)}$$

이 통계량 F는 자유도 p와 $N - p - 1$인 $F(N - p - 1)$분포를 따르는 것으로 알려져 있다. 이 F분포 함수는 베타 함수로 표현되는 복잡한 형태를 하고 있지만 statsmodels로 간단하게 계산할 수 있기 때문에 F분포 함수를 아는 것이 대단하다고는 생각하지 않는다.

5.5 일반화 선형 모델

5.5.1 일반화 선형 모델의 개요

일반화 선형 모델(GLM: generalized linear model)이라는 이름은 '화'가 있는가의 여부에 따라 크게 의미가 변한다. 여기에서는 GLM으로서 이산확률 변수를 대상으로 한 포아송 회귀 모델과 로지스틱 회귀 모델을 설명한다.

주의할 것은 목적변수를 y, 설명 변수를 x로 두는 것은 지금까지의 회귀분석과 변한 것이 없지만 GLM은 y를 예측하지 않고, y가 따르는 확률분포의 파라미터(모평균이나 확률)를 예측한다.

이산확률 변수가 이산인 확률분포(PD: probability distribution)를 따르는 경우 확률과 PD는 다음 관계로 표현된다.

$$P(y) = \mathrm{PD}\,(y, \alpha) \tag{5.16}$$

여기에서 α는 이산확률분포(확률질량 함수임에 틀림없다)의 파라미터이다.

GLM을 이용한 회귀분석이란 (5.16) 식의 α를 추정할 수 있는 모델을 구하는 것이다. 여기에서 α는 다음과 같이 표현한다.

$$\alpha = f\,(z) = f\left(\boldsymbol{x}\boldsymbol{\beta}^{\top}\right) \tag{5.17}$$

여기에서 $f(\cdot)$는 비선형 함수, z는 **선형예측자**(linear predictor)라고 부르는 것으로 설명 변수 $\boldsymbol{x} = [1 \ \ x_1 \ \ \cdots \ \ x_p]$와 편미분계수 $\boldsymbol{\beta} = [\beta_0 \ \ \beta_1 \ \ \cdots \ \ \beta_p]$를 이용하는 다음 선형관계를 나타낸다.

$$
\begin{aligned}
z &= \boldsymbol{x}\boldsymbol{\beta}^{\top} \\
&= \beta_0 + \beta_1 x_1 + \cdots + \beta_p x_p
\end{aligned} \tag{5.18}
$$

이러한 표현을 이용하여 GLM을 이용한 회귀분석의 목적을 새롭게 기술하면 다음과 같다.

- $f(\cdot)$의 구조를 사전에 결정해두고, 설명 변수 x를 이용하여 α를 계산할 수 있는 $\boldsymbol{\beta}$를 추정하고 GLM을 구한다.
- GLM을 이용하여 확률분포의 파라미터 예측을 수행한다.

이 목적을 달성하는 열쇠로서 α에 대한 작용소 $L(\cdot)$가 다음과 같이 선형으로 주어질 때

$$L\,[\alpha] = L[f(z)] = z = \boldsymbol{x}\boldsymbol{\beta}^{\top} \tag{5.19}$$

$f(z)$의 역함수를 나타내는 $L(\cdot)$를 **링크 함수**(link function)라고 한다. 가장 오른쪽 식은 선형관계이므로 중회귀분석에서 이용한 알고리즘 원리를 적용하여 $\boldsymbol{\beta}$를 구하는 것이 가능하다. 일반화 선형 모델의 '일반화'라는 이름은 여러 가지 확률분포에 적용하고 싶다는 것에 유래하지만 (5.19) 식의 조건을 고려하지 않으면 일반화는 어렵다.

지금까지의 설명에서는 일반화 선형 모델이 무엇을 어떻게 하는지를 아직 알 수 없다고 생각되므로 뒤에서 포아송 회귀 모델과 로지스틱 회귀 모델의 예를 통해 설명한다.

statesmodels은 확률분포(PD)로서 Binomial, Poisson 외에도 Gaussian, gamma 등을 제

공하고 있고 각각에 대한 링크 함수도 몇 개 준비되어 있다. 이 문서는 statsmodels.genmod. generalzied_linear_model.GLM을 참조하기 바란다. 또한 GLM의 사용 방법 등은 Generalized Linear Models(http://www.statsmodels.org/dev/glm.html)에 있다.

5.5.2 포아송 회귀 모델

목적변수 y는 0부터 시작하는 계수 데이터라고 가정한다. 계수 데이터(enumeration data)[*6] 란 횟수를 세는(count up) 수라는 것으로 줄넘기를 3번 뛰었다라고 말했을 때의 수를 말한다. 지금 X가 포아송분포를 따른다고 한다. 즉 다음과 같이 나타낸다.

$$P(X = y) = \exp\left(-\lambda t\right) \frac{(\lambda t)^y}{y!} \tag{5.20}$$

여기에서 단위 시간 t사이에 평균 λ번 발생하는 확률사건이 y번($y = 0, 1, 2, \cdots$) 발생하는 확률을 나타내고 있다. 이 λ를 추정할 수 있으면, 포아송 회귀 모델이 얻어지게 된다. 이를 위해 이제 (5.17) 식을 다음과 같이 치환해본다.

$$\alpha \to \lambda\,, \quad f(\cdot) \to \exp(\cdot)$$

즉,

$$\lambda = \exp\left(\boldsymbol{x}\boldsymbol{\beta}^\top\right) \tag{5.21}$$

이고 포아송 회귀 모델을 구한다는 것은 (5.21) 식에서 설명 변수 x로부터 λ를 계산할 수 있는 $\boldsymbol{\beta}$를 구하는 것이다.

이를 위해 링크 함수를 $L = \log_e$로 선택하면[*7], 다음을 얻는다.

$$\log_e \lambda = \boldsymbol{x}\boldsymbol{\beta}^\top \tag{5.22}$$

$\log_e \lambda$를 하나의 변수로 간주하면 이 식 표현은 선형관계이고 중회귀분석 알고리즘을 적용할 수 있다. 이것에 의해, (5.22) 식의 $\boldsymbol{\beta}$를 구하면 λ를 추정할 수 있다. 즉, 포아송 회귀 모델을 이용한 회귀분석이란 λ를 추정하는 것이다.

여기에서 다음 포아송분포의 성질

$$E\left[y\right] = \lambda \tag{5.23}$$

에 의해, 포아송 회귀 모델은 목적변수의 기댓값을 구하는 것과 동일한 것이라고 할 수 있다.

[*6] 이 계수 데이터는 집합수의 별칭이다. 자연수에는 집합수(집합의 원소의 수)와 순서수(어느 사물의 순서를 나타낸다)가 있다. 순서수는 더하는 것이 불가능하다. 예를 들면, 전차 1호차와 3호차를 더해 4호차가 되는 것은 없다.

[*7] 분야에 따라 자연대수는 ln 또는 밑을 생략한 log라고 표기된다. 한편, 공학의 어느 분야에서는 상용대수 $\log_{10}$을 log라고 표기하는 경우도 있어서 혼란을 피하기 위해 밑을 명기한다.

5.5.3 $z = \beta_0$의 예

포아송 회귀 모델을 이용한 시뮬레이션을 통해 무엇을 구하는가 알아보자. 지금 (5.18) 식에서 $p = 0$라고 한 다음 예를 생각하자.

$$z = \beta_0$$

즉, $\lambda = \exp(\beta_0)$에 의해 포아송분포의 평균값 λ는 상수가 된다.

λ를 스크립트에서 lam이라고 표현하고 포아송분포를 따르는 목적변수(y)를 Num번 발생시켜, 그 히스토그램과 처음 n개 점의 그래프를 그린 것이 다음에 있다. 이 그래프는 **[그림 5.10]**과 같다.

[파일 5.7] GLM_Poisson.ipynb

```
Num = 1000
lam = 5  # lambda
y = np.random.poisson(lam,Num)

count, bins, ignored = plt.hist(y, 14, density=False)
n = 100
plt.plot( y[0:n])
```

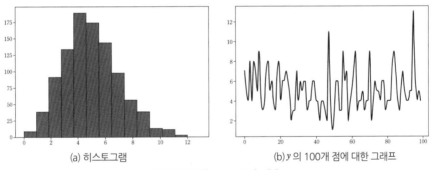

(a) 히스토그램 (b) y의 100개 점에 대한 그래프

[그림 5.10] $z = \beta_0$의 경우

이 데이터를 이용하여 일반화 모델 문제를 풀면 다음과 같다.

```
x = range(len(y))
df = pd.DataFrame({'x':x, 'y':y})
glm_model = 'y ~ x'
result = smf.glm(formula=glm_model, data=df, family=sm.families.
        Poisson(link=sm.families.links.log)).fit()
print(result.summary())
```

여기에서 인수 family는 이용하는 확률분포를 지정하고 link는 링크 함수를 지정한다.

이 결과의 일부를 다음에 제시한다.

```
                coef     std err         t     P>|t|

Intercept     1.5827       0.029    55.400     0.000
x           2.076e-05    4.94e-05     0.420     0.674
```

이 결과를 보면 x의 계수인 β_1은 당연한 일이지만 거의 0이라고 볼 수 있다. Intercept는 β_0 이다. 이 값에 대해서 다음 계산을 수행하자.

```
b0, b1 = result.params
print('exp(b0) =',np.exp(b0))
print('Mean of y =',df.y.mean())
```

두 번째 행은 $\lambda = \exp(\beta_0)$의 계산을 나타내고, 세 번째 행은 y의 표본평균을 계산하고 있다. 결과는 다음과 같다.

```
exp(b0) = 4.86817571578
Mean of y = 4.919
```

데이터 발생 시에 주어진 lam의 값과 비교하면 둘 모두 가까운 값을 나타내고 있다. 즉

$$\lambda = \exp(\beta_0)$$

에 의해, λ를 추정한 것임을 알 수 있다.

다음으로 Num과 exp(b0)의 관계는 [표 5.3]과 같다.

[표 5.3]

Num	100	1000	5000	10000
exp(b0)	5.240	4.868	4.938	4.999

이 예에서는 추정오차를 1% 이하로 하기 위해서 목적변수의 데이터수를 5,000개 이상 준비할 필요가 있다.

5.5.4 $z = \beta_0 + \beta_1 x_1$의 예

다음 경우를 생각하자.

$$\lambda = \exp(z) \tag{5.24}$$
$$z = \beta_0 + \beta_1 x_1$$

이 경우 포아송 회귀 모델을 이용한 시뮬레이션은 별도의 연구가 필요하다. 왜냐하면 평균값 $\lambda = \exp(z)$가 변하기 때문이다. 다음 스크립트를 보기 바란다.

```
Num = 1000
x = np.zeros(Num)
y = np.zeros(Num
b0 , b1 = 0.5, 3.5
for i in range(Num):
    x[i] = i
    lam = np.exp( b0 + (b1/float(Num)) * (float(i)))
    y[i] = np.random.poisson(lam,1)
```

이 스크립트에서는 다음 계산을 수행하고 있다.

$$\lambda_i = \beta_0 + \frac{\beta_1}{\text{Num}}\text{i}$$

이것은 λ_i의 초깃값은 b0, 최종값은 b1이 되도록 선형으로 변화하는 것을 나타낸다. 또한 위 식에서 계수는 β_1/Num이 되는 것에 주의하기 바란다.

y의 히스토그램 계열 그래프는 [그림 5.11]과 같다.

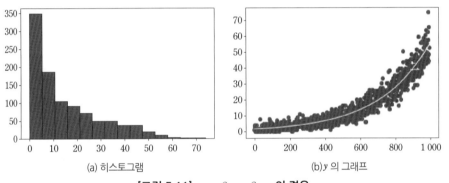

(a) 히스토그램   (b) y 의 그래프

[그림 5.11] $z = \beta_0 + \beta_1 x_1$**의 경우**

이 데이터에 대한 회귀분석을 다음과 같이 수행한다.

```
df = pd.DataFrame({'x':x, 'y':y})
glm_model = 'y ~ x'
result = smf.glm(formula=glm_model, data=df, family=sm.families.
        Poisson(link=sm.families.links.log)).fit()
print(result.summary())
```

회귀분석 결과의 일부는 다음과 같다.

	coef	std err	t	P>|t|
Intercept	0.5198	0.028	18.355	0.000
x	0.0035	3.65e-05	95.100	0.000

이 결과를 보면 두 개의 계수 모두 0이 아니라고 할 수 있기 때문에 이것들을 변환하기 위한
계산 및 결과는 다음과 같다.

```
0, b1 = result.params
b1 = b1 * Num
print("b0 = %f  b1 = %f" % (b0,b1)
```

이 계산에서 b1 = b1*Num으로 하는 것은 조금 전에 기술한 계수 β_1/Num을 원래대로 되
돌리기 위해서이다.

```
b0 = 0.519759  b1 = 3.469264
```

이 결과와 실제 b0, b1을 비교하면 비슷한 값이 얻어진다는 것이 확인된다.

이 값을 이용하여 λ_i가 어떻게 변화하는지를 나타내기 위해 다음 계산을 수행하고 그래프를
그려보자.

```
y_pre = np.exp(b0 + (b1/float(Num))*x)
plt.scatter(x[0:Num], y[0:Num])
plt.plot(x, y_pre, color = 'white')
```

이 그래프는 [그림 5.11](b)에서 하얀색 선으로 표시된다. 이것을 보면 하얀색 선이 y의 거의 한
가운데를 지나고 있다는 것을 알 수 있다. 이것을 더 상세히 설명하면 y의 집합평균이 하얀색 선으
로 잘 나타난다는 것이 옳은 표현이다. 즉, 포아송 회귀 모델은 λ_i를 추정하고 있는 것을 알 수 있다.

여기에서의 집합평균은 표본평균과 다르고, 세로축으로 생각한다. 실제로는 가로축에 있는 지점
을 x로 지정했을 때 이 x에 대한 y의 값은 한 점 밖에 없으므로 이상하게 생각할 수도 있다. 따라서
몇 번인가 데이터를 발생시켜, 동일한 그래프에 중첩시키면 이 x에 대해 복수의 y가 존재하는 것이
된다. 동일한 x의 값을 취하는 y의 평균이 집합평균이 되고 확률론에서 확률분포[*8]의 본질을 아는
중요한 사고 방식이다. 하얀색 선이 이 집합평균을 잘 나타내고 있다는 것이 올바른 표현이다.

여기에서 포아송 회귀 모델을 적용한 것은, [그림 5.11](b)에 나타낸 것과 같은 '점진적으로
상승하는 형태'를 나타내는 데이터 계열로 착각하지 않기 바란다.

이것을 확인하자. 우선 [그림 5.11](b)은 시계열 데이터(제8장을 참조)가 아니므로 데이터
의 순서를 바꿀 수 있다. 이것을 의도적으로 수행하여 데이터의 전반과 후반을 서로 바꾼 그래
프는 [그림 5.12]와 같다.

이 데이터를 작성하는 방법은 앞에 제시한 Notebook에 기록되어 있으므로 살펴보기 바란
다. 이 데이터에 대한 회귀분석 결과는 [그림 5.11]의 경우와 동일하다. 당연히, [그림 5.12]의
데이터를 섞어도 동일한 결과를 얻는다. 이때의 그래프는 겉보기에는 점진적으로 상승하는

[*8] 이 예는 λ가 변화하기 때문에 가로축을 x로 했을 때의 비정상과정(확률론의 용어)이라고 말하기 위해서는 x가 시간과 동일한
성질(독립인 계열)이어야만 하고 실제로는 실현되기 어려운 예이다.

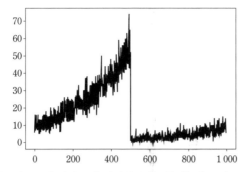

[그림 5.12] 데이터의 전반부와 후반부를 서로 바꾼 예

형태가 아니다. 이것은 [그림 5.11](b)에 나타낸 것과 같은 형태라면 포아송 회귀 모델을 적용해도 좋지만 그러한 형태가 아니라도 포아송분포를 따르는 데이터라면 포아송 회귀 모델을 적용할 수 있다는 것을 의미한다. 이것은 데이터를 보는 것만으로 판단하는 것이 어렵고, 데이터의 물리적 배경으로부터 추측하는 경우가 많다.

5.5.5 로지스틱 회귀 모델

로지스틱 회귀 모델을 이용한 회귀분석은 목적변수 y가 0, 1의 두 값을 취하는 데이터에 잘 적용된다. 예를 들면,

- 어떤 식물종자에 투여한 비료의 양이나 일조 시간(설명 변수)에 의해 종자가 발아($y = 1$)하는가 아닌가($y = 0$)를 예측하고 싶다.
- 피검자 y가 질병이 발생했다($y = 1$), 발생하지 않았다($y = 0$)와 혈압이나 체중(설명 변수)과의 관련성을 고찰하고 싶다.

두 값을 취하므로 y의 확률분포는 베르누이분포(Bernoulli distribution)가 되지만 여기에서는 이항분포(binomial distribution)라고 부르기로 한다. 물론, 베르누이분포와 이항분포는 다른 점이 있고 그 배경은 다음 절의 수학적 설명에서 다루기로 한다.

로지스틱 함수의 도입

로지스틱 회귀 모델의 목적은 확률 p를 설명 변수로부터 추정할 수 있는 모델을 구하는데 있다. 그러나 이산확률 0, 1이라는 불연속인 수를 연속량인 설명 변수와 관계 짓는 수치계산을 수행하는 것은 매우 어렵다. 이 때문에 이산확률을 연속인 함수로 대체 표현하는 것을 고려한다. 연속 함수라는 조건에 추가적으로 범위 [0,1] 사이를 단조 증가시키고 싶다는 요구를 넣는다.

이 함수의 후보는 몇 가지 있지만 여기에서는 로지스틱 함수[9]를 이용하는 것으로 한다. 이를 위해 (5.17) 식에서 $\alpha \to p$, $f(\cdot) \to$ 로지스틱 함수로 치환한다. 즉, 다음과 같이 표현한다.

$$p = \frac{1}{1 + \exp(-z)} \tag{5.25}$$

이 링크 함수는 다음과 같다(유도는 다음에 기술).

$$L[p] = \log_e \left(\frac{p}{1-p} \right) = z = \boldsymbol{x}\boldsymbol{\beta}^T \tag{5.26}$$

이 식의 유도는 다음 절에 있다. 이 링크 함수는 **로짓 함수**(ligit function)라고도 알려져 있다. 이것을 이용하여 포아송 회귀 모델과 마찬가지로 $\boldsymbol{\beta}$를 구할 수 있고 (5.25) 식에 의해 p를 추정할 수 있다.

장수풍뎅이 문제

약품의 투약량과 장수풍뎅이의 생존률을 다룬다. 원래의 자료는 다음에 있다.

- Annette J. Dobson and Adrien G. Barnett: An Introduction to Genenralized Linear Models, 3rd ed., CRC Press 2008, p.127

데이터는 다음과 같은 형식이다.

```
     n      x       y
0   59   1.6907     6
1   60   1.7242    13
2   62   1.7552    18
3   56   1.7842    28
```

여기에서 n: 약품을 투여한 장수풍뎅이의 수, x: 약품의 투약량, y: 그 중에 죽은 마리수

이 로지스틱 회귀 모델을 다음과 같이 둔다.

$$p = \frac{1}{1 + \exp(-(\beta_0 + \beta_1 x))} \tag{5.27}$$

이 예와 같이 사망(y)과 생존(n−y)으로 표현되는 경우의 스크립트는 다음과 같다.

[파일 5.8] GLM_Logistic_Beetle.ipynb

```
glm_model = 'y + I(n-y) ~ x'
result = smf.glm(formula=glm_model, data=df,
    family=sm.families.Binomial(link=sm.families.links.logit)).fit()
```

---

[9] 로지스틱 함수와 동일한 것으로 시그모이드 함수(sigmoid function), 쌍곡선 탄젠트 함수 등이 있다. 로지스틱 함수는 P. F. Verhulst(벨기에, 1804-1849, 수학자)가 제안했다는 말이 있고 이 이름의 유래는 로지스틱스, 프랑스어 logis 등의 여러 설이 있다.

```
print(result.summary())

b0 , b1 = result.params
```

여기에서 연산자 I( )는 괄호 내의 '−'가 산술연산이라는 것을 나타낸다. I( )가 없으면, 괄호 내의 '−'는 Patsy의 표기(5.2절 참조)로 간주되어 '−y'는 y를 제거하는 것으로 된다. 이 결과의 일부를 나타낸다.

	coef	std err	t	P>|t|
Intercept	-60.7175	5.181	-11.720	0.000
x	34.2703	2.912	11.768	0.000

이 Intercept와 x의 coef가 각각 β_0, β_1이다. 이 계수를 이용한 로지스틱 회귀 모델의 그래프는 **[그림 5.13]**과 같다. 여기에서 가로축은 $z = \beta_0 + \beta_1 x$, 세로축은 확률 p이다.

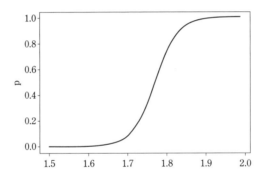

[그림 5.13] 장수풍뎅이 문제의 로지스틱 회귀 모델

이 그래프를 보고 말할 수 있는 것은

- z의 범위($1.6907 \leq z \leq 1.8839$)에서는 대부분 p = y/N이다.
- 이것보다도 주목해야할 것은, z가 이 범위를 초월한 곳에서 0 또는 1이라고 간주할 수 있기 때문에 투약량 x로부터 생존률을 대략적으로 예측할 수 있게 된다.

성적 상승의 분석

문헌: Lee C. Spector and Michael Mazzeo: Probit Analysis and Economic Education, Journal of Economic Education, Vol. 11, Issue 2, pp. 37-44, 1980(경제교육에 관련된 내용)에서 교육 프로그램인 PSI(personalized system of instruction)가 성적 향상에 유효한가의 여부를 검증한 데이터가 있다.

이 데이터는 다음과 같은 William H. Greene의 저서 〈Econometric Analysis〉(http://pages.stern.nyu.edu/~wgreene/Text/econometricanalysis.html)에서 구할 수 있지만 StatsModels의 데이터 세트에도 있고 다음과 같이 취득할 수 있다.

[파일 5.9] GLM_Logistic_PSI.ipynb

```
data = sm.datasets.spector.load().data
df = pd.DataFrame(data)
print(df.head())
```

```
     GPA   TUCE   PSI   GRADE
0   2.66  20.0   0.0    0.0
1   2.89  22.0   0.0    0.0
2   3.28  24.0   0.0    0.0
3   2.92  12.0   0.0    0.0
4   4.00  21.0   0.0    1.0
```

데이터의 의미는 다음과 같다.

- GPA(grade point average): 이 경우는 전반기의 성적으로 (최저) 0 ~ 4 (최고)의 값을 취한다.
- TUCE(test of understanding in college economics): 종합 시험의 결과
- PSI(personalized system of instruction): 어느 교육 프로그램을 수강함(1), 수강하지 않음(0).
- GRADE: 성적이 올랐다(1), 오르지 않았다(0)

목적변수를 GRADE로 하여 PSI의 수강이 성적 상승에 기여했는가의 여부를 조사하기 위해 그 외의 요인도 설명 변수로서 제공한다. GRADE가 2진 변수이므로 로지스틱 회귀 모델을 이용한 회귀분석을 수행한다. 이 스크립트는 다음과 같다.

```
glm_model = 'GRADE ~ GPA + TUCE + PSI'
fit = smf.glm(formula=glm_model, data=df, family=sm.families.
    Binomial(link=sm.families.links.logit))
result = fit.fit()
print(result.summary())
```

회귀분석 결과의 일부는 다음과 같다.

	coef	std err	t	P>|t|
Intercept	-13.0213	4.931	-2.641	0.008
GPA	2.8261	1.263	2.238	0.025
TUCE	0.0952	0.142	0.672	0.501
PSI	2.3787	1.065	2.234	0.025

이 결과에서 각 설명 변수의 계수를 보면 TUCE의 계숫값이 다른 두 계숫값에 비해 자리수가 한 자리 작기 때문에 GRADE에 대한 영향도는 다른 두 변수에 비해 작다고 할 수 있다.

다음으로 PSI와 GPA를 비교한 경우 GPA 쪽이 GRADE에 대한 영향도가 약간이긴 하지만 크다고 할 수 있다. 그러나 이 결과만으로는 PSI가 GRADE 향상에 공헌했는지의 여부는 판단하기 어렵다. 실제, 이 데이터의 상관행렬은 다음과 같다.

```
              GPA        TUCE       PSI        GRADE
GPA      1.000000   0.386986   0.039683     0.497147
TUCE     0.386986   1.000000   0.112780     0.303055
PSI      0.039683   0.112780   1.000000     0.422760
GRADE    0.497147   0.303055   0.422760     1.000000
```

이 결과도, 역시 PSI가 GRADE 향상에 공헌했는지의 여부는 판단하기 어렵다는 것을 나타내고 있다.

Notebook에서는 그 외의 데이터로 그래프를 그리고, 이 데이터의 공헌 정도를 가시화했으므로 참조하기 바란다.

5.5.6 수학적 설명

로지스틱 회귀 모델에서는 목적변수 y가 0이나 1을 취하는 것을 전제로 하고 있다. 이와 같은 경우의 y는 베르누이분포이다.

이항분포란 예를 들면 어떤 하나의 동전이 있고 앞면의 확률은 일정한 p라고 한다. 이것을 N번 시행(동전을 던지는 일) 할 때 앞면과 뒷면이 나오는 분포이다. 즉, 동일한 것을 시행하고 또한 p가 일정하다는 것이 조건이다.

따라서 다음 두 확률분포는 서로 다르다.

- N개의 동전 각각이 앞면이 나오는 확률 p_i가 다른 경우 모든 동전을 1번만 시행하고 N개 동전의 앞면과 뒷면의 분포를 살펴본다. ⇒ N개의 베르누이분포가 있고 각 1번 시행한다.
- 어느 한 개 동전의 앞면이 나오는 확률 p는 일정하고 이것을 N번 시행하고 N번의 앞면 뒷면의 분포를 살펴본다. ⇒ 1개의 이항분포가 있고 N번 시행한다.

앞의 예에서는 각 개체에 대한 확률 p_i는 다르다고 생각하는 것이 자연스럽게 때문에 베르누이 분포가 적합하다. 그러나 복수의 개체로부터 하나의 로지스틱 회귀 모델을 구하고 싶은 것이 GLM의 목적이다. 즉, 모델의 수는 하나이고 모델이 가지는 확률 p(연속값을 취한다)의 수도 하나를 취하고 싶다. 이 점을 감안하여 이항분포라는 이름을 도입해도 좋았을 것이라고 짐작된다.

그런데, 로지스틱 회귀 모델의 수치계산에서는 우도 함수를 도입하여 이 계산에서 베르누이분포를 이용하고 있다. 이 유도를 수식을 이용하여 설명한다. 다만 이해하기 쉬운 것을 첫번째로 생각하여 예를 통해 설명하기로 한다.

어느 개체의 발아, 생존 등의 여부(0,1)를 목적변수 y_i, 설명 변수(비료, 식료 등)를 x_i로 두고, ($i = 1, \cdots, 4$)라고 하자. 주의할 것은 x_i의 첨자 i는 $x\beta^\top$라고 표현할 때의 설명 변수의 종별을 나타내는 첨자와 다르고, 단순히 표본의 번호를 나타낸다. 이 혼란을 피하기 위해 여기에서는 첨자 i는 표본번호를 나타낸다.

이 데이터를 [**표 5.4**]라고 하자.

[**표 5.4**]

y_i	0	1	1	0
x_i	10	50	70	20

y_i는 각각 0이나 1의 값을 취하지만 각각의 성공 실패의 확률 p_i는 다르기 때문에 베르누이분포라고 생각할 수 있다. 즉, 각 y_i의 확률 함수는

$$P\left(X = y_i\right) = p_i{}^{y_i}\left(1 - p_i\right)^{1-y_i} \tag{5.28}$$

$$p_i = \frac{1}{1 + \exp\left(-\left(\beta_0 + \beta_1 x_i\right)\right)} \tag{5.29}$$

이 확률 함수를 이용하여 다음의 우도 함수(likelihood function)를 유도한다. 여기에서 $L(\cdot)$은 앞에 제시한 링크 함수가 아니고, 우도의 머리글자를 이용하는 관습을 따르는 것뿐이다.

$$
\begin{aligned}
&L\left(\beta_0, \beta_1 | y_1, \cdots, y_4\right) \\
&= \prod_{i=1}^{4} P\left(X = y_i\right) = \left(1 - p_1\right) p_2 p_3 \left(1 - p_4\right) \\
&= \left(1 - \frac{1}{1 + \exp\left(-\left(\beta_0 + \beta_1 x_1\right)\right)}\right) \frac{1}{1 + \exp\left(-\left(\beta_0 + \beta_1 x_2\right)\right)} \\
&\quad \frac{1}{1 + \exp\left(-\left(\beta_0 + \beta_1 x_3\right)\right)} \left(1 - \frac{1}{1 + \exp\left(-\left(\beta_0 + \beta_1 x_4\right)\right)}\right) \\
&= \left(1 - \frac{1}{1 + \exp\left(-\left(\beta_0 + \beta_1 10\right)\right)}\right) \frac{1}{1 + \exp\left(-\left(\beta_0 + \beta_1 50\right)\right)} \\
&\quad \frac{1}{1 + \exp\left(-\left(\beta_0 + \beta_1 70\right)\right)} \left(1 - \frac{1}{1 + \exp\left(-\left(\beta_0 + \beta_1 20\right)\right)}\right)
\end{aligned} \tag{5.30}
$$

위식을 정리하여 모든 항의 곱셈으로 나타내도록 하고 나서 다음의 로그우도 함수(log likelihood function)를 고려한다.

$$l\left(\beta_0, \beta_1 | y_1, \cdots, y_4\right) = \log_e L\left(\beta_0, \beta_1 | y_1, \cdots, y_4\right) \tag{5.31}$$

$$= -(\beta_0 + 10\beta_1) - \log_e(1 + \exp(-(\beta_0 + 10\beta_1)))$$
$$- \log_e(1 + \exp(-(\beta_0 + 50\beta_1)))$$
$$- \log_e(1 + \exp(-(\beta_0 + 70\beta_1)))$$
$$- (\beta_0 + 20\beta_1) - \log_e(1 + \exp(-(\beta_0 + 20\beta_1)))$$

여기에서부터 상세한 내용은 생략하지만 우변을 다시 정리하여 β_0, β_1으로 편미분하여 얻어진 비선형연립방정식을 풀면 β_0, β_1의 추정값을 구할 수 있다.

이제까지 설명한 것처럼 우도 함수를 작성하기 위해서는 이항분포가 아니라 베르누이 분포이어야 한다. 또한 y_i라는 목적변수(관측 데이터)를 이용하여 β_0, β_1를 구하는 구조도 이해할 수 있을 것이다.

저자는 역사적 이유는 알지 못하지만 회귀분석 분야에서는 로지스틱 회귀 모델이 이용하는 확률분포를 이항분포라고 하는 관습이 있다. 또한 statsmodels에서도 Binomial $B(n, p)$이라는 이름을 사용하고 있다. 이 때문에 독자의 혼란을 초래하지 않도록, 관례에 따라 이항분포라는 이름을 이용하기로 한다.

(5.26) 식의 유도

이 유도는 다음 식의 변형에 기반을 둔다.

$$y = \frac{1}{1 + \exp(-x)} \Leftrightarrow \frac{1}{y} = 1 + \exp(-x) \Leftrightarrow \log_e\left(\frac{1}{y} - 1\right) = -x$$
$$\Leftrightarrow \log_e\left(\frac{1-y}{y}\right) = -x \Leftrightarrow \log_e\left(\frac{y}{1-y}\right) = x \tag{5.32}$$

Tea Break

이 장에서 다룬 회귀분석에서 설명 변수가 다변수인 것을 중회귀분석이라고 부른다. 중회귀의 '중'은 무겁다는 의미가 아니고, 원어 multiple이 의미하는 '다수의', '다양한'이라는 의미이다. 이 의미보다, 솔직히 '다변수회귀'라고 말하는 것이 알기 쉽다고 생각하지만 왜 중회귀라는 식이 되었는지 그 경위를 저자는 알지 못한다.

또한 이 장에서 다룬 목적변수는 하나의 변수였지만 물론 이것을 다변수로 확장하여 수식으로 만드는 것은 쉽다. 다만 수식화하여 얻어진 연립방정식의 수치계산에는 주의를 요한다. 이 수치계산에서는 풀기 어려운 문제(예를 들면, 조건수가 매우 많은 등)가 있고 10차원을 초월하는 경우는 그 수치오차에 주의를 기울여야 한다.

회귀분석과 유사한 유형의 식을 다루는 것으로 시스템 식별(system identification)이 있다.

이것은 동적으로 표현되는 현상을 나타내는 모델의 구조나 파라미터, 차수를 추정하는 것을 의미한다. 파라미터만을 추정하는 문제에서는 수백~수천만 개의 관측 데이터로부터 회귀분석과 동일한 유형의 연립방정식을 푸는 것이 되고 이 때 수치계산상의 풀기 어려운 점이 추정 모델에 어떤 영향을 주는가의 연구가 이루어지고 있다.

연립방정식을 이용하는 것으로서 대표적인 것은 오퍼레이션 리서치(OR: operation research) 분야의 선형계획법(LP법: linear programming)일 것이다. 이것은 등호만이 아닌 부등호를 고려하고 또한 비용 함수의 최대화(또는 최소화)를 꾀하는 것을 목적으로 한다. 이 알고리즘을 연구하는 것으로 지금까지는 LP법에서 수백 차원 ~ 수천 차원의 해법에 성공했다는 보고가 있고 최적화 계획에서 새롭게 각광받기 시작하고 있다.

제 **6** 장
패턴 인식

패턴(pattern)이란 물리적으로 외부에 존재하는 대상을 다른 대상과 구별하기 위해 물리량이나 개념 데이터를 정리하는 것을 말한다. 패턴 인식(pattern recognition)이란 이미지, 음성 등의 데이터 분류, 판별, 식별을 수행하는 방법이다. 패턴 인식이라는 사고 방식은 기원전 플라톤, 아리스토텔레스가 주장한 것이 시작이라고 한다. 특히 아리스토텔레스는 물리적 세계를 관찰한 후 일반화하는 개념을 제안했다. 현대의 개념으로 대치한다면, 관찰한 것을 데이터로 정리하고 분류, 판별, 식별하는 일일 것이다. 패턴 인식은 다양한 방법론이 있다. 이 장에서는 도구로 scikit-learn, SciPy를 이용하여 클래스 분류와 클러스터링을 다루는 방법을 설명한다.

6.1 패턴 인식의 개요

6.1.1 패턴 인식이란

패턴 인식으로서 클래스 분류와 클러스터링을 설명한다.

클래스 분류

이제 동전의 분류 문제를 생각해보자. 주위에 많은 수의 실제 동전{10원, 50원, 100원, 500원}과 유사 동전{외국 동전, 장난감 동전}이 섞여 있다고 하자. 이것들을 어떤 수단으로 실제 동전이라면 몇 원짜리 동전인가, 또는 유사 동전인가를 자동적으로 분류하고 싶다. 이를 위해 다음을 준비한다.

- 특징 추출기: 센서를 이용하여 물리량을 측정하여 특징량을 추출한다.
- 특징 벡터: 동전의 인식을 위해 복수의 특징량을 벡터 형식으로 표현한다.
- 클래스: 이 문제의 경우 4종류의 동전과 유사 동전을 클래스로 구별한다. 이 예에서는 5개의 클래스가 있다. 클래스를 벡터라고 부르기로 한다. 회귀분석에서 말하는 목적변수와 같은 의미이다.

- 클래스 분류기: 특징 벡터를 이용하여 몇 원짜리 실제 동전인가 또는 유사 동전인가의 패턴 인식을 수행하고 그 결과를 클래스로 출력한다.

특징 벡터는 예를 들면 다음과 같이 나타내기로 한다.

특징 벡터 = [직영, 두께, 무게, 진원도[*1], 광반사도[*2], 투자율[*3]]

사전에 클래스와 분류 벡터를 조합하여 이러한 특징 벡터로 클래스를 분류할 수 있도록 클래스 분류기를 작성한다. 클래스 분류기를 이용하여 새로운 미지의 동전이 입력될 때 이것이 어느 클래스(어떤 동전)인가를 출력한다. 이것을 그림으로 설명한 것이 [그림 6.1]이다. 이것이 **클래스 분류**(classification)이고 패턴 인식의 한 가지이다. 이 사고 방식은 사전에 이미 알고 있는 데이터를 이용하여 조합할 수 있기 때문에 **지도학습**(supervised learning)의 범주에 속한다.

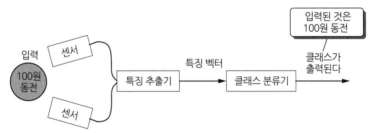

[그림 6.1] 동전의 클래스 분류

이 장에서 다루는 클래스 분류의 주제는 특징 벡터가 주어졌다는 조건을 기초로 클래스 분류를 어떻게 할 것인가이다. 문제는 동전이 시간이 지남에 따라 마모, 변색, 얼룩이 묻어 신품과는 다른 특징 벡터를 나타내고, 다른 클래스들과 겹치는 부분이 생길 수도 있다. 각 동전을 적절한 클래스에 속하도록 특징 벡터의 허용범위를 정하는 것이 클래스 분류에서 어려운 일이다.

클러스터링

앞과는 다르게 클래스가 알려져 있지 않고(즉, 어떤 동전이 입력되는가를 알지 못한다), 출력 결과를 조합 또는 판정할 수 없는 경우이다. 이 경우 특징 벡터와 비슷한 것끼리의 집단(클래스)을 몇 개 만들어, 구별(클러스터링)하는 사고 방식이다. 이것을 설명한 것이 [그림 6.2]이다.

몇 개의 클러스터를 생성하는 것이 **클러스터링**(clustering)이고 역시 패턴 인식의 한 가지이다. 여기에서 앞의 동전과 같은 클래스는 주어지지 않기 때문에 클러스터링 과정은 **비지도학습**(unsupervised learning)이 된다. 클러스터를 생성하는 것만으로는 이것이 어떤 클러스터에 속

[*1] 역자 주: 중심에서 동일한 거리에 있는 모든 점이 정확한 원에서 벗어난 정도를 측정하는 값
[*2] 역자 주: 빛을 얼마나 반사하는지를 나타내는 척도
[*3] 역자 주: 자기장의 영향으로 자화 시에 발생하는 자기력선속밀도와 진공에서 나타나는 자기장 세기의 비

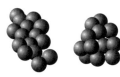

클러스터(cluster)란 송이, 집단, 무리와 같은 덩어리를 나타낸다.
클러스터로 분류하는 것을 클러스터링이라고 한다.

클러스터의 예:
  포도송이, 성단(star cluster), 물 클러스터(water cluster),
  컴퓨터 클러스터(computer cluster) 등이 있다.

[그림 6.2] 클러스터의 그림 설명

하는가를 명확히 판정할 수 없기 때문에 클래스의 속성이나 특징을 뒤에 엄밀하게 검사해야
한다.

또한, 클래스 분류, 클러스터링을 포함하여 패턴 인식기를 구성하는 파라미터를 구하는데
이용되는 데이터를 **트레이닝 데이터**(training data)[*4], 작성된 것이 바르게 동작하는가 여부를
시험(test)하기 위해 이용되는 데이터를 **테스트 데이터**(test data)라고 한다.

6.1.2 클래스 분류의 성능 평가

2 클래스의 지도학습을 클래스 분류로 수행할 때 얻어진 클래스 분류의 성능 평가로서 **혼동
행렬**(confusion matrix)을 이용하는 방법을 설명한다.

혼동행렬은 [**표 6.1**]에 나타낸 것처럼 실제 클래스와 클래스 분류기의 출력 각각을 2진값
(Positive, Negative)로 나타내고, 올바른 분류와 잘못된 분류의 수를 조사하는 것이다. 이 옳고
그른 경우는 4가지(TP, FN, FP, TN)이다.

[표 6.1] 2클래스의 혼동행렬

		클래스 분류기의 출력	
		Positive	Negative
실제 클래스	Positive	True Positive (TP)	False Negative (FN)
	Negative	False Positive (FP)	True Negative (TN)

[**표 6.1**]에 있는 올바른 분류와 잘못된 분류를 다양하게 조합한 비율로 클래스 분류기의 성
능을 평가한다. 자주 사용되는 성능 평가 지표는 다음과 같다.

정확도(accuracy): 올바르게 분류한 비율 $= \dfrac{\text{TP} + \text{TN}}{\text{TP} + \text{FN} + \text{FP} + \text{TN}}$

정밀도(Precision): Positive라고 분류한 것 중에 올바른 것의 비율 $= \dfrac{\text{TP}}{\text{TP} + \text{FP}}$

재현률(recall): 실제 클래스가 Positive인 것 중에 출력이 Positive인 것의 비율 $= \dfrac{\text{TP}}{\text{TP} + \text{FN}}$

[*4] 이 이름이 주어진 것은 제1장을 참조

F값(F-measure): 정밀도와 재현률의 조화평균[*5] $= \dfrac{2}{1/\text{precision} + 1/\text{recall}}$

그 밖의 평가지표로서 정탐비율(진양성률, TP rate): 실제 Positive를 올바르게 분류한 비율 $=$ TP/(TP + FN), 오탐비율(위양성률, FP rate): 실제 Negative를 잘못 분류한 비율 $=$ FP/(FP + TN)이 있다. 또한 정밀도와 재현률은 검색 시스템에서 자주 이용되고 있다.

6.1.3 홀드아웃과 교차검증

트레이닝 데이터는 패턴 인식기를 작성하기 위해 이용되고 테스트 데이터는 작성된 패턴 인식기의 성능 평가를 위해 이용되는 것이다. 이 때문에 원칙적으로 테스트 데이터는 새로 구하는 것이 바람직하다. 그러나 실제로는 데이터 수가 적은 경우가 많기 때문에 이 데이터를 트레이닝 데이터와 테스트 데이터로 분할하여 이용하는 경우가 있다. 이 분할 방법으로 홀드아웃과 교차검증을 설명한다.

홀드아웃(holdout)

하나의 데이터 세트를, 예를 들면 트레이닝 데이터로 70%, 테스트 데이터로 30%로 분할하는 방법이다. 간단하지만 분리된 한쪽으로 치우친 데이터가 있는 경우에 클래스 분류기의 성능을 보증할 수 없다는 결점이 있다.

교차검증(cross validation)

교차검증은 데이터 세트를 k개로 분할하고 그 중의 $(k - 1)$개를 트레이닝 데이터, 나머지 하나를 테스트 데이터로 할당한다. 이 할당을 순서대로 번 반복하여 계산결과를 평가하는 방법이다. $k = 4$의 경우 교차검증을 표현한 것이 **[그림 6.3]**이다.

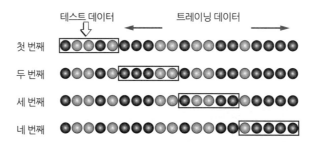

[그림 6.3] 테스트 데이터가 전체 데이터의 1/4, 트레이닝 데이터가 3/4, 4번 교차검증을 수행하는 예

[*5] 동일한 거리를 갈 때는 시속 4km, 올 때는 시속 6km로 걷는 경우 평균속도는 조화평균이 되고 시속 4.8km가 된다. F-measure를 실제로 계산하면 알 수 있지만 이것과 동일한 사고 방식에 기초한다.

일반적으로 각 검증에서 클래스 분류기의 성능이 다른 결과를 보이므로 평균을 취하더라도 이상값을 처리하기 위해서는 별도의 연구가 필요하다.

6.1.4 이 장에서 다루는 패턴 인식 방법

이 장에서 다루는 패턴 인식 방법은 다음과 같다.

클래스 분류(지도학습)

- SVM(support vector machine, 서포트 벡터 머신): 강력한 분류 성능을 가지고 있고 선형으로 분리할 수 없는 문제에도 대응한다.
- kNN(k-nearest neighbors): 알고리즘이 단순하지만 성능은 비교적 좋다. 다만 비모수적이므로 수식으로 클래스 분류는 할 수 없다.

클러스터링(비지도학습)

- 비계층형: 분할이 잘된 평가 함수에 기초하여 분할을 탐색한다. k-mean을 설명한다.
- 계층형: 유사도가 높은 것부터 차례대로 집단(클러스터)을 생성한다. 이 중에서 트리 다이어그램(덴드로그램, dendrogram)을 이용한 응집형을 설명한다.

scikit-learn은 문제의 내용에 따라 적절한 방법을 선택하기 위한 'algorithm cheat-sheet'을 제시한다. 이 Web 사이트는 검색 사이트의 키워드로 'scikit-learn', 'algorithm', 'cheat-sheet'를 이용하여 찾을 수 있다. 이 Web 페이지를 보고, 위의 SVM과 kNN이 classification이라는 카테고리에 속한다는 것을 알 수 있다. 위의 k-mean은 clustering이라는 카테고리에 속한다. 다만 계층형 클러스터링은 사용하기 쉽지 않으므로 이것만은 SciPy를 이용하기로 한다.

6.2 서포트 벡터 머신(SVM)

서포트 벡터 머신(SVM: support vector machine)은 지도학습에 비해서 인식 성능이 비교적 높아 자주 이용되는 패턴 인식의 하나이다. 서포트 벡터 머신의 특징은 선형 분리할 수 없는 문제에 대처할 수 있는 것, 또한 두 클래스의 일부가 섞여 있는 영역을 소프트 마진의 방식으로 분리하는 것 등을 들 수 있다.

6.2.1 클래스 분류와 마진의 최대화

2 클래스에 속하는 데이터의 특징량이 x_1과 x_2로 표현되는 경우를 가정한다. 이 특징량을 축으로 한 평면으로 나타낼 때 **[그림 6.4]**와 같이 원과 사각형의 2 클래스가 있다고 하자.

이 2 클래스를 직선으로 분리하는 것이 클래스 분류이다. **[그림 6.4]**에서는 직선 $x_2 = ax_1$

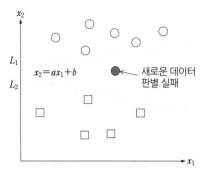

[그림 6.4] 클래스 분류 문제

$+ b$를 후보로 하여 L_1과 L_2의 두 가지를 그리고 있지만 실제로는 무수한 후보가 존재한다. 만약 L_1을 클래스를 분리하는 선으로 결정한다고 하자. 이 선은 원들과 매우 가깝게 위치하므로 새로운 데이터(그림 중의 진하게 칠해진 원)를 얻는 경우 이 새로운 데이터를 사각형 클래스라고 잘못 인식한다. 이것을 해결하는 방식이 마진 최대화이다.

[그림 6.5]로 나타낸 것처럼 두 클래스를 분리하고 또한 데이터에 접하는 평행 경계선인 후보를 찾았다.

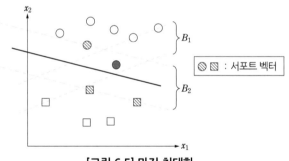

[그림 6.5] 마진 최대화

이 그림에서는 후보 B_1과 B_2를 찾았다고 하자. 이 두 후보 중에 B_2쪽이 여유(마진(margin))가 크기 때문에 이 한가운데에 **클래스 분류선**(실선)을 그린다. 이 실선이라면, 새로운 데이터(진하게 칠해진 원)를 얻어도, 올바른 클래스 분류가 수행된다. 이와 같이 SVM은 마진을 최대화하는 클래스 분류선을 찾는 방식이다. 마진 최대화의 수식은 이 장 6.3절에 있다.

그림 중의 점선 데이터는 B_2 경계선을 지지하는(서포트(support)) 벡터(이 예에서는 위치 벡터라고 생각해도 지장이 없다)이기 때문에 이 점선 데이터들을 서포트 벡터라고 부른다.

이 예와 같이 클래스 분류선으로 완전 분리 가능한 것을 **하드 마진**(hard margin)이라고 한다. 이에 비해서 완전 분리할 수 없는 사례를 다루는 방식이 **소프트 마진**(soft margin)이고 6.2.4항에서 기술한다.

또한, 이 클래스 분류선을 패턴 인식 분야에서는 종종 **초평면**(hyperplane)이라고 부른다. 초평면이란 초등기하학의 n차원 공간에서의 $(n - 1)$ 차원의 부분공간을 말한다. 초평면의 특징으로서 하나의 초평면은 전체 공간을 두 개의 공간으로 분할한다. 이에 따라 다음과 같이 표현할 수 있다.

- 3차원 공간을 분할하는 것은 2차원 초평면(평면)이다.
- 2차원 공간(평면)을 분할하는 것은 1차원 초평면(직선)이다.
- 1차원 공간(직선)을 분할하는 것은 0차원 초평면(점)이다.

[그림 6.5]에서 각 직선은 평면을 두 개로 나누고 있기 때문에 초평면이라고도 부른다.

6.2.2 비선형 분리의 아이디어

[그림 6.6], [그림 6.7]에 나타낸 것처럼 선형 분리 불가능한 데이터를 고차원 공간에 사상한다.

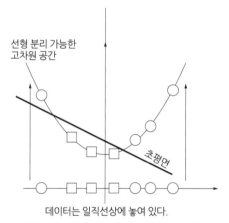

[그림 6.6] 선형 분리 가능한 고차원 공간 1

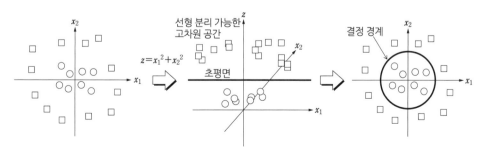

[그림 6.7] 선형 분리 가능한 고차원 공간 2

이 공간에서 선형 분리 가능한 경우에 이 공간 내에서 초평면을 만들고, 그 다음에 원래의 공간으로 돌아가고(역사상), 데이터의 클래스 분리를 수행한다. 이것이 비선형 분리의 아이디어이다.

초평면은 사상된 고차원 공간 내의 것이고 이것이 원래 공간으로 돌아갈(역사상) 때의 영역과 경계(그림의 원형의 실선)에는 {분류, 식별, 클래스} 경계 등 몇 개의 호칭이 있고 여기에서는 **결정 경계**[*6](decision boundary)라는 호칭을 이용한다. 이것을 다음에 제시한다.

6.2.3 선형, 원형 데이터의 하드 마진

하드 마진의 예로서 생성하는 데이터 분포는 다음을 이용한다.

- 선형: 함수 sklearn.datasets.make_classfication
- 원형: 함수 sklearn.datasets.make_circles
- 초승달형: 함수 sklearn.datasets.make_make_moons

또한, 이용하는 서포트 벡터 머신은 다음과 같다.

- sklearn.svm.SVC: support vector machine 중의 Support Vector Classification 함수

이 SVC가 제공하는 커널(kernel, 뒤에서 설명)에는 'linear'(선형), 'ploy'(다항식), 'rbf'(가우스), 'sigmoid'(시그모이드), 'precomputed'(사용자 정의 함수)가 있고 데이터 생성을 포함한 커널들의 사용 방법은 예제를 통해 설명한다.

선형 데이터의 분리

선형 분리 가능한 2클래스의 데이터를 대상으로 한 SVM의 적용 예를 설명한다.

[파일 6.1] SVM_HardMargine.ipynb

```python
from sklearn import svm
from sklearn.datasets import make_classification, make_circles,
                             make_moons

# 산점도에서 독자적인 컬러맵을 사용
from matplotlib.colors import ListedColormap
cm_bright = ListedColormap(['#FF0000', '#0000FF'])

X, y = make_classification( n_samples=100, n_features=2,
               n_informative=2, n_redundant=0, n_classes=2,
               n_clusters_per_class=1,
               class_sep=2.0,
               shift=None,
               random_state=5)
```

---

*6 클래스 분류기, 결정 경계(최종적으로 클래스 분류를 결정)는 거의 동일한 의미이므로 번거롭게 가려 쓰지 않는 것으로 한다. 또한 경계는 선을 나타내므로 경계선이라는 표현은 하지 않는다.

make_classification의 인수 중 중요한 것을 설명하기로 한다. 그 외에는 sklearn.datasets. make_classification을 참조하기 바란다.

[스크립트의 설명]

- n_samples: 샘플수, n_features: 특징 벡터 = $[x_1, \cdots, x_n]$으로 했을 때의 n
- n_informative: 특징이 생성될 때 다른 정규 난수의 분포수, n_redundant: 특징 중의 n_informative의 선형합으로 나타내는 특징의 차원수, n_classes: 클래스수(0, 1, …)
- n_clusters_per_class: 클래스 내의 클러스터의 수
- class_sep: 이 수가 클수록 클래스의 분리 거리가 크다.
- random_state: 임의의 정수가 주어지면 확률 변수가 발생하는 재현성이 있다.

이에 따라 설명 변수가 X, 클래스(레이블)가 y에 저장된다. 이 때 설명 변수의 특징은 2차원 이다. 이 데이터를 대상으로 선형 커널을 이용한 SVM의 적용 방법은 다음과 같다.

```
clf = svm.SVC(kernel='linear', C=1000)  # clf : classification
clf.fit(X, y)
```

선형 분리를 할 때에는 인수로 kernel='linear'을 지정, C는 6.2.4항에서 설명한다. 계산된 정보가 다음과 같이 표시된다.

```
SVC(C=1000, cache_size=200, class_weight=None, coef0=0.0,
    decision_function_shape='ovr', degree=3, gamma='auto'
    kernel='linear', max_iter=-1, probability=False,
    random_state=None, shrinking=True,
    tol=0.001, verbose=False)
```

SVM의 결과는 변수 clf에 저장된다. 이것을 이용하여 마진의 경계(점선), 결정 경계(초평면), 선택된 서포트 벡터 머신을 표시한 것이 **[그림 6.8]**이다.

이 그림은 커널 표시이고 Notebook으로 확인하면 된다. 그림에서 파란색 클래스 1, 붉은색 클래스 0을 나타내고, SVM의 분류 방법을 알 수 있다.

SVM에 의한 클래스 분류는 클래스 분류기를 구축하여 데이터 분류를 할 뿐만 아니라 새로운 데이터를 얻었을 때 이것이 어느 클래스에 속하는가를 클래스 분류기를 이용하여 판정한다. 이 작업은 아래와 같이 새로 구한 두 데이터를 클래스 분류기로 판정하는 방식이다.

```
testX=np.array([[1.0, -3.0], [1.0, -2.5]])
judge = clf.predict(testX)
judge
```

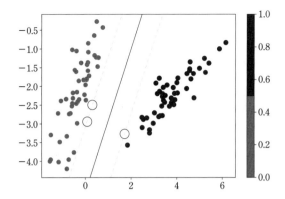

[그림 6.8] linear 커널, 마진의 경계(점선), 결정 경계(실선), 서포트 벡터(백색 원)

```
array([1, 0])
```

위의 결과는 첫 번째 데이터는 클래스 1, 두 번째 데이터는 클래스 0에 속한다는 것을 나타낸다. 이 결과를 [그림 6.8]과 비교해보면 올바르게 분류한 것을 알 수 있다.

다음으로 원형과 초승달형 데이터에 대해서 SVM을 적용한다. 커널은 각각 rbf, poly로 한다. 이렇게 지정하도록 정해져 있는 것은 아니므로 독자 자신이 여러 커널을 바꿔가면서 분리 결과를 확인하기 바란다.

```
# 가우시언 커널
clf = svm.SVC(kernel='rbf', C=1000)
clf.fit(X, y)
```

```
# 다항식 커널
clf = svm.SVC(kernel='poly', degree=3, coef0=1.0, C=1000)
clf.fit(X, y)
```

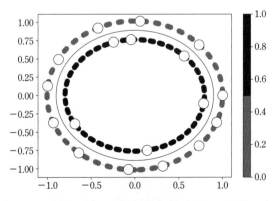

[그림 6.9] rbf 커널, 마진의 경계(점선), 결정 경계(실선), 서포트 벡터(백색 원)

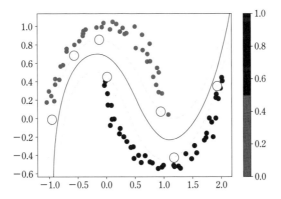

[그림 6.10] poly 커널, 마진의 경계(점선), 결정 경계(실선), 서포트 벡터(백색 원)

이 결과는 [그림 6.9], [그림 6.10]과 같다.

원형 데이터의 경우 100% 분리가 이루어지고 있다. 초승달 데이터의 경우 데이터 분포를 눈으로 실제로 확인하여 다항식의 차수 degree를 3으로 한다고 가정한다. 이 때 파라미터 coef0은 다항식이 그리는 그래프의 파라미터를 변경시키므로 이 그래프의 출발점에 영향을 준다. 이 때문에 분리 정확도에 크게 관여하므로 이 파라미터 조정도 충분히 수행해야 한다. 한편 차수를 너무 크게 잡으면 오버피팅 현상이 나타나서 그다지 분리 정확도에 영향을 주지 않는다.

6.2.4 소프트웨어 마진과 홀드아웃

하드 마진은 100% 분리 가능한 데이터를 대상으로 한다. 이에 반해서 소프트 마진은 100% 분리가 곤란한 데이터를 대상으로 한다. 이러한 방식은 다른 클래스가 섞인 것을 인정하지만 그 대신 페널티를 부과하는 방식이다. 이것을 [그림 6.11]을 이용하여 설명한다.

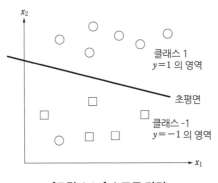

[그림 6.11] 소프트 마진

그림에서는 클래스 1(원)의 데이터 하나가 클래스 −1에 섞여 있다.

이것을 억지로 분리하는 초평면(곡선이 될 수밖에 없다)을 찾는 것이 아니라 이렇게 섞인 것을 인정하는 초평면을 구하는 방식이다. 또한 선형 분리의 경우에도 노이즈가 있는 경우 등은 억지로 선형 분리하는 초평면을 구하지 않는 편이 좋다. 이 방식을 수식화한 것은 뒤에 제시한다.

소프트 마진의 경우 다른 클래스가 섞이는 것을 인정하기 때문에 클래스 분류기의 성능을 확인하는 것이 필요하다. 이를 위해 소프트 마진의 취급 방법은 다음 단계를 따르기로 한다.

단계 1 데이터를 생성하여 홀드아웃법으로 트레이닝 데이터와 테스트 데이터로 분할한다.
단계 2 트레이닝 데이터에 대해, 소프트 마진을 고려한 SVM을 적용하여 클래스 분류기를 얻는다.
단계 3 트레이닝 데이터에 대한 클래스 분류기의 성능 평가를 실시한다.
단계 4 테스트 데이터에 대한 클래스 분류기의 성능 평가를 실시한다.

이것을 수행하는 것이 다음 스크립트이다.

[파일 6.2] SVM_SoftMargine.ipynb

```python
from sklearn.model_selection import train_test_split
from sklearn.metrics import accuracy_score, confusion_matrix,
        precision_score, recall_score, f1_score,
        classification_report
```

이것들은 홀드아웃, 성능 평가를 위해 이용되는 것이다. 데이터는 다음과 같이 생성한 후에 홀드아웃법에 의해 데이터를 분할한다.

```python
X, y = make_classification( n_samples=100, n_features=2,
    n_informative=2, n_redundant=0, n_classes=2,
    n_clusters_per_class=1,   class_sep=0.4,
    shift=None,  random_state=5)

X_train, X_test, y_train, y_test = train_test_split(
        X, y, test_size=0.2, random_state=0)
```

이 예에서는 테스트 데이터에 20%(test_size=0.2), 나머지 80%를 트레이닝 데이터에 할당한다.

```python
clf = svm.SVC(kernel='linear', C=10000)  # clf:classification
clf.fit(X_train, y_train)
```

이 인수 C가 앞에서 기술한 페널티의 정도이고 C가 작을수록 클래스가 섞이는 것을 허용하게 되고 거꾸로 C가 클수록 하드 마진에 가까워진다. 구한 클래스 분류선, 마진의 경계선을 트레이닝 데이터의 산점도와 함께 **[그림 6.12]**에 제시한다.

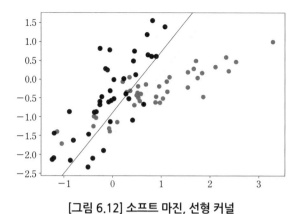

[그림 6.12] 소프트 마진, 선형 커널

이 클래스 분류기의 성능 평가 중, 오인식이 몇 개 있는가를 알기 위해서는 다음 혼동행렬을 이용하면 편리하다.

```
print('confusion = \n %s' % confusion_matrix(y_train, y_train_pred))
```

```
confusion =
  [[32  7]
   [ 9 32]]
```

이 결과, 클래스 0(●)의 오인식은 39개 중 7개, 클래스 1(●)의 오인식은 41개 중 9개이다. 다른 성능 평가 지표는 함수 accuracy_score, precision_score, recall_score, f1_score를 이용해서 수행되지만 이것들을 일괄적으로 계산하는 것은 다음과 같다.

```
print(classification_report(y_train, y_train_pred))
```

	precision	recall	f1-score	support
0	0.78	0.82	0.80	39
1	0.82	0.78	0.80	41
avg/total	0.80	0.80	0.80	80

이 결과를 보면 클래스 0, 1 각각에서 본, 정밀도(precision), 재현률(recall), F값(f1-score)이 표시되어 있다. 또한 정확도(accuracy)는 avg/total을 보면 80%라고 표시되어 있다. support는 각각 클래스 데이터 수를 나타내고 있다.

이 클래스 분류기의 성능 평가로서 테스트 데이터에 대한 결과는 다음과 같다.

```
y_test_pred = clf.predict(X_test)
print('confusion = \n %s' % confusion_matrix(y_test, y_test_pred))
print(classification_report(y_test, y_test_pred))
```

```
confusion =
 [[10  1]
  [ 1  8]]
```

	precision	recall	f1-score	support
0	0.91	0.91	0.91	11
1	0.89	0.89	0.89	9
avg/tota	0.90	0.90	0.90	20

트레이닝 데이터를 이용한 클래스 분리 결과보다 테스트 데이터를 이용한 클래스 분리 성능이 높은 결과를 얻었다. 그러나 데이터 분리 방법으로 홀드아웃을 이용한 데이터만을 이용하여 클래스 분류기의 성능이 확정되는 것은 아니라는 것에 주의하기 바란다.

6.2.5 교차검증과 그리드 서치

데이터 분할법의 하나인 교차검증 방법의 개요는 이 장의 전반부에서 이미 설명했다. 여기에서는 그 사용 방법을 설명한다. 또한 SVC의 파라미터 결정 방법으로 그리드 서치를 설명하기로 한다.

교차검증

[그림 6.13]에 제시한 데이터는 2클래스로 표본수는 400이다.

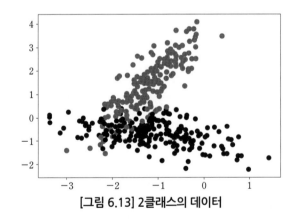

[그림 6.13] 2클래스의 데이터

데이터를 5분할하는 교차검증을 실시할 때 함수 cross_val_score를 이용한다. 다만 선형 커널을 이용하고 C=1로 하여 다른 클래스가 섞이는 것을 어느 정도 허용하기로 한다.

[파일 6.3] SVM_CrossValidation.ipynb

```
CV = 5
clf = svm.SVC(kernel='linear', C=1)
scores = cross_val_score(clf, X, y, cv=CV, scoring='accuracy')
```

```
print(scores)
print("Accuracy: %0.2f (+/- %0.2f) for 95 %% confidence interval"
    % (scores.mean(), scores.std() * 2))
```

함수 cross_val_score의 인수로 clf를 이용하는 클래스 분류 방법을 지정(svm.SVC 이외에 복수의 방법이 있다)하고 cv=CV는 교차검증의 분할수, scoring='accuracy'는 평가지표로 정확도(accuracy)를 지정한다.

```
[0.8625 0.95   0.9375 0.8875 0.9125]
Accuracy: 0.91 (+/- 0.06) for 95 % confidence interval
```

이 결과는 C의 값을 바꾸면 변한다. 독자 자신이 확인하기 바란다.

함수 cross_val_validate는 평가지표를 여러 개 지정할 수 있다. 또한 각 시행의 평균값을 최종 결과로서 출력한다. 추가로 분류기를 구하는 시간(fit_time), 테스트 데이터의 처리 시간(score_time)도 출력한다.

```
scoring = ['accuracy', 'precision', 'recall', 'f1']
scores = cross_validate(clf, X, y, scoring=scoring, cv=CV)
for key,value in scores.items():
    print("{:16}:{:.2f}+/-{:.2f}".format(key, value.mean(), value.std()))
```

```
fit_time         :0.00+/-0.00
score_time       :0.01+/-0.00
test_accuracy    :0.91+/-0.03
test_precision   :0.95+/-0.03
test_recall      :0.86+/-0.04
test_f1          :0.91+/-0.03
```

여기까지의 결과에서 몇 가지 주의할 점이 있다.

- 신뢰구간(confidence interval)을 구하는데, 데이터가 검정의 가정을 만족하고 있다면, 이 값은 의미가 있다.
- 교차검증에서 평가지표(accuracy 등)의 평균값을 구하는 것에 큰 의미(이렇게 해야만 하는)는 없다. 이번의 예와 같이 1분할 데이터당 표본수가 80(= 400/5)이 유의한가의 여부는 불분명하기 때문이다.
- 평가지표가 최대일 때의 클래스 분류기를 적용하고 싶지만 이것도 데이터의 편중 여부에 좌우된다. 이 때문에 우선 산점도에 초평면을 그려, 이것을 보고 고찰한 다음 어느 데이터에 대한 클래스 분류기의 파라미터를 취할 것인가를 선택하는 것이 바람직하다.

- 고찰 방법으로 가장 바람직한 것은, 데이터의 배경에 있는 물리적·사회적 요인이나 데이터 생성 메커니즘(또는 모델)을 알고 있는 경우 이 메커니즘을 합리적으로 설명할 수 있는 클래스 분류를 적용한다.
- 이 메커니즘이 불명확한 경우 즉 데이터만 주어져 있는 경우라도 우선은 어느 분류기를 결정하고 클래스 분류 결과에 대해서 어떠한 논리적 또는 합리적 고찰을 제공하는 것이 중요하다.
- 이러한 고찰 없이, 단순히 패키지가 계산한 결과를 이해하지 않고 그대로 받아들이는 것만은 피하는 것이 바람직하다.

또한 성능 평가 지표, 결정 경계(고차원 공간의 초평면이 대응)는 별도로 간단하게 표시할 수 있는 함수가 있고 이것들에 관해서는 다음 항에서 제시한다.

그리드 서치

좋은 클래스 분류기를 찾기 위해서는 커널의 종류와 여기에 관련된 파라미터의 값을 결정해야만 한다. 이것을 모두 이용하여 수행하는 것이 마치 격자형(그리드, grid)으로 빠짐없이 탐색(서치, search)하는 것에서 이름을 따 그리드 서치(grid search)라고 부른다.

앞과 동일한 데이터에 대한 사용 예를 설명한다.

[파일 6.4] SVM_GridSearch.ipynb

```
from sklearn.model_selection import GridSearchCV
from sklearn.metrics import accuracy_score, classification_report
from mlxtend.plotting import plot_decision_regions
```

이 스크립트의 첫 번째 행은 그리드 서치를 위한 것이고 두 번째 행은 성능 평가를 위한 것이다. classification_report는 Precision, Recall, F값과 support(데이터 수)를 나타낸다. 세 번째 행은 결정 영역을 색으로 구분하여 결정 경계가 어디에 있는가를 간략하게 그리는 외부 패키지이다. Anaconda와는 별도로 설치한다(제1장에서 설명).

다음은 SVM의 커널 종류, 파라미터 C의 값, 파라미터 gamma 값의 후보를 선택한다. 그리고 SVC의 인스턴스를 생성한다.

```
parameters = {'kernel':('linear', 'rbf'), 'C':[0.1, 1.0, 10.0],
    'gamma':[0.01, 0.1, 1.0, 10.0]}
svc = svm.SVC()
```

그리드 서치를 실행한다. 교차검증을 위한 분할 수는 CV=5로 한다.

```
clf = GridSearchCV(svc, parameters, scoring='accuracy', cv=CV)
clf.fit(X, y)
```

```
GridSearchCV(cv=5, error_score='raise-deprecating',
             estimator=SVC(C=1.0, cache_size=200, class_weight=None,
coef0=0.0,
     decision_function_shape='ovr',degree=3, gamma='auto', kernel='rbf',
     max_iter=-1, probability=False, random_state=None, shrinking=True,
     tol=0.001, verbose=False),
          fit_params=None, iid=True, n_jobs=1,
          param_grid={'kernal'; ('linear', 'rbf'), 'C': [0.1, 1.0,
             10.0], 'gamma': [0.01, 0.1, 1.0, 10.0]}
          pre_dispatch='2*n_jobs', refit=True, return_train_score='
             warn',
          scoring='accuracy', verbose=0)
```

교차검증에서 베스트 스코어와 이 때의 최적 파라미터를 표시한다.

```
print('Best accuracy = ',clf.best_score_)
print(clf.best_params_)
```

```
Best accuracy =  0.925
{'C': 10.0, 'gamma': 1.0, 'kernel': 'rbf'}
```

이 결과, 주어진 파라미터 후보의 조합 중에서 최적인 클래스 분류기는 rbf 커널이고 커널 파라미터 gamma 및 소프트 마진으로 이용하는 C의 값을 나타낸다.

이 클래스 분류기의 성능을 새롭게 검증하기 위해 새로운 테스트 데이터로 100개의 표본을 생성하고 이 데이터에 이 클래스 분류기를 적용하는 스크립트는 다음과 같다.

```
y_test_pred = best_clf.predict(X_test)
print('Accuracy score = ',accuracy_score(y_test, y_test_pred))
print(classification_report(y_test, y_test_pred))
plot_decision_regions(X_test,y_test, clf=best_clf, res=0.02,
    legend=2)
```

이 결과는 다음과 같다.

```
Accuracy score =  0.74
       precision      recall     f1-score     support

    0      0.66        1.00        0.79         50
    1      1.00        0.48        0.65         50
```

구한 클래스 분류기의 결정 영역에 맞추어 트레이닝 데이터와 테스트 데이터를 그래프로 그리는 스크립트는 다음과 같다.

```
fig, axes = plt.subplots(1, 2, figsize=(12,8), sharex=True, sharey
    =True)
plot_decision_regions(X,y, clf=best_clf, res=0.02, ax=axes[0],
```

```
    legend=2)
axes[0].set_xlabel('(a) Traing data')

plot_decision_regions(X_test,y_test,clf=best_clf,res=0.02,ax=
    axes[1],legend=2)
axes[1].set_xlabel('(b) Test data')
```

이 결과는 **[그림 6.14]**와 같다.

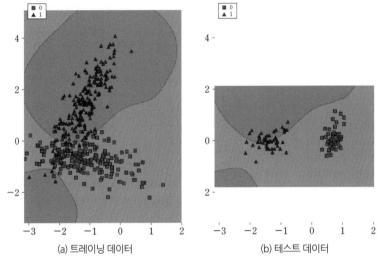

(a) 트레이닝 데이터   (b) 테스트 데이터

[그림 6.14] 그리드 서치로 구한 클래스 분류기의 결정 영역

여기에서 양쪽 그림 모두 스케일을 맞추었기 때문에 결정 영역의 스케일이 동일하지만 함수 plot_decision_regions의 경우 그림의 범위가 다르다는 것에 주의하기 바란다.

이 예가 나타내듯이 동일한 속성의 테스트 데이터를 새로 생성하면 트레이닝 데이터만큼의 성능이 나타나지 않는다. 앞에서 설명했듯이 이 클래스 분류기 성능을 고찰(또는 검증)하기 위해서는 우선 클래스를 보고 데이터의 배경에 있는 물리적·사회적 관점을 어떻게 해서 포착하느냐가 중요하다고 생각한다. 혹시 이렇게 하지 않고 수치와 그래프로 표현되는 결과만 보아서는 이 결과가 좋은지 아닌지 또는 이 클래스 분류의 의의에 관한 고찰을 깊이 진행시키는 것은 어렵다.

6.2.6 멀티클래스 분류

클래스 분류 문제에서 클래스 수가 3이상인 경우를 멀티클래스(multiclass)라고 부르고 구별하는 경우가 있다. 2클래스 분류기를 이용하여 클래스 수가 $k(k > 2)$인 멀티클래스 문제를 푸는 경우에는 일대다 분류기나 일대일 분류기가 자주 이용된다. 여기에서는 기본적인 아이디어만을 기술하여 scikit-learn의 사용 방법을 설명한다.

일대다 분류기(one-versus-rest classifier) one-vs-all이라고도 한다. $i = 1, \cdots, k - 1$의 각 클래스 i 각각에 대해서, 클래스 i라면 1을, 그 외의 클래스라면 0으로 분류하는 2클래스 분류기를 k개 이용한다. 클래스 k는 $k - 1$개의 분류기가 모두 0을 출력하면 클래스 k라고 알 수 있다는 아이디어를 도입하고 있다. 복수의 분류기가 1을 출력했을 때 최종적인 해를 어떤 것으로 하는가를 결정할 수 없는 경우가 있기 때문에 추정 확률이 가장 높은 것을 채택하는 등의 방식을 쓴다.

일대일 분류기(one-versus-one classifier) one-vs-one이라고도 한다. k개의 클래스로부터 두 개의 클래스 $(i, j)(i \neq j)$의 조합인 $k(k - 1)/2$개에 관해서, 클래스 i와 j인 2클래스 분류를 생각한다. 따라서 $k(k - 1)/2$개의 2클래스 분류기를 준비하는 것이 된다. 최종적인 클래스는 다수결에 따라 결정한다.

scikit-learn의 클래스 분류에 대한 아이디어는 '1.12. Multiclass and multulabel algorithms'에 기술되어 있다. 여기에는 위의 두 가지 방법을 제공하고 있는 것을 기술하고 있다.

멀티클래스 분류의 예로서 scikit-learn이 제공하는 Iris(아이리스, 3클래스)와 digits(필기체 숫자, 10클래스) 데이터 세트를 이용한다.

Iris의 멀티클래스 분류

Iris 데이터에는 3클래스(0: Iris-Setosa, 1: Iris-Versicolour, 2: Iris-Virginica)가 있다. 데이터 중에 우선 시험적으로 설명 변수를 두 개로 한정하여 Sepal(꽃받침)과 Petal(꽃잎)의 길이 [cm]에 의해 클래스 분류를 수행한다. 이를 위해 iris.data의 0 번째 행과 2 번째 행의 요소만을 추출하여 X에 저장, 클래스(꽃잎의 종류)를 y에 저장한다. 이 데이터에 대해 그리드 서치를 실시하고 그 결과를 출력한다.

[파일 6.5] SVM_Multiclass_Iris.ipynbfrom sklearn import datasets

```python
from sklearn import datasets

iris = datasets.load_iris()
X = iris.data[:, [0, 2]]
y = iris.target

parameters = {'kernel':('linear', 'rbf', 'poly'), 'C':[0.1, 1.0,
    10.0],
                'gamma':[0.01, 0.1, 1.0, 10.0], '
                    decision_function_shape':('ovo', 'ovr')}
svm = SVC()

clf = GridSearchCV(svm, parameters, scoring='accuracy', cv=5)
clf.fit(X, y)

print('Best accuracy =', clf.best_score_)
```

```
print(clf.best_params_)
```

```
Best accuracy = 0.9666666666666667
{'C': 0.1, 'decision_function_shape': 'ovo', 'gamma': 10.0,
    'kernel': 'poly'}
```

즉, 다항식 커널로 'ovo' one-vs-one에서 C=0.1, gamma=10.0이 좋은 분류 성능을 나타내고 있다. 이 결과를 이용하여 결정 영역을 나타낸 것이 [그림 6.15]이다. 다만 이 결과는 결정 영역을 그림으로 표현할 수 있도록 설명 변수를 두 개(Sepal과 Petal의 길이)로 한정한 것이다.

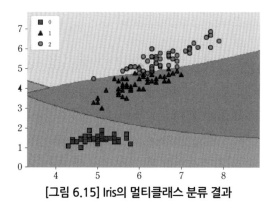

[그림 6.15] Iris의 멀티클래스 분류 결과

다음으로 설명 변수를 네 개 모두 이용하여 멀티클래스 분류를 수행한다. 다만 SVC의 파라미터는 위의 Grid Search의 결과에 따른다.

```
X = iris.data
y = iris.target
clf = SVC(C=0.1, kernel='poly', gamma=10.0,
    decision_function_shape='ovo').fit(X,y)
print(clf)
y_pred = clf.predict(X)
print('Accuracy = ',accuracy_score(y, y_pred))
print(classification_report(y, y_pred))
```

```
Accuracy =  1.0
           precision     recall      f1-score     support

        0       1.00        1.00         1.00          50
        1       1.00        1.00         1.00          50
        2       1.00        1.00         1.00          50

avg/total       1.00        1.00         1.00         150
```

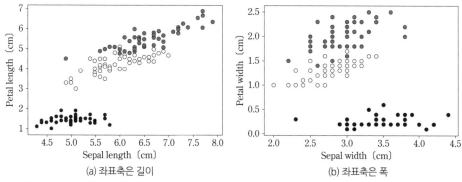

[그림 6.16] 전체 설명 변수를 이용한 클래스 분류, 클래스 0: ●, 클래스 1: ○, 클래스 2: ●

정확도는 100%였다. [그림 6.16](a)은 2종의 길이를 좌표축, (b)는 2종의 폭을 좌표축으로 잡아, 각각의 클래스를 색으로 구분하여 그렸다. 이 결과를 보면 종에 따라 길이와 폭에서 어느 정도의 클래스 분류가 가능하다는 것이 확인된다.

digits의 멀티클래스 분류

digits 데이터는 필기체 한 자리 숫자(0 ~ 9)의 이미지 데이터가 있고 이 수만큼의 클래스가 10개이다. 이미지 데이터는 8×8 픽셀, 1픽셀당 0 ~ 16로 표현되는 색 번호(17색)가 있고 표본수는 1,797이다.

[파일 6.6] SVM_Multiclass_Digits.ipynb

```python
digits = datasets.load_digits() # load data
counter = 1
for i in range(0,10): # 적절한 범위를 지정
    plt.subplot(2,5,counter)
    counter += 1
    plt.imshow(digits.images[i])

# 이미지 데이터의 포맷을 살펴본다.
print(digits.images[0].shape) # 적절한 번호를 지정
print(digits.images[100])        # 위와 동일
```

```
(8, 8)
[[ 0.    0.    0.    2.   13.    0.    0.    0. ]
 [ 0.    0.    0.    8.   15.    0.    0.    0. ]
 [ 0.    0.    5.   16.    5.    2.    0.    0. ]
 [ 0.    0.   15.   12.    1.   16.    4.    0. ]
 [ 0.    4.   16.    2.    9.   16.    8.    0. ]
 [ 0.    0.   10.   14.   16.   16.    4.    0. ]
 [ 0.    0.    0.    0.   13.    8.    0.    0. ]
 [ 0.    0.    0.    0.   13.    6.    0.    0. ]]
```

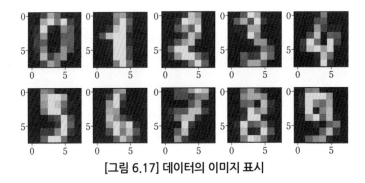

[그림 6.17] 데이터의 이미지 표시

멀티클래스 분류를 수행하기 위해 설명 변수 X와 레이블(목적변수) y를 다음과 같이 제공한다. 또한 트레이닝 데이터와 테스트 데이터 및 그리드 서치용의 파라미터를 다음과 같이 제공한다.

```
X = digits.data
y = digits.target

X_train, X_test, y_train, y_test = train_test_split(X, y,
    test_size=0.1, random_state=0)

parameters = {'kernel':('linear', 'rbf'), 'C':[0.1, 1.0, 10.0],
        'gamma':[0.01, 0.1, 1.0, 10.0], 'decision_function_shape'
            :('ovo', 'ovr')}
svm = SVC()
clf = GridSearchCV(svm, parameters, scoring='accuracy', cv=5)
clf.fit(X_train, y_train)
```

그리드 서치를 수행한 결과는 다음과 같다.

```
print('Accuracy =', clf.best_score_)
print(clf.best_params_)
```

```
Accuracy = 0.978354978355
{'C': 0.1, 'decision_function_shape': 'ovo', 'gamma': 0.01, '
    kernel': 'linear'}
```

이 클래스 분류기를 이용하여 테스트 데이터에 대한 예측을 수행한다.

```
y_test_pred = clf.predict(X_test)
print("Accuracy Score = %f \n" % accuracy_score(y_test,
    y_test_pred))
print("Classification report for classifier \n %s"  %
    classification_report(y_test, y_test_pred))
```

예측한 결과는 다음과 같다.

```
Accuracy Score = 0.977778

Classification report for classifier
        precision      recall      f1-score      support

    0      1.00        1.00         1.00           11
    1      0.91        1.00         0.95           20
    2      1.00        1.00         1.00           16
    3      1.00        1.00         1.00           10
    4      0.91        1.00         0.95           10
    5      0.95        1.00         0.98           21
    6      1.00        0.96         0.98           25
    7      1.00        0.95         0.97           20
    8      1.00        0.96         0.98           23
    9      1.00        0.96         0.98           24

avg/total  0.98        0.98         0.98          180
```

테스트 데이터에 대한 평가지표는 모두 98%이다.

마지막으로 예측성능을 그림으로 그리기 위해 다음의 id에 적당한 번호를 입력하고 id 이미지를 바르게 인식하는가를 시험한다.

```
id=11
dat = np.array([X_test[id]])
print("Predicted Number is %d " % clf.predict(dat))
print("Real      Number is %d " % y_test[id])
plt.matshow(X_test[id].reshape(8,8))
```

```
Predicted Number is 8
Real      Number is 8
```

이 결과, 올바르게 예측된다. 또한 이 때의 이미지는 [그림 6.18]과 같다. 사람의 눈으로만

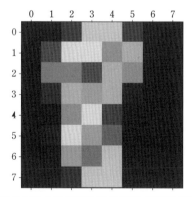

[그림 6.18] 숫자 8이라고 추정된 이미지 데이터

확인해서는 이것을 올바르게 분류(인식)하는 것이 다소 어려우므로 클래스 분류 성능이 발휘된 예라고 할 수 있다.

6.3 SVM의 수학적 설명

여기에 흥미가 없는 독자는 건너뛰어도 상관이 없다. 여기에서는 SVM의 설명에 있었던 마진 최대화, 커널 함수를 이용한 비선형 분리 및 소프트 마진 방식의 수식에 관해 설명한다.

6.3.1 마진 최대화

[그림 6.19]에서 x_1, x_2 평면에서 클래스 1(원)과 클래스 -1(사각형)이 있다. 각각의 좌표는 $\boldsymbol{x}_i = \{x_{1,i},\ x_{2,i}\}, (i = 1, \cdots, N)$으로 주어진다.

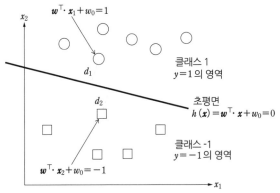

[그림 6.19] 마진 최대화의 그림 설명

이 때 앞에서 기술한 것처럼 마진 최대화 방침에 기초하여 이 두 클래스를 초평면

$$h(\boldsymbol{x}) = \boldsymbol{w}^\top \cdot \boldsymbol{x} + w_0 = 0 \tag{6.1}$$

으로 분리할 수 있는 w, w_0를 구하고 싶다고 하자. 여기에서 $\boldsymbol{w} = [w_1, w_2]^\top$이다.

이를 위해 우선 다음의 부호 함수를 도입한다.

$$\mathrm{sgn}(u) = \begin{cases} 1 & (u \geq 0) \\ -1 & (u < 0) \end{cases}$$

이것을 이용하여 각 x_i에 대한 클래스 분류를 나타내는 y_i를 다음과 같이 결정한다.

$$y_i = \mathrm{sgn}\left(h\left(\boldsymbol{x}_i\right)\right)$$

이와 같이 결정할 때 다음과 같이 말할 수 있다.

올바른 분류를 나타낸 경우 : $y_i h(\boldsymbol{x}_i) > 0$

올바르지 않은 분류를 나타낸 경우 : $y_i h(\boldsymbol{x}_i) < 0$

초평면 $h(\boldsymbol{x}) = 0$으로부터 가장 가까이 있는 데이터까지의 거리(또는 마진)를 최대화할 수 있다. 이를 위해 이 거리를 y_j까지 포함한 다음 형식으로 표현한다.

$$d_i = y_i \frac{h(\boldsymbol{x}_i)}{\|\boldsymbol{w}\|}$$

이것을 이용하여 SVM의 논리는

$$\min_i d_i$$

을 구하는 것이었다. 여기에서 $\boldsymbol{w}$와 w_0에 동일한 정수배를 하더라도 초평면은 변하지 않는 것을 고려하면 서포트 벡터에 대해서는

$$y_i h(\boldsymbol{x}_i) = 1$$

이라는 조건을 추가로 설정한다.

이것들을 이용하여 SVM의 논리에 기초하여 $\boldsymbol{w}$, w_0 를 구하는 것은 다음과 같이 말할 수 있다.

초평면까지의 거리가 최소가 되는 데이터에 대해, 이 거리(마진)의 최대화를 의도하는 것이다.

이것을 식으로 표현하면 다음과 같다.

$$\arg\max_{\boldsymbol{w}, w_0} \left\{ \frac{1}{\|\boldsymbol{w}\|} \min_i \left[y_i\, h(\boldsymbol{x}_i) \right] \right\} \tag{6.2}$$
$$\text{subject to} \quad y_i\, h(\boldsymbol{x}_i) \geq 1$$

여기까지는 복잡하기 때문에 조금 더 간단하게 변환한다. (6.2) 식의 최솟값이 1이기 때문에 다음과 같다.

$$\max_{\boldsymbol{w}, w_0} \left\{ \frac{1}{\|\boldsymbol{w}\|} \min_i \left[y_i\, h(\boldsymbol{x}_i) \right] \right\} \rightarrow \min_{\boldsymbol{w}, w_0} \|\boldsymbol{w}\| \rightarrow \min_{\boldsymbol{w}, w_0} \frac{1}{2} \|\boldsymbol{w}\|$$

마지막 계수 1/2은 2제곱 형식의 최적화 문제를 풀 때 제곱인 2를 상쇄하는 편의상의 수이다. 결국 다음 2차 계획법을 푸는 것으로 귀결된다.

$$\arg\min_{\boldsymbol{x}, w_0} \frac{1}{2} \|\boldsymbol{w}\|^2 \tag{6.3}$$
$$\text{subject to} \quad y_i\, h(\boldsymbol{x}_i) \geq 1$$

이것을 푸는 수치 계산법은 라이브러리가 담당하기 때문에 더 이상의 설명은 하지 않기로 한다.

지금까지의 논의에서 데이터는 100% 분류 가능한 초평면이 존재한다는 가정을 세웠다. 즉, 잘못된 분류를 허용하지 않는다는 의미에서 하드 마진이라고 부른다. 이것은 소프트 마진과 대비되는 용어이다.

6.3.2 커널 함수의 이용

d차원의 학습 데이터 x를 사상공간 H에 사상하는 함수를

$$\boldsymbol{\varphi}(\boldsymbol{x}) : \ \boldsymbol{x} \in \boldsymbol{R}^d \ \to \ H$$

로 하고 이것을 이용하여 공간 H 상의 다음 초평면이 선형으로 분리 가능한 것으로 한다.

$$h\left(\boldsymbol{\varphi}(\boldsymbol{x})\right) = \boldsymbol{w}^\top \cdot \boldsymbol{\varphi}(\boldsymbol{x})$$

이 때 $\boldsymbol{w}$는 $\{\boldsymbol{\varphi}(\boldsymbol{x}_1), \cdots, \boldsymbol{\varphi}(\boldsymbol{x}_N)\}$으로 확장되는 H의 부분 공간에 속한다. 즉

$$\boldsymbol{w} = \sum_{i=1}^{N} \alpha_i \boldsymbol{\varphi}\left(\boldsymbol{x}_i\right) \tag{6.4}$$

라고 쓸 수 있다. 여기에서 $\{\alpha_1, \cdots, \alpha_N\}$은 적당한 계수이다. (6.4) 식을 (6.3) 식에 대입하면 계수 α에 관한 최적화 문제가 된다.

$$\arg \min_{\alpha_1, \cdots, \alpha_N} \frac{1}{2} \sum_{i,j=1}^{N} \alpha_i \alpha_j \boldsymbol{\varphi}(\boldsymbol{x}_i)^\top \boldsymbol{\varphi}\left(\boldsymbol{x}_j\right) \tag{6.5}$$

$$\text{subject to} \quad y_i \left(\sum_{j=1}^{N} \alpha_j \boldsymbol{\varphi}(\boldsymbol{x}_j)^\top \boldsymbol{\varphi}(\boldsymbol{x}_i) + \alpha_0 \right) \geq 1, \quad (i = 1, \cdots, N)$$

(6.5) 식에서 함수 $\boldsymbol{\varphi}(x_1)$가 2차식으로 표현되고 있다. 이를 대신하는 함수 $k(\boldsymbol{x}, \boldsymbol{y})$를 도입한다.

$$k\left(\boldsymbol{x}, \boldsymbol{y}\right) = \boldsymbol{\varphi}\left(\boldsymbol{x}\right)^\top \boldsymbol{\varphi}\left(\boldsymbol{y}\right) \tag{6.6}$$

$k(\boldsymbol{x}, \boldsymbol{y})$는 커널 함수(kernel function)라고 부르는 것이다.

이것을 도입하는 이점은 $\boldsymbol{\varphi}(x)$를 고려하는 것이 아니라 직접 커널 함수를 고려하면 좋기 때문이다. 또한 $\boldsymbol{\varphi}(x)$를 고려하면 고차원 또는 무한 차원의 계산이 필요하게 되지만 커널 함수라면 그것을 피할 수 있는 경우가 있다.

예를 들면, $\boldsymbol{x} = (x_1, x_2)$, $\boldsymbol{y} = (y_1, y_2)$라고 할 때 다음과 같이 가정하자.

$$k\left(\boldsymbol{x}, \boldsymbol{y}\right) = \left(1 + \boldsymbol{x}^\top \boldsymbol{y}\right)^2 = (1 + x_1 y_1 + x_2 y_2)^2$$

이 때 다음 6차원을 가정한다.

$$\boldsymbol{\varphi}(\boldsymbol{x}) = \boldsymbol{\varphi}(x_1, x_2) = \left(1, {x_1}^2, {x_2}^2, \sqrt{2}x_1, \sqrt{2}x_2, \sqrt{2}x_1 x_2\right)$$

이 $\boldsymbol{\varphi}(x)$를 이용하면

$$k\left(\boldsymbol{x}, \boldsymbol{y}\right) = \left(1 + \boldsymbol{x}^\top \boldsymbol{y}\right)^2 = \boldsymbol{\varphi}(\boldsymbol{x})^\top \boldsymbol{\varphi}\left(\boldsymbol{y}\right)$$

가 성립한다. 즉, 6차원의 $\boldsymbol{\varphi}(\boldsymbol{x})$를 이용하면 이 2제곱 형식으로 만들기 위한 계산량이 많아진다. 한편, 커널 함수 $k(x, y)$를 이용하면 이 계산량을 줄일 수 있다.

다음의 예로서 RBF 커널(radial basis function kernel)은 다음과 같이 표현된다.

$$k\left(\boldsymbol{x}, \boldsymbol{y}\right) = \exp\left(-\gamma \|\boldsymbol{x} - \boldsymbol{y}\|^2\right)$$

이것을 테일러 전개하면 $\boldsymbol{\varphi}(x)$는 무한차원이 되고 이것을 이용하면 계산량을 중간에 줄인다고 해도 방대한 양이 된다.

커널 함수를 이용하면 이와 같이 계산량을 줄일 수 있으므로 커널 함수가 자주 이용된다. 그러나 (6.6) 식의 등호가 성립되어야 한다. 이 등호가 성립되고 클래스 분류기로서의 역할을 다할 수 있는 커널 함수를 찾아보자. 이 중에서 scikit-learn이 제공하고 있는 것이 Web 사이트 '4.7 Pairwise metrics, Affinities and Kernels'에 제시되어 있다. 이것들을 다음에 나타낸다.

- 선형 커널(linear kernel)

$$k\left(\boldsymbol{x}, \boldsymbol{y}\right) = \boldsymbol{x}^\top \boldsymbol{y}$$

- 다항식 커널(polinomial kernel)

$$k\left(\boldsymbol{x}, \boldsymbol{y}\right) = \left(\gamma \boldsymbol{x}^\top \boldsymbol{y} + c\right)^d$$

여기에서 $\gamma (\geq 0)$를 조정 파라미터, d를 커널 차수라고 한다. 또한 $c\ (\geq 0)$를 프리 파라미터라고 하고 다항식에서 차수가 높은 경우와 차수가 낮은 경우에 미치는 영향 사이의 트레이드 오프를 조정하는 것이다.

- 시그모이드 커널(sigmoid kernel)

$$k\left(\boldsymbol{x}, \boldsymbol{y}\right) = \tanh\left(\gamma \boldsymbol{x}^\top \boldsymbol{y} + c\right)^d$$

신경망에서 자주 이용된다.

- RBF 커널(radial basis function kernel)

이미 제시한 것이다. $\gamma (\geq 0)$은 조정 파라미터로 $\gamma = 1/\sigma^2$일 때 가우시안 커널이 된다.

- 라플라시안 커널(Laplacian kernel)

$$k\left(\boldsymbol{x},\,\boldsymbol{y}\right) = \exp\left(-\gamma\|\boldsymbol{x} - \boldsymbol{y}\|_1\right)$$

여기에서 $\|\cdot\|_1$은 맨해튼 거리이다. 노이즈가 없는 기계학습에서 자주 이용된다.

- 카이제곱 커널(chi-squared kernel)

$$k(x, y) = \exp\left(-\gamma\sum_i \frac{(x[i] - y[i])^2}{x[i] + y[i]}\right)$$

다만 데이터 $\{x[i]\}$, $\{y[i]\}$는 음수가 아닌 것으로 한다. 또한 최댓값 1로 정규화되는 경우가 많다. 이미지 처리의 비선형 분리 문제에서 자주 이용된다.

scikit-learn은 스스로 만든 커널의 사용도 인정하고 있다. 이것에 관해서는 scikit-learn '1.4. Support Vector Machines' 중의 '1.4.6.1. Custom Kernels'를 참조하기 바란다.

6.3.3 소프트 마진

하드 마진은 100% 분리 가능한 것을 대상으로 한다. 이것에 비해 소프트 마진은 다른 클래스가 섞이는 것을 인정하지만 그 대신 페널티를 부과하는 방식이다. 이것을 **[그림 6.20]**을 이용하여 설명한다. 그림에서는 클래스 1(원)의 데이터가 클래스 −1에 섞여 있다.

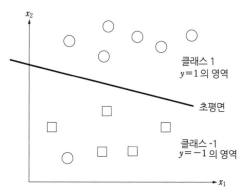

[그림 6.20] 소프트 마진의 그림 설명

이것을 억지로 분리하는 초평면(곡선이 되어야 한다)을 찾는 것이 아니라 클래스가 섞이는 것을 허용하고 직선 형태의 초평면으로 분리하는 방식이다. 이 방식을 수식으로 도출하는 가정을 다음에 제시한다.

$$\arg\min_{\boldsymbol{w},\,w_0}\left\{\frac{1}{2}\|\boldsymbol{w}\|^2 + C\sum_{i=1}^{N}\xi_i\right\} \tag{6.7}$$

$$\text{subject to} \quad \xi_i \geq 1 - y_i\, h(\boldsymbol{x}_i), \quad \xi_i \geq 0 \quad (i = 1, \cdots, N)$$

여기에서 ε_i는 슬랙 변수(slack variable)라고 하고 다음과 같이 소프트 마진의 허용 여부를 결정한다.

$$\begin{cases} \xi_i = 0 & \text{마진 내에서 바르게 분류} \\ 0 < \xi_i \leq 1 & \text{마진 경계를 넘지만 대략적으로 바르게 분류} \\ \xi_i > 1 & \text{마진 경계를 넘어 잘못 분류} \end{cases}$$

즉, 하드 마진에서 부과된 $y_i h(\boldsymbol{x}_i) \geq 1$의 최솟값이 1인 것을 포기하는 것이다.

$C\,(> 0)$는 정규화 계수라고 하고 이 값을 크게 함으로써 ξ_i의 증가에 대해 보다 강한 페널티를 부여할 수 있고 $C\,(\to \infty)$일 때의 마진이 된다.

6.4 k 최근접 이웃법(kNN)

k 최근접 이웃법(k-Nearest Neighbors)은 지도학습의 일종으로 알고리즘은 단순하지만 간단하게 분류하고 싶은 경우에 편리한 기법이다. 다만 비모수적 기법이므로 클래스 분류선을 식으로 표현할 수는 없다. 분류의 방법이 어떠한 의미나 중요성을 가지는가의 의미가 명시적으로 표현되지 않기 때문에 클래스 분류 결과의 평가에 주의가 필요하다.

6.4.1 알고리즘의 논리

[그림 6.21]을 이용하여 설명한다.

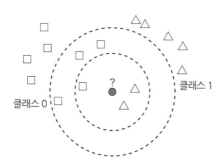

[그림 6.21] kNN 알고리즘의 그림 설명

1. 사각형 데이터는 클래스 0, 삼각형 데이터는 클래스 1에 속하고 해당 레이블명 및 특징량은 이미 알려져 있다(지도학습).
2. 새로 얻어진 데이터(진하게 칠한 원)의 클래스를 판정하려고 한다.

3. 이 데이터의 위치로부터 가까운 거리 순으로 k개의 이미 알고 있는 데이터를 고려한다.

4. k개의 클래스 중 다수결로 원형 데이터의 클래스를 추정한다.

5. $k = 3$(그림에서 안쪽 원)이라면 원형 데이터는 클래스 1, $k = 6$(그림에서 바깥쪽 원)이라면 클래스 0이 된다.

여기에서 다음에 주의하기 바란다.

- 위의 거리에는 몇 가지 종류가 있다(제1장 참조). 거리란 큰가 작은가의 비교가 가능하면 되므로 일반적으로 이용되는 유클리드 거리(자로 측정하는 것) 외에도 몇 가지 종류가 있다. sklearn이 제공하는 거리는 sklearn.neighbors.DistanceMetric에 제시되어 있다.
- k가 짝수일 때 클래스 0, 1이 동수인 경우를 생각할 수 있다. 이 경우 기각하거나, 확률적으로 결정하는 등의 방법이 있다. 이 계산을 피해 k를 홀수로 하는 방식도 있다.

6.4.2 kNN의 기본적 사용법

kNN은 지도학습이다. 이 때문에 사전에 트레이닝 데이터에는 교사 데이터(목표 변수)를 포함해둔다. 다음에 새로운 데이터가 얻어질 때 이 클래스를 판정한다. 이 절차를 확인하기 위해 다음 스크립트를 이용하여 설명한다.

[파일 6.7] kNN_Exam.ipynb

```python
from sklearn.neighbors import KNeighborsClassifier

X = np.array([ [-3.0, -2.0], [-2.0, -1.0], [-1.0, -1.0], [1.0,
    1.0], [2.0, 1.0], [3.0, 2.0]])
y = np.array([0, 0, 1, 1, 1, 1])

neigh = KNeighborsClassifier(n_neighbors=3)
neigh.fit(X, y)
```

```
KNeighborsClassifier(algorithm='auto', leaf_size=30, metric='
    minkowski',
            metric_params=None, n_jobs=None, n_neighbors=3, p=2,
            weights='uniform')
```

이 출력에서 민코스키 거리를 이용하지만 p=2이므로 유클리드 거리로 측정하고 있다. 또한 거리에 대한 가중치(weight)는 균일(uniform)하다는 것을 알 수 있다.

이 데이터의 산점도는 **[그림 6.22]**와 같다.

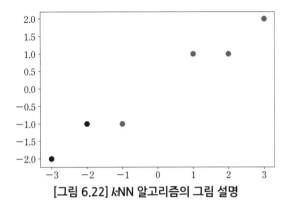

[그림 6.22] kNN 알고리즘의 그림 설명

이를 기초로 다음에 새로운 데이터 두 세트를 대상으로 클래스를 판정한다.

```
X_test = np.array([ [-1.5, -1.0], [0.0, 0.5]])
print('Estimated class: ', neigh.predict(X_test))
```

```
Estimated class:  [0 1]
```

이 결과, 첫 번째 데이터의 클래스는 0, 두 번째 데이터의 클래스는 1이라고 판정되었고, 그림을 보고 비교하면 정확하다는 것을 알 수 있다. 다음으로 이번에는 $k = 3$으로 하고 0 번째 데이터, 1 번째 데이터 각각에 대해 최근접 이웃의 트레이닝 데이터의 번호와 해당 데이터까지의 거리를 아래에 나타낸다.

```
distances, indices = neigh.kneighbors(X_test)
print('Nearest index \n',indices)
print('Distance \n',distances)
```

```
Nearest index
 [[1 2 0]
 [3 2 4]]
Distance
 [[0.5          0.5         1.80277564]
 [1.11803399   1.80277564   2.06155281]]
```

이 출력과 그림을 대조해 보고, kNN 알고리즘의 기본적 논리를 이해하도록 하자.

6.4.3 Iris 데이터

Iris 데이터 중에 Sepal(꽃받침)과 Petal(꽃잎)의 길이 [cm]를 설명 변수로 이용하여 kNN을 적용하는 예를 기술한다. 다만 이 설명 변수의 설정은 특별한 의미가 없고 독자가 자유롭게 변경하면 된다.

우선 iris.data의 0번째와 2번째 데이터를 X에 저장하고 데이터 중 2/15를 테스트 데이터,

그 나머지를 트레이닝 데이터로 한다.

[파일 6.8] kNN_Iris.ipynb

```
iris = datasets.load_iris()
X = iris.data[:, [0, 2]]
y = iris.target

X_train, X_test, y_train, y_test = train_test_split(X, y,
    test_size=2/15, random_state=123)
```

트레이닝 데이터의 산점도는 **[그림 6.23]**과 같다. 여기에서 클래스 0(●), 클래스 1(○), 클래스 2(●)로 분류했다.

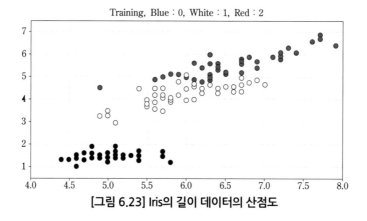

[그림 6.23] Iris의 길이 데이터의 산점도

이 데이터에 대해서 k = 3, 7, 9로 두고, 테스트 데이터에 대해서 kNN을 적용한 것은 다음과 같다.

```
neigh = KNeighborsClassifier(n_neighbors=k)
neigh.fit(X_train, y_train)

y_test_pred = neigh.predict(X_test)
acc = accuracy_score(y_test, y_test_pred)
```

클래스 분류 결과, k에 따른 결과의 차이는 발견되지 않았고, k = 9의 경우 성능 평가는 다음과 같다.

```
Accuracy = 0.85
           precision     recall    f1-score      support

      0       1.00        1.00       1.00           7
      1       0.71        0.83       0.77           6
      2       0.83        0.71       0.77           7

avg/total   0.86         0.85       0.85          20
```

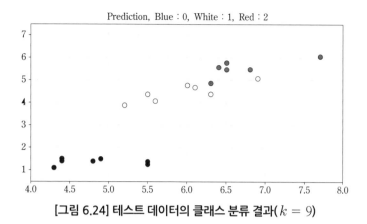

[그림 6.24] 테스트 데이터의 클래스 분류 결과($k = 9$)

이때의 클래스 분류 결과는 **[그림 6.24]**와 같다.

테스트 데이터의 표본수는 20, 정확도(Accuracy)는 85%이므로 세 개의 오류가 있고 이것이 어느 것인가는 다음과 같이 살펴본다.

```
print('Real       =',y_test)
print('Prediction =',y_test_pred)
```

```
Real       = [1 2 2 1 0 2 1 0 0 1 2 0 1 2 2 2 0 0 1 0]
Prediction = [2 2 2 1 0 1 1 0 0 1 1 0 1 2 2 2 0 0 1 0]
```

이에 따라 0, 5, 10번째가 오류라는 것을 알 수 있다. 이 값을 아래와 같이 살펴본다.

```
print('  0:',X_test[0],'\n  5:',X_test[5],'\n 10:',X_test[10])
```

```
 0: [ 6.3 4.9]
 5: [ 6.  4.8]
 10:[ 6.9 5.1      ]
```

이 숫자를 보면 원래의 트레이닝 데이터(**[그림 6.23]**)에 기초하여 kNN은 클래스 분류를 수행하기 때문에 트레이닝 데이터 그 자체의 분류 영역에 클래스가 서로 섞여 있다는 것을 알 수 있다. 따라서 테스트 데이터에 대해 잘못된 결과는 어느 정도 허용할 수 있다.

위의 결과는 2차원의 특징량을 이용한 것이다. 다음으로 모든 특징량(4차원)을 이용할 때의 클래스 분류 성능을 알아본다. 다만 random_state를 생략한다.

```
X_train, X_test, y_train, y_test = train_test_split(iris.data,
    iris.target, test_size=2/15)
neigh = KNeighborsClassifier(n_neighbors=3)
neigh.fit(X_train, y_train)
```

```
y_test_predt = neigh.predict(X_test)
acc = accuracy_score(y_test, y_test_pred)
print('Accuracy =',acc)
print('Real       =',y_test)
print('Prediction =',y_test_pred)
```

```
Accuracy = 0.25
Real       = [2 1 2 0 2 1 2 1 1 2 2 1 2 0 1 2 1 1 2 0]
Prediction = [2 2 2 1 0 1 1 0 0 1 1 0 1 2 2 2 0 0 1 0]
```

이 결과를 보면 정확도는 큰 폭으로 변하고 있다. 이것은 특징량을 2차원에서 4차원으로 변경시킨 것보다는 random_state를 생략한 영향이 크다. 이것을 생략함으로써, 데이터의 분할을 무작위로 수행하고 트레이닝 데이터와 테스트 데이터의 특성은 변한다. 실제로 시행할 때마다 분류의 결과는 변한다. 이와 같이 데이터의 분할, 시행 방법 및 결과를 해석하는데 주의가 필요하다. 또한 앞의 예에서는 유클리드 거리를 이용하여 원 모양으로 판별하는 것이 되어, 이 점에서 kNN의 분류 성능에 한계가 있다는 것도 지적할 수 있다.

이 예로부터 알 수 있는 것은 데이터의 특성이나 알고리즘의 특성만을 이용한 분류성능에는 한계가 있기 때문에 Iris의 식물학적인 메커니즘(인과 관계라고도 할 수 있는)을 고찰하여 품종과 길이/폭에 어떠한 관련성이 있는가를 별도로 찾아내는 연구가 필요하다는 점이다.

6.4.4 sklearn이 제공하는 거리

거리는 distance, metric이라고도 표현된다. 거리는 두 점 사이를 어떠한 지표에 기초하여 측정할 수 있고 다른 두 점 사이의 거리와의 대소 비교를 할 수 있다.

sklearn이 제공하고 있는 거리는 [표 6.2]에 나타낸다.

[표 6.2] sklearn이 제공하는 거리 함수(sklearn.neighbors.DistanceMetric에 의해 인용)

identifier	class name	args	distance function
"euclidean"	EuclideanDistance	●	sqrt(sum((x − y)^2))
"manhattan"	ManhattanDistance	●	sum(|x − y|)
"chebyshev"	ChebyshevDistance	●	max(|x − y|)
"minkowski"	MinkowskiDistance	p	sum(|x − y|^p)^(1/p)
"wminkowski"	WMinkowskiDistance	p, w	sum(w * |x − y|^p)^(1/p)
"seuclidean"	SEuclideanDistance	V	sqrt(sum((x − y)^2 / V))
"mahalanobis"	MahalanobisDistance	V or VI	sqrt((x − y)' V^−1 (x − y))

여기에서 민코스키 거리(Minkowski Distance)는 $p = 2$일 때 유클리드 거리와 같아진다.

또한, **놈**(norm)이라는 용어가 있다. 이것은 크기를 나타내는 양이다. 벡터 공간에서는 벡터의 크기가 된다. 또한 이 경우는 거리에 해당한다. 예를 들면, 두 점 사이의 직선 거리의 차이가 되는 벡터를 대상으로 한 유클리드 놈은 유클리드 거리와 같다. 놈과 거리가 같다고 보이지만 거리는 두 점 사이를 가리키고, 놈은 양을 나타내는 것에 차이가 있다.

6.5 k 평균법

k 평균법(k-means)은 비지도학습인 클러스터링의 한 종류로 비계층형 클러스터링 기법으로 분류된다. k개의 클러스터[*7] 평균(중심이라고 하는 경우가 많다)을 취하기 때문에 k-means라고 부른다[*8].

전역해를 구한다는 보장이 없이, 국소해를 취하는 경우가 있기 때문에 클러스터링 결과의 평가에 주의가 필요하다.

6.5.1 알고리즘의 논리

수식에 관해서는 뒤에 설명한다. 여기에서는 알고리즘을 [그림 6.25]를 이용하여 설명한다.

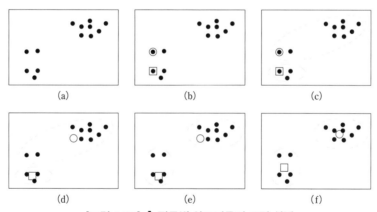

[그림 6.25] k 평균법 알고리즘의 그림 설명

(a) 복수의 데이터(검은 원)를 얻었다고 하자. 각 데이터의 클래스는 결정되지 않았다. 또한 클래스 수는 2로 한다.

(b) 두 클래스의 중심(테두리가 둥근 원(클래스 1)과 사각형으로 둘러 싼 원(클래스 2))의 초 깃값을, 예를 들면 그림에 표시한 데이터의 위치로 한다.

(c) 그 외의 데이터를 각각 가까이에 있는 클래스에 속한 것으로 한다. 두 개의 타원(점선)은 속하는 클래스를 나타내지만 이 점선 자체는 개념적인 것이므로 실제로는 이 선이 아닌,

*7 클러스터의 의미는 이 장 전반에서 설명했다.

*8 J. MacQueen: Some methods for classification and analysis of multivariate observations, Proc. Fifth Berkeley Symp. on Math. Statist. and Prob., Vol. 1, 281-297, Univ. of Calif. Press, 1967

실제로 속하는 클래스의 값(1 혹은 2)이 데이터에 주어진다.

(d) 클래스 1, 2, 각각은 클래스의 데이터 위치에 기초하여 새로 클래스 중심을 계산하고 그
위치로 클래스 중심이 이동한다. 이 때 클래스 중심의 계산은 무게중심을 이용하는 경우
가 많다.

(e) (c)를 실행. 이 결과 몇 개의 데이터는 속하는 클래스가 변경된다.

(f) (d)를 실행. 이 결과 클래스 중심 위치가 변경된다. 클래스 중심 위치가 수렴될 때까지 이
일련의 조작과 계산을 반복한다.

6.5.2 make_blobs를 이용한 클러스터링

잉크 얼룩과 같은 작은 클러스터를 몇 개 생성하는 sklearn.datasets.make_blobs를 이용하여
k 평균법의 평가를 한다.

make_blobs의 사용법 예는 다음에 제시한다. 여기에서 생성하는 데이터가 분포하는 중심
의 수 center=4는 클러스터 수로 간주할 수 있다. 또한 데이터(설명 변수) 특징량의 종류 수를
n_features=2로 두었다.

[파일 6.9] kMeans_Blobs.ipynb

```
from sklearn.datasets import make_blobs
from sklearn.cluster import KMeans

X, y = make_blobs(         # 이번에 목적 변수 (교사 데이터) y는 이용하지 않는다
      n_samples=600,       # 샘플수
      n_features=2,        # 데이터 (설명 변수) 특징량의 종류
      centers=4,           # 데이터의 그룹수
      cluster_std=1.0,     # 데이터 산포도의 표준편차
      random_state=2)      # 확률 변수의 재현성을 설정
```

이 데이터의 산점도는 **[그림 6.36]**과 같다.

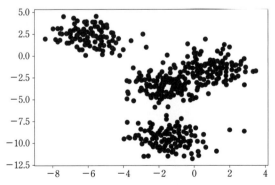

[그림 6.26] make_blobs에 의한 데이터 생성, 클러스터 수는 몇 개?

클러스터 수는 사전에 알지 못한다는 전제가 있으므로 처음에는 그림을 보고 클러스터 수를 추정할 수밖에 없다. 클러스터 수를 3으로 하고 KMeans( )를 적용해보자.

```
kmeans = KMeans(n_clusters=3)
y_train_est = kmeans.fit_predict(X_train)
```

이 결과는 [그림 6.27]과 같다.

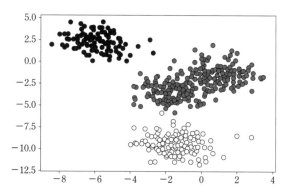

[그림 6.27] 클러스터 수를 3으로 한 클러스터링 결과

다음으로 클러스터 수를 4로 한 결과는 [그림 6.28]과 같다.

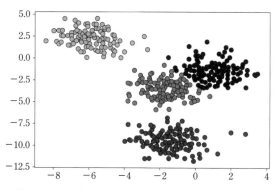

[그림 6.28] 클러스터 수를 4로 한 클러스터링 결과

두 결과를 비교하면 어느 쪽이 좋은가라는 우열을 가릴 수 없다. 왜냐하면 k 평균법의 알고리즘이 데이터의 특징량을 간단하게 거리로 간주하여 그 중심(예를 들면, 무게 중심)을 계산으로 구하고 있을 뿐이고 분류한 클러스터의 속성은 생각하지 않았기 때문이다.

이 우열의 검증을 하려면, 그 외의 표본을 얻어서 동일한 클러스터링을 수행하고 그 결과와 대조하여 확인한다. 또한 데이터가 생성되는 물리적, 사회과학적 메커니즘(또는 모델)에 기초하는 등의 프로그램을 생각할 수 있다.

6.5.3 도매업자의 고객 데이터

　포르투칼 도매업자의 고객 데이터(UCI Machine Learning Repositiry에 있다)에 대해, k 평균법을 적용해본다. 440건의 고객 데이터가 있고 **[표 6.3]**에 제시한 내용이 기록되어 있다. 연간 지출 단위는 단위통화이다.

　여기에서의 목적은 판로(Channel), 고객의 지역(Region)은 무시하고 각 도매상품의 연간 지출액과 상품과의 어떠한 분류가 있는가의 여부를 k 평균법을 적용하여 생각해보기로 한다.

[표 6.3] 레이블 설명

Channel	판로 1: Horeca(Hotel/Restaurant/Cafe의 약칭), 2: 소매
Region	고객의 지역, 1: 리스본시, 2: 포르투시, 3: 기타
Fresh	신선식품의 연간 지출(통화 단위, m.u. = monetary unit)
Milk	우유의 연간 지출(통화 단위)
Grocery	식료품의 연간 지출(통화 단위)
Frozen	냉동식품의 연간 지출(통화 단위)
Detergents_Paper	세제와 휴지의 연간 지출(통화 단위)
Delicassen	반찬거리의 연간 지출(통화 단위)

	Fresh	Milk	Grocery	Frozen	Detergents_Paper	Delicassen
0	12669	9656	7561	214	2674	1338
1	7057	9810	9568	1762	3293	1776
2	6353	8808	7684	2405	3516	7844
3	13265	1196	4221	6404	507	1788
4	22615	5410	7198	3915	1777	5185

　또한 UCI에 있는 데이터 https://archive.ics.uci.edu/ml/datasets/wholesale+customers는 파일명이 공백이므로 이것을 밑줄로 바꿔서 다음 Web 사이트에 업로드했다.

[파일 6.10] kMeans_Wholesale.ipynb

```
df_all = pd.read_csv("https://sites.google.com/site/
    datasciencehiro/datasets/Wholesale_customers_data.csv")
# 불필요한 컬럼은 삭제
df_1 = df_all.drop(['Channel', 'Region'], axis=1)
df_1.head()
```

　이 데이터에 대해서 클러스터 수 k = 4로 하여 분석한다. 여기에서 sklearn.cluster.KMeans에 대한 데이터 포맷은 numpy.ndarray이므로. 다음과 같이 pandas로부터 변환을 수행한다. 그 뒤

에 클러스터 수 n_cluster＝4로 두고(이 4라는 숫자는 시행착오로 결정되었다), 클러스터링 결과
는 클러스터 번호 0,1,2,3으로 표시되므로 이것을 원래의 DataFrame에 추가한다.

```python
cstmr_data = np.array([df_1['Fresh'].values,
    df_1['Milk'].values,
    df_1['Grocery'].values,
    df_1['Frozen'].values,
    df_1['Detergents_Paper'].values,
    df_1['Delicassen'].values
    ])
cstmr_data = cstmr_data.T # Transpose

clstr = KMeans(n_clusters=4).fit_predict(cstmr_data)
#클러스터링 결과를 추가
df_1['cluster_id'] = clstr
```

다음에 클러스터 번호마다 각 지출액의 평균값을 취한 결과를 표와 그래프([그림 6.29])로
나타낸다.

```python
df2 = df_1.groupby('cluster_id').mean()
df2

df2.plot.bar( alpha=0.6, figsize=(6,4), stacked=True, cmap='Set1')
```

cluster_id	Fresh	Milk	Grocery	Frozen	Detergents_Paper	Delicassen
0	36144.482759	5471.465547	6128.793103	6298.655172	1064.000000	2316.724138
1	19888.272727	36142.363636	45517.454545	6328.909091	21417.090909	8414.000000
2	4808.842105	10525.010526	16909.789474	1462.589474	7302.400000	1650.884211
3	9087.463768	3027.427536	3753.514493	2817.985507	1003.003623	1040.525362

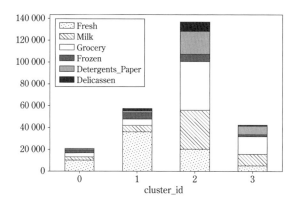

[그림 6.29] 클러스터당 지출액의 평균

[**그림 6.29**]를 보면 다음과 같이 말할 수 있다.

- 클러스터 번호 = 0 고객(79건), Fresh(신선식품)나 Frozen(냉동식품)의 지출액이 비교적 많다
- 클러스터 번호 = 1 고객(7건), 모든 장르에서 지출액이 많다
- 클러스터 번호 = 2 고객(77건), Milk, Grocery, Detergents_Paper의 지출액이 비교적 많다
- 클러스터 번호 = 3 고객(280건), 전체적으로 지출액이 적은 경향

이것에 의해, Grocery와 Detergents_paper의 지출액이 비교적 많고, 또한 스크립트로 상관 행렬을 구해 두 항목의 상관도가 높다는 것으로부터 이 둘만의 클러스터링을 새로 실시하고 그 결과를 산점도로 그린다.

```
cstmr_data = np.array([df_1['Grocery'].tolist(),
                       df_1['Detergents_Paper'].tolist()
                       ])
cstmr_data = cstmr_data.T
clstr = KMeans(n_clusters=3).fit_predict(cstmr_data)

plt.scatter(cstmr_data[:,0], cstmr_data[:,1], c=clstr, cmap=cm.bwr
    , edgecolors='k')
```

[**그림 6.30**]은 상관도가 큰 두 변수를 세 개의 클러스터로 분류한 결과이다. 이것을 보고, 이 클러스터의 분할에 의미가 있다고 생각되면, 어떤 가설을 세워 이 분류의 타당성을 검증할 필요가 있다.

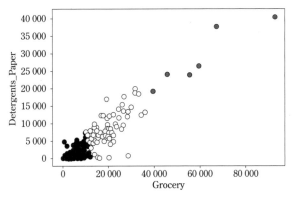

[**그림 6.30**] 클러스터링 결과, 클래스 0(●), 1(○), 2(●)

이와 같이 클러스터링은 클러스터로 분류할 수 있더라도 그것이 가진 의미까지는 나타내지 않기 때문에 데이터의 클래스 분류 과정에서의 실마리를 담당하는 것으로 생각하면 좋을 것 이다.

6.5.4 수학적 설명

k 평균법의 수식을 제시한다. N개의 데이터 $\{x_1, \cdots, x_N\}$이 얻어졌다고 하자. 여기에서 각 데이터는 d차원의 특징량을 가지는 것으로 한다.

데이터 중에서 k개의 대표 벡터 $C = \{c_1, \cdots, c_k\}$를 적당히 선택한다. 이것이 k개 클러스터의 대표 벡터가 된다. 대표 벡터의 후보로서 평균값(중심이라고도 말하는)이 자주 선택된다. 이 때 다음의 평가 함수 L을 최소로 하기 위해 데이터를 k개의 클러스터로 분할한다.

$$L\left(c_1, \cdots, c_k\right) = \arg\min_{C} \sum_{i=1}^{k} \sum_{x \in c_i} \|x - c_i\|^2 \tag{6.8}$$

분할 지표는 거리를 이용하는 것이 되지만 유클리드 거리를 적용할 때의 분할 이미지는 6.5.1항에 제시한 것으로 된다.

이 알고리즘은 다음과 같은 문제점이 있다는 것이 지적되고 있다.

- 클러스터는 초구(hypersphere)(2차원이라면 원형)를 가정하고 있다. 따라서 초구에 들어 있는 다양한 종류의 데이터 추출은 곤란하다[9].
- 오차 총합을 기준으로 하고 있지만 소수의 데이터가 멀리 떨어져 모여 있을 때 다수의 데이터로 구성되는 클러스터가 분리되는 경우가 있다. 또한 클러스터의 대표 벡터는 원래의 데이터가 되지 않을 가능성이 높다[10]

6.6 응집형 계층 클러스터링

계층형 클러스터링 중에서 분할형보다도 더 자주 이용되는 응집형(aggregation)을 설명한다. 이 클러스터링에서는 SciPy 패키지를 이용한다.

6.6.1 알고리즘의 논리

알고리즘은 다음 논리를 따르고 있다.

1. N개의 데이터를 대상으로 할 때 초기 상태로서 N개의 클러스터가 있다고 하자.
2. x_1, x_2의 거리 $d(x_i, y_i)$로부터 클러스터 사이의 거리 $d(C_i, C_j)$를 계산하고 이 최소 거리의 두 클러스터를 순차적으로 병합한다.
3. 하나의 클러스터로 병합될 때까지, 이것을 반복한다.

---

[9] s. Guhas, R. Rastogib and K. Shimc: Cure an efficient clustering algorithm for large databases, Vol. 26, Issue 1, 35-58, ELSEVIER, 2001

[10] A. K. Jain: Data clustering: 50 years beyond K-means, Vol.31, Issus 8, 651-666, ELSEVIER, 2010

초기 상태에서의 거리는 유클리드 거리를 적용한다. 클러스터링 과정에서의 거리는 몇 가지 종류가 있지만 다음 설명에서는 평균적인 거리를 이용하는 것으로 한다.

위의 논리를 [**그림 6.31**]을 이용하여 설명한다. 그림에서 C_j, $(i = 0, \cdots, 4)$는 클러스터 번호(초기 상태에서는 데이터 번호와 동일하다), 괄호 안은 xy 좌표를 나타낸다.

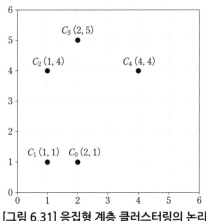

[**그림 6.31**] 응집형 계층 클러스터링의 논리

단계 1 그림에서 각 데이터 사이의 거리(처음에는 유클리드 거리로 한다)를 행렬형식으로 나타낸 것을 **거리 행렬**(distance matrix)이라고 하고 [**표 6.4**]에 나타낸다. 또한 C_i와 C_j 사이의 거리를 $d_{i,j}$라고 표현한다.

[**표 6.4**] 거리 행렬 1

	C_0	C_1	C_2	C_3
C_1	1.0000			
C_2	3.1623	3.0000		
C_3	4.0000	4.1231	1.4142	
C_4	3.6056	4.2426	3.0000	2.2361

단계 2 [**표 6.4**]를 보면 최소 거리는 C_0와 C_1의 거리 $d_{0,1}$이므로 C_0와 C_1를 병합하여 새로운 클러스터 C_{01}를 생성한다. C_{01}과 C_2 사이의 거리 $d_{01,2}$는 다음과 같이 계산한다.

$$d_{01,2} = \frac{d_{0,2} + d_{1,2}}{2} = \frac{3.1623 + 3.0000}{2} = 3.0811$$

마찬가지로 C_3, C_4에 대해서도 계산한 결과를 거리 행렬 2로 [**표 6.5**]에 나타낸다.

단계 3 [**표 6.5**]를 보고, 최소 거리인 C_2, C_3를 병합하여 새로운 클러스터 C_{23}을 생성한다. C_{23}과 C_4의 거리는 앞과 동일하게 구하고 이 결과를 거리 행렬 3으로 [**표 6.6**]에 나타낸다.

[표 6.5] 거리 행렬 2

	C_{01}	C_2	C_3
C_2	3.0811		
C_3	4.0616	1.4142	
C_4	3.9241	3.0000	2.2361

[표 6.6] 거리 행렬 3

	C_{01}	C_{23}
C_{23}	3.5713	
C_4	3.9241	2.6180

단계 4 [표 6.6]을 보고, 최소 거리인 C_{23}과 C_4를 병합하여 새로운 클러스터 C_{234}를 생성한다. 마지막으로 C_{01}과 C_{234}를 병합하여 하나의 클러스터를 완성한다. C_{01}과 C_{234}의 거리는 각각이 포함된 원래 데이터의 거리를 라운드 로빈 방식으로 모두 더하고 이 데이터의 수(2×3)로 나눈 평균값을 구하는 방식

$$d_{01,234} = \frac{3.1623 + 4 + 3.6056 + 3 + 4.1231 + 4.2426}{2 \times 3} = 3.6889$$

으로 구한다.

6.6.2 덴드로그램

덴드로그램(dendrogram)이란 나뭇가지가 분기되는 모습을 비유한 그림이다. 이 분기를 클러스터링에 비유하고 가지의 길이를 거리에 해당하는 것으로 비유한 클러스터링 결과를 덴드로그램에서 시각적으로 확인할 수 있다. 여기에서는 SciPy 패키지를 이용하여 클러스터링을 수행하고 덴드로그램을 그린다.

SciPy가 제공하는 거리는 다음과 같고, 파라미터 method로 지정한다.

- 단일 연결법(single linkage method), method='single', 최단거리법이라고도 부른다.
- 완전 연결법(complete linkage method), method='complete', 최장거리법이라고도 부른다.
- 그룹 평균법(group average method or UPGMA), method='average', UPGMA (Unweighted Pair Group Method with Arithmetic mean)이라고도 부른다.
- 와드법(Ward's method), method='ward'
- 무게중심법(centroid method or UPGMC), method='centroid', UPGMC(Unweighted Pair-Group Method using Centroids)라고도 부른다.
- 가중 평균법(weighed average method or WPGMA), method='weighted', UPGMC(Unweighted Pair-Group Method using Centroids)라고도 부른다.

- 메디안법(median method or WPGMC), method='median', WPGMC(Weighted Pair-Group Method using Centriods)라고도 부른다.

앞의 예의 클러스터링과 덴드로그램을 그리는 스크립트에서는 다음과 같이 import와 데이터 설정을 한다.

[파일 6.11] CLST_Aggregation.ipynb

```
from scipy.cluster import hierarchy
data = np.array([[2,1], [1,1], [1,4], [2,5], [4,4]])
```

이 데이터의 배치는 **[그림 6.31]**과 같다. 그룹 평균법의 결과와 덴드로그램을 다음 스크립트로 나타낸다.

```
result_ave = hierarchy.linkage(data, method='average')
print(result_ave)

var = hierarchy.dendrogram(result_ave)
```

print(result_ave)로 나타나는 결과를 해석하는 방법을 **[그림 6.32]**에 제시한다.

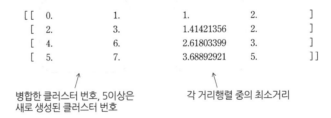

```
[[  0.        1.        1.           2.       ]
 [  2.        3.        1.41421356   2.       ]
 [  4.        6.        2.61803399   3.       ]
 [  5.        7.        3.68892921   5.       ]]
```

병합한 클러스터 번호, 5이상은   각 거리행렬 중의 최소거리
새로 생성된 클러스터 번호

[그림 6.32]

이 결과는 초기 상태에서 클러스터는 0~4이고 병합한 클러스터 번호, 병합할 때의 거리행렬 중의 최소거리를 나타내고 있다. 병합된 클러스터이므로 5부터 클러스터 번호가 차례로 부여되어 있다.

[그림 6.33](a)에 나타낸 덴드로그램의 세로축은 거리를 나타내고 있다. 이 그림에서 거리를 3에서 잘라보면(점선), 두 개의 클러스터로 분할되고 이것을 나타낸 것이 그림 (b)이다. 이런 식으로 덴드로그램을 적당한 거리에서 자르면 몇 개의 클러스터를 얻을 수 있다.

그룹 평균법과 와드법은 이상값에 비교적 강하다고 알려져 있다. 실제로는 와드법이 자주 사용되는 것 같다. 위의 클러스터에는 와드법과 단일 연결법의 결과도 제시하고 있으므로 비교하여 살펴보기 바란다.

여기에서 위의 예에 데이터 하나를 추가하는 것만으로 그룹 평균법과 와드법과의 클러스터링 결과가 달라지는 것을 위의 Notebook이 나타내고 있으므로 참조하기 바란다. 이것은 클러

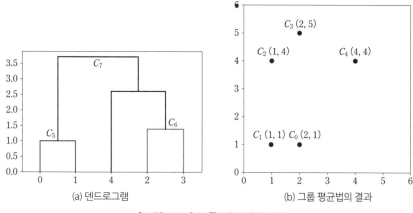

(a) 덴드로그램   (b) 그룹 평균법의 결과

[그림 6.33] 그룹 평균법의 결과

스터링 결과는 데이터의 성질에 크게 의존하므로 여러 가지 기법을 시도해보고 결과를 검토하는 것이 중요하다는 점을 지적하고 있다.

6.6.3 도야마현의 시읍면별 인구 동태

도야마현의 도야마시, 다카오카시 등 15개 시읍의 인구동태를 조사해보자. 시읍면별 인구동태(2016년 10월 1일 ~ 2017년 9월 30일) 데이터는 http://www.pref.toyama.jp/sections/1015/lib/jinko/에서 찾을 수 있다.

각 시읍면 자연 증가(natural), 전입 총수(in), 전출 총수(out)에 주목하여 클러스터링을 실시한다. 데이터는 다음과 같이 읽어들일 수 있다.

[파일 6.12] CLST_Aggregation_Toyama.ipynb

```
url = 'http://www.pref.toyama.jp/sections/1015/lib/jinko/_dat_h29/
    jinko_dat005.xls'
data_orig = pd.read_excel(url, header=None)
```

data_orig는 불필요한 데이터가 있기 때문에 이것들을 제거하고 데이터를 가공하는 설명이 위의 Notebook에 기술되어 있다. 데이터 가공의 마지막 단계에서 df의 각 열에 레이블로 city:시의 이름, natural:자연증가, in:전입총수, out:전출총수를 부여하는 것이 다음 스크립트이고 이 데이터를 **[표 6.7]**에 제시한다.

```
df.columns = ['city', 'natural', 'in', 'out']
df.head()
```

이 Notebook에는 상관행렬도가 나타나 있으므로 참조하기 바란다. 이 상관결과에 의해 3변수 모두 상관성이 높다는 것이 확인된다. 특히, in과 out과의 상관계수는 1에 가까운 값을 나타내므로 강한 상관성이 확인된다.

[표 6.7]

	city	natural	in	out
0	도야마시(富山市)	-1584	12301	11284
1	다카오카시(高岡市)	-1085	4779	4759
2	우오즈시(魚津市)	-252	1077	1281
3	히미시(氷見市)	-522	845	1060
4	나메리카와시(滑川市)	-150	1063	971

이 때문에 이것보다도 상관성이 작아지는 natural(자연 증가)과 in(전입 총수)과의 상관성을 보기 위해 natural과 in의 산점도를 [그림 6.34]에 제시한다. 추가로 와드법에 의한 클러스터링 결과를 [그림 6.35]에 제시한다.

산점도에서는 도아먀시(富山市)와 다카오카시(高岡市)가 멀리 떨어져 있고 이미즈시(射水

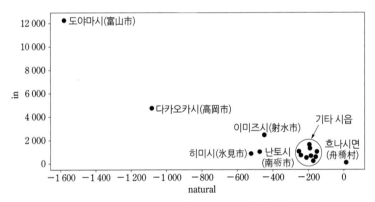

[그림 6.34] natural(자연 증가)와 in(전입 총수)과의 산점도

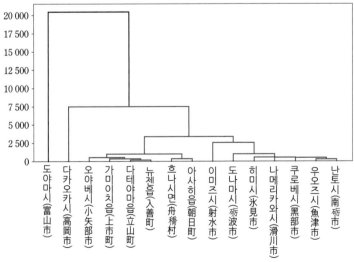

[그림 6.35] 와드법에 의한 덴드로그램

市), 난토시(南砺市), 히미시(氷見市)가 하나의 클러스터, 그 외의 시읍면이 다른 하나의 클러스터를 형성하는 것처럼 보인다. 다만 산점도는 2변수밖에 보이지 않는 것에 주의하기 바란다.

한편, 덴드로그램을 높이 2600 부근에서 잘라보면 네 개의 그룹 {도야마시(富山市)}, {다카오카시(高岡市)}, {오야베시(小矢部市)~아사히읍(朝日町)}, {이미즈시(射水市)~난토시(南砺市)} 클러스터로 분류된다. 이 결과는 앞의 상관도와 조금 클러스터 분류가 다른 것처럼 보이지만 더 이상의 고찰은 하지 않기로 한다.

Tea Break

이 장에서 설명한 클래스 분류는 SVM만을 다루지만 기초적인 알고리즘의 학습을 목적으로 하여 선형분류, 또는 고수준의 분류(기계학습 등)를 습득하는 것을 고려한다면 베이즈법의 학습을 권한다. 베이즈법(베이지안 추정(Bayesian inference)이라고도 말한다)이란 베이즈의 사후확률(Bayesian posterior probability)이 최대가 되도록 확률적 추론을 반복함으로써 종종 최우법(모델의 타당성을 우도라고 표현하고 이것의 최대화를 의도한다)과 비교된다.

또한 이 장에서 다룬 필기체 문자를 나타내는 그림의 분류는 시각인식 메커니즘을 전혀 고려하지 않고, 데이터의 특징량만을 본 분류이다. 고수준의 분류를 위해서는 이러한 메커니즘을 배우는 것이 중요하다. 예를 들면, 시각 심리의 원근법이나 게슈탈트 심리학(Gestalt Psychology, 게슈탈트 법칙이라고 부르는 경우가 있다. 게슈탈트는 독일어로 형태(gestalt)라는 의미)을 배우는 것도 좋을 것이다. 다만 이 심리를 어떻게 계산이론으로 구현하는가가 중요하다. 시각의 계산 이론과 이미지의 두뇌 표현이 융합되는데 큰 영향을 준 것이 데이비드 마아(David Marr, 영국, 1945-1980, 신경과학자)이다. 저자는 그의 저서 '비전(Vision)'에서 설명하고 있는 2.5차원 시각 모델과 두뇌 내부에서 표현된 이미지의 설명에 감명을 받았다.

이 장의 제목에 있는 패턴은 사람이 인지할 수 있는 모양, 무늬, 규칙성 등을 의미하며, 여기에는 어떠한 규칙성이나 양식이 존재한다. 패턴이라는 단어가 적용되는 용어에는 행동 패턴, 모양 패턴, 기호 패턴, 공략 패턴 등이 있고 여러 분야에서 이용되고 있다.

패턴 인식의 창시자는 플라톤(Plato, 고대 그리스, 기원전 400년 중기~300년 중기, 철학자)과 아리스토텔레스(Aristotle, 고대 그리스, 기원전 300년대, 철학자, 플라톤의 제자)라고 해도 과언이 아닐 것이다. 두 사람 모두 수학, 물리학뿐만 아니라 자연 현상, 관점, 사고 방식, 행동 양식 등 몇 가지 관점을 융합하여 철학이라는 이론으로 승화시켰고 패턴 인식은 그 일부이다. 예를 들면 사람이 어떤 행동 패턴을 나타낼 때 그 패턴을 분석하기 위해서는 해당 인물의 신체적 특징, 기호, 가정환경뿐만 아니라 어릴 때부터의 학습 환경, 종교 문화적 배경, 경제 상황 등을 고려하는 것이 엄밀한 방법론이고 더 나아가 철학의 영역이 된다. 저자는 이 영역에 발을 들여놓는 것이 두려워서 포기하였다.

패턴 인식의 '인식'에 해당하는 영어는 'recognition'이지만 인식에는 'cognition'이라는 단어도 있다. 접두어 're-'는 무엇을 의미하는 것일까? 예를 들면, 어떤 물체를 보고 있으면, 안구를 통해 망막에 비추어진 정보가 뇌로 전달되어 처리된다. 이 단계에서 cognition이 수행된다. 이 인식에 심리(psychology)의 상태가 작용하여 cognition의 결과를 다양하게 한다. 이와 같이 cognition의 결과를 심리에 기반을 두고 다시(re-) 정보 처리하는 것이 recognition이다. 예를 들면, "유령인가 하고 잘 보니까 마른 참억새더라((실체를 확인해 보니 의외로 평범한 것이라는 뜻)"라는 속담이 있다. 이것은 평상심(심리)으로 보면 단순한 꽃도 공포심(심리) 때문에 cognition의 정보를 유령으로 re-cognition한 것이 된다.

심층학습(딥러닝(deep learning)이라고도 부른다)은 2010년경부터 자주 듣게 된 기계학습 기법 중 한 가지이다. 심층학습은 2종류의 계통이 있는데, 하나는 신경망으로부터 발전된 것, 또 하나는 강화학습에 신경망을 결합하여 발전된 것이 있다. 이 장에서는 먼저 심층학습의 개요와 종류에 관해서 설명한다. 다음으로 심층학습의 프레임워크(계산 도구를 의미한다)인 Chainer의 사용 방법을 설명한다. 그 다음에 각종 심층학습 사용 방법에 관해서 설명한다.

7.1 심층학습의 개요와 종류

심층학습은 새롭게 개발된 기법이 아니라 신경망(NN: neural network)을 기초로 하는 학습기법이다. 심층학습을 사용한 예로서 '이미지 인식률이 인간의 능력을 초월했다[1]' '문학적인 문장을 썼다[2]' '웃는 얼굴의 모나리자 이미지를 생성했다[3]' 등을 들 수 있다. 또한 '장기에서 인간에게 승리를 거두게 되었다[4]'도 심층학습의 예로서 우리들에게 큰 충격을 준 사례이다. 처음 세 가지 예와 장기의 예는 심층학습의 구조를 가지지만 서로 다른 기법이 사용되고 있다는 것은 의외로 알려져 있지 않다. 따라서 심층학습의 발전을 [그림 7.1]에 제시하고 그 차이를 설명한다.

7.1.1 심층학습이란

우선 NN으로부터 발전한 심층학습에 관해서 기술한다. 여기에서는 그 외의 기법과 구별하

---

[1] Large Scale Visual Recognition Challenge 2015(ILSVRC2015), http://image-net.org/challenges/LSVRC/2015/results

[2] 변덕스러운 인공지능 프로젝트: 작가입니다, 공립 하고다테 미래 대학 등, https://www.fun.ac.jp/~kimagure_ai/

[3] 키마사 히로: 심층 생성 모델을 이용한 멀티 모델 학습 https://www.slideshare.net/masa_s/ss-62920389

[4] 야마모토 카즈나리: 〈인공지능은 어떻게 해서 명인을 초월했는가?〉, 다이아몬드 사, 2017

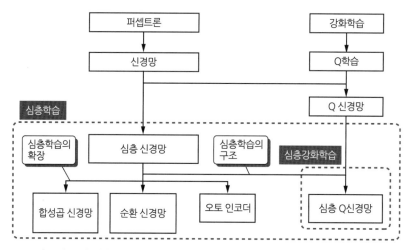

[그림 7.1] 심층학습의 변천(진하게 칠한 부분은 스크립트로 구현한다)

기 위해 NN[*5]에서 발전해 심층학습이 된 것을 심층 신경망[*6] (DNN: deep neural network)
이라고 부르기로 한다. DNN의 기원이 된 신경망은 퍼셉트론[*7]을 발전시킨 기법이다. NN이
란 다음 절에서 상세히 설명하지만 **[그림 7.2]**와 같이 노드라고 부르는 원이 링크라고 부르는
선과 결합되어, 입력층, 중간층, 출력층의 3층으로 구성되는 것이 일반적이다. 그리고 **[그림
7.3]**과 같이 중간층이 없는 것이 퍼셉트론, **[그림 7.4]**와 같이 중간층이 많은 것이 DNN이 된
다. 이와 같이 중간층을 증가시키며 발전해온 측면에서 각 기법의 차이가 존재한다고 생각하
면 알기 쉽다. 그리고 **[그림 7.1]**에서 점선으로 둘러싼 부분이 심층학습에 해당하는 부분이다.

DNN에서 파생된 것은 여러 가지가 있지만 여기에서는 세 가지를 제시한다. 왼쪽부터 합성
곱 신경망[*8] (CNN: convolutional neural network), 순환 신경망[*9] (RNN: recurrent neural
network), 오토 인코더[*10] (AE: autoencoder)이다. 이 절의 처음에 나열한 '이미지 인식' '문장
작성' '이미지 생성'의 세 가지 예는 각각 이러한 기술을 사용하여 구현된 것이다. 더욱이 이렇
게 파생된 것은 각각 독립적으로 사용되지 않고, CNN과 AE를 조합하여 사용되는 방식으로
실행된다. 예를 들면, '웃는 얼굴의 모나리자 이미지를 생성했다'는 예에서는 AE가 키가 되는
기술이지만 CNN도 사용하여 구현되었다.

---

*5 R.E. David, H. E. Geoffrey and W. J. Ronald: Learning representation by back-propagating errors, Nature 323, pp. 533-536, 1986

*6 Y. LeCun, Y. Bengio and G. Hinton: Deep learning, Nature, Vol.. 521, pp. 436-444, 2015

*7 R. Frank: The Perceptron: AProbalistic Model for Information Storage and Organization in the Brain, Psychological Review Vol. 65, No. 6, pp. 386-408, 1958

*8 K. Fukushima: Neocognitron: a self-organizing neural network model for a mechanism of pattern recognition unaffected by shift in position, Biol. Cybernetics, Vol. 36, No. 4, pp. 193-202, 1980

*9 J. J. Hopfield: Neural networks and physical systems with emergent collective computational abilities, PNAS, Vol. 79, No. 8, pp. 2554-2558, 1982

*10 G. E. Hinton and R. S. Salakhutdinov: Reducing the Dimensionality of Data with Neural Networks, Science, Vol. 313, No. 5786, pp. 504—507, 2006

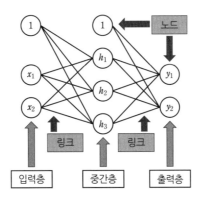

[그림 7.2] NN의 구조

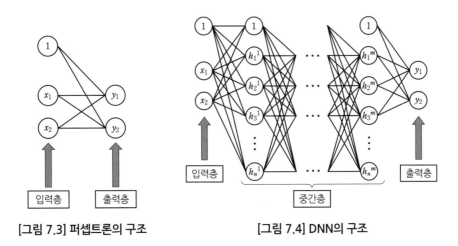

[그림 7.3] 퍼셉트론의 구조　　　　[그림 7.4] DNN의 구조

　다음에 강화학습에서 발전한 심층 강화학습에 관해서 기술한다. 강화학습은 인간이 가르쳐 주지 않고 스스로 학습하는 강력한 개념을 가지고 있지만 구현은 어려운 문제였다. 그 뒤, 강화학습을 구현할 수 있는 방법으로 변형된 Q학습(QL: Q-Learning)이 고안되어 다양한 성과를 거두었다.

　이러한 QL에 NN을 결합한 Q네트워크로 발전되었지만 당시의 NN이 현재와 같은 성과를 올리지 못한 것처럼 Q네트워크도 큰 성과를 거두지 못했다. 그 뒤 DNN이 고안되어 다양한 성과를 거두게 되었다. DNN을 QL에 결합한 심층 Q네트워크(DQN: Deep Q-Network)가 고안되었고, 이것을 기초로 해서 발전됨으로써 앞에서 제시한 '장기에서 인간에 승리를 거두었다' 등의 성과를 거두었다. 이 DQN은 DNN을 결합했기 때문에 심층학습으로서 소개되는 경우가 많다. [그림 7.1]에서는 DNN을 QL에 결합했지만 DNN에서 파생된 CNN을 결합하는 것도 가능하다. 추가적으로 QL 이외의 강화학습 방법을 사용하여 심층 강화학습으로 발전되었다.

여기에서 심층학습과 심층 강화학습의 차이를 다른 각도에서 제시하기로 한다. 심층학습은 지도학습으로 분류되는 기법이고 심층 강화학습은 준지도학습으로 분류되는 기법이다. 지도학습은 학습 데이터에 대해서 모든 답을 준비해둘 필요가 있지만 준지도학습은 좋은 상태와 나쁜 상태만 지정해두고, 이에 이르는 과정을 시행착오에 의해 스스로 학습해가는 방법이다. 예를 들면, [**그림 7.5**]에 제시한 미로가 있다.

그림 (a)의 미로는 인간이 보면 오른쪽으로 한 칸 아래로 두 칸 이동하면 목표에 도달할 수 있는 것을 알 수 있다. QL의 경우는 벽에 부딪치는 것이 나쁜 상태, 목표에 도달하면 좋은 상태라는 식으로 정해두게 된다. 벽에 부딪치면서 미로를 나아가 목표에 도달하는 것을 반복하는 중에 목표까지의 길을 학습하는 것이다.

이 미로 탐색 문제를 지도학습으로 푸는 경우를 생각하자. 이 경우는 출발 위치로부터 오른쪽으로 가면 정답, 왼쪽, 위쪽, 아래쪽으로 가면 오답, 이런 식으로 모든 행동에 대해서 답을 준비할 필요가 있다. 따라서 8번 위치에 있는 경우도 마찬가지로 아래로 가면 정답, 그 외로 가면 오답과 같이 모든 집단에 대해서 답을 준비할 필요가 있다. 그림 (a)에 제시한 정도의 크기를 갖는 미로라면 간단하게 풀 수 있지만 이것이 그림 (b)와 같이 99×99 대형 미로가 되면 모든 집단의 정답을 찾는 것은 간단하지 않다. 또한 인간이 가르쳐 준 동작 이외는 불가능하기 때문에 인간 이상의 성능을 내는 것이 불가능하게 된다.

이상과 같이 변화해 온 심층 강화학습(심층 Q네트워크)을 이해하기 위해서는 심층학습(DNN)과 강화학습(Q학습)을 이해할 필요가 있다는 것을 알 수 있다. 이 때문에 파이썬 스크립트 구현에서는 다음 순서로 설명을 한다.

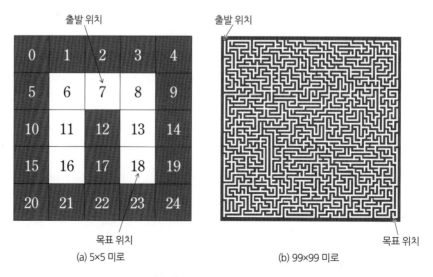

(a) 5×5 미로 (b) 99×99 미로

[**그림 7.5**] **미로 탐색 문제**

1. NN 설명(7.3절)
2. DNN 설명(7.4절)
3. CNN 설명(7.5절)
4. QL 설명(7.6절)
5. DQN 설명(7.7절)

7.1.2 심층학습의 활용 예

심층학습의 방법이나 원리는 알아도, 어떻게 활용하는가는 이해하기 어려운 경우가 있다. 따라서 활용법에 관해서 여기에서 정리해둔다. 심층학습에서는 예를 들면, 개와 고양이의 이미지를 대량으로 제공하여 학습해두고 학습 후에 개 혹은 고양이의 이미지를 입력하면 주어진 것이 개인가 고양이인가를 판별할 수 있다. 이것은 아래에 제시한 2단계의 절차로 실행한다.

1. 트레이닝 데이터를 학습하고 테스트 데이터로 학습이 되었는지 체크하면서 '모델'을 만든다.
2. '모델'을 읽어서 새로운 데이터를 분류한다.

'모델'이란 얻어진 입력(이미지)에 대한 답(개 혹은 고양이)을 유도하기 위한 NN을 구성하는 계산 파라미터가 다수 모인 것이라고 생각하면 된다. 모델의 상세한 내용은 뒤에 나오는 절에서 설명한다. 이 책에서는 학습하여 '모델'을 만드는 것에 그치지 않고 모델을 읽어 새로운 데이터를 분류하는 것까지를 설명하는 것으로 실제로 잘 다루는 방법까지 제시한다.

한편 심층 강화학습은 잘 동작하도록 움직이는 것을 학습의 목적으로 하고 있다. 예를 들면, 대전 게임에서는 상대에게 이기는 움직임을 하게 된다. 그리고 그 학습 결과를 이용하여 인간이 대전한다. 이것은 심층학습과 같이 2단계로 실행할 필요가 있다.

1. 컴퓨터끼리의 대전을 반복하면서 학습하여 '모델'을 만든다.
2. '모델'을 읽어 들여 인간과 대전한다.

7.1.3 용어 설명

이 장에서는 용어를 간단하게 정리해둔다. 또한 이 내용들은 〈엑셀로 배우는 딥러닝〉[11]이

---

[11] 와쿠이 요시유키·와쿠이 사다미 저, 권기태 역: 〈엑셀로 배우는 딥러닝〉, 성안당, 2018

라는 책에 상세히 기술되어 있다. 또한 이 용어들이 이용되는 심층학습의 예가 많이 있는 서적을 참고문헌으로 나열해둔다.[12][13]

- 에폭(epoch): 학습 횟수에 해당하는 값이다. 학습에서 모든 트레이닝 데이터를 1번만 입력하여 사용했을 때 1에폭이 된다.
- 배치(batch): 트레이닝 데이터를 몇 개 정리하여 입력으로 학습할 때 하나로 묶은 입력 데이터이다. 이것에 의해 학습 속도가 향상될 뿐만 아니라 학습 효과도 향상되는 경우가 많다.
- 활성화 함수: 각 노드의 값을 처리할 때 이용되는 함수이다. NN에서는 시그모이드 함수가 자주 이용되어 왔지만 DNN에서는 ReLU 함수를 이용하는 경우가 많은 등 일부 활성화 함수가 제안된다.
- 손실 함수: 학습한 결과와 정답 레이블의 차이를 계산하기 위한 함수이다. 제곱합 오차나 교차 엔트로피 등이 이용된다.
- 최적화 함수: 학습의 가중치를 변경시키기 위한 함수이다. Adam이나 SGD 등 다양한 함수가 제안된다.
- 합성곱(convolution): 주로 CNN의 처리에 이용되는 기법으로 이미지 처리에서 말하는 '필터'에 해당한다. 이 처리에 이용되는 파라미터가 학습에 의해 갱신되고 특징량이 추출되게 된다.
- 풀링(pooling): 주로 CNN의 처리에 이용되는 기법으로 특징량을 유지하면서 이미지를 작게 하는 처리가 행해진다. 이 처리는 학습에 의해 변경되지 않는다.
- 스트라이드(stlide): 주로 CNN의 처리에 이용되는 기법으로 합성곱이나 풀링 범위의 이동량이다.
- 패딩(padding): 주로 CNN의 처리에 이용되는 기법으로 입력 이미지의 주위에 0을 배치하는 것으로 합성곱 처리에 의한 이미지 축소를 방지한다.
- 드롭아웃(dropout): 학습 시에 겹코 무작위로 선택한 노드를 사용하지 않도록 설정한 처리이다. 이것에 의해 오버피팅 방지로 연결되는 경우가 많이 있다.
- LSTM(long short-term memory): 주로 RNN의 처리에 이용되는 기법으로 중요한 정보는 오래 유지하고 중요도가 낮은 정보는 삭제하는 처리를 수행한다.

7.2 Chainer

이 절에서는 심층학습을 간단히 수행하기 위해 이 책에서 이용하는 Chainer에 관한 기본적

인 사용법을 소개한다.

7.2.1 개요와 설치

심층학습이 크게 발전한 이유 중 하나로 컴퓨터의 성능 향상을 들 수 있지만 동시에 다양한 기업이나 단체가 심층학습을 간단히 수행할 수 있는 프레임워크(라이브러리)를 '무료로' 제공한 영향도 크다. 예를 들면, Google 사가 제공하는 TensorFlow나 Microsoft 사의 The Microsoft Cognitive Toolkit, Amazon 사의 MXNet 등이 있다. 이 책에서는 Preferred Network 사의 Chainer를 대상으로 심층학습을 수행하기 위한 스크립트를 제시한다.

Chainer는 다른 프레임워크에 뒤지지 않는 성능을 가지고 있고 다른 프레임워크에 비해 간단하게 심층학습을 구축할 수 있는 이점을 가진다. 더욱이, ChainerRL이라는 심층 강화학습용의 프레임워크도 제공되는 장점이 있으므로 이 책에서 적용하기로 한다.

Chainer의 상세한 내용은 아래의 공식 홈페이지에서 확인할 수 있다.

https://Chainer.org/

Chainer는 Linux OS(Ubuntu/CentOS)에서 동작하는 프레임워크이지만 Windows Anaconda(파이썬3 계열)를 사용하는 방법도 제공한다. 또한 macOS의 경우는 터미널에서 Linux OS와 동일한 명령으로 동작한다.

설치와 확인은 아래의 커맨드로 실행할 수 있다. 또한 버전 지정을 하지 않고 설치하면 최신판을 설치하는 것이 가능하지만 이 경우는 이 책에서 제시하는 스크립트가 동작하지 않을 수도 있다.

다음에 Chainer와 ChainerRL의 설치 방법을 제시하고 샘플 스크립트를 이용한 설치 확인 방법을 제시한다.

Linux OS(Ubuntu)

```
$ sudo apt install python3-pip
$ sudo apt install python3-tk
$ sudo pip3 intall --upgrade pip
$ sudo pip3 intall matplotlib
$ sudo pip3 intall Chainer==4.0.0
$ sudo pip3 intall Chainerrl==0.3.0
$ wget https://github.com/Chainer/Chainer/archive/v4.0.0.tar.qz
$ tar xzf v4.0.0.tar.gz
$ pyhton3 Chainer -4.0.0/examples/mnist/train_mnist.py
```

마지막 명령을 실행하면 다음과 같이 표시된다. 또한 Download로부터 시작하는 행은 두 번째 이후의 실행에서는 표시되지 않는다.

```
GPU: -1
# unit: 1000
# Minibatch-size: 100
# epoch: 20

Downloading from http://yann.lecun.com/exdb/mnist/train-images-
    idx3-ubyte.gz...
Downloading from http://yann.lecun.com/exdb/mnist/train-labels-
    idx1-ubyte.gz...
(중략)
epoch       main/loss     validation/main/loss   main/accuracy
    validation/main/accuracy    elapsed_time
1           0.191859       0.0820334                0.9421
    0.9741                      23.3399
2           0.0752082      0.0764384                0.97635
    0.9762                      47.5395
    total   [#####................................]
        11.67%
this  epoch [##############..............................]
    33.33%
      1400  iter, 2epch/20epochs
    24.978  iters/sec.  Estimated time to finish: 0:07:04.370946.
```

Windows 커맨드 프롬프트(또는 PowerShell)

```
$ pip intall —upgrade pip
$ pip intall Chainer==4.0.0
$ pip intall Chainerrl==0.3.0
```

다음의 사이트에 액세스하여 파일을 다운로드한다.

https://github.com/Chainer/Chainer/archive/v4.0.0.tar.gz

이렇게 다운로드한 파일은 Windows 표준의 압축 소프트웨어로는 압축이 풀리지 않기 때문에 Lhaplus나 7zip 등의 tar.gz 형식에 대응하는 압축 소프트웨어를 사용할 필요가 있다. 압축이 풀린 파일을, 예를 들면 Documents 폴더 아래에 DQN 폴더를 만들어 그 아래로 이동하기로 한다. 설치 확인은 Anaconda를 실행한 후 다음 커맨드를 입력한다. 실행 후에는 Linux OS의 경우와 마찬가지로 표시된다.

```
$ Python Documents/DQN/Chainer -4.0.0/examples/mnist/train_mnist.py
```

다음에 ChainerRL(심층 강화학습용 프레임워크)의 설치 성공 여부를 확인하는 방법을 나타낸다. 이것은 Linux OS와 Windows 모두 공통적이다. 우선 [파일 7.1]을 준비하여 이것을 실행한다. 실행 후에 [그림 7.6]이 표시되면 설치가 성공한 것이다. 이것은 OpenAI인

gym[*14]을 이용하고 있다. 또한 이 프로그램은 Warning 메시지가 나오고 정지한다.

[파일 7.1] ChainerRL의 설치 확인용 스크립트(Chainerrl_test.py)

```
# -*- coding: utf-8 -*-
import gym
env = gym.make('CartPole-v0')
env.reset()
for _ in range(100):
    env.render()
    env.step(env.action_space.sample())
```

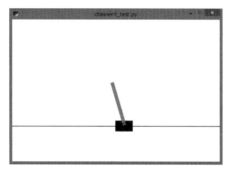

[그림 7.6] ChainerRL의 테스트 스크립트 실행 결과

7.2.2. 실행과 평가

이 항에서는 **[파일 7.2]**를 실행하는 방법을 우선 제시하고 이것에 의해 얻어진 결과를 해석하는 방법을 제시한다. 또한 이 스크립트는 **[표 7.1]**에 제시한 입출력 관계를 가진 2입력 1출력의 AND 논리 연산자를 학습하고 있다.

[표 7.1] AND 논리 연산자의 입출력 관계

입력 1	입력 2	출력
0	0	0
0	1	0
1	0	0
1	1	1

Linux OS의 경우는 Python3 커맨드를 사용하고 Windows에 설치된 Anaconda의 경우는 Python 커맨드를 사용한다.

---

[*] 14 OpenAI Gym, https://gym.openai.com/

Linux OS의 경우

```
$ Python3 and.py
```

Windows+Anaconda의 경우

```
$ Python and.py
```

실행 결과는 다음과 같다. 왼쪽으로부터 에폭 수(학습 횟수), 트레이닝 데이터의 오차, 테스트 데이터의 오차, 트레이닝 데이터의 정확도, 경과시간의 순으로 나열된다. 처음은 정확도가 0.5(정답률 50%)였지만 학습함에 따라서 0.75가 되고 최종적으로는 1(모든 정답)이 된 것을 알 수 있다. 또한 오차란 교사 데이터와 출력 결과의 차이를 나타내기 때문에 0에 가까울수록 좋다. 이 예에서는 학습 종료까지 약 169초가 걸렸지만 **[그림 7.7]**과 **[그림 7.8]**의 그래프 출력을 수행하지 않는 경우는 약 14초 만에 종료한다. 또한 실행 때마다 학습 시의 초깃값이 변하기 때문에 다른 결과가 된다.

epoch	main/loss	validation/main/loss validation/main/accuracy	main/accuracy/ elapsed_time	
1	0.811663	0.809617 0.00768863	0.5	0.5
2	0.809617	0.80758 0.509369	0.5	0.5
3	0.80758	0.805548 0.818347	0.5	0.5
(중략)				
200	0.540078	0.539227 68.661	0.75	0.75
201	0.539227	0.538373 69.045	0.75	0.75
202	0.538373	0.537518 69.3743	0.75	1
203	0.537518	0.536662 69.7038	1	1
204	0.536662	0.535833 70.0289	1	1
205	0.535833	0.534995 70.3578	1	1
(중략)				
498	0.350747	0.35022 168.247	1	1
499	0.35022	0.349706 168.551	1	1
500	0.349706	0.349167 168.853	1	1

실행 후에는 **[그림 7.7]**과 **[그림 7.8]**에 나타낸 오차 그래프(loss.png)와 정확도 그래프(accuracy.png)가 result 폴더 밑에 생긴다. **[그림 7.7]**은 에폭 수(학습 횟수)와 오차의 관계를

나타내고, [그림 7.8]은 에폭 수와 정확도의 관계를 나타내고 있다. 이러한 그래프에서는 잘 안보이지만 트레이닝 데이터와 테스트 데이터 각각의 선이 그려져 있다. 오차는 0에 가까울수록 좋고, 정확도는 1에 가까울수록 좋다. 예를 들면, 이 문제에서는 에폭이 200이 될 때쯤에는 정확도가 1이 되기 때문에 이 이상 학습할 필요가 없다는 것을 알 수 있다. 또한 이번의 AND 논리 연산자의 입출력 관계의 학습에서는 생기지 않지만 오버피팅된 경우는 테스트 데이터의 오차가 커지기 때문에 오버피팅 여부의 판정에서도 이용할 수 있다.

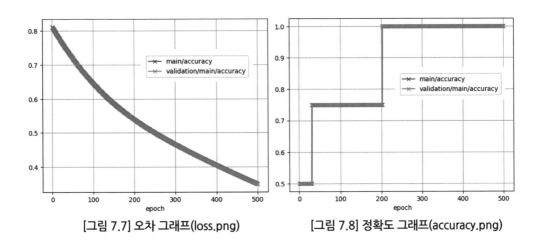

[그림 7.7] 오차 그래프(loss.png)   [그림 7.8] 정확도 그래프(accuracy.png)

[파일 7.2] AND 논리 연산자(and.py)

```python
# -*- coding: utf-8 -*-
import numpy as np
import Chainer
import Chainer.functions as F
import Chainer.links as L
import Chainer.initializers as I
from Chainer import training
from Chainer.training import extensions

# NN의 설정
class MyChain(Chainer.Chain):
    def __init__(self):
        super(MyChain, self).__init__()
        with self.init_scope():
            self.l1 = L.Linear(None, 3)
            self.l2 = L.Linear(None, 2)
    def __call__(self, x):
        h1 = F.relu(self.l1(x))
        y = self.l2(h1)
        return y
```

```
# 데이터 설정
trainx = np.array((([0,0], [0,1], [1,0], [1,1]), dtype=np.float32)
trainy = np.array([0, 0, 0, 1], dtype=np.int32)
train = Chainer.datasets.TupleDataset(trainx, trainy)
test = Chainer.datasets.TupleDataset(trainx, trainy)

# Chainer 설정
# 신경망의 등록
model = L.Classifier(MyChain(), lossfun=F.softmax_cross_entropy)
optimizer = Chainer.optimizers.Adam()
optimizer.setup(model)
# 이터레이터 정의
batchsize = 4
train_iter = Chainer.iterators.SerialIterator(train, batchsize)# 학습용
test_iter = Chainer.iterators.SerialIterator(test, batchsize,
    repeat=False, shuffle=False)# 평가용
# 업데이터 등록
updater = training.StandardUpdater(train_iter, optimizer)
# 트레이너 등록
epoch=500
trainer = training.Trainer(updater, (epoch, 'epoch'))

# 학습 상황의 표시와 저장
trainer.extend(extensions.LogReport())# 로그
trainer.extend(extensions.Evaluator(test_iter, model))# 에폭 수의 표시
trainer.extend(extensions.PrintReport(['epoch', 'main/loss', '
    validation/main/loss','main/accuracy', 'validation/main/
    accuracy', 'elapsed_time'] ))# 계산 상황 표시
trainer.extend(extensions.PlotReport(['main/loss', 'validation
    /main/loss'], 'epoch',file_name='loss.png'))# 오차 그래프
trainer.extend(extensions.PlotReport(['main/accuracy', 'validation
    /main/accuracy'],'epoch', file_name='accuracy.png'))# 정확도 그래프

# 학습 개시
trainer.run()

# 모델의 저장
Chainer.serializers.save_npz("result/out.model", model)
```

7.2.3 NN용 스크립트의 설명

Chainer를 사용한 심층학습 스크립트를 다음에 설명하기 위해 여기에서는 그 골자가 되는 NN용 스크립트를 설명한다. 이것을 배움에 따라 그 다음에는 각종 심층학습 스크립트의 설명에서는 변경된 점만을 제시한다.

[파일 7.2]에서 이용한 NN의 구조를 [그림 7.9]에 나타낸다. NN은 이 그림에 나타낸 것처럼 노드(원)가 링크(선)에 의해 연결된 구조를 하고 있고 그것이 층으로 나열되어 있다. 왼쪽에 있는 것을 입력층, 중간에 있는 것을 중간층(은닉층), 오른쪽에 있는 것을 출력층이라고 한다.

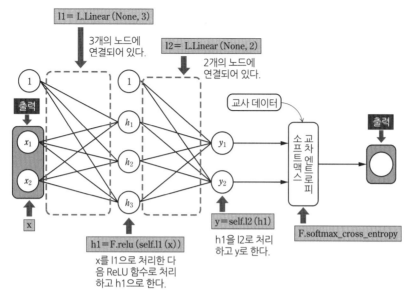

[그림 7.9] NN의 구조와 스크립트의 관계

그리고 입력층에는 노드가 두 개, 중간층에는 세 개, 출력층에는 두 개의 노드가 사용되고 있다. 또한 **[그림 7.9]**에는 **[파일 7.2]**에서 이용한 NN을 구성하기 위한 스크립트도 제시한다.

[파일 7.2]의 스크립트를 설명한다. 이 항의 내용은 심화된 내용이기 때문에 뒤의 절을 읽고 새로이 심층학습을 알게 될 때에 필요에 따라 읽어도 좋다.

(1) 라이브러리, 프레임워크 임포트

우선 라이브러리나 프레임워크의 임포트를 한다. Chainer의 스크립트를 작성하기 쉽도록 생략형의 설정을 한다. 이 작성법은 공식 샘플에서도 이렇게 설정되어 있으므로 이 책에서도 이것을 따른다.

(2) NN 설정 **[중요]**

클래스(class) 중에 NN의 구조를 설정한다. 이 구조를 변경하여 다양한 NN을 만들 수 있다. 이 설정 방법은 다음 절 이후에 제시한다.

(3) 트레이닝 데이터·테스트 데이터의 설정 **[중요]**

그 다음 데이터를 작성한다. 다양한 문제에 적용하기 위해서는 이 부분을 변경할 필요가 있다. 이 변경 방법도 다음 절 이후에 예를 이용하여 제시한다.

(4) Chainer 설정

손실 함수나 최적화 함수의 등록을 수행하는 부분이 계속된다. 이 책에서 사용하는 이외의 손실 함수나 최적화 함수를 설정하는 것도 가능하지만 이 책에서는 변경하지 않는다. 두 개의 중요한 변수가 있다.

- batchsize: 배치 사이즈라고 부르고, 이것을 변경하는 것으로 학습 정확도가 변한다. 데이터 수가 많은 경우는 100 정도가 되는 경우가 많다. 거꾸로 데이터 수가 적은 경우는 데이터 수와 동일하게 하는 경우가 자주 있다. 문제에 따라 변경해야 하는 값이다.
- epoch: 학습 횟수에 해당하는 에폭 수를 결정하는 변수가 된다. 학습이 수렴하지 않는 경우는 이 값을 크게 하면 잘되는 경우가 많다.

(5) 학습 상황의 표시나 저장

실행 중의 학습상황을 터미널에 표시하고 학습 정확도 등을 그래프로 만드는 부분이다. 그래프로 만드는 부분을 실행하면 학습이 지연되는 경우가 있으므로 불필요한 경우는 주석으로 만드는 것을 권한다.

(6) 학습 시작

trainer.run( )으로 학습이 시작한다.

7.3 NN(신경망)

NN은 [그림 7.1]에 나타낸 것처럼 DNN의 기초가 되는 것이다. 여기에서는 [파일 7.2]에 나타낸 NN을 기초로 하여 일부를 변경하는 것으로 다양한 문제에 적용하는 방법을 나타낸다. 이것에 의해 DNN에 도입됨과 동시에 간단한 문제의 경우는 NN으로 푸는 것이 가능하게 된다.

7.3.1 개요와 계산 방법

NN의 계산 방법을 여기에 제시한다. 이 절의 내용을 잘 알게 되면 DNN을 잘 다룰 수 있다. 여기에서는 [그림 7.10]에 나타낸 중간층을 한 층만 넣은 NN을 구축하고 구체적인 계산 방법

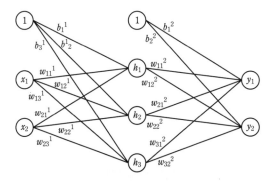

[그림 7.10] NN의 노드값과 가중치

을 설명한다. NN의 링크에는 **[그림 7.10]**에 나타낸 것처럼 가중치가 설정되어 있다.

우선 출력층 노드 중 하나인 y_1의 계산을 수행한다. 중간층의 각 노드값을 h_1, h_2, h_3으로 하면 출력 y_1은 다음과 같이 계산된다. 이것은 각 노드값에 가중치를 곱하여 모두 더한 계산이 된다. 또한 y_2도 동일하게 계산할 수 있다.

$$y_1 = w_{11}{}^2 h_1 + w_{21}{}^2 h_2 + w_{31}{}^2 h_3 + b_1{}^2$$

다음에 중간층 노드 중 하나인 h_1의 계산을 수행한다. 이것은 단순히 노드값에 가중치를 곱하여 모두 더한 것만이 아니다. 우선 y_1을 계산했을 때와 마찬가지로 a_1을 계산한다. 그리고 계산한 a_1을 활성화 함수라고 부르는 함수로 변환한 것이 h_1,이 된다. 또한 h_2와 h_3도 동일하게 계산할 수 있다.

$$a_1 = w_{11}{}^1 x_1 + w_{21}{}^1 x_2 + b_1{}^1$$
$$h_1 = f(a_1)$$

여기에서 활성화 함수에 자주 이용되는 네 가지 함수를 소개한다.

(a) 시그모이드 함수 $f(x) = \dfrac{1}{1 + e^{-x}}$

(b) 하이퍼볼릭 탄젠트 함수 $f(x) = \tanh(x)$

(c) ReLU 함수 $f(x) = \begin{cases} x & if \quad x \geq 0 \\ 0 & if \quad x < 0 \end{cases}$

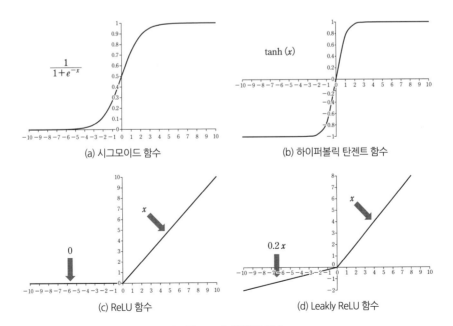

(a) 시그모이드 함수   (b) 하이퍼볼릭 탄젠트 함수

(c) ReLU 함수   (d) Leakly ReLU 함수

[그림 7.11] 활성화 함수

(d) Leakly ReLU 함수 $f(x) = \begin{cases} x & if \quad x \geq 0 \\ 0.2x & if \quad x < 0 \end{cases}$

각각을 그래프로 나타낸 것이 **[그림 7.11]**(a)~(d)이다.

마지막으로 출력을 다루는 것에 관해 기술한다. 이것은 y_1이 y_2보다 큰 경우에는 판정이 0이 되고 반대의 경우는 1이 된다. NN의 학습은 이것들의 가중치를 조정하여 입출력 관계가 잘 되도록 하면 된다.

예를 들어, **[표 7.2]**와 같이 가중치가 결정되면, h_1, h_2, h_3 를 계산하고 그 값을 사용하여 y_1과 y_2 를 계산해보자. 또한 활성화 함수는 ReLU 함수를 이용한다. 여기에서는 독자가 실제로 계산할 때 검산을 목적으로 사용하기를 원해, 중간층의 계산결과를 실었다. 그 결과를 **[표 7.3]**에 제시한다. 판정이 **[표 7.1]**의 출력과 동일하게 된다는 것을 알 수 있다.

[표 7.2] [그림 7.10] NN의 가중치

$w_{11}{}^1$	$w_{12}{}^1$	$w_{13}{}^1$	$w_{21}{}^1$	$w_{22}{}^1$	$w_{23}{}^1$
−0.3	0.5	0.1	0.2	0.3	0.4
$b_1{}^1$	$b_2{}^1$	$b_3{}^1$	$b_1{}^2$	$b_2{}^2$	
0.8	−0.1	0.1	0.8	0.1	
$w_{11}{}^2$	$w_{12}{}^2$	$w_{21}{}^2$	$w_{22}{}^2$	$w_{31}{}^2$	$w_{32}{}^2$
−0.1	0.5	−0.2	0.3	0.4	0.3

[표 7.3] 각 노드의 계산 결과

입력 x_1	입력 x_2	중간층 a_1	중간층 a_2	중간층 a_3
0	0	0.8	−0.1	0.1
1	0	0.5	0.4	0.2
0	1	1.0	0.2	0.5
1	1	0.7	0.7	0.6

중간층 h_1	중간층 h_2	중간층 h_3	출력 y_1	출력 y_2	판정
0.8	0.0	0.1	0.76	0.53	0
0.5	0.4	0.2	0.75	0.53	0
1.0	0.2	0.5	0.86	0.81	0
0.7	0.7	0.6	0.83	0.84	1

7.3.2 NN 스크립트의 변경

우선 NN의 입출력 관계의 변경에 관해서 제시한다. **[파일 7.2]**에 제시한 스크립트는 **[표 7.1]**에 제시한 것과 같은 2입력의 AND 논리 연산자를 학습한다. 여기에서는 ExOR(**[표**

7.4]), 3입력의 AND([표 7.5]), 3입력 중에 포함된 1의 수([표 7.6])인 3종류에 대응시킨다.

(1) ExOR 논리 연산자

ExOR 논리 연산자는 [표 7.4]와 같은 입출력 관계이고 이것은 중간층을 갖지 않는 NN(퍼셉트론)으로는 학습할 수 없다는 것이 알려져 있다[15]. 이 논리 연산자는 AND 논리 연산자와 입력의 수, 출력의 수는 동일하다. 여기에서는 입출력 관계만 수정한 스크립트로 [파일 7.2]와 다른 점을 [파일 7.3]에 나타낸다.

[표 7.4] ExOR 연산자의 입출력 관계

입력 1	입력 2	입력 3
0	0	0
0	1	1
1	0	1
1	1	0

[파일 7.3] ExOR 논리 연산자(exor.py)

```
# 데이터의 설정
trainx = np.array(([0,0], [0,1], [1,0], [1,1]), dtype=np.float32)
trainy = np.array([0, 1, 1, 0], dtype=np.int32)
```

(2) 3입력의 AND

3입력의 AND 논리 연산자는 [표 7.5]에 제시한 입출력 관계이다. 이 논리 연산자는 2입력의 AND 논리 연산자와 출력의 수는 동일하지만 입력의 수는 다르다. 이 입출력 관계만 수정한 스크립트를 [파일 7.4]에 제시한다.

[표 7.5] 3입력의 AND 논리 연산자의 입출력 관계

입력 1	입력 2	입력 3	출 력	입력 1	입력 2	입력 3	출 력
0	0	0	0	1	0	0	0
0	0	1	0	1	0	1	0
0	1	0	0	1	1	0	0
0	1	1	0	1	1	1	1

[파일 7.4] 3입력의 AND 논리 연산자(and_in3.py)

```
# 데이터 설정
trainx = np.array(([0,0,0], [0,0,1], [0,1,0], [0,1,1], [1,0,0],
    [1,0,1], [1,1,0], [1,1,1]), dtype=np.float32)
trainy = np.array([0, 0, 0, 0, 0, 0, 0, 1], dtype=np.int32)
```

---

[15] 요시토미 야스나리(吉冨康成): 〈신경망〉, 조창서점, 2002

(3) 3입력 중에 포함된 1의 수

3입력의 AND 논리 연산자와 동일한 입력을 이용하여 입력 중에 있는 1의 개수를 세는 것을 만든다. 이것은 [표 7.6]에 나타낸 것과 같은 입출력 관계가 된다. 이것은 3입력의 AND 논리 연산자와 입력의 수는 동일하지만 출력이 4종류가 되는 점이 다르다. 이 입출력 관계와 NN의 설정을 변경한 스크립트는 [파일 7.5]와 같다. 여기에서는 NN의 출력도 변경되고 있는 점에 주의하기 바란다.

[표 7.6] 3입력의 AND 논리 연산자의 입출력 관계

입력 1	입력 2	입력 3	출 력	입력 1	입력 2	입력 3	출 력
0	0	0	0	1	0	0	1
0	0	1	1	1	0	1	2
0	1	0	1	1	1	0	2
0	1	1	2	1	1	1	3

[파일 7.5] 3입력의 AND 논리 연산자(count.py)

```
        self.12 = L.Linear(None, 4)
(중략)
# 데이터의 설정
trainx = np.array(([0,0,0], [0,0,1], [0,1,0], [0,1,1], [1,0,0],
    [1,0,1], [1,1,0], [1,1,1]), dtype=np.float32)
trainy = np.array([0, 1, 1, 2, 1, 2, 2, 3], dtype=np.int32)
```

다음으로 NN의 네트워크 구조를 변경하는 방법을 제시한다. 연산자 AND의 입출력 관계는 그대로 [그림 7.12]에 제시한 것처럼 중간층의 노드수를 변경하는 방법과, [그림 7.13]에 제시한 것처럼 중간층의 수를 변경하는 방법이 있다.

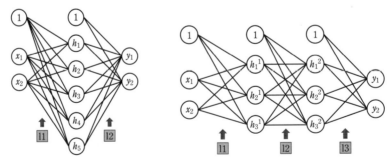

[그림 7.12] 중간층 노드수의 변경   [그림 7.13] 중간층 층수의 변경

(1) 중간층 노드수 변경

[그림 7.12]에 제시한 것처럼 중간층 노드수를 3에서 5로 변경하는 스크립트를 [파일 7.6]에 제시한다. 이것은 NN 중의 값을 하나 변경하는 것만으로 구현할 수 있다.

[파일 7.6] 중간층 노드수의 변경(and_hn.py)

```
self.l1 = L.Linear(None, 5)
```

(2) 중간층 수의 변경

중간층의 수를 변경하기 위해서는 **[파일 7.7]**에 제시한 것처럼 NN의 전체 구조를 변경할 필요가 있다. 여기에서는 l1은 입력층으로부터 중간층을 연결하는 링크를 나타내고, l2는 중간층으로부터 중간층을 연결하는 링크, l3은 중간층으로부터 출력층을 연결하는 링크이다. 따라서 해당 링크를 사용하여 각 층을 계산하도록 변경할 필요가 있다.

[파일 7.7] 3입력의 AND 논리 연산자(and_hr.py)

```
class MyChain(Chainer.Chain):
    def __init__(self):
        super(MyChain, self).__init__()
        with self.init_scope():
            self.l1 = L.Linear(None, 3)
            self.l2 = L.Linear(None, 3)
            self.l3 = L.Linear(None, 2)
    def __call__(self, x):
        h1 = F.relu(self.l1(x))
        h2 = F.relu(self.l2(h1))
        y = self.l3(h2)
        return y
```

마지막으로 학습한 결과에 테스트 데이터를 입력하여 분류를 하기 위한 스크립트를 제시한다. 이것은 **[파일 7.2]**의 마지막에 **[파일 7.8]**을 첨부하는 것으로 구현한다. 이것은 trainx 안에 있는 (0,0), (0,1), (1,0), (1,1) 순으로 호출하여 테스트를 실시한다.

[파일 7.8] 학습 후 테스트 데이터를 이용하여 분류하는 방법(and_test.py)

```
# 학습결과의 평가
for i in range(len(trainx)):
    x = Chainer.Variable(trainx[i].reshape(1,2))
    result = F.softmax(model.predictor(x))
    print("input: {}, result: {}".format(trainx[i], result.data.
        argmax()))
```

이것을 실행한 결과를 아래에 제시한다. 입력에 대한 분류 결과가 result 뒤에 표시된다.

```
input:  [0, 0],  result:  0
input:  [0, 1],  result:  0
input:  [1, 0],  result:  0
input:  [1, 1],  result:  1
```

[파일 7.8]에서는 학습한 후에 테스트 데이터를 입력하여 답을 검증한다. 그러나 이 방법에서는 매번 학습할 필요가 생긴다. 실제로는 학습에 의해 얻어진 모델을 읽어 들여 새로운 데이터를 입력하여 검증하는 것으로 수행된다. 또한 모델이란 학습 후의 NN 파라미터가 모여 있

는 것으로 생각하면 된다.

여기에서는 우선 학습으로 모델을 만들 필요가 있다. 이것은 **[파일 7.2]**에 제시한 스크립트의 마지막에 작성되어 있는 다음의 스크립트에 의해 실행된다.

```
Chainer.serializers.save_npz("result/out.model", model)
```

이것에 의해 **[파일 7.2]**에 제시한 and.py를 실행한 후에 `result` 폴더 아래에 `out.model`이라는 이름의 모델 파일이 작성된다. 여기에서는 이것을 읽어 들여 앞 절에 제시한 방법으로 테스트하는 방법을 나타낸다.

모델 파일을 읽어 들이기 위해서는 NN 등의 설정은 동일한 것을 이용해야 한다. 이 때문에 **[파일 7.2]**의 `model=...`로부터 시작하는 행까지는 신경망의 설정이므로 동일하다. 따라서 **[파일 7.9]**에 제시한 것과 같이 리스트를 읽어 들이는 부분을 덧붙인다. 그 뒤에는 **[파일 7.8]**과 동일한 스크립트가 된다. 실행 후에는 **[파일 7.8]**의 실행 결과와 동일하게 표시된다.

[파일 7.9] 모델 파일의 입력

```
Chainer.serializers.load_npz("result/out.model", model)
```

트레이닝 데이터나 테스트 데이터를 스크립트 안에 작성했지만 실제로 사용하는 경우에는 스크립트 안에 작성하지 않고, 파일에 기록되어 있는 데이터를 읽어 들이게 된다. 따라서 여기에서는 읽어 들이는 두 가지 방법을 아래에 제시하고 각각의 구현 방법에 관해서 설명한다.

(1) 데이터와 답이 하나가 된 파일

아래의 파일을 읽어 들이기로 한다. 이것은 AND 논리 연산자의 입출력 관계를 나타내고, 처음 2열이 입력, 마지막 1열이 출력을 나타낸다. 이 파일을 train_data.txt라고 한다.

```
train_data.txt

0 0 0
0 1 0
1 0 0
1 1 1
```

[파일 7.2]의 트레이닝 데이터와 테스트 데이터를 만드는 부분을 아래와 같이 함으로써 파일을 읽어 들여 트레이닝 데이터와 테스트 데이터를 설정할 수 있다.

[파일 7.10] 트레이닝 데이터의 입력(and_train_data.py)

```python
# 데이터의 설정
with open('train_data.txt', 'r') as f:
    lines = f.readlines()

data = []
for l in lines:
```

```
    d = l.strip().split()
    data.append(list(map(int, d)))
data = np.array(data, dtype=np.int32)
trainx, trainy = np.hsplit(data, [2])
trainy = trainy[:, 0]    # 차원 삭감
trainx = np.array(trainx, dtype=np.float32)
trainy = np.array(trainy, dtype=np.int32)
train = Chainer.datasets.TupleDataset(trainx, trainy)
test = Chainer.datasets.TupleDataset(trainx, trainy)
```

(2) 검증을 위한 데이터의 입력

학습 후 모델이 기록된 파일(out.model)을 읽어 들여 추가로 검증을 위해 데이터를 분류하는 [파일 7.9]의 방법을 확장한다. 여기에서는 테스트 데이터를 파일로부터 읽어 들인다. 읽어 들인 파일은 아래와 같이 파일명은 test_data.txt로 한다.

```
test_data.txt

0 0
0 1
1 0
1 1
```

[파일 7.9]의 테스트 데이터를 작성하는 부분을 [파일 7.11]과 같이 함으로써, 파일을 읽어 들여 테스트 데이터를 설정할 수 있다.

[파일 7.11] 트레이닝 데이터의 입력(and_test_data.py)

```
# 데이터의 설정
with open('test_data.txt', 'r') as f:
    lines = f.readlines()

data = []
for l in lines:
    d = l.strip().split()
    data.append(list(map(int, d)))
trainx = np.array(data, dtype=np.float32)
```

7.4 DNN(심층 신경망)

여기에서는 NN을 확장한 DNN을 다룬다. 우선 DNN이란 어떤 것인가를 설명한다. 그 뒤, scikit-learn에 속해 있는 Iris 데이터를 분류한다. 또한 파일로부터 데이터를 읽어 들여 학습하는 방법과 모델을 사용하여 테스트 데이터를 판별하는 방법을 제시한다. 그리고 마지막으로 자신이 준비한 데이터를 읽어 들인다.

7.4.1 개요와 실행

우선 DNN의 개요에 관해서 설명한다. DNN은 [그림 7.4]에 나타낸 것처럼 NN의 층을 깊게한 것이다. 계산 방법은 NN의 경우와 마찬가지로 중간층에 대한 입력에 가중치를 곱하고 모두 더한 값에 활성화 함수를 적용하는 것이다.

여기에서도 AND 논리 연산자를 예제로 하여 [그림 7.14]에 나타낸 DNN을 구현하기 위한스크립트를 [파일 7.12]에 제시한다. 이것은 [파일 7.2]의 NN의 설정을 변경한 것뿐이다. 또한 활성화 함수로서 ReLU 함수를 이용했다. 여기에서는 설정 방법과 NN의 구조 간의 대응관계를 알기 쉽도록 중간층의 노드수가 일정한 것이 아니라 각 층에서 다른 노드수로 하고 있다. 그러나 보통은 중간층 노드수는 동일하게 하는 경우가 많다.

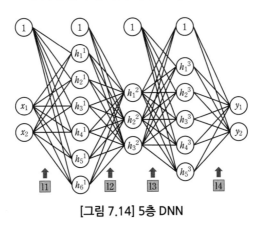

[그림 7.14] 5층 DNN

[파일 7.12] 5층 DNN(and_DNN.py)

```python
class MyChain(Chainer.Chain):
    def __init__(self):
        super(MyChain, self).__init__()
        with self.init_scope():
            self.l1 = L.Linear(None, 6)
            self.l2 = L.Linear(None, 3)
            self.l3 = L.Linear(None, 5)
            self.l4 = L.Linear(None, 2)

    def __call__(self, x):
        h1 = F.relu(self.l1(x))
        h2 = F.relu(self.l2(h1))
        h3 = F.relu(self.l3(h2))
        y = self.l4(h3)
        return y
```

다음으로 scikit-learn에 속한 Iris 데이터를 대상으로 DNN으로 분류를 수행한다. Iris 데이터는 특징량으로서 꽃받침 길이(Sepal Length), 꽃받침 너비(Sepal Width), 꽃잎 길이(Petal

Length), 꽃잎 너비(Petal Width)가 있고 4차원의 입력이 된다. 그리고 3종류의 품종 노드수를 10노드로 설정한 것을 이용한다.

이것을 구현하는 NN의 부분은 **[파일 7.13]**과 같다. 또한 **[파일 7.13]**의 Linear 함수와 같이 첫 번째 인수에 수치를 제공할 수도 있다.

[파일 7.13] Iris 데이터의 분류: NN의 설정(Iris_DNN.py)

```python
class MyChain(Chainer.Chain):
    def __init__(self):
        super(MyChain, self).__init__()
        with self.init_scope():
            self.l1 = L.Linear(4, 10)
            self.l2 = L.Linear(10, 10)
            self.l3 = L.Linear(10, 3)
    def __call__(self, x):
        h1 = F.relu(self.l1(x))
        h2 = F.relu(self.l2(h1))
        y = self.l3(h2)
        return y
```

다음으로 Iris 데이터를 읽어 들여 트레이닝 데이터와 테스트 데이터를 작성하는 작업은 **[파일 7.14]**가 된다. 여기에서는 읽어 들인 데이터의 80%를 트레이닝 데이터로 20%를 테스트 데이터로 한다. 에폭 수는 1000, 배치 사이즈는 100으로 한다.

[파일 7.14] Iris 데이터의 분류: 데이터의 입력(Iris_DNN.py)

```python
epoch = 1000
batchsize = 100

# 데이터 설정
iris = load_iris()
data_train, data_test, label_train, label_test = train_test_split(
    iris.data, iris.target, test_size=0.2)
data_train = (data_train).astype(np.float32)
data_test = (data_test).astype(np.float32)
train = Chainer.datasets.TupleDataset(data_train, label_train)
test = Chainer.datasets.TupleDataset(data_test, label_test)
```

이상을 실행하면 아래와 같이 출력된다. 그 결과 트레이닝 데이터의 97%, 테스트 데이터의 100%를 분류할 수 있는 결과가 얻어진다.

```
epoch       main/loss      validation/main/loss   main/accuracy
    validation/main/accuracy      elapsed_time
1           1.76274        2.24476                0.37
    0.266667                 0.370.0105114
2           1.99183        2.2075                 0.3
    0.266667                 0.0238616
```

```
3            1.84808        2.17072              0.35
     0.266667                   0.0359796
(중략)
998          0.0713724      0.0318348            0.97        1
                            58.2679
999          0.0630466      0.0316305            0.97        1
                            58.3214
1000         0.0613143      0.0307905            0.97        1
                            58.374
```

7.4.2 파일 데이터의 처리 방법

여기에서는 연습을 위해 Iris 데이터를 파일에 출력하고 그 파일을 읽어 들여 모델을 작성한다. 그 뒤, 파일에 기록된 검증을 위한 데이터를 읽어 들여 학습 결과를 체크한다.

우선 iris 데이터를 두 가지로 구분한다. 90%를 트레이닝 데이터와 테스트 데이터(iris_train_data.tct와 iris_train_label.txt), 10%를 모델의 검증용 데이터(iris_test.data.txt와 iris_test_label.txt)로 한다. 이것은 **[파일 7.15]**의 스크립트를 실행하면 구현할 수 있다. 트레이닝 데이터와 레이블을 함께 한 파일을 읽어 들인 것은 **[파일 7.10]**에 제시했으므로 여기에서는 다른 파일로 된 것을 작성하고 이것을 읽어 들이기로 한다.

[파일 7.15] Iris 데이터를 파일에 출력(Iris_data.py)

```python
# -*- coding: utf -8 -*-
import numpy as np
from sklearn.model_selection import train_test_split
from sklearn.datasets import load_iris

iris = load_iris()
data_train, data_test, label_train, label_test = train_test_split(
    iris.data, iris.target, test_size=0.1)
np.savetxt('iris_train_data.txt', data_train,delimiter=',')
np.savetxt('iris_train_label.txt', label_train,delimiter=',')
np.savetxt('iris_test_data.txt', data_test,delimiter=',')
np.savetxt('iris_test_label.txt', label_test,delimiter=',')
```

파일을 읽어 들이는 것은 **[파일 7.14]**를 **[파일 7.16]**으로 변경하는 것으로 구현할 수 있다. 이것은 **[파일 7.10]**과 유사한 처리이다. 이 스크립트를 실행하여 학습 모델을 만든다.

[파일 7.16] iris 데이터의 분류: [파일 입력(Iris_file_train.py)

```python
# 데이터의 설정
with open('iris_train_data.txt', 'r') as f:
    lines = f.readlines()
data = []
for l in lines:
    d = l.strip().split(',')
    data.append(list(map(float, d)))
```

```
trainx = np.array(data, dtype=np.float32)

with open('iris_train_label.txt', 'r') as f:
    lines = f.readlines()
data = []
for l in lines:
    d = l.strip().split()
    data.append(list(map(float, d)))
trainy = np.array(data, dtype=np.int32)[:,0]

trainx = np.array(trainx, dtype=np.float32)
trainy = np.array(trainy, dtype=np.int32)
train = Chainer.datasets.TupleDataset(trainx, trainy)
test = Chainer.datasets.TupleDataset(trainx, trainy)
```

학습이 끝난 후 해당 학습 모델을 읽어 들여 검증을 위한 데이터를 분류한다. 그리고 검증한 데이터의 분류결과와 정답 데이터를 아래와 같이 세로로 나란히 표시한다.

[파일 7.17] Iris 데이터의 분류: 모델과 [파일 입력(Iris_model.py)

```
# 데이터 설정
with open('iris_test_data.txt', 'r') as f: #검증 데이터
    lines = f.readlines()
data = []
for l in lines:
    d = l.strip().split(',')
    data.append(list(map(float, d)))
test = np.array(data, dtype=np.float32)

with open('iris_test_label.txt', 'r') as f: #정답 레이블
    lines = f.readlines()
data = []
for l in lines:
    d = l.strip().split()
    data.append(list(map(float, d)))
label = np.array(data, dtype=np.int32)[:,0]

# NN의 등록
model = L.Classifier(MyChain(), lossfun=F.softmax_cross_entropy)
# 모델 입력
Chainer.serializers.load_npz("result/Iris.model", model)
# 학습 결과의 평가
for i in range(len(test)):
    x = Chainer.Variable(test[i].reshape(1,4))
    result = F.softmax(model.predictor(x))
    print("input: {}, result: {}, ans: {}".format(test[i], result.
        data.argmax(), label[i]))
```

이것을 실행하면 아래와 같이 표시된다. 입력 데이터를 input 뒤에 나타내고, result의 뒤에는 분류 결과, ans의 뒤에는 기록된 정답 데이터가 표시된다. 입력 분류 결과와 답이 일치한

다는 것을 확인할 수 있다.

```
input: [6.4  2.9  4.3  1.3],    result:   1,  ans:   1
input: [5.   3.3  1.4  0.2],    result:   0,  ans:   0
input: [6.1  2.8  4    1.3],    result:   1,  ans:   1
input: [6.6  2.9  4.6  1.3],    result:   1,  ans:   1
input: [5.7  2.6  3.5  1. ],    result:   1,  ans:   1
input: [4.9  3.1  1.5  0.1],    result:   0,  ans:   0
input: [5.7  2.9  4.2  1.3],    result:   1,  ans:   1
input: [5.4  3.4  1.7  0.2],    result:   0,  ans:   0
input: [6.7  3.   5.2  2.3],    result:   2,  ans:   2
input: [7.4  2.8  6.1  1.9],    result:   2,  ans:   2
input: [6.3  2.9  5.6  1.8],    result:   2,  ans:   2
input: [5.8  2.7  5.1  1.9],    result:   2,  ans:   2
input: [7.7  2.8  6.7  2. ],    result:   2,  ans:   2
input: [5.3  3.7  1.5  0.2],    result:   0,  ans:   0
input: [5.1  3.4  1.5  0.2],    result:   0,  ans:   0
```

위에 제시한 train_data.txt에 해당하는 트레이닝 데이터를 작성하면 독자 자신이 작성한 트레이닝 데이터를 이용하여 학습할 수 있다. 여기에서는 입력은 6차원으로 출력은 4차원의 데이터가 있는 것으로 한다. 우선 6차원의 데이터로 한 경우에는 트레이닝 데이터를 읽어 들이는 것은 다음과 같이 된다.

```
trainx, trainy = np.hsplit(data, [6])
```

그리고 출력이 4차원이기 때문에 출력층에 연결된 링크를 다음과 같이 변경한다.

```
self.13 = L.Linear(10, 4)
```

7.5 CNN(합성곱 신경망)

심층학습의 심화 버전으로 이미지 처리에 강점이 있는 방법인 CNN을 설명한다. 우선 CNN의 원리를 제시한 다음, 필터가 무엇이고 어떤 식으로 설정이나 계산을 하는가를 제시한다. 그 다음 필기체 문자인식 학습 방법과 학습 모델의 사용 방법을 제시한다. 그리고 독자가 CNN을 사용하여 다양한 데이터를 학습하여 잘 다룰 수 있도록 트레이닝 데이터를 만드는 방법과 작성된 트레이닝 데이터를 이용한 학습 방법을 제시한다. 또한 이 절의 일부에서는 USB 카메라를 이용하여 실시간에 분류 혹은 트레이닝 데이터를 작성하는 방법도 제시한다.

7.5.1 개요와 계산 방법

이미지 처리에서는 이미지 중 각 픽셀의 가로 세로 대각선의 관계가 중요하다. 여기에서 7.4절에서 기술한 DNN에 이미지를 입력하는 것을 고려한다. 이 경우는 [그림 7.15]에 나타낸 것처럼 이미지를 행 단위로 자른 후 한 줄로 세워 입력을 만든다. 또한 이것은 MNIST_

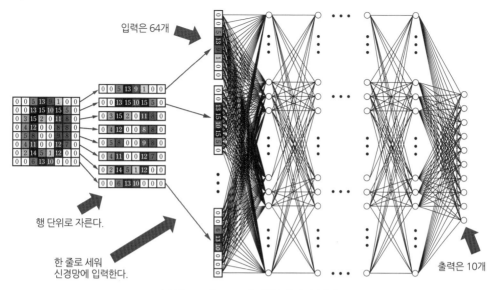

[그림 7.15] DNN에 대한 이미지 입력

DNN.py로 준비한다.

이 경우 세로나 대각선의 관계가 약해진다. 여기에서 **[그림 7.16]**과 같이 '합성곱'과 '풀링'이라는 두 가지 처리를 이용하는 것으로 가로 세로 대각선 관계를 유지한 채 이미지의 특징을 추출하는 방법이 CNN의 특징이 된다. 여기에서는 상세한 설명을 생략하지만 합성곱과 풀링은 **[그림 7.16]**과 같이 합성곱에 의해 이미지 매수가 증가하고 풀링에 의해 이미지를 작게 하

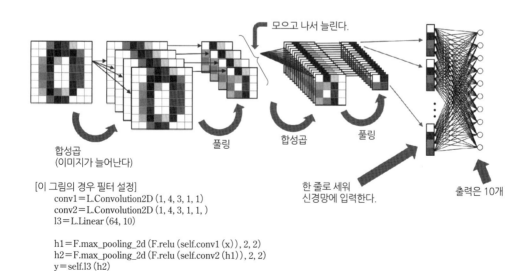

[그림 7.16] CNN의 이미지 처리

는 것을 반복함으로써, 작은 이미지를 대량으로 만든다. 따라서 충분히 작아진 이미지를 세로로 나열하여 최후에는 DNN에 의해 분류를 수행한다.

합성곱 처리를 할 때 설정할 수 있는 파라미터에는 다음의 네 가지가 있다. **[그림 7.16]**에 나타낸 것처럼 합성곱 처리와 풀링 처리에 이해 이미지 크기가 변한다. 따라서 이미지 크기의 변경을 계산하는 방법을 뒤에 제시한다.

- 합성곱 필터 크기: FW(필터의 가로 크기), FH(필터의 세로 크기)
  합성곱이라고 부르는 계산을 수행하는 범위를 설정한다. 3이나 5 정도가 자주 이용된다.
- 스트라이드: S
  필터를 움직이는 양을 결정한다. 보통은 1이지만 2로 설정하면 합성곱 처리로도 이미지가 작아진다.
- 패딩: P
  이미지 주위에 0을 배치한다. 1로 설정한 경우는 한 겹으로 2로 설정한 경우는 두 겹으로 배치하는 것으로 된다.
- 필터 수: N
  합성곱 처리에서는 복수의 필터를 이용하는 것으로 이미지가 증가한다. 예를 들면, **[그림 7.16]**의 예에서는 첫 번째 합성곱은 4개의 필터를 이용하고 두 번째는 16개의 필터를 이용하고 있다. Chainer에서는 마지막 필터의 수가 중요하다.

풀링에 설정할 수 있는 파라미터는 두 개가 있지만 보통은 동일한 값을 설정한다.

- 풀링 필터 크기: PW(필터의 가로 크기), PH(필터의 세로 크기)
  풀링이라고 부르는 처리를 하는 범위를 설정한다. 2가 자주 이용된다.
- 스트라이드:
  필터를 움직이는 양을 결정한다. 보통은 풀링 필터의 크기와 동일하게 한다.

입력 이미지의 가로 크기를 IW, 세로 크기를 IH라고 하면 합성곱 처리와 풀링 처리를 하면 이미지 크기는 다음과 같이 변경된다. 또한 OW는 출력 이미지의 가로 크기, OH는 세로 크기로 한다.

$$OW = \left(\frac{IW + 2P - FW}{S} + 1 \right) \times \frac{1}{PW}$$
$$OH = \left(\frac{IH + 2P - FH}{S} + 1 \right) \times \frac{1}{PH}$$

이상에 의해, 이미지의 픽셀 수는 $IW \times IH$에서 $OW \times OH$으로 된다. 합성곱 처리와 풀링 처리는 **[그림 7.16]**에 나타낸 것처럼 여러 번 반복되는 경우가 많다.

예로서 8 × 8 이미지에 합성곱 필터(크기: 3 × 3, 패딩 크기: 1, 슬라이드 크기: 1)를 적용하고 2 × 2 풀링 필터를 적용하는 것을 두 번 수행한 경우의 이미지 크기를 구해보자. 그리고 필터 수는 16으로 하자. 이 처리는 [그림 7.16]과 동일하다. 여기에서는 이미지의 가로 세로 크기가 동일하기 때문에 가로 크기만 계산한다.

- 첫 번째 합성곱과 풀링:

$$\left(\frac{8 + 2 \times 1 - 3}{1} + 1\right) \times \frac{1}{2} = 4$$

- 두 번째 합성곱과 풀링:

$$\left(\frac{4 + 2 \times 1 - 3}{1} + 1\right) \times \frac{1}{2} = 2$$

합성곱 처리와 풀링 처리에서 이미지가 작아진 것을 DNN에 입력한다. 이 때의 입력수는 다음과 같이 계산된다.

$$2 \times 2 \times 16 = 64$$

7.5.2 학습과 검증

scikit-learn에 속해 있는 필기체 문자의 분류(MNIST: Mixed National Institute of Standards and Technology database, 필기체 숫자 '0~9'에 정답 레이블이 주어져 있는 데이터 세트)를 한다. 이것은 이미지이므로 DNN보다도 CNN 쪽이 바람직하다. 여기에서는 합성곱 필터(크기 3 × 3: , 패딩 크기: 1, 스트라이드 크기: 1)를 적용하고 2 × 2 풀링 필터를 적용하는 것을 두 번 수행한다. 첫 번째의 합성곱 처리 필터 수는 16, 두 번째 합성곱 처리 필터 수는 64로 한다.

이것을 구현하는 NN의 부분은 [파일 7.18]과 같다. 그리고 scikit-learn의 필기체 문자를 처리하기 위해서는 [파일 7.19]와 같이 하면 된다. 여기에서는 80%를 트레이닝 데이터, 20%를 테스트 데이터로 한다.

[파일 7.18] MNIST 데이터의 분류: NN(MNIST_CNN.py)

```python
class MyChain(Chainer.Chain):
    def __init__(self):
        super(MyChain, self).__init__()
        with self.init_scope():
            self.conv1=L.Convolution2D(1, 16, 3, 1, 1) # 첫 번째 합성
곱층(필터수는 16)
            self.conv2=L.Convolution2D(16, 64, 3, 1, 1) # 두 번째 합성
곱층(필터수는 64)
            self.l3=L.Linear(256, 10)  #클러스터 분류용
    def __call__(self, x):
        h1 = F.max_pooling_2d(F.relu(self.conv1(x)), 2, 2) # 최댓값
```

```
풀링은 2×2, 활성화 함수는 ReLU
        h2 = F.max_pooling_2d(F.relu(self.conv2(h1)), 2, 2)
        y = self.13(h2)
        return y
```

[파일 7.19 MNIST 데이터의 분류: 트레이닝 데이터의 작성(MNIST_CNN.py)

```
digits = load_digits()
data_train, data_test, label_train, label_test = train_test_split(
    digits.data, digits.target, test_size=0.2)
data_train = data_train.reshape((len(data_train), 1, 8, 8)) #8x8 행렬로 변경
data_test = data_test.reshape((len(data_test), 1, 8, 8))#
data_train = (data_train).astype(np.float32)
data_test = (data_test).astype(np.float32)
train = Chainer.datasets.TupleDataset(data_train, label_train)
test = Chainer.datasets.TupleDataset(data_test, label_test)
```

학습 후에 생성된 모델을 이용하여 이미지를 분류한다. 여기에서는 두 가지 이미지를 입력하는 방법을 제시한다. 또한 이 숫자는 Windows의 그림판을 사용하여 필자가 작성한 것이다. 이를 위해 MNIST_CNN.py를 한 번은 실행해 둘 필요가 있다.

(1) 파일에서 입력

숫자 이미지를 파일로 준비하고 이것을 읽어 들인다. 스크립트의 임의의 폴더에 number 폴더를 작성하고 그 아래에 **[그림 7.17]**에 제시한 것과 같은 1.png나 2.png, 3.png 등의 이미지를 만들어둔다.

[그림 7.17] DNN에 대한 입력 이미지

이것을 읽어 들여 판정하는 스크립트는 **[파일 7.20]**과 같다. 또한 MNIST_CNN.py에 의해 얻어진 모델을 이용한다.

[파일 7.20] MNIST 데이터의 분류: 파일 입력(MNIST_CNN_File.py)

```
# 검증 데이터의 평가
img = Image.open("number/3.png")
img = img.convert('L') # 그레이 스케일 변환
img = img.resize((8, 8)) # 8x8로 리사이즈
img = 16.0 - np.asarray(img, dtype=np.float32) / 16.0 # 흑백반전, 0~
    15로 정규화, array화
img = img[np.newaxis, np.newaxis, :, :] # 4차원 텐서로 변환 (1x1x8x8,
    배치수x채널수x가로x세로)
x = Chainer.Variable(img)
y = model.predictor(x)
c = F.softmax(y).data.argmax()
print(c)
```

(2) 카메라 이미지의 입력

카메라로 이미지를 취득하여 이것을 실시간으로 표시하는 것을 실행한다. 실행하면 **[그림 7.18]**에 나타낸 것처럼 카메라 이미지가 표시된다. 사각형으로 둘러싸인 부분이 인식되는 부분을 나타낸다. 이 예에서는 7을 비추고, 7이라고 판정하고 있다. 또한 ⒬ 키를 누르면 종료한다.

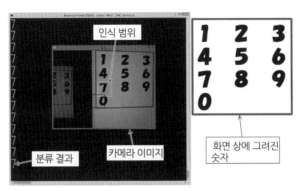

[그림 7.18] DNN에 대한 이미지 입력

이것을 구현하는 스크립트는 **[파일 7.21]**과 같다.

카메라 이미지의 입력에는 OpenCV를 이용한다. OpenCV는 다음 커맨드로 설치한다.

Linux OS(Ubuntu)

```
$ sudo pip3 install opencv-pyhton
```

Windows 커맨드 프롬프트(또는 PowerShell)

```
$ pip install opencv-Python
```

변수 d로 읽어 들이는 범위를 정하고 resize 함수로 해당 범위의 이미지를 자른다. 그 다음에 이미지로 변환한다. 그리고 predictor 함수와 softmax 함수로 판정한다.

[파일 7.21] MNIST 데이터의 분류: 트레이닝 데이터의 작성(MNIST_CNN_camera.py)

```
#학습 모델 입력
Chainer.serializers.load_npz("result/CNN.model", model)

#이미지 취득과 평가
cap = cv2.VideoCapture(0)
while True:
    ret, frame = cap.read()
    gray = cv2.cvtColor(frame, cv2.COLOR_BGR2GRAY)
```

```
    xp = int(frame.shape[1]/2)
    yp = int(frame.shape[0]/2)
    d = 40
      cv2.rectangle(gray, (xp-d, yp-d), (xp+d, yp+d), color=0,
thickness=2)
    cv2.imshow('gray', gray)
    if cv2.waitKey(10) == 113:
        break
    gray = cv2.resize(gray[yp-d:yp + d, xp-d:xp + d],(8, 8))
    img = np.zeros((8,8), dtype=np.float32)
    img[np.where(gray>64)]=1
    img = 1-np.asarray(img,dtype=np.float32)    # 0~1로 정규화
    img = img[np.newaxis, np.newaxis, :, :] # 4차원 텐서로 변환
    (1x1x8x8, 배치수x채널수x가로x세로)
    x = Chainer.Variable(img)
    y = model.predictor(x)
    c = F.softmax(y).data.argmax()
    print(c)
cap.release()
```

7.5.3 트레이닝 데이터의 작성법

독자가 CNN을 능숙하게 사용하려면, 대상이 되는 트레이닝 데이터를 작성할 필요가 있다. 여기에서는 입력 이미지를 작성하는 방법 두 가지를 제시한다.

(1) 디지털 카메라로 촬영

이것은 간단한 방법으로 생각되지만 촬영한 이미지에서 대상물을 잘라, 파일 크기를 조정하는 것이 필요하다. 또한 이미지가 대량으로 필요하고 100매 이상이 바람직하다.

(2) USB 카메라로 촬영

USB 카메라가 비추는 이미지를 키보드의 키를 눌러 저장하는 스크립트는 다음과 같다. 여기에서는 Ⓐ 키를 누르면 img 폴더 아래에 미리 작성해 둔 a 폴더에 Ⓑ 키를 누르면 b 폴더에 일련번호를 붙여 저장하는 스크립트는 [파일 7.22]와 같다. 또한 Ⓠ 키를 누르면 스크립트가 종료한다. 실행하면 [그림 7.18]과 같은 화면이 표시된다. 검은 테두리 안이 저장되는 이미지가 된다.

[파일 7.22] 카메라 촬영에 의한 트레이닝 데이터의 작성(CameraShot.py)

```
# coding:utf-8
import cv2

n1 = 0
n2 = 0
cap = cv2.VideoCapture(0)
```

```
while True:
    ret, frame = cap.read()
    gray = cv2.cvtColor(frame, cv2.COLOR_BGR2GRAY)
    xp = int(frame.shape[1]/2)
    yp = int(frame.shape[0]/2)
    d = 40
    cv2.rectangle(gray, (xp-d, yp-d), (xp+d, yp+d), color=0,
        thickness=2)
    cv2.imshow('gray', gray)
    c =cv2.waitKey(10)
    if c == 97:
        cv2.imwrite('img/a/{0}.png'.format(n1), gray[yp-d:yp + d, xp-d:
            xp + d])
        n1 = n1 + 1
    elif c == 98:
        cv2.imwrite('img/b/{0}.png'.format(n2), gray[yp-d:yp + d, xp-d:
            xp + d])
        n2 = n2 + 1
    elif c == 113:
        break
cap.release()
```

파일로부터 트레이닝 데이터를 읽어 들이는 방법은 **[파일 7.23]**과 같다. img 폴더 아래에 있는 a 폴더와 b 폴더로부터 각 이미지를 읽어 트레이닝 데이터를 작성하는 방법을 나타낸다. 이것을 실행하기 전에 **[파일 7.22]**의 CameraShot.py를 실행하여 분류하고 싶은 이미지를 모아둘 필요가 있다.

[파일 7.23] MNIST 데이터의 분류: 촬영한 트레이닝 데이터를 이용한 트레이닝
데이터의 입력(MNIST_Input.py)

```
print('loading dataset')
train = []
label = 0
img_dir = 'img'
for c in os.listdir(img_dir):
    print('class: {}, class id: {}'.format(c, label))
    d = os.path.join(img_dir, c)
    imgs = os.listdir(d)
    for i in [f for f in imgs if ('png' in f)]:
        train.append([os.path.join(d, i), label])
    label += 1
train = Chainer.datasets.LabeledImageDataset(train, '.')
```

7.6 QL(Q학습)

DQN의 스크립트를 만들기 위해서는 QL의 스크립트를 작성할 필요가 있다. 따라서 우선

QL^{*16}의 원리를 설명한다. 그리고 QL을 스크립트로 구현하는 방법을 설명한다. 그리고 응용을 하여 병따기 게임을 대상으로 하는 대전 게임을 작성한다.

7.6.1 개요와 계산 방법

QL을 이해하는데 있어서 중요한 용어가 4개 있다.

- 상태: s_t
- 행동: a
- 보상: r
- Q값: $Q(s_t, a)$

그리고 QL이란 Q값을 갱신해가는 학습이 된다. Q값의 갱신을 식으로 나타내면 (7.1) 식과 같다. 또한 a와 r은 상수이고 다음의 예에서는 0.4와 0.9로 한다.

$$Q(s_{t+1}, a) \leftarrow \alpha Q(s_t, a) + (1 - \alpha)(r + \gamma \max Q) \tag{7.1}$$

이것을 [그림 7.19]에 나타낸 미로 탐색을 기초로 설명을 한다.

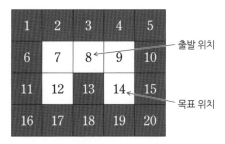

[그림 7.19] 미로 탐색 문제((7.1) 식의 상태(s_t)에 해당)

상태에 관해서 설명한다. 미로 탐색의 예에서는 상태란 어느 위치에 있는가에 해당한다. 상태는 숫자로 나타나는 경우가 많고, 예를 들면 [그림 7.19]에 기록되어 있는 숫자가 상태를 나타내는 숫자이다. 출발 위치에 있는 경우는 $s_t = 8$이 된다. 그리고 오른쪽으로 한 칸 이동하는 경우는 $s_{t+1} = 9$가 된다.

행동에 관해서 설명한다. 행동도 숫자로 나타낸다. 여기에서는 위 방향을 $a = 0$으로 한다. 마찬가지로 오른쪽, 아래쪽, 왼쪽 방향을 $a = 1$, $a = 2$와 $a = 3$으로 한다. 이것에 의해, 행동을 숫자로 나타낼 수 있게 된다. 이것을 정리하면 [표 7.7]이 된다.

---

*16 C. J. C. H. Watkins: Learning from delayed rewards, PhD thesis, Cambridge University, 1989

[표 7.7] 행동과 번호의 관계

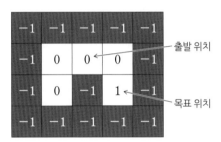

행동	a
위쪽	0
오른쪽	1
아래쪽	2
왼쪽	3

보상에 관해서 설명한다. 보상은 2종류이고 목표에 도달하면 주어지는 것은 양의 보상, 벽이 있는 방향으로 이동한 경우에 주어지는 것은 음의 보상이다. 이 예에서는 목표에 도달한다는 것은 14번 위치로 이동하는 것이 되고 그 경우는 1이 주어진다(더 큰 수라도 된다). 그리고 음의 보상은 벽에 부딪쳤을 때이고 예를 들면 3번이나 13번 등 회색 칸의 위치로 이동한 경우에 주어지고 −1이 주어진다(더 작은 값이라도 된다). 보상을 기록하면 **[그림 7.20]**이 된다. 또한 이 미로를 대상으로 한 스크립트는 mazeQL_small.py로 준비되어 있다.

[그림 7.20] 미로의 보상((7.1) 식의 보상(r)에 해당)

Q값에 관해서 설명한다. Q값이란 어느 상태에서 행동의 선택 용이성을 나타내는 값이다. 그리고 **[그림 7.21]**에서 나타내듯이 각 상태에 설정되어 있는 값이다. 또한 이 그림의 Q값은 실제로 스크립트를 실행하여 얻어진 값이다. 각 칸의 4개의 숫자는 위로부터의 Q값을 나타내고 있다.

예를 들면, 8번 위치의 Q값은 다음과 같이 되어 있다.

$$Q(8, 0) = -0.360$$
$$Q(8, 1) = 0.562$$
$$Q(8, 2) = -0.360$$
$$Q(8, 3) = 0.000$$

이 경우는 가장 큰 Q값이 되는 행동 1, 결국 오른쪽으로 이동하는 행동이 선택된다. **[그림 7.21]**을 보면 출발 위치로부터 Q값이 높은 순으로 따라가면 목표 위치에 도달할 수 있다는 것을 알 수 있다.

−0.200	−0.200	0.000	0.000	0.000
−0.200	−0.200	0.000	0.000	0.000
−0.200	0.000	0.080	0.000	0.000
−0.200	−0.200	−0.200	−0.200	0.000
−0.200	−0.380	−0.360	−0.200	0.000
0.000	0.000	0.562	−0.200	−0.200
−0.200	0.000	−0.360	0.893	0.000
−0.200	−0.200	0.000	0.000	0.000
−0.200	0.000	0.000	0.000	0.000
0.000	−0.200	0.000	0.000	0.000
−0.200	−0.200	0.000	0.000	0.000
0.000	−0.200	0.000	0.000	0.000
−0.200	0.000	−0.200	0.000	0.000
−0.200	−0.200	0.000	0.000	0.000
0.000	0.000	−0.200	0.000	0.000
0.000	−0.200	0.000	0.000	0.000

위로부터 첫 번째 값 위쪽 방향의 Q값
위로부터 두 번째 값 오른쪽 방향의 Q값
위로부터 세 번째 값 아래쪽 방향의 Q값
위로부터 네 번째 값 왼쪽 방향의 Q값

[그림 7.21] 미로의 Q값((7.1) 식의 Q값(Q)에 해당)

지금까지 네 가지 중요한 용어를 설명했다. (7.1) 식을 갱신하기 위해서는 뒤에 $\max Q$를 구하면 된다. 이 $\max Q$란 행동한 앞의 Q값의 가장 큰 Q값이라는 의미이다. **[그림 7.21]**에서는 9 번째 Q값은 다음과 같이 되어 있으므로 $\max Q$은 0.893이 된다.

$$Q(9, 0) = -0.200$$
$$Q(9, 1) = -0.200$$
$$Q(9, 2) = 0.893$$
$$Q(9, 3) = 0.000$$

이상에 의해, 8번째 위치에서 1의 행동(오른쪽으로 이동)을 취한 경우는 다음과 같이 갱신된다.

$$Q(8, 1) \leftarrow 0.4 \times 0.562 + (1 - 0.4)(0 + 0.9 \times 0.893) = 0.70702$$

또한, 이외의 Q값은 변경하지 않는다.

그렇다면, 계속해서 9번째 위치에 있는 경우의 행동을 고려한다. QL에서는 Q값이 큰 행동을 취한다. 이 때문에 $a = 2$(아래쪽 방향)로 이동하는 행동을 취한다. 이 경우에는 보상이 얻어진다. 또한 대개의 경우 목표에 도달한 후는 다음 행동을 하지 않고, 초기 위치에서 다시 학습을 시작한다. 이 때문에 목표의 Q값은 모두 0이 되어 있는 경우가 많고, 이 예에서도 모두 0으로 한다. 따라서 9번째 위치에서 $a = 2$의 행동을 취한 경우 Q값의 갱신은 다음과 같이 된다.

$$Q(9, 2) \leftarrow 0.4 \times 0.893 + (1 - 0.4)(1 + 0.9 \times 0) = 0.9572$$

7.6.2 실행 방법

미로 탐색을 QL로 풀기 위한 스크립트는 **[파일 7.24]**와 같다. 여기에서는 QL의 스크립트가 어떤 것인가를 나타내기 위해서 전문을 제시하기로 한다.

[파일 7.24] QL로 미로 탐색(mazeQL.py)

```python
# -*- coding: utf-8 -*-
import numpy as np
import cv2

MAP_X = 10
MAP_Y = 10

MAP = np.array([
-1,-1, -1, -1, -1, -1, -1, -1, -1, -1,
-1, 0,  0,  0, -1,  0,  0,  0,  0, -1,
-1, 0, -1,  0,  0,  0, -1, -1,  0, -1,
-1, 0, -1, -1,  0, -1, -1,  0,  0, -1,
-1, 0, -1,  0,  0,  0,  0, -1,  0, -1,
-1, 0, -1, -1, -1,  0, -1,  0,  0, -1,
-1, 0,  0,  0, -1,  0,  0,  0,  0, -1,
-1, 0, -1,  0, -1, -1,  0, -1, -1, -1,
-1, 0,  0,  0, -1,  0,  0,  0,  1, -1,
-1,-1, -1, -1, -1, -1, -1, -1, -1, -1,
], dtype=np.float32)

QV=np.zeros((MAP_X* MAP_Y,4), dtype=np.float32)

img = np.zeros((480,640,1), np.uint8)
font = cv2.FONT_HERSHEY_SIMPLEX

pos = 12
pos_old = pos

def reset():
    global pos, pos_old
    pos = 12
    pos_old = pos

def step(act):
    global pos, pos_old
    pos_old = pos
    x = pos%MAP_X
    y = pos//MAP_X
    if (act==0):
        y = y-1
    elif (act==1):
        x = x + 1
    elif (act==2):
        y = y + 1
    elif (act==3):
```

```
        x = x - 1

    if (x<0 or y<0 or x>=MAP_X or y>=MAP_Y):
        pos = pos_old
        reward = -1
    else:
        pos = x+y*MAP_X
        reward = MAP[pos]
    return reward

def random_action():
    act = np.random.choice([0, 1, 2, 3])
    return act

def get_action():
    global pos
    epsilon = 0.01
    if np.random.rand()<epsilon:
        return random_action()
    else:
        a = np.where(QV[pos]==QV[pos].max())[0]
        return np.random.choice(a)

def UpdateQTable(act, reward):
    global pos, pos_old, QV
    alpha = 0.2
    gamma = 0.9
    maxQ = np.max(QV[pos])
    QV[pos_old][act] = (1-alpha)*QV[pos_old][act]+alpha*(reward +
gamma*maxQ);

def disp():
    global pos
    img.fill(255)
    d = 480//MAP_X
    for s in range(0, MAP_X*MAP_Y):
        x = (s%MAP_X)*d
        y = (s//MAP_X)*d
        if MAP[s]==-1:
            cv2.rectangle(img,(x,y),(x+d,y+d),0,-1)
        cv2.rectangle(img,(x,y),(x+d,y+d),0,1)
    x = (pos%MAP_X)*d
    y = (pos//MAP_X)*d
    cv2.circle(img,(x+d//2,y+d//2),int(d//2*0.8),32,5)
    if (MAP[pos]==-1):
        cv2.circle(img,(x+d//2,y+d//2),int(d//2*0.8),224,5)
    else:
        cv2.circle(img,(x+d//2,y+d//2),int(d//2*0.8),32,5)
    for s in range(0, MAP_X*MAP_Y):
        x = (s%MAP_X)*d
        y = (s//MAP_X)*d
        for a in range(0, 4):
```

```
            cv2.putText(img,str('%03.3f' % QV[s][a]),(x+1,y+(a
                +1)*(d//5)), font, 0.3,127,1)
        cv2.imshow('res',img)
        cv2.waitKey(1)

n_episodes = 1000
for i in range(1, n_episodes + 1):
    reset()
    while(1):
        disp()
        action = get_action()
        reward = step(action)
        UpdateQTable(action, reward)
        if reward==1:
            break
```

우선 이 스크립트를 실행한 결과를 [그림 7.22]에 나타낸다. 검은 색 원이 에이전트의 위치를 나타내고 있고 출발 위치에서 목표 위치까지 이동하는 애니메이션을 표시한다. 이 스크립트도 OpenCV를 이용한다. 설치 방법은 7.5.2항을 참고하기 바란다.

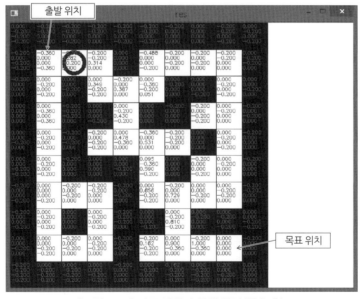

[그림 7.22] 미로 탐색의 실행 화면(학습 후)

QL의 스크립트는 [그림 7.23]의 순서도에 따라 동작한다. 처음에는 변수의 초기화를 한 후, disp 함수로 [그림 7.22]의 표시를 수행한다. 그리고 get_action 함수에 의해 행동을 결정한다. 이 행동에 따라 step 함수로 상태를 변경한다(위치를 이동한다). 그 뒤, UpdateQTable 함수로 Q값을 갱신한다. 그리고 목표에 도달할 때에 보상 1이 주어지기 때문에 보상이 1이라면 에피

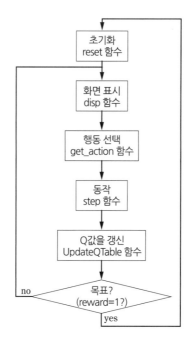

[그림 7.23] 순서도(QL로 구현한 미로 탐색)

소드를 종료하고 초기 위치에서 다시 학습을 개시한다. 이것을 반복하는 것으로 Q값이 갱신되어 출발 위치로부터 목표 위치로 도달할 것 같은 경로를 자동적으로 찾아낼 수 있다. **[그림 7.22]**는 학습 종료 시의 Q값을 **[그림 7.21]**과 동일하게 나타낸다. 이 경우도 출발 위치로부터 Q값이 높은 순으로 따라가면서 목표 위치에 도달할 수 있다.

각각의 변수와 함수에 관해서 설명한다.

- MAP 배열: 미로를 정하기 위한 배열로 지나갈 수 있는 장소는 0, 벽은 −1, 목표는 1로 나타낸다. 이 값은 그대로 보상이 된다.
- QV 배열: 미로의 각 칸의 Q값을 저장하기 위한 변수이다. 칸의 수는 100이고 행동의 수는 상하좌우 4가지이므로 100 × 4의 배열을 준비한다. 그리고 Q값의 초깃값은 모두 0으로 된다.
- get_action 함수: Q값이 높은 행동을 선택하는 함수이다. 그리고 Q값이 동일한 경우은 동일한 Q값을 가진 행동 중의 하나를 무작위로 선택한다. 추가로 QL에서는 Q값이 큰 행동만을 수행하면 학습이 잘 되지 않은 것이 알려져 있다[17]. 이것을 피하는 방법으로 ε −greedy법이 이용된다. 이것은 어떤 확률로 임의의 행동을 선택하는 방법으로 0~1까지

---

[17] R. S. Sutton, A. G. Barto(미카미 사다요시, 미나가와 마사아키 역): 〈강화학습〉, 모리키타 출판, 2000

의 임의의 값을 발생시켜 설정한 ε 값보다도 작은 경우 임의의 행동을 선택하는 것이다. 거꾸로 임의의 값이 ε 보다도 큰 경우는 Q값이 큰 행동을 선택하는 것으로 한다. 임의의 행동을 야기하는 함수로서 random_action 함수를 준비하고 이것을 이용한다.

- random_action 함수: 순서도에는 없었지만 get_action 함수에서 사용되는 함수이다. 이 함수는 취할 수 있는 행동을 무작위로 반환한다. 또한 이 함수는 심층 강화학습에서도 필요한 중요한 함수이다.

- step 함수: 선택된 행동을 기초로 위치를 갱신하기 위한 함수이다. 우선 위치를 x 방향의 위치와 y 방향의 위치로 나누어, 행동에 의해 위치를 갱신한다. 그리고 설정되어 있는 미로의 범위를 넘어, 예를 들면 x 방향의 위치가 0보다 작아지는 일이 일어나면 이전 위치로 돌아가서 보상으로 −1을 준다. 그 외에는 벽이 있더라도 이동시키고, MAP 배열에 나타낸 보상을 반환한다.

- UpdateQTable 함수: Q값을 갱신하기 위한 함수이다. 여기에서는 (7.1) 식을 계산한다.

- reset 함수: 상태 등을 초기화하기 위한 함수이다. 반드시 필요한 것은 아니지만 이와 같이 설정해두면 에피소드 개시 시에 초기 상태로 돌아가기 쉽다.

- disp 함수: QL에서는 어떠한 동작이 수행되고 있는가를 표시하는 편이 알기 쉬운 경우가 많다. 따라서 [그림 7.22]에 나타낸 것처럼 미로와 현재 위치, 각 칸의 Q값을 표시하기 위한 함수를 작성한다.

7.6.3 병따기 게임

병따기 게임이란 2명이 하는 게임으로 정해진 수의 병이 있고 1~3개의 병을 서로 따다가 마지막 1개의 병을 따는 쪽이 지는 게임이다. 이 게임을 QL로 학습한다. 또한 이 게임은 병의 수에 의해 먼저 시작한 사람이 반드시 이기거나(선수 필승), 뒤에 시작한 사람이 반드시 이기는(후수 필승) 것이 정해져 있다. 예를 들면, 병이 9개인 경우는 후수 필승이 된다. 왜냐하면 [표 7.8]에 제시한 것처럼 상대가 남은 병의 수가 5개가 되면 병을 따는 경우(나머지 수가 5개째인 병을 딴다), 어떤 식으로 병을 따더라도 9 번째 병을 따게 할 수 있다. 예를 들면, 상대가 남은 병수가 5개일 때에 3개를 따면 남은 병수는 2개가 되고 플레이어가 1개를 따면 상대는 마지막 1개를 따게 되기 때문에 플레이어가 승리하게 된다. 마찬가지로 생각하면 5번째를 따게 하기 위해서는 첫 번째를 따게 하면 되는 것이다. 이 때문에 후수 필승이다. 결국 n을

[표 7.8] 병따기 게임의 필승법

남은 병	9	8	7	6	5	4	3	2	1
필승법	*	3	2	1	*	3	2	1	*

자연수로 하면 $4n + 1$개의 병이 있는 경우는 후수 필승, 그 외에는 선수 필승이 된다.

여기에서는 두 에이전트가 서로 경기하면서 강해지는 QL을 제시한다. 병의 수를 9개로 하고 이 스크립트를 실행한 결과를 아래에 제시한다. 처음에는 승패가 반반이지만 1,000번째 시행한 후는 후수(에이전트 1)가 반드시 이기게 된다. 아래에 1,000번의 학습이 종료했을 때의 에이전트 0(선공)과 에이전트 1(후공)의 Q값을 나타낸다. 에이전트 1에 주목하여 이 결과를 평가한다. Agent 0이나 Agent 1이라고 작성된 아래에는 세 개의 숫자가 10행 3열로 기록되어 있다. 첫 번째 행이 남은 변이 9개일 때의 Q값이고 두 번째 행이 8개일 때의 Q값이다. 각각의 행에 3개씩 나열된 수는 왼쪽부터 1개 딸 때의 Q값, 2개 딸 때의 Q값, 3개 딸 때의 Q값을 나타낸다. 예를 들면, 에이전트 1은 8개 남아 있을 때에는 3개를 따게 된다. 이 결과와 [**표 7.8**]을 비교하면 에이전트 1은 필승법을 마스터하고 있다는 것을 알 수 있다.

```
1 : 0 Loose, 1 Win!!
2 : 0 Win!!,  1 Loose
3 : 0 Loose, 1 Win!!
   (중략)
999 : 0 Loose, 1 Win!!
1000 : 0 Loose, 1 Win!!
Agent 0
[[-81.         -81.        -81.        ]
 [  0.          0.         0.        ]
 [  0.          0.4359375 0.        ]
 [  0.47109374 0.        -22.25      ]
 [-90.        -90.        -90.        ]
 [  0.          0.         0.984375]
 [  0.          0.875     -50        ]
 [  0.5         0.         0.        ]
 [-100.       -100.       -100.        ]
 [  0.          0.         0.        ]]
Agent 1
[[  0.80999994 0.         0.        ]
 [ -14.934375  0.         0.9       ]
 [ -10.0456875 0.9       -33.75      ]
 [  0.9         0.         0.        ]
 [ -50.625    -44.9375.  -33.75      ]
 [  0.          0.         1.        ]
 [  0.          1.         0.        ]
 [  1.        -50.       -50.        ]
 [ -87.5      -93.75     -87.5       ]
 [  0.          0.         0.        ]]
```

병따기 게임을 학습하는 QL의 스크립트는 [**그림 7.24**]의 순서도에 따라 동작한다. 이것은 미로 탐색과 유사하다. 우선 선공이 get_action 함수에 의해 행동을 결정한다(따는 병의 수를 결정한다). 그 행동에 따라 step 함수로 상태를 변경한다(병을 딴다). 그 뒤,

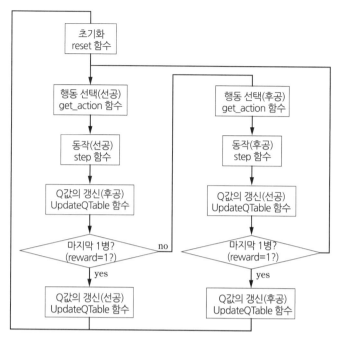

[그림 7.24] 순서도(QL로 구현한 병따기 게임)

UpdateQTable 함수로 상대의 Q값을 갱신한다. 그리고 마지막 한 병을 딴 경우 done 변수가 True가 되도록 step 함수로 설정해두고, done이 True라면 UpdateQTable 함수로 자신의 Q값을 갱신한다. 마지막 한 병이 아니라면 후공에 대해서 동일하게 Q값을 갱신한다. 여기에서는 순서도 부분만을 **[파일 7.25]**에 나타낸다. 한 단계 이전의 병의 수, 보상, 행동의 모든 것에 관해서 두 개의 배열로 설정하고 있는 점이 포인트가 된다. 또한 Q값도 두 개 준비할 필요가 있다.

[파일 7.25] QL로 구현한 병따기 게임(bottleQL.py)

```
QV0=np.zeros((BOTTLE_N+1,3),dtype=np.float32)
QV1=np.zeros((BOTTLE_N+1,3),dtype=np.float32)
QVs = [QV0, QV1]
    (중략)
for i in range(1, n_episodes + 1):
    pos = 0
    pos_old = [0,0]
    rewards = [0,0]
    actions = [0,0]
    while(1):
        actions[0] = get_action(pos, i, QVs[0])
        pos_old[0] = pos
        pos, rewards, done = step(pos, actions[0], 0)
        UpdateQTable(actions[1], rewards[1], pos, pos_old[1], QVs[1])
        if (done==True):
```

```
          UpdateQTable(actions[0], rewards[0], pos, pos_old[0], QVs[0])
              print('{} : 0 Loose, 1 Win!!'.format(i))
              break
          actions[1] = get_action(pos, i, QVs[1])
          pos_old[1] = pos
          pos, rewards, done = step(pos, actions[1], 1)
          UpdateQTable(actions[0], rewards[0], pos, pos_old[0], QVs[0])
          if (done==True):
              UpdateQTable(actions[1], rewards[1], pos, pos_old[1], QVs[1])
              print('{} : 0 Win!!, 1 Loose'.format(i))
              break
   (중략)
agent0.save('Agent 0')
agent1.save('Agent 1')
```

마지막에 학습한 Q값을 이용하여 컴퓨터와 대결하는 방법을 제시한다. [**파일 7.25**]에서 학습한 에이전트의 Q값을 읽어 들이기로 한다. 변경된 점은 아래의 4가지이다. 병이 9개인 게임으로 재미가 없을 뿐만 아니라 후수 필승이 되므로 플레이어가 선공이라면 반드시 패배한다. 따라서 20개로 학습한 에이전트의 후공인 Q값을 사용하는 것으로 한다(bottleQL20.py). 또한 [**파일 7.25**]에서는 선공과 후공의 Q값을 QV0.txt와 QV1.txt로서 저장한다.

실행하면 다음과 같이 게임이 시작한다. 이 샘플 스크립트의 병수는 20개이므로 선수 필승인 게임이다. 병을 잘 따면 반드시 플레이어가 승리한다.

```
[1-3]1
act:1, pin:19
act:2, pin:17
[1-3]2
act:2, pin:15
act:2, pin:13
[1-3]3
act:3, pin:10
act:1, pin:9
[1-3]3
act:3, pin:6
act:1, pin:5
[1-3]2
act:2, pin:3
act:2, pin:1
[1-3]1
act:1, pin:0
You Loose!
```

이것은 [**파일 7.25**]의 일부를 다음과 같이 변경하는 것으로 구현할 수 있다.

(1) 학습한 Q값을 입력

- 추가
```
QV = np.loadtxt('QV1.txt')
```

(2) 판 병의 수를 입력

- 수정 전
```
actions[0] = get_action(pos, i, QVs[0])
```
- 수정 후
```
actions[0] = int(input('[1-3]'))-1
```

(3) Q값의 갱신을 삭제

- 삭제
```
UpdateQTable(actions[0], rewards[0], pos, pos_old[0], QVs[0])
UpdateQTable(actions[1], rewards[1], pos, pos_old[1], QVs[1])
```

(4) 임의 동작의 삭제

- 수정 전
```
epsilon = 0.5*(1/(episode+1))
```
- 수정 후
```
epsilon = 0
```

(5) 동작과 남은 병의 수 표시

- 추가
```
print('New Game pin:'.format(BOTTLE_N-pos))
print('act:0, pin:1'.format(actions[0]+1, BOTTLE_N-pos))
print('act:0, pin:1'.format(actions[1]+1, BOTTLE_N-pos))
```

(6) 승패의 표시 변경

- 수정 전
```
print('Win!!' ,i)
print('Loose' ,i)
```
- 수정 후
```
print('You loose.')
print('You win!')
```

7.7 DQN(심층 Q네트워크)

심층 강화학습[*18]으로서 여기에서는 DQN을 설명한다. 처음에 QL과 DQN의 차이를 통해 DQN의 원리를 설명한다. 그 뒤, 이전에 설명한 미로 탐색문제를 DQN으로 푸는 방법을 제시한다. 그리고 병따기 게임의 학습과 대전 사고 방식과 구현 방법을 제시한다.

7.7.1 개요

QL은 각 상태에 대응하는 Q값의 표를 작성하는 것이다. 이것은 **[그림 7.25]**로 나타낸다. 예를 들면, 상태 2일 때는 최대 Q값의 행동 3을 선택하는 것으로 한다. 한편, DQN의 경우는 이 표 대신 **[그림 7.26]**과 같이 NN을 이용한다. 이것만이 다르다고 간단하게 느낄 수도 있다. 그러나 NN의 경우에는 입력에 대한 답이 준비되어 있어야 하지만 QL의 경우에는 답이 준비되어 있지 않다. 이것은 미로 탐색에서도 출발 위치로부터 오른쪽으로 이동하는 것이 정답이지만 이 정답이 준비되어 있지 않은 것처럼 마찬가지로 NN의 답이 준비되어 있지 않다.

[그림 7.25] QL에서 행동의 선택 방법

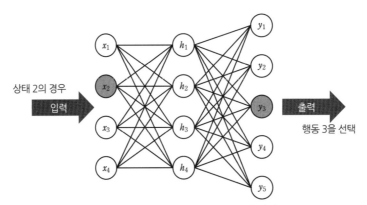

[그림 7.26] DQN에서 행동의 선택 방법

이것을 해결하는 방법은 어렵지만 Chainer에서는 이것을 함수화하기 때문에 사용하기 쉽다.

[*18] 마키노 코우지, 니시자키 히로미츠, 〈파이썬에 의한 심층 강화학습 입문 Chainer와 OpenAI Gym으로 시작하는 강화학습〉, 옴사, 2018

7.7.2 실행 방법

DQN으로 미로 탐색을 하기 위한 스크립트는 **[파일 7.26]**과 같다. **[파일 7.26]**은 **[파일 7.24]**를 기초로 하여 작성되었으므로 다른 부분만을 제시한다.

[파일 7.26] DQN의 미로 탐색(mazeEQN.py)

```
(앞부분 생략)
import Chainerrl
import copy

(중략)

def step(act):
  (동일)

def random_action():
  (동일)

def disp():
  (Q값이 아닌 행동을 나타내는 외에는 동일)
    map = copy.copy(MAP)
    for s in range(0, MAP_X*MAP_Y):
        x = (s%MAP_X)*d
        y = (s//MAP_X)*d
        tmp = map[s]
        map[s] = 10
        act = agent.act(map)
        map[s] = tmp
        cv2.putText(img,str('%d' % act),(x+1,y+d), font, 1,127,1)

# Q-함수의 정의
class QFunction(Chainer.Chain):
    def __init__(self, obs_size, n_actions, n_hidden_channels=256):
        super(QFunction, self).__init__(
            l0=L.Linear(obs_size, n_hidden_channels),
            l1=L.Linear(n_hidden_channels, n_hidden_channels),
            l2=L.Linear(n_hidden_channels, n_hidden_channels),
            l3=L.Linear(n_hidden_channels, n_actions))

    def __call__(self, x, test=False):
        h = F.leaky_relu(self.l0(x))
        h = F.leaky_relu(self.l1(h))
        h = F.leaky_relu(self.l2(h))
            return Chainerrl.action_value.DiscreteActionValue(self.
l3(h))

q_func = QFunction(MAP_X*MAP_Y, 4)
optimizer = Chainer.optimizers.Adam(eps=1e-2)
optimizer.setup(q_func)
```

```
q_func.to_cpu()

explorer = Chainerrl.explorers.LinearDecayEpsilonGreedy(
    start_epsilon=1.0, end_epsilon=0.1, decay_steps=100,
    random_action_func=random_action)

replay_buffer = Chainerrl.replay_buffer.PrioritizedReplayBuffer(
    capacity=10 ** 6)

gamma = 0.95

agent = Chainerrl.agents.DoubleDQN(
    q_func, optimizer, replay_buffer, gamma, explorer,
    replay_start_size=50, update_interval=1,
    target_update_interval=10)

n_episodes = 100 # 100회
n_steps = 1000 # 100회
for i in range(1, n_episodes + 1):
    reset()
    reward = 0
    done = False
    for j in range(1, n_steps + 1):
        disp()
        map = copy.copy(MAP) # 맵의 복사
        map[pos] = 10
        action = agent.act_and_train(map, reward)
        reward = step(action)
        if (reward==1):
            done = True
            break
    print(i, j)
    map = copy.copy(MAP)
    map[pos] = 10
    agent.stop_episode_and_train(map, reward, done)

agent.save('agent')
```

우선 이 스크립트를 실행한 결과를 **[그림 7.27]**에 제시한다. 0은 위쪽 방향으로 이동하는 칸이라는 것을 나타낸다. 마찬가지로 1, 2, 3은 각각 오른쪽, 아래쪽, 왼쪽 방향으로 이동하는 칸이라는 것을 나타낸다. 이 규칙으로 **[그림 7.27]**을 찾아가면 출발 위치로부터 목표 위치까지 갈 수 있다. 또한 검은 색 벽인 부분은 흰 색의 통로로 되돌아 이동하도록 설정되어 있는 것도 읽어 들인다. 또한 이 학습에는 큰 폭의 시간을 필요로 하는 것에 유의하여 실행하기 바란다(휴식 시간을 이용하는 등).

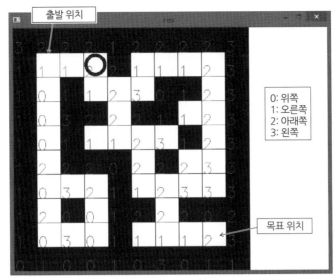

[그림 7.27] DQN으로 미로 탐색을 실행했을 때의 결과

DQN의 스크립트는 [그림 7.28]의 순서도에 따라 동작한다. 이것은 [그림 7.23]에 제시한 QL로 미로 탐색을 하는 순서도와 유사하다. 우선 DQN의 초기 설정이 있다. 그 뒤에는 학습이 반복되고 agent.act_and_train 함수에 의해 동작을 결정한다. 그 행동에 따라 QL에서 이용한 것과 동일한 step 함수로 상태를 변경한다(위치를 이동한다). 그리고 목표 위치에 도달했을 때에 보상 1을 받기 때문에 보상이 1이라면 에피소드를 종료한다. 그리고 stop_episode_and_train 함수로 학습을 종료하고 나서 초기 위치로 돌아가서 다시 학습을 개시한다. 이것을 반복하는 것으로 NN이 갱신되어 출발 위치로부터 목표 위치에 도달할 것 같은 경로를 자동적으로 찾아낼 수 있다.

[파일 7.26]을 설명한다.

우선 동작을 위한 함수(step 함수)와 임의의 동작을 수행하기 위한 함수(random_action 함수)는 QL과 동일하다. 화면 표시 함수(disp 함수)는 Q값을 나타내지 않고, 그 장소에 에이전트가 존재했다고 하면 다음에 어떤 행동을 행할 것인가를 agent.act 함수로 알아보고 그 번호를 표시한다. 그리고 QL일 때에 이용된 행동을 결정하는 함수와 Q값을 갱신하는 함수는 DQN에서는 agent.action_and_train 함수를 이용하여 수행한다. 그리고 목표 위치에 도달하면 agent.stop_episode_and_train 함수를 이용하여 학습을 일단 종료시키고 다시 출발 위치로부터 시작한다. 또한 이러한 학습을 위한 함수에는 학습하는 대상이 되는 정보(여기에서는 map 배열 전체)를 복사하고 나서 함수의 인수로서 설정할 필요가 있다.

또한 DQN을 구현할 때의 NN을 설정할 필요가 있다. 또한 여기에서는 활성화 함수로서

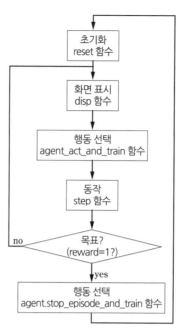

[그림 7.28] 순서도(DQN으로 구현한 미로 탐색)

leakly_ReLU 함수를 이용한다. 출력 노드를 계산하는 부분에는 심층강화학습용의 Chainerrl. action_value.DiscreteActionValue 함수를 사용하는 점이 특징이지만 그것 외에는 심층학습의 설정 방법과 동일하다.

그리고 DNN의 설정과 마찬가지로 optimizer, explore, replay_buffer를 설정하고 이것을 agent에 등록한다.

학습에서는 map 배열 중에 에이전트 위치의 칸을 10으로 입력 데이터를 작성하는 것으로 한다.

7.7.3 병따기 게임

병따기 게임을 DQN으로 구현하기 위한 스크립트는 **[파일 7.27]**과 같다. **[파일 7.27]**은 **[파일 7.25]**를 기초로 하여 작성되었기 때문에 다른 부분만을 나타낸다.

[파일 7.27] DQN으로 구현한 병따기 게임(bottleDQN.py)

```
(앞 부분 생략)
import Chainerrl
import copy


BT=np.zeros(BOTTLE_N, dtype=np.float32)
```

```
(중략)

def step(act, pos, turn):
(동일)

def random_action():
(동일)

(중략)

explorer = Chainerrl.explorers.LinearDecayEpsilonGreedy(
    start_epsilon=1.0, end_epsilon=0.01, decay_steps=1000,
    random_action_func=random_action)

replay_buffer0 = Chainerrl.replay_buffer.PrioritizedReplayBuffer(
    capacity=10 ** 6)
replay_buffer1 = Chainerrl.replay_buffer.PrioritizedReplayBuffer(
    capacity=10 ** 6)

gamma = 0.95

agent0 = Chainerrl.agents.DoubleDQN(q_func, optimizer,
    replay_buffer0, gamma, explorer, minibatch_size = 100,
    replay_start_size=100, update_interval=1,
    target_update_interval=100)
agent1 = Chainerrl.agents.DoubleDQN(q_func, optimizer,
    replay_buffer1, gamma, explorer, minibatch_size = 100,
    replay_start_size=100, update_interval=1,
    target_update_interval=100)

n_episodes = 1000

for i in range(1, n_episodes + 1):
    BT[0:BOTTLE_N] = 0
    pos = 0
    pos_old = 0
    rewards = [0,0]
    actions = [0,0]
    bt = BT.copy()
    while(1):
        actions[0] = agent0.act_and_train(bt, 0)
        pos_old = pos
        pos, rewards, done = step(actions[0], pos, 0)
        BT[pos_old:pos] = 1
        bt = BT.copy()
        if (done==True):
            BT[0:BOTTLE_N] = 0
            for j in range(0, BOTTLE_N):
                BT[0:j] = 1
                TEST[j] =  agent1.act(BT) + 1
            print('1 Win!!',i,rewards,TEST)
            break
```

```
            actions[1] = agent1.act_and_train(bt, 0)
            pos_old = pos
            pos, rewards, done = step(actions[1], pos, 1)
            BT[pos_old:pos] = 1
            bt = BT.copy()
            if (done==True):
                BT[0:BOTTLE_N] = 0
                for j in range(0, BOTTLE_N):
                    BT[0:j] = 1
                    TEST[j] = agent0.act(BT) + 1
                print('0 Win!!',i,rewards,TEST)
                break
        bt = BT.copy()
        agent0.stop_episode_and_train(bt, rewards[0], done)
        bt = BT.copy()
        agent1.stop_episode_and_train(bt, rewards[1], done)
agent0.save('agent0')
agent1.save('agent1')

print("agent0")
BT[0:BOTTLE_N] = 0
for i in range(0, BOTTLE_N):
    BT[0:i] = 1
    print(BOTTLE_N-i, BT, agent0.act(BT))
print("agent1")

BT[0:BOTTLE_N] = 0
for i in range(0, BOTTLE_N):
    BT[0:i] = 1
    print(BOTTLE_N-i, BT, agent1.act(BT))
```

우선 이 스크립트를 실행한 결과를 아래에 제시한다. 여기에서는 9개의 병으로 게임을 한 경우를 1,000번 학습한다. 또한 병이 9개인 경우는 후수 필승이 된다. agent0나 agent1 아래에 기록되어 있는 숫자를 설명한다. 왼쪽에는 9, 8, 7 등의 숫자는 남은 병의 수를 나타낸다. 그 뒤에 [ ]에 둘러싸인 숫자 1은 뚜껑을 딴 병, 0은 따지 않고 남아 있는 병의 수를 나타낸다. 이 0과 1이 나열된 배열을 DQN에 입력한다. [ ] 오른쪽 숫자는 에이전트가 딴 병의 수를 나타낸다. agent1이 병을 따는 방법은 **[표 7.8]**에 제시한 바와 같은 필승법과 동일한 방법을 취한다. 또한 선공인 agent0도 필승법과 동일하게 따는 방법을 학습한다. 이 학습에서는 937 번째의 학습에서 agent1이 필승법 외의 따는 방법을 취한다. 이 임의로 따는 행동은 ε-greedy 법(또는 임의의 행동을 일으키는)의 설정에 의한 것이다. 필승법 외의 따는 방법을 취하면 선공 에이전트가 필승법이 되는 따는 방법을 취해 승리하도록 학습할 수 있다.

```
(앞 부분 생략)
0 Win!! 937 [-1, 1] [2. 3. 2. 1. 3. 3. 2. 1. 1.]
(중략)
```

```
1 Win!! 999 [1, -1] [3. 3. 2. 1. 1. 3. 2. 1. 1.]
1 Win!! 1000 [1, -1] [3. 3. 2. 1. 1. 3. 2. 1. 2.]
agent0
9[0. 0. 0. 0. 0. 0. 0. 0.0.]3
8[1. 0. 0. 0. 0. 0. 0. 0.0.]3
7[1. 1. 0. 0. 0. 0. 0. 0.0.]2
6[1. 1. 1. 0. 0. 0. 0. 0.0.]1
5[1. 1. 1. 1. 0. 0. 0. 0.0.]1
4[1. 1. 1. 1. 1. 0. 0. 0.0.]3
3[1. 1. 1. 1. 1. 1. 0. 0.0.]2
2[1. 1. 1. 1. 1. 1. 1. 0.0.]1
1[1. 1. 1. 1. 1. 1. 1. 1.0.]2
agent1
9[0. 0. 0. 0. 0. 0. 0. 0.0.]3
8[1. 0. 0. 0. 0. 0. 0. 0.0.]3
7[1. 1. 0. 0. 0. 0. 0. 0.0.]2
6[1. 1. 1. 0. 0. 0. 0. 0.0.]1
5[1. 1. 1. 1. 0. 0. 0. 0.0.]1
4[1. 1. 1. 1. 1. 0. 0. 0.0.]3
3[1. 1. 1. 1. 1. 1. 0. 0.0.]2
2[1. 1. 1. 1. 1. 1. 1. 0.0.]1
1[1. 1. 1. 1. 1. 1. 1. 1.0.]2
```

[**파일 7.27**]을 설명한다.

우선 미로와 마찬가지로 step 함수, random_action 함수는 병따기 게임의 QL과 동일하다. 마찬가지로 QL일 때에 이용된 행동을 결정하는 함수와 Q값을 갱신하는 함수는 DQN에서는 agent.action_and_train 함수를 이용하여 수행한다. 그리고 목표 상태에 도달하면 agent.stop_episode_and_train 함수를 이용하여 학습을 일단 종료시키고 다시 처음부터 출발한다. 그리고 QL일 때와 마찬가지로 에이전트로서 대결하기 위해 학습에 필요한 두 가지 설정을 한다. 여기에서는 replay_buffer와 agent의 두 가지 설정을 하고 있다. 이것이 대결할 때의 핵심이 된다. 추가로 이러한 학습을 위한 함수에는 학습하는 대상이 되는 정보(여기에서는 BT 배열 전체)를 복사하고 나서 함수의 인수로서 설정할 필요가 있다.

마지막에 학습한 기계와 대결하는 방법을 제시한다. 이것은 [**파일 7.27**]을 실행한 후에 생성되는 에이전트의 모델을 읽어들이는 것으로 한다. 변경되는 점은 아래의 4가지이다. 병이 9개인 게임으로 재미가 없고 후수 필승이 되기 때문에 20병으로 학습한 에이전트의 후공 모델을 사용하는 것으로 한다. 또한 [**파일 7.27**]에서는 선공과 후공 모델을 agent0과 agent1로서 저장한다.

실행하면 [**파일 7.25**]의 QL과 마찬가지로 게임이 시작한다. 이 샘플 스크립트의 병수는 20개로 선수 필승의 게임이므로 병을 잘 따면 반드시 플레이어가 승리한다. 또한 표시는 QL일 때와 동일하다.

이것은 [**파일 7.25**]의 일부를 다음과 같이 변경하면 구현할 수 있다.

(1) 학습한 Q값을 입력

　　agent1.load('agent1') 함수를 추가

(2) 딴 병의 수를 입력

- 수정 전

```
actions[0] = agent0.act_and_train(bt, 0)
```

- 수정 후

```
actions[0] = int(input('[1-3]'))
```

(3) 다음 행동 선택 함수를 변경

- 수정 전

```
actions[1] = agent1.act_and_train(bt, 0)
```

- 수정 후

```
actions[1] = agent.act(bt)
```

(4) 동작과 남은 병의 수를 표시

- 추가

```
print('New Game pin:'.format(BOTTLE_N-pos))
print('act:0, pin:1'.format(actions[0], BOTTLE_N-pos))
print('act:0, pin:1'.format(actions[1], BOTTLE_N-pos))
```

(5) 승패 표시의 변경

- 수정 전

```
print('1 Win!!', i,rewards,TEST)
print('0 Win!!', i,rewards,TEST)
```

- 수정 후

```
print('You loose.')
print('You win!')
```

제 **8** 장
시계열 데이터 분석

다른 장의 내용에 비해서 이 장에서는 시간인자가 들어 있는 동적인 개념을 고려하는 것으로 다소 복잡하게 얽힌 내용이 된다. 이 때문에 흥미가 없는 독자가 이 장의 8.1절의 동적 시스템을 읽지 않더라도 ARMA 모델을 이해할 수 있도록 설명한다.

시계열 데이터(time series data)란 이산 시간에 시시각각 관측되는 데이터를 말한다. 많은 경우 연속 시간계의 동적 시스템을 샘플링하여 관측하는 것으로 시계열 데이터를 얻고 있다. 이것을 나타내는 대표적인 ARMA 모델의 파라미터 추정을 중심으로 설명한다. 이때 동일한 조건, 극점의 의미 등을 주제로 들 수 있다. 마지막으로 시계열 데이터의 다른 관점으로서 금융 경제관계에서 잘 알려져 있는 이동평균이나 볼린저 밴드[*1]에 관해서도 다룬다.

이 장에서는 도구로서 statsmodels를 주로 이용한다. statsmodels이 제공하는 ARMA 모델에는 입력이 주어지지 않고, b_0항이 존재한다는 문제가 있고 이러한 논리에 관해서도 다룬다.

추가로 용어의 사용 방법(제1장 참조)은 시스템 식별 분야에서 사용되는 방식을 따르고 있으며, 통계분야와 사용 방법이 다르기 때문에 주의하기 바란다.

8.1 동적 시스템

8.1.1 인과성과 동적 시스템

시스템 이론은 물리 현상, 자연과학 현상, 사회 현상 등을 망라하여 시스템, 입력(input), 출력(output)의 세 가지 관계에서 논의한다.

시스템이란 기능을 가진 요소가 모여 새로운 기능을 나타낼 때 이 요소의 집합체를 말한다. 예를 들어, 자동차를 시스템으로 생각하면 타이어, 엔진, 핸들, 차체 등은 요소가 되고 자동차라는 시스템은 입력이 엑셀, 브레이크, 핸들이 되고 출력이 시간에 변화하는 위치가 되

---

*1 역자 주: 1980년대 초 존 볼린저가 고안한 것으로 주가의 변동이 표준 정규분포 함수에 따른다고 가정하고 주가를 따라 위 아래로 폭이 같이 움직이는 밴드를 만들어 주가를 그 밴드를 기준선으로 판단하고자 고안된 지표이다.

[그림 8.1] 동적 시스템의 입력과 출력

며(입출력을 정하는 방식은 다양하게 있다), 인간의 퍼스널 모빌리티[*2]를 실현하는 기능을 달성한다.

시스템을 **[그림 8.1]**과 같은 블록 다이어그램(block diagram)으로 나타냄으로써 수치해석에서 다루기 쉬워진다. 이 때 입력이나 출력을 신호라고 부르는 경우가 있다.

이 장에서는 시스템 공학론에 따라서 연속 시간계의 입출력을 $u(t)$, $x(t)$ 이산 시간계의 입출력 $u(k)$, $y(k)$라고 표기한다.

동적 시스템은 **[그림 8.1]**과 같이 다음 특성을 가진 것이다.

특성 1 입력이 주어지면 출력이 생성된다. 또한 입력을 멈추어도 잠시 동안, 출력이 계속된다.
특성 2 현재의 입력은 현재 또는 과거 입력의 영향에 의해 생성되는 것으로 미래의 입력에 의해는 생성되지 않는다.

특성 2는 **인과성**(causality)이라고 하는 것으로 원인이 결과보다도 시간적으로 앞에 위치한다는 것을 의미한다. 인과성이란 시스템 이론만이 아니라 철학, 의학 등의 광범위한 분야에서 사용되는 용어로 인과율, 인과 관계라고 부르는 각각의 분야에 적합한 표현을 가지고 있다. 시스템 이론에서는 인과성이라고 한다.

동적 시스템의 예로서 종을 울린 후에 소리와 기계적 진동이 잠시 계속되는 것, 뜨거운 프라이팬을 식히는 방법, 물이나 연기를 불어댔을 때의 흐르는 모습, 자극을 주었을 때의 인간의 생리 반응 등이 있다. 이와 같은 동적 시스템은 주변에 넘쳐난다. 그리고 동적 시스템은 모두 인과성이 있다. 또한 동적 시스템은 근대 공학의 발전에 의해 미분방정식이나 편미분방정식 등으로 잘 근사할 수 있다는 것이 알려져 있다.

8.1.2 동적 시스템의 선형 모델

동적 시스템을 표현하는 모델 중에 선형 모델을 다룬다. 이것을 다음의 선형 미분방정식으로 표현한다.

[*2] 영어로 personal mobility는 다른 의미로는 vehicle이 된다. 여기에서는 넓은 의미로 승용차를 포함한다.

$$a_n \frac{d^n x}{dt^n} + a_{n-1} \frac{d^{n-1} x}{dt^{n-1}} + \cdots + a_1 \frac{dx}{dt} + a_0 x = b_m \frac{d^m u}{dt^m} + b_{m-1} \frac{d^{m-1} u}{dt^{m-1}} + \ldots + b_1 \frac{du}{dt} + b_0 u$$
(8.1)

여기에서

- 인과성에 의해 $n \geq m$ 이라는 것이 알려져 있다. 이 조건을 프로퍼(proper)라고 부른다.
- n은 모델 차수라고 부른다.
- 계수 $\{a_i\}$, $\{b_j\}$는 실수 상수로 파라미터라고 부른다. 앞으로 일반성을 잃지 않고 $a_n = 1$ 로 한다.
- 출력 신호는 $x(t)$, 입력 신호는 $u(t)$이다. (8.1) 식에서는 괄호 (t)가 생략되어 있는 것뿐이다.

(8.1) 식은 역학계에서 뉴튼의 운동 법칙, 전기 시스템의 교류 회로에서 키르히호프의 법칙 등 실세계 여러 현상의 좋은 근사 표현을 제공하는 것으로 알려져 있어서 다양한 분야에서 자주 이용된다.

과도 상태, 정상 상태

시스템 동작의 표현에 **과도 상태**(transient state)와 **정상 상태**(steady state)가 있고 주변에서 흔히 볼 수 있는 상태이다. 이것은 **[그림 8.2]**와 같다. 이 그림에서는 왼쪽의 두 그림은 초깃값 0의 정상 상태로부터 스텝 응답, 오른쪽 그림은 어떤 초깃값으로부터의 자유진동의 응답이다.

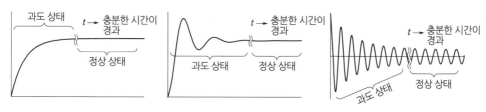

[그림 8.2] 과도 상태와 정상 상태

과도 상태란 어떤 정상 상태로부터 다른 정상 상태에 이르기까지의 시간적으로 변동하는 상태를 말한다. 정상 상태란 시간적으로 물리량이 변하지 않는 상태를 말한다. 예를 들면, 하천의 흐름이 일정하다면, 물은 흐르고 있지만 유량은 일정하다. **[그림 8.2]**의 오른쪽 그림이 나타내는 정상 상태는 주파수와 진폭이 시간상 일정하다. 주의할 것은 확률론에서 말하는 정상과는 다른 의미이므로 정상이라는 용어의 의미는 문맥에서 이해하는 것이 바람직하다.

현실 세계에서는 동적 시스템의 파형이 자주 발견되므로 파형의 성질을 정량적으로 설명할 수 있는 것도 데이터 과학자의 소양으로 생각된다. 이를 위해 다음 항에서는 동적 시스템의 파형으로부터 시스템 특성을 표현하는 방법을 설명한다. 다만 해석적으로 구하는 방법을 설명하지 않고, 미분방정식 형태를 보는 것만으로 그치기로 한다.

8.1.3 1차 시스템의 시간응답

가장 간단한 예로서 1차 시스템을 살펴보자. 1차 지연 요소라고도 한다. 이것은 다음의 1계 미분방정식을 말한다.

$$\frac{dx(t)}{dt} = -ax(t) + u(t) \qquad (a > 0) \tag{8.2}$$

참고하자면, 이 일반해는 초기 조건(초깃값을 준 경우)이 $x(0) = x_0$으로 $u(t) = 0$일 때 다음과 같이 되는 것으로 알려져 있다.

$$x(t) = x_0 \exp(-at) \tag{8.3}$$

여기에서 $\exp(x)$는 키보드 입력이 편리하기 때문에 자주 이용되는 표현으로 e^x와 동일하다. e는 자연대수의 밑(base for natural logarithms) 또는 네피어 수(Napier's constant)라고 부르는 상수로 미분방정식의 해나 오일러 공식(복소수와 π와 삼각 함수를 연결하는) 등 수학이나 공학에서 자주 나타나는 특이한 실수이다. 여기에서는 2.7보다 조금 큰 실수라고만 인식해도 무방하다. 일반해를 나타내지만 미분방정식을 수치적으로 푸는(파이썬 패키지가 푸는) 것으로 하고 앞으로 일반해를 구하지는 않는다.

미분방정식의 의미를 살펴보자. (8.2) 식을 보면 $x(0)$가 양수로 $u(t)$는 0으로 한다. a가 양수이므로 우변은 음수, 즉 기울기는 음수(시간이 지나면 내려간다)이다. $x(t)$의 값이 작아질수록 x의 값은 0에 가까워진다. 이 때 기울기는 0에 점점 더 가까워지고 언젠가는 기울기는 0, 즉 $x(t)$는 x축에 점점 더 가까워진다. 이 모습을 머리 속에서 이미지로 그리기 바란다.

다음으로 스텝 형태의 입력, $u(t) = 1$ $(t \geq 0)$, $u(t) = 0$ $(t < 0)$을 주었을 때의 1차 시스템의 스텝 응답은 [그림 8.3]과 같이 나타낸다. 이 응답 파형을 보고, 인과성이 있다는 것과 $x(t)$는 어떤 정상값에 점점 더 가까워진다는 것을 알 수 있다.

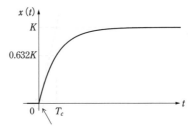

현실에서 이와 같은 각점[*3]을 가지며 상승하는 모양을 나타내는 시스템은 없지만 근사 모델로서 허용되는 것이 있다

[그림 8.3] 1차 시스템의 스텝 응답

---

*3 역자 주: 곡선 위의 각 점의 접선이 어떤 점에서 연속되지 않는 쪽으로 방향을 바꿀 때의 점

1차 시스템인 것을 알고 있다는 전제 아래 얻어진 응답 파형의 그래프에서 $t = 0$에서의 파형의 접선을 그린다. 이것과 정상값 $x(\infty) = K$의 가로로 그린 선과의 교점을 구한다. 이 교점으로부터 수선을 내린 시간을 T_c로 둔다. 이 T_c를 **시상수**(time constant)라고 한다. 1차 시스템의 응답이 빠르고 느린 것을 시상수 T_c로 정량적으로(수치로) 표현한다. 즉, T_c가 크다는 것은 응답이 느린(천천히 상승하는) 시스템이라고 할 수 있다. 반대도 또한 마찬가지이다. 또한 이 1차 시스템은 입력보다 늦게 출력이 나타나기 때문에 1차 지연 시스템이라고도 한다.

1차 시스템이 (8.2) 식으로 표현되는 경우 그림 중의 기호와 대조하여 확인하면 다음 관계가 있다는 것을 알 수 있다(증명은 생략, 라플라스 변환을 이용하여 쉽게 구한다).

$$T_c = K = \frac{1}{a} \tag{8.4}$$

이것에 의해, T_c를 측정하면 미분방정식 모델을 얻는 것으로도 연결된다. 또한, 일반적으로는 정상값 K의 약 $63.2\% = (1 - 1/e)$에 도달하는 시간을 측정하여 T_c로 한다.

1차 시스템의 스텝 응답을 확인하는 것이 다음 스크립트이다.

[파일 8.1] TSA_StepResponse.ipynb

```python
from scipy,integrate import odeint

def dFunc_1(x, time, a, u):
    dx = -a*x + u
    return dx

time = np.1inspace(0,3,100)  # time interval, 100 division
a = 2.0
x0 = 0.0 # Initial value
u = 1.0   # Step input
sol_1 = odeint(dFunc_1, x0 ,time, args=(a,u))
plt.plot(time, sol_1, '-k', linewidth=2)
```

사용자가 정의하는 함수 dFunc는 (8.2) 식을 나타낸다. 미분방정식의 수치해법은 ODE법 (ordinary differential equation)이 대표적이고 함수 odeint( )가 이것을 담당한다. 이 입력 파라

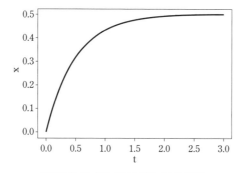

[그림 8.2] 1차 시스템의 스텝 응답

미터에 관해서 미분을 계산하는 함수 dFunc, 초깃값 x0, 시간 간격과 구간, 그 외의 파라미터를 모아 args에 전달한다.

이 결과가 [**그림 8.4**]에 있으므로 이 그래프를 이해하여 (8.4) 식이 성립함을 확인하기 바란다.

8.1.4 2차 시스템의 시간응답

2차 시스템은 (8.1) 식에서 $n = 2,\ m = 0$의 경우를 말한다. 이것은 주변의 기계 시스템(자동차의 진동, 비행기나 차체의 강도, 회전문의 닫힌 상태), 전기 시스템(전기소자의 전류나 모터의 해석), 건축 시스템(기둥이나 마루의 굴곡) 등 폭넓게 사용되고 있는 유용한 모델이다. 잘 알려진 스프링·댐퍼·질량 시스템을 [**그림 8.5**]에 제시한다.

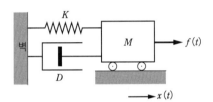

[**그림 8.5**] 스프링·댐퍼·질량 시스템

이 미분방정식은 다음과 같이 표현된다.

$$M\frac{d^2x(t)}{dt^2} + D\frac{dx(t)}{dt} + Kx(t) = f(t) \tag{8.5}$$

여기에서 M은 질량 [kg], D는 댐퍼 상수(점성 계수라고도 한다) [N/(m/s)], K는 스프링 계수 [N/m]이고 좌변의 단위는 [N]이다. 양변의 단위는 당연히 동일하기 때문에 $f(t)$의 단위도 [N]이다.

실현성은 부족하지만 시뮬레이션이라면 다소 무리를 할 수 있기 때문에 $f(t)$를 스텝 함수로 가정한다. 이때의 대표적인 스텝 응답 파형을 [**그림 8.6**]에 제시한다.

2차 시스템이 진동적 응답을 나타내고 있다고 할 때 아래의 특징량을 기술하면 이 응답을 잘 표현할 수 있다[4].

상승 시간 T_r : 응답이 정상값의 0.1배에서 0.9배에 도달할 때까지의 경과 시간

지연 시간 T_d : 응답이 정상값의 0.5배에 도달할 때까지의 시간

경과량 p_d : 응답의 피크와 정상값의 차이

경과 시간 T_p : 첫 번째 피크가 생길 때까지의 시간

---

[4] '잘 표현한다'란 그 외의 진동적 응답과 구별을 하고 싶을 때에는 이것만의 특징량을 명기해야한다는 의미이다.

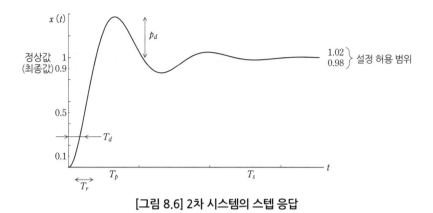

[그림 8.6] 2차 시스템의 스텝 응답

설정 시간 T_s : 응답이 정상값의 근방 범위에 도달할 때까지의 시간, 예를 들면 정상값의 ±2%
의 범위(±5%의 범위도 자주 이용된다)에 들어가면 설정으로 간주한다. 실제 시스템
의 응답값이 '딱'하며 일정한 값에 멈추는 것이 아니라 미시적으로 보면 미소하게 진
동하고 있는 것이 많기 때문에 이와 같은 정의가 필요하게 된다.

진폭감쇠폭 : 응답이 진동적인 경우 첫 번째와 두 번째 경과량의 비

앞의 스프링·댐퍼·질량 시스템에서 세 가지 상수의 대소관계로 진동적 동작과, 진동적이 아
닌(제동적이라고 하는) 동작을 나타낸다. 이것을 확인하는 것이 다음의 스크립트이다.

```python
def dFunc_2(x, time, mass, damper, spring, u):
    dx1 = x[1]
    dx0 = (-1/mass)*(damper*x[1] + spring*x[0] - u)
    return [dx1, dx0]

time = np.linspace(0,20,100)
u = 1.0   # input
x0 = [0.0, 0.0]

mass, damper, spring = 4.0, 0.4, 1.0  # damper; changeable

sol_1 = odeint(dFunc_2, x0, time, args=(mass, 1.0, spring, u))
sol_2 = odeint(dFunc_2, x0, time, args=(mass, 2.0, spring, u))
sol_3 = odeint(dFunc_2, x0, time, args=(mass, 4.0, spring, u))
sol_4 = odeint(dFunc_2, x0, time, args=(mass, 6.0, spring, u))

plt.plot(time, sol_1[:,[0]], label='D=1')
plt.plot(time, sol_2[:,[0]], label='D=2')
plt.plot(time, sol_3[:,[0]], label='D=4')
plt.plot(time, sol_4[:,[0]], label='D=6')
```

이 스크립트에서는 damper의 상수를 변화시킨다. 실제로는

$$J = (\text{damper})^2 - 4 \times (\text{mass}) \times (\text{spring})$$

라는 2차방정식의 판별식과 유사한 지표 J를 이용하여 $J < 0$: 진동적, $J = 0$: 임계적, $J > 0$: 제동적이 되는 것이 알려져 있다. [**그림 8.7**]은 이 사실을 나타내고 있는 것을 알 수 있다. 이 사실을 알아두면, 예를 들면 자동차나 도어의 진동을 어떤 파형으로 하고 싶을 때 부품(질량, 탬버, 스프링)의 선정지침을 얻을 수 있게 된다.

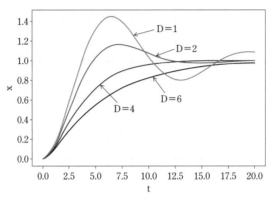

[그림 8.7] 2차 시스템의 스텝 응답

▌8.2 이산 시간계

ARMA 모델은 이산 시간 모델의 한 가지이므로 이산 시간계 표현에 관한 몇 가지 기본적인 항목을 설명하기로 한다. 또한 이산 시간계의 동적 시스템도 설명한다.

8.2.1 이산화

주변이나 이 세상에 나타나는 많은 현상들은 연속 시간 파형을 나타낸다. 반면에 시계열 데이터분석은 이산 시간 데이터를 대상으로 하므로 연속 시간 파형을 **이산화**(discretization) 해야 한다.

이산화 방법은 여러 가지가 있다. 출력 신호는 관측할 때에는 임펄스 샘플링이 자주 이용된다. 시스템을 동작시키기 위한 입력 신호라면 ZOH(zero order hold)가 자주 이용된다. 이 해석적 접근법(수식을 구사하는)은 시스템 제어공학, 시스템 식별 분야에서 과거부터 행해지고 있으므로 흥미가 있는 독자는 참고하기 바란다.

이 책에서는 이야기를 간단하게 하기 위해 이산화란 [**그림 8.8**]에 나타낸 것처럼 어떠한 방법으로 샘플링(표본)을 수행하고 이산 시간 데이터를 취득한 것으로 하자.

샘플링 시간을 일정하게 하고 ΔT로 두면, 시간 계열은

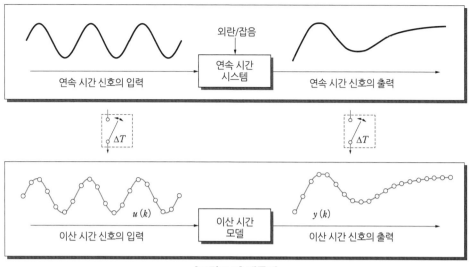

[그림 8.8] 샘플링

$$t_k = \; , \cdots, \; (k-1)\Delta T, \; k\Delta T, \; (k+1)\Delta T, \; \cdots$$

이것을 간단히 다음과 같이 표기한다. 즉 단위 시간 간격(ΔT를 1로 규격화)을 이용한다.

$$0, \; 1, \; 2, \; \cdots, \; k-1, \; k, \; k+1, \; \cdots$$

이 표기에 관해서 이 장에서는 다음과 같이 약속한다.

- 연속 시간 신호는 t, 이산 시간 신호(또는 이산 시간의 관측 데이터)는 k를 이용한다. 예를 들면, $y(t)$는 연속 시간 신호, $y(k)$는 이산 시간 신호이다.

연속 시간의 동적 시스템((8.1) 식)의 응답 파형을 샘플링을 통해 살펴보면 다음 절 이후에서 설명하는 이산 시간 모델로서 대표적인 ARMA 모델로 표현된다는 것이 알려져 있다. 이것을 공부할 때 다음에 유의하기 바란다.

- ARMA 모델의 성질은 샘플링의 영향으로 원래의 동적 시스템과 다른 부분이 있다.
- 다음 절 이후의 문제는 ARMA 모델을 구하는 것이지만 원래는 동적 시스템이 동작하고 있다는 것을 기억해 두는 것이 바람직하다.
- 샘플링으로 얻어진 신호에는 일반적으로 어떠한 잡음이나 외란이 중첩되어 있다(금융 데이터, 사회 데이터의 일부가 없는 경우가 있다). 이 때문에 상태 $x(t)$를 직접 관측할 수 없다고 생각하여 관측 데이터는 $y(k)$의 표기를 이용한다.
- 입력 신호를 관측할 수 없는 시스템이 있다. 기상, 우주물리, 경제·금융, 사회 조사 등에서는 이 조건이 부여된다.

8.2.2 샘플링 시간의 선정

대상이 연속 시간인 동적 시스템인 경우 다음과 같이 선정하는 것이 바람직하다[5]. Isermann은 스텝 응답 정상값의 95%에 도달하는 시간을 T_{95}로서

$$\frac{1}{15}T_{95} \leq \Delta T \leq \frac{1}{4}T_{95}$$

또는 연속 시간 시스템의 극(pole)의 크기를 보고, 그 최댓값을 $S_{\max}$로 하여

$$\Delta T \leq \frac{1}{2S_{\max}}$$

샘플링 시간의 선정지침에는 그 외에도 몇 가지가 있다. 스텝 응답이나 극을 얻지 못한 경우에는 1주기의 1/10 ~ 1/20로 잡기도 한다.

주의할 것은 나이퀴스트 주파수에서의 샘플링 정리와는 사고 방식이 다르다. 이것은 사인파의 보간이기 때문에 최고 주파수 성분의 2배인 샘플링 주파수가 필요하게 된다. 한편, ARMA의 파라미터 추정은 극·영점에서 정해진 특성을 재현하는 것이 본래의 목적이 된다(이 책은 극·영점에 관해서는 깊이 다루지 않도록 한다). 따라서 나이퀴스트 주파수는 최소한의 요구이고 이산 시간 모델을 구하기 위해서는 이것보다도 높은 샘플링 주파수가 필요하다. 따라서 샘플링 주파수는 가능한 한 높게 하는 것을 권한다. 뒤에 실제보다 더 띄엄띄엄 샘플을 얻어 추려내면 된다. 이것을 데시메이션(decimation)이라고 한다.

8.2.3 이산 시간계의 차분 형식의 해석

이제, 이산 시간 시스템의 입력 $\{u(k)\}$과 출력 $\{y(k)\}$을 관측했다고 하자. 예를 들면, 이 시스템이 다음의 차분 방정식으로 표현되었다고 하자.

$$y(k) = -2y(k-1) - y(k-2) + u(k) + 0.5u(k-1) \tag{8.6}$$

이 출력 $y(k)$가 어떻게 변화하는가를 살펴본다. 우선 $y(k)$, $u(k)$은 메모리와 같은 것으로 생각하면 된다. 다음으로 $K < 0$에서는 모든 메모리는 0으로 한다. 또한 $K = 0$에서 $u(0) = 1$로 하고 $K > 0$에서 $u(k) = 0$으로 한다. 이때 k가 초침처럼 하나씩 진행할 때마다 이 메모리 내용은 한 단계 전의 값이 그대로 이동한다(다만 계수의 값은 곱해진다). 이것을 설명한 것이 **[그림 8.9]**이다.

이에 따라 출력 $y(k)$가 과거의 값에 영향을 받아 변화한다. 즉, 이런 형태의 식은 이산 시간계의 동적 시스템을 표현할 수 있다는 것을 알 수 있다.

---

[5] 아다치 슈우이치(足立修一), 〈사용자를 위한 시스템 식별 이론〉, 계측자동제어학회, 1993

k	$y(k) =$	$-2y(k-1)$	$-y(k-2)$	$+u(k)$	$+0.5u(k-2)$
0	1	0	0	1	0
1	-1.5	-2	0	0	0.5
2	2	3	-1	0	0
3	-2.5	-4	1.5	0	0

[그림 8.9] 차분 방정식의 동작

8.2.4 지연 연산자 z^{-1}

이산 시간 시스템의 표현을 간편하게 하여 시스템 해석을 수행하기 위해 **지연 연산자**(delay operator) z^{-1}을 도입한다[6]. 이것은 차분 방정식의 각 시각의 값에 대해서 다음과 같이 작용한다.

$$z^{-1}y(k) = y(k-1), \quad z^{-2}y(k) = y(k-2), \quad \cdots, \quad z^{-p}y(k) = y(k-p)$$

이 식의 이미지는 값을 저장하는 메모리 $y(k)$, $u(k)$가 몇 개 나란히 배치되어, 시각이 하나씩 전진할 때마다 메모리 내용이 인접한 메모리로 이동하는 것이다. 이것을 (8.6) 식에 적용하면 다소 식이 변형되어

$$y(k) + 2z^{-1}y(k) + z^{-2}y(k) = u(k) + 0.5z^{-1}u(k)$$

으로 되고 간단하게 공통항으로 묶어 다음과 같이 표현한다.

$$\left(1 + 2z^{-1} + z^{-2}\right)y(k) = \left(1 + 0.5z^{-1}\right)u(k)$$

추가로 다음 표기를 도입한다.

$$A(z^{-1}) = \left(1 + 2z^{-1} + z^{-2}\right), \quad B(z^{-1}) = \left(1 + 0.5z^{-1}\right)$$

이에 따라 다음과 같이 간단하게 정리된다.

$$A(z^{-1})y(k) = B(z^{-1})u(k)$$

다음으로 제어공학이나 신호 처리에서의 시스템 공학 해석의 영역으로 들어가면, 추가로 다음과 같은 표현이 있다.

---

[6] 이 책에서는 관계가 없지만 지연 연산자는 하드웨어 회로로 구현하기 쉽고, 스마트폰이나 PC에 다수 구현되어 있다.

$$y(k) = \frac{B(z^{-1})}{A(z^{-1})} u(k)$$

여기에서 $B(z^{-1})/A(z^{-1})$은 **전달 계수**(transfer function)라고 부르고, 시스템의 특성을 담당하는 것이다. 해석을 하기 위해서는 지연 연산자 z^{-1}의 역수 z를 Z변환(푸리에 변환의 이산 시간 버전 같은 것)의 연산자

$$z = \exp(j\omega\Delta T)$$

로 가정한다. 여기에서 j는 복소수의 허수 단위[*7], w는 각주파수이다. 다만 이 책의 처음에 기술한 것처럼 이 책에서는 해석을 하지 않으므로 전달 함수에 관해서는 그다지 깊게 들어가지 않도록 한다.

8.2.5 이산 시간 모델 도입의 문제 설정

이산 시간 시스템으로부터 입출력 데이터 $u(k)$, $y(k)$를 취득했다고 하자. 일반적으로 출력 $y(k)$에는 관측 잡음 $w(k)$가 포함되어 있다.

여기에서의 문제는 **[그림 8.10]**에 나타낸 것처럼 이 입출력 데이터로부터 시스템의 입출력 관계를 잘 근사할 수 있는 이산 시간 모델을 식별하는 것이다. 이것을 **시스템 식별**(system identification)이라고 한다. 식별이라는 용어는 원래 생물분야에서 생물의 종을 특정·분류하는 것을 의미한다. 이것에서 파생되어, 여기에서의 식별이란 시스템에 입력을 가하면 어떠한 출력을 나타내는가, 또는 시스템이 어떠한 특성을 가지고 있는가를 특정하는 것이다. 이 장에서 기술하는 식별의 대상이 되는 것은 파라미터와 차수이다(그 외에는 샘플링 시간의 선정이나 구조의 식별 등이 있는 것은 다루지 않기로 한다).

모델을 식별했다고 하자. 모델은 결코 시스템과 유사하지 않거나, 관측 잡음 등의 영향으로 동일한 입력 $u(k)$를 가해도 동일한 출력이 얻어지지 않는다. 이 때문에 $y(k)$의 추정이라는 의미를 넣어 모델의 출력은 ^ 기호를 붙인 $\hat{y}(k)$로 표현하고 있다.

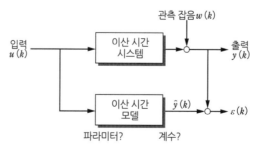

[그림 8.10] 이산 시간 모델의 의미(블록 다이어그램 표기)

[*7] 수학·물리에서는 허수단위에 i를 이용하고 시스템공학 이론이나 statsmodels은 j를 이용한다는 관습의 차이가 있다.

이와 같이 할 때 식별의 목적은 그림 속의 오차(잔차라고 부르는 경우도 있다)를 나타내는 $\varepsilon(k)$를 작게 하는 것이 된다. 오차가 '작게'되었는가를 확인하기 위한 다양한 관측방법이 있고 오차 분산의 최소화 등이 자주 이용되지만 이 책에서 상세히 다루지 않기로 한다.

이 절 이후에서 이산 시간 모델로서 ARMA 모델을 다룬다. 다만 잠시 동안 입력 $u(k)$는 관측할 수 있는 것으로 설명한다. 그러나 statsmodels이 입력을 관측할 수 없는 타입의 ARMA 모델을 취급하고 있기 때문에 statsmodels의 설명에서는 이를 따르기로 한다. 이 경우 $\varepsilon(k)$가 피드백되어 $u(k)$를 대체한다.

8.3 ARMA 모델

8.3.1 ARMA 모델의 표현

AR 모델(auto regressive model): p차 자기회귀 모델은 다음과 같이 나타낸다.

$$y(k) + a_1 y(k-1) + \cdots + a_p y(k-p) = u(k)$$
$$\Rightarrow A\left(z^{-1}\right) y(k) = u(k) \tag{8.7}$$

MA 모델(moving average model): q차 이동평균 모델은 다음과 같이 나타낸다.

$$y(k) = b_0 u(k) + b_1 u(k-1) + \cdots + b_q u(k-q)$$
$$\Rightarrow \ y(k) = B\left(z^{-1}\right) u(k) \tag{8.8}$$

AR 모델은 자기(자기자신)의 과거 값이 현재 값으로 회귀하여 영향을 주고 있기 때문에 분명히 회귀(regression)라는 이름이 적절하다. 앞에서 기술한 (8.6) 식은 AR과 MA 모델의 결합이다. 또한 [그림 8.9]를 보면 AR 부분은 일반적으로 영원히 값이 변화한다(각자가 확인하기 바란다). 한편 MA 부분은 MA 부분의 차수분만큼 시각이 지나면 값이 모두 0이 된다. 이와 같은 특성의 차이를 결합한 모델이 다음의 ARMA 모델이다.

> **[ARMA 모델]**
>
> (p, q)차 ARMA(auto regressive moving average, 자기회귀이동평균) 모델은 다음과 같이 표현된다.
>
> $$A\left(z^{-1}\right) y(k) = B\left(z^{-1}\right) u(k) \tag{8.9}$$
>
>   여기에서
>
> $$A(z^{-1}) = 1 + a_1 z^{-1} + \cdots + a_p z^{-p}$$
> $$B(z^{-1}) = b_0 + b_1 z^{-1} + \cdots + b_q z^{-q}$$

또한 파라미터 $\{a_i\}$ $(i = 1, \cdots, p)$, $\{b_j\}$ $(j = 1, \cdots, q)$ 는 실수이다. 차수에 관한 인과 관계를 생각하면 $p \geq q$이다. 이 조건을 제어론에서는 프로퍼(proper)라고 한다.

주의

- [그림 8.10]에서 모델 출력은 $\hat{y}(k)$로 표현하지만 모델만을 볼 때는 표현의 간결함을 위해 단순히 $y(k)$라고 한다.
- 시계열 데이터 분석 분야에서는 AR 모델이나 MA 모델의 $u(k)$에 관해서 오차 계열이나 노이즈라고 하는 표현이 있다. 이것은 해당 분야의 이론 체계를 구축하기 위해서 설정한 어떤 종류의 가정이다. 어떠한 표현이라도 상관없지만 모델을 설정한 이상 어떤 입력이 없으면 모델은 동작하지 않는다. 이 때문에 오차 계열, 노이즈, 또는 이전에 기술한 스텝, 임펄스도 포함하여 이것들을 입력이라고 부른다.
- [그림 8.10]에 제시한 $w(k)$를 AR, MA, ARMA 모델에 포함한 표기가 많다. 또한 $w(k)$에 어떠한 불확실성이 포함된 경우도 있다. 이론이나 알고리즘의 설명에서는 필수가 되는 $w(k)$의 존재는 파이썬 패키지의 사용 방법을 주로 설명하고 있는 이 장에서는 필요성이 없기 때문에 설명을 편리하게 하기 위해 $w(k)$를 생략한다.

이 모델을 완성하기 위해서는 차수 (p, q)와 파라미터 $\{a_i\}$, $\{b_j\}$를 정하면 된다. 모델이 완성되면, 출력 $y(k)$에 관해서 과거의 시각 $\cdots$, $k - 2$, $k - 1$이나 현 시각 k에서의 추정이나 미래의 시각 $k + 2$, $k + 1$, $\cdots$에서의 예측이 수행된다.

차수 선정 방법의 설명은 다음에 하기로 하고 파라미터 추정 방식을 기술한다. 이것은 [그림 8.10]에서 $\varepsilon(k)$, $(k = 1, N - 1)$의 계열을 기록하고(N개의 샘플 수(데이터 수라고도 하는)), statsmodels은 이 분산 또는 우도 함수를 평가 함수로서 한 최소화 문제(수치계산분야를 참조)를 풀면 파라미터를 구할 수 있다.

8.3.2 가식별성과 PE성의 조건

파라미터를 추정할 수 있는 조건(이것을 **가식별성**이라고 한다)은 입력 $u(k)$에 부여되어 있다. 예를 들면, 입력이 아무것도 아니라면 파라미터를 추정할 수 없게 된다.

모든 파라미터를 추정하기 위해서는 입력의 주파수 성분이 중요하다. 이것을 측정하는 지표에 PE성(persistently exciting)이 있다. 상세한 설명은 다른 책으로 미루고, 핵심만을 기술하기로 한다. 사인파 입력 $u(k) = A\sin(wk)$은 차수 2인 PE성이라고 한다. 이 차수는 단일한 각주파수 w를 기초로 진폭과 위상의 두 가지 자유도를 나타낸다. 이 경우 ARMA(1,1) (b_0항은 없는 것으로 하고)의 a_1과 b_1을 식별할 수 있다.

가식별성에 관한 다음 조건이 있다.

─── **[PE성의 조건]** ───────────

차수 $(p+q)$ 수만큼 파라미터를 추정하려면, 입력 신호는 차수 $(p+q)$ $(b_0$항을 포함하면 $p+q+1)$의 PE성 신호여야만 한다.

이 증명은 시스템 식별 분야의 서적을 참조하기 바란다. 이 조건은 파라미터 수만큼(또는 그 이상으로), 주파수 성분이 풍부한 입력 신호를 제공해야 한다고 기술되어 있다.

가식별성은 추가로 다음의 조건을 필요로 한다.

- 대상 시스템은 안정적이다.
- 다항식 $A(z^{-1})$, $B(z^{-1})$은 공통 인자(공통의 근)를 갖지 않는다.
- $B(z^{-1})$의 계수는 모두 0이 아니다.

이것들을 잘 알기 위해서는 확률론의 확률극한, 일치추정량, 불편추정량 등 몇 가지 조건이나 정리를 공부하면 된다.

8.3.3 입력 신호 후보와 b_0 항의 문제

여기에서는 PE성을 만족하는 입력 신호의 후보에 무엇이 있는가를 이론적, 현실적 측면에서 설명한다.

PE성을 충분히 만족하고 해석에서 자주 이용되는 **백색 잡음**(white noise)의 성질이나 주의 사항은 다음과 같다.

- 백색 잡음은 전주파수 영역에 걸친 일정값을 취하는 확률 변수로 모든 주파수를 포함하여 백색이라는 것이 이름의 유래이다. 연속 시간 신호에서는 파워가 무한대이기 때문에 가공의 신호이다.
- 덧붙이자면, 주파수에 의해 신호의 파워가 변화하는 것은 유색 잡음(colored noise)이라고 부른다.
- 백색 잡음의 파워 스펙트럼 밀도 함수는 일정값(상수)이 된다.
- 백색 잡음의 자기상관 함수는 위너·킨친 정리(Wiener–Khinchin theorem)에 의해, 래그(lag)가 0일 때만 잡음의 분산 값을 나타내고, 이 이상에서는 자기상관 함수는 0이 된다. 이것은 디랙(Dirac)의 델타 함수로 표현된다. 이산 시간 신호의 경우는 크로네커(Kronecker)의 델타 함수가 된다.
- 파워 스펙트럼 밀도 함수가 일정값으로 표현되고 자기상관 함수가 델타 함수로 표현되면, 수식을 이용하는 해석이 쉬워지기 때문에 백색 잡음이 자주 이용된다.
- 그러나 백색 잡음은 파워가 무한대이기 때문에 현실에서 존재하지 않는다.
- 자기상관 함수가 델타 함수로 표현되는 확률 변수는 무상관(uncorrelated)이다(주의: 확률

론에서 말하는 독립이 아니어도 된다).

- 무상관인 랜덤 신호의 종류는 여러 가지가 있다. 정규 난수(정규분포를 따르는 확률 변수)는 무상관이므로 백색 잡음의 일종이다. 또한 해석에서 다루기 쉽도록, 이론을 전개하는 경우나 시뮬레이션에서는 자주 식별입력으로 이용된다.
- 다만 시뮬레이션은 유한 시간만 다루고 있고 컴퓨터상의 정규 난수도 유사하게 발생시키고 있으므로 시뮬레이션의 정규 난수는 근사값으로 구현되고 있는 것뿐이다.

실존하는 시스템에 백색 잡음을 그대로 제공하는 것은 고장·파괴의 원인이 되므로 PE성이 높은 것으로 다음 입력을 이용하는 경우가 많다.

- M계열 신호(maximum length sequence: https://en.wikipedia.org/wiki/Maximum_length_sequence)
- PBS(pseudorandom binary sequence: https://en.wikipedia.org/wiki/Pseudorandom_binary_sequence)
- 보통 입력에 작은 분산의 정규 난수를 중첩시킨다.

이것들의 상세한 내용은 다른 책을 참조하기 바란다.

다음으로 b_0항의 문제이다. 이것은 현재의 입력 $u(k)$가 바로 $y(k)$에 나타난다는 의미에서 직달항(피드스루 항, feedthrough terms)이라고도 부른다. b_0항이 존재하고 입력이 백색 잡음의 경우 출력에 백색 잡음이 직접적으로 나타나게 되고 이와 같은 동적 시스템은 현실에는 존재하지 않는다(있다면, 사물이 파괴된다). 따라서 일반 역학의 어느 동적 시스템에는 b_0항을 생략하는 경우가 많다. b_0항이 없으면, 입력을 백색 잡음으로 해도 시스템 출력은 유색잡음이 된다.

한편, 1930년대의 경우에 위너·킨친 정리를 최초로 하는 스펙트럼 해석론에서는 $b_0 = 1$로 한 모델을 이용했다. 이렇게 하는 편이 해석적으로 다루기 쉬웠기 때문이라고 생각된다. 이러한 사고 방식에서 파생된 경제나 사회문제 분석에서는 동적 시스템 이론이 충실하지 않았기 때문에 $b_0 = 1$이 되었다고 생각된다.

이것들보다도, 대상이 되는 시스템의 성질이나 사용 조건에 따라 b_0항을 생략하기도 하고 포함하기도 하는 경우가 있다. 그러나 statsmodels은 주로 경제나 사회문제 분석을 대상으로 하고 있으므로 $b_0 = 1$의 모델을 제공하고 있다. 이 장에서는 이 모델을 사용한다. 또한 statsmodels의 ARMA 모델을 이용했더라도 모델인 이상 어떤 입력이 가해지고 있는가를 생각해야 하지만 입력의 PE성은 전혀 보증이 되지 않는 경우가 많다는 것에 주의하기 바란다.

8.3.4 ARMA 모델의 안전성과 성질

이 항은 ARMA 모델을 작성하여 시뮬레이션을 수행하기 원하는 독자를 위한 내용이다. 즉,

ARMA 모델의 파라미터 작성 지침을 나타낸다.

시스템 이론에서 말하는 블록 다이어그램을 이용한 ARMA 모델의 입출력은 **[그림 8.11]**과 같다.

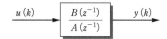

$$u(k) \quad \boxed{\dfrac{B(z^{-1})}{A(z^{-1})}} \quad y(k)$$

[그림 8.11] ARMA 모델의 블록 다이어그램

이 블록의 입력과 출력을 연결하고 있는 유리다항식(유리란 분수를 말하고 분자 분모 모두가 다항식으로 표현되고 있다)을 **전달 함수**(transfer function)라고 한다. 전달 함수의 분모에 있는 AR부분이 모델의 안정성을 좌우하고 모델의 성질에 큰 영향을 끼친다. 이 항의 목적은 이 안전성과 성질을 극배치(극이 어디에 배치되고 있는가)와 임펄스 응답으로 알기 위한 것이다. 여기에서

- **극**(pole): $A(z^{-1})$이라고 할 때의 근(root)을 말한다. 안정성을 좌우하고 성질에 영향을 준다.
- **영점**(zero): $B(z^{-1})$이라고 할 때의 근(root)을 말한다. 성질에 영향을 준다.

대수학에서 다항식에 관해 알려져 있는 사실은 다음과 같다.

- n차 다항식의 근은 n개 있다(중근을 포함한다).
- 다항식의 계수가 실수(실수계라고 한다)이면, 이 근은 **켤레복소수**(complex conjugate)의 쌍(쌍대)이 실수에 한정된다. 예를 들면, 3차다항식 근의 패턴은 실수근이 3개, 또는 켤레복소수의 쌍이 하나(근은 둘)와 실수근이 하나, 이 두 가지 밖에 없다.

여기부터는 잠시 AR 모델에 한정하여 계수가 주어졌을 때 극을 구하고(다항식의 근을 구하는 것), 이 배치를 찾는 것으로 한다. 다항식의 근을 구하기 위해서는 numpy.roots를 이용한다. 계수가 주어졌을 때 근을 구하는 스크립트는 다음과 같다.

[파일 8.2] AR_Coefficient_Root.ipynb

```
deg = 2 # degree
coef1 = np.array([1, -1.5, +0.7])
pole = np.roots(coef1)
print(pole)
for i in np.arange(deg):
        print(i,':', np.real(pole[i]), np.imag(pole[i]), 'abs=',np
    .abs(pole[i]) )
```

```
0 : 0.75 0.370809924355 abs= 0.836660026534
1 : 0.75 -0.370809924355 abs= 0.836660026534
```

이 결과는 실수부, 허수부, 절댓값을 나타내고 있다. 켤레복소수이고 그 크기(절댓값)는 1미만이라는 것을 알 수 있다.

다음으로 세 개의 근(켤레복소수가 쌍대, 실근이 하나)을 주고 계수를 구하는 스크립트는 다음과 같다.

```
deg = 3
roots = np.array([ -0.5 + 0.3j, -0.5 - 0.3j, -0.2 ])
print('abs  =',np.abs(roots))
coef2 = np.poly(roots)
print('coef =',coef2)
```

```
abs  = [0.58309519 0.58309519  0.2        ]
coef = [1.    1.2   0.54   0.068]
```

이 결과를 보면 세 개 근의 크기는 1 미만이고 3차 다항식 네 개의 계수가 구해졌다는 것을 알 수 있다.

극배치의 그래프는 안정극인가의 여부를 시각적으로 판단하는데 편리하다. 이것을 그리기 위해 matplotlib.patches.Circle을 이용했다. 사용 방법은 Notebook을 참조하기 바란다. 앞의 2열의 극배치 그래프는 **[그림 8.12]**와 같다. 둘 모두 복소평면(가우스 평면이라고도 한다)을 나타내고, 가로축이 실수축, 세로축이 허수축이다.

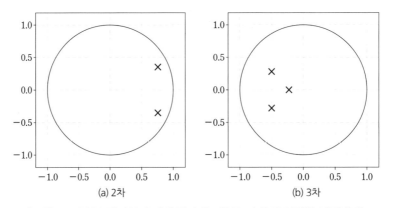

(a) 2차 (b) 3차

[그림 8.12] 복소평면상의 단위 원과 극 배치(×가 극의 위치를 나타낸다)

극과 안정성과 성질

이 장에서 모델의 안정이란 유계인 입력이 주어질 때 유계인 출력을 나타내는 것을 말한다. 이것을 BIBO 안정성(bounded-input bounded-output stability)이라고도 한다. 불안정이란 출력이 무한히 발산하는 것을 말한다. 그 외의 안정의 정의는 다른 책을 참조하기 바란다.

 ARMA 모델이 BIBO 안정성을 나타내기 위한 필요충분을 다음에 기술한다. 복소평면상에서 중심이 원점에서 반지름 1인 **단위원**(unit circle)을 고려한다. 이 때 단위원 내에 극이 있으면 안정, 없으면 불안정이다.

 다음으로 여기에서 말하는 모델의 성질이란 모델의 출력이 어떤 동작(감쇠적, 진동적 등의 조합)을 나타낸다고 말한다. 이 성질은 극배치에 큰 영향을 받는다.

 이 해석은 Z변환을 통해 수행되지만 여기에서는 이것을 다루지 않고, 단위 임펄스 $(u(k = 0) = 1, (u(k > 0) = 0)$를 입력으로 줄 때의 출력의 단위 임펄스 응답을 시뮬레이션을 통해 찾는 것으로 한다. 여기에서는 AR(2) 모델(2차 AR 모델)을 이용하는 것으로 한다.

 시뮬레이션에서는 다음과 같이 수행한다. 우선 극이 주어지고 이것으로부터 AR 모델의 계수를 구한다. 여기에서 AR(2)은 2차 다항식이기 때문에 극이 결레복소수일 때에는 한 쪽의 극만을 제공하면 자동적으로 다른 쪽의 극을 구한다. 구해진 AR 모델에 단위 임펄스 입력을 주고, 그 응답을 살핀다.

 임펄스 응답을 구하기 위해서는 statsmodels.tsa.arima_process.arma_impulse_response를 이용한다. 이 스크립트는 다음과 같다.

[파일 8.3] AR_ImpulseResponse.ipunb

```
import statsmodels.tsa.arima_process as arima

ma = np.array([1.0])
num = 100

#r = -0.95 + 0.4j #[1]
r = -0.9 + 0.4j   #[2]
#r = -0.6 + 0.4j #[3]

r_cnj = np.conj(r)

pole = np.array([r, r_cnj])
print('pole = ', pole)
ar = np.poly(pole)  # coeff. of AR model
tresp = arima.arma_impulse_response(ar, ma, nobs=num)
```

 여기에서 변수 r은 극의 위치를 나타내고, 모두 10종류를 준비했다. 하나만 주석을 떼고 시뮬레이션을 실시하는 것을 10번 반복했다. 이 결과를 수작업으로 정리한 것이 **[그림 8.13]**에 있다. 이 결과를 보면 다음과 같이 말할 수 있다.

- 단위 원 밖에 극이 있는 경우([1], [6], [8]), 발산한다(불안정). 이것 외에는 단위원 내에 있기 때문에 안정이다.
- 복소평면의 좌반평면(허수축보다 왼쪽의 평면)에 극이 있는 경우([2], [3]), 진동적이 된다. 이 진동적이란 값이 양수와 음수를 반복한다는 의미로 사인파와 같이 매끄럽게 진동하는

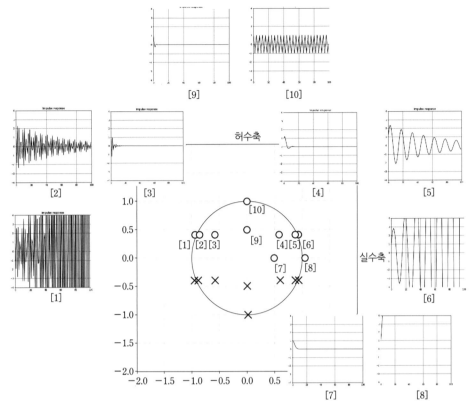

[그림 8.13] 극배치와 임펄스 응답, ×는 ○의 켤레복소수, 그림 안의 번호는 스크립트와 동일

파형과는 다르다. 또한 원점에 가까울수록 감쇄가 크다.

- 복소평면의 우반평면(허수축보다 오른쪽의 평면)에 극이 있는 경우([4], [5]), 사인파 성분을 포함한 매끄러운 진동이 된다. 또한 원점에 가까울수록 감쇄가 크다.
- 실수축·허수축 상에 극이 있는 경우([7], [9]), 감쇄가 빠르다.
- 단위원 상에 극이 있는 경우([10]), 사인파(보기에는 코사인파이지만 보통 이와 같이 부른다)가 지속된다. 이것을 비정상 상태(제어론에서의 의미)라고 한다.

이 결과를 보면 극배치는 안정성만이 아닌 모델의 동작에도 강한 영향을 주고 있다는 것을 알 수 있다. 이 예는 2차의 경우였지만 고차의 AR 모델이었어도 각극의 위치가 각각 이 결과와 같은 성질을 제공한다. 이것들이 합쳐져 출력응답으로 나타난다.

영점의 영향

MA 부분에 관한 영점은 안정성에는 관계가 없지만 응답의 성질에 영향을 준다. 안정 영점은 단위원 안, 불안정 영점은 단위원 바깥이라고 말하는 방식이 제어론에 있지만 그 이름과 반대로 안정성에 영향은 없다. 다만 제어를 수행함으로써 피드백 시스템을 구성하면 MA 부분의 불안정 영점이 안전성에 영향을 주는 경우가 있다. 영점이 단위원 밖에 있으면, 임펄스 응답에서 매우 큰 진폭을 순간적으로 나타낸다. 또한 영점이 우반평면에 있으면, 역진동이 생기기 쉽다. 역진동이란 예를 들면 출력의 초깃값이 양수일 때 다음 스텝 시각에서는 마이너스 방향으로 진동하는 것을 말한다. 매우 큰 진폭이나 역진동은 시스템에 부담을 가하게 되고 그다지 바람직하다고 할 수 없다.

8.3.5 파라미터 추정

데이터를 인공적으로 발생시켜, 이것을 이용한 파라미터 추정을 수행한다. 여기에서 데이터를 발생하는 것을 시스템, 데이터로부터 파라미터 식별을 실시하는 것을 모델이라고 부른다.

데이터의 발생은

statsmodels.tsa.arima_process.arma_generate_sample(ar, ma, nsample, sigma = 1, distrvs =

<built-in method randn of mtrand.RandomState objecr>, burnin = 0)

을 이용한다. 이 인수의 의미는 조금 이해하기 어렵기 때문에 설명하기로 한다.

ar, ma AR, MA의 계수를 제공한다. **예** ar = np.array([a0, a1,,,an], ma = np.array([b0, b1,,, bm]). 여기에서 양쪽 모두 a0, b0을 제공해야 한다. 그 값은 1외의 값이라도 된다. 그 외의 관련된 함수 중에는 b0=1으로 고정되어 있는 것이 있고 통일성이 없으므로 주의하기 바란다.

nsamle 생성하는 데이터 수, 데이터의 종류는 distrvs로 정한다.

sigma 디폴트는 1이다. 다음의 distrvs에 이 값을 곱한다.

distrvs 이 인수[*8]는 ARMA 모델의 입력이다. 디폴트는 표준정규분포 $N(0, 1)$이다. 혹시 그 외의 입력을 주고 싶은 경우에는 다음과 같이 파이썬에 있는 람다(lambda) 함수를 이용한다.

- dist = lambda n: np.random.standard_t(3, size=n), 이것은 분포이고 이 경우의 n은 더미 인수로 실제로 주어지지 않아도 된다. 이것을 이용하여 인수에 distrvs=dist를 제공한다.

burnin ARMA 모델의 $\{y(k)\}$, $\{u(k)\}$은 모두 초깃값 0으로 설정되어 있다. 이 모델을 동작시킨 처음에는 과도 현상이 생겨 이 주기의 확률적 성질도 비정상(확률론의 의미)이다. 이 과도 현상 기간의 데이터를 파기하는 것이 필요하다. 이 파기하는 데이터를 burginin으로 지정한다. 이후에 데이터가 출력된다.

파라미터 추정을 하기 위해서는 statsmodels.tsa.arima_model.ARAM(endog, order, exog

---

*8 이 인수가 disturvance를 생략한 철자라면 statsmodels의 오류이고 disturbance의 생략이라면 distrbs가 옳다.

=None, dates=None, freq=None, missing='none')을 이용한다. 이 멤버 함수 fit(trend='nc')는 어떤 최소화 계산을 실시한다. 이 입력 파라미터 trend='nc'의 의미는 시계열 데이터에는 바이어스(어느 일정값이라고 하는)가 없는(no constant) 것을 지정하고 있다. 바이어스는 파라미터 추정에 영향을 주기 때문에 일단 제거해야 한다. 제거 방법은 trend='c'라고 지정하거나, 사용자 스스로 시계열 데이터로부터 평균값을 제거한 데이터에 대해 trend='nc'라고 지정하여 파라미터 추정을 하는 방법이 있다.

파라미터 추정 결과는 statsmodels.tsa.arima_models.ARMAResults를 이용한다. 이 이용 방법은 시뮬레이션을 통해 설명한다.

주의해야 할 것은 ARAM 구조를 가정한 시스템의 입력을 제공하는 것이 가능하다는 점이다. 그러나 입력은 관측할 수 없기 때문에 이것을 모델에 제공할 수는 없다는 전제가 있다. 파라미터 추정에서는 모델에 어떠한 입력을 제공하지 않으면 특히 MA 부분의 파라미터를 구할 수 없다. 이 때문에 statsmodels은 이 파라미터 추정 알고리즘에서는 잔차 계열 ε를 입력의 대체로서 이용하고 있다.

다음 파라미터 추정의 시뮬레이션을 통해 파라미터 추정 정확도, 차수의 영향, 모델 평가 등을 살펴본다. 시뮬레이션 조건을 다음과 같이 설정한다.

- 실제의 시스템은 ARMA(2,1)로 한다. 다만 구조가 ARMA라는 것은 이미 알고 있고 차수는 알지 못하는 것으로 한다.
- AR 부분의 계수는 ar = [1, -1.5, 0.7], a_0 = 1로 한다. 이 극은 $0.75\pm0.37j$이고 크기는 0.837보다 안정된 극이다.
- MA 부분의 계수는 ma = [1.0, 0.6], b_0 =1로 한다.
- 입력은 표준정규분포 $N(0, 1)$을 따르는 랜덤 데이터로 한다.
- 모델의 차수는 (2,0), (2,1), (3,2), (4,3)으로 한다.
- 데이터 발생에 관해서, burin=500(파기하는 데이터 수), nob=10000(관측 데이터 수(샘플 수))로 한다.

이것을 구현한 스크립트는 다음과 같다.

[파일 8.4] ARMA_ParameterEstimation.ipynb

```python
from statsmodels.tsa.arima_process import arma_generate_sample
from statsmodels.tsa.arima_process import ArmaProcess
from statsmodels.tsa.arima_model import ARMA

nobs = 10000 # 데이터 수
ar = [1, -1.5, 0.7] # pole = 0.75 +/- 0.37 j < unit circle
ma = [1.0, 0.6]
dist = lambda n: np.random.randn(n)   # 정규분포 N(0,1), 인수 n 은 더미
np.random.seed(123)
```

```
x = arma_generate_sample(ar, ma, nobs, sigma=1, distrvs=dist,
    burnin=500)

arma20 = ARMA(x, order=(2,0)).fit( trend='nc' )
arma21 = ARMA(x, order=(2,1)).fit( trend='nc' )
arma32 = ARMA(x, order=(3,2)).fit( trend='nc' )
arma43 = ARMA(x, order=(4,3)).fit( trend='nc' )
```

이 결과의 개요는 다음과 같이 확인한다.

```
print(arma21.summary())
```

```
ARMA Model Results

Dep. Variable:                    y    No. Observations:
Model:                    ARMA(2, 1)   Log Likelihood
Method:                     css-mle    S.D. of innovations
Date:           Mon, 23 Jul 2018       AIC
Time:                      17:27:29    BIC
Sample:                           0    HQIC

               coef     std err    z       P>|z|     [0.025     0.975]

ar.L1.y   1.4962     0.008   190.755     0.000      1.481     1.512
ar.L2.y  -0.6952     0.008   -89.044     0.000     -0.710    -0.680
ma.L1.y   0.6045     0.009    70.606     0.000      0.588     0.621
Roots

              Real        Imaginary        Modulus        Frequency

AR.1       1.0762        -0.5295j          1.1994         -0.0728
AR.2       1.0762        +0.5295j          1.1994          0.0728
MA.1      -1.6542        +0.0000j          1.6542          0.5000
```

이 결과를 주의 깊게 관찰하면 다음과 같이 말할 수 있다.

- AR 파라미터는 ARMA 표현에서 작성하는 것과 반대 부호를 가진다.
- 극이 z 표현이 아니라 z^{-1} 표현이므로 안정극은 단위원 밖으로 되어 있다. 표시된 값의 역수를 취하면 단위원 내에 들어간다.

AR 파라미터의 부호 반전에 대해서 statsmodels.tsa.arima_process.ArmaProcess에 기술되어 있듯이 ARMA 모델의 표현에서 AR 부분의 부호를 반대로 하고 있다. 이것은 다음의 예제: http://www.statsmodels.org/dev/examples/notebooks/generated/tsa_arma_1.html에서도 AR 부분의 부호를 반전시키고 있다는 것을 알 수 있다.

부호 반전을 고려한 추정 파라미터 값 $\hat{a}_1 = -1.4962$, $\hat{a}_2 = 0.6952$, $\hat{b}_1 = 0.6045$는 언뜻 보

기에는 참값에 얼마나 가까운지 알 수 없다. 그런데도 원래 차수를 알지 못한다는 전제가 있기 때문에 그 외의 모델과의 비교를 수행해야 한다. 이 summary( )만으로는 식별한 모델이 좋은 가의 여부를 알기 어렵기 때문에 아래에서 평가 항목을 추출하여 고찰한다.

파라미터 추정에서는 오차분산을 최소화하는 것을 평가 함수로 두고 있다. 일반 시스템 식별과 statsmodels과의 다른 점은 입력 $u(k)$를 이용할 수 없다는 점이다. 이 때문에 출력의 오차 $\varepsilon(k)$를 이용하게 된다. 이 때문에 우도 함수나 칼만필터를 도입하고 있다(상세한 내용은 다른 책을 참조하기 바란다).

이 관점에 입각해서 출력결과로서 오차(residual, 잔차라고도 하는)의 분산 sigma2와 AIC(Akaike's information criterion, 뒤에 기술)를 제시한다.

```
print('arma20: sigma2 =',arma20.sigma2, ' AIC =',arma20.aic)
print('arma21: sigma2 =',arma21.sigma2, ' AIC =',arma21.aic)
print('arma32: sigma2 =',arma32.sigma2, ' AIC =',arma32.aic)
print('arma43: sigma2 =',arma43.sigma2, ' AIC =',arma43.aic
```

```
arma20: sigma2 = 1.29004352231    AIC = 30935.479229234246
arma21: sigma2 = 0.997675696022   AIC = 28368.324505251763
arma32: sigma2 = 0.996826225275   AIC = 28363.8089374829
arma43: sigma2 = 0.996527577289   AIC = 28364.815635767445
```

이 결과를 보면 다음과 같이 말할 수 있다.

- 오차분산 sigma2가 최소인 것은, 차수가 가장 큰 arma43 모델이다.
- AIC를 작은 순으로 나열하면 arma32 < arma43 < arma21 < arma20

파라미터 추정은 출력의 오차분산을 최소로 하는 것을 의도하고 있으므로 이 의미에서 arma43이 가장 좋은 모델이라고 말할 수 있다. 그리고 arma43은 가장 차수가 큰 모델이다. 다음에 AIC가 작을수록 좋은 모델이라는 지표가 있다. 이 지표로부터는 arma32가 가장 좋은 모델이 된다. 그러나 우리들은 실제의 차수와 일치하는 것은 arma21이라는 것을 알고 있다.

이 상반되는 결과와 사실을 어떻게 평가하면 좋을까? 이것을 다음에 설명한다.

▌8.4 모델의 평가

모델의 평가로서 다음을 다룬다.

- 모델 차수의 선정, AIC를 이용한 경우와 극·영점 소거법을 이용한 경우
- 출력의 잔차 $\varepsilon(k)$의 검정

8.4.1 모델 차수의 선정과 AIC

일반적으로 모델의 차수를 높일수록 출력의 오차분산은 작아진다는 것을 알고 있다. 시계열 데이터의 예측이나 추정만이라면, 차수를 크게 잡으면 좋은 예측이나 추정이 가능하게 되고 실제 그렇게 해도 상관이 없다(주의: 회귀 모델과 같이 차수를 높여도 오버피팅이 생기지 않는다). 왜냐하면 예측이나 추정에서는 모델의 성질을 그다지 중요시 하지 않고, 단순히 예측이나 추정만을 문제로 삼기 때문이다.

한편, 1980년대까지는 컴퓨터 성능(처리 속도와 기억 용량)이 낮아서 높은 차수의 계산은 쉽지 않았다. 한편 식별한 모델을 제어에 이용하는 경우 고차 모델은 극영점 상쇄(Pole-zero cancellation)에 수반되는 내부 불안정의 위험성이 있다. 이 때문에 낮은 차수에서 좋은 모델이라고 평가할 수 있는 지표를 구한다. 이 지표의 하나로서 아카이케 씨가 AIC(Akaike's information criterion)를 1973년에 발표했다. AIC는 다음 식으로 표현된다.

$$\text{AIC} = -2 \times \log_e(\text{최대 우도}) + 2 \times (\text{파라미터 수}) \tag{8.10}$$

이 식을 보면 최대 우도는 오차분산과 관련되어 있기 때문에 차수를 높일수록 최대 우도는 작아지는 경향이 있다. 그러나 제2항의 파라미터 수(여기에서는 ARMA($p + q$)의 $p + q$를 가리킨다)가 커진다. 이 제1항과 제2항의 트레이드오프로 AIC에 최솟값이 생기게 된다. 즉, 구두쇠 원리(오컴의 면도칼이라도 부른다, 장황함을 생략하는 사고 방식)에 기반한 사고 방식이다. 아카이케씨는 이 예상을 기초로 훌륭한 이론체계를 완비하여 AIC는 순식간에 통계뿐만 아니라 통계적 제어, 정보 분야에서 각광을 받게 되었다.

그러나 아카이케 씨 자신도 기술한 것처럼 AIC는 어디까지나 지표의 하나이고 절대 기준은 아니다[*9]. **진정한 모델**을 구한다는 것보다는 **좋은 모델**을 구한다는 입장에 선 것으로 당시 평가되었던 것 같다. 그러나 앞의 시뮬레이션의 예에서도 기껏해야 유한 개의 데이터 수를 이용하는 것이므로 오차분산 그 자체가 확률 변수이고 샘플링마다 AIC의 값이 변한다. 한편 AIC의 이론은 모집단을 포함한 조건에서 유도된다. 이러한 사실로부터도 시뮬레이션이나 실험에서 계산되는 AIC는 절대적인 기준이 아니라 어디까지나 표준으로 이용되어야 할 것이다.

그러나 앞의 시뮬레이션 결과를 어떻게 평가하면 좋을까? 1안으로서 우선 AIC를 보면 arma32, arma43, arma21은 거의 동일하고 arma20만은 떨어져 있는 것 같아서 이것을 제외한다. 다음에 추정·예측의 관점에서는 sigma2가 더 작은 arma32, arma43이 후보로서 남는다. 앞으로 어느 것을 선택하는가는 AIC와 sigma2만을 보아서는 결정할 수 없다. 데이터의 배경, 모델의 가설, 사용조건 등을 살펴보고 선택해야 할 것이다.

[*9] 1973년의 논문에 기재되어 있는 AIC는 an information criterion의 의미이고 지표의 후보에 지나지 않는다고 아카이케 씨 본인이 기술하고 있다. 공적을 기리기 위해 Akaike's information criterion이라고 부르게 되었다.

8.4.2 모델 차수의 선정과 극·영점 소거법

제어론 등에서는 시계열 데이터의 추정·예측보다도 시스템의 성질을 잘 나타내는 모델 전달 함수를 구하는 것을 중시하고 있다. 이 때문에 극·영점을 보고 모델 차수가 너무 커지면 동일한 위치에 극과 영점이 출현한다고 예상하고 전달 함수의 분모분자를 고려하면 극과 영점은 상쇄 가능하므로 이를 통해 모델 차수의 절감을 꾀한다는 방식이다.

이것을 다음 스크립트를 통해 살펴본다.

[파일 8.5] ARMA_PoleZeroCancellation.ipynb

```
ar = [1, -2.0, 1.7, -0.5]
ma=[1.0, -1.5, 0.685]

arma_result = ARMA(y, order=(4,4)).fit( trend='nc' )
```

추정 파라미터로부터 극·영점을 계산하여 그린 것이 **[그림 8.14]**이다.

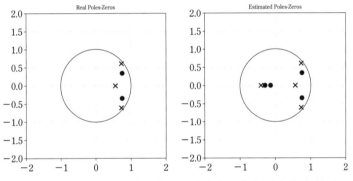

[그림 8.14] 왼쪽은 시스템, 오른쪽은 식별된 모델의 극(×)과 영점(○)

모델의 극·영점을 보면 좌반평면의 실수축 상에 있는 하나의 극과 하나의 영점(원점에서 먼쪽)이 거의 동일한 위치에 있다고 보여 이것들을 상쇄한다. 다음으로 역시 좌반평면의 실수축 상에 있는 남은 영점은 원점에 매우 가깝기 때문에 이것을 제거한다. 이 때 대수학의 실계수를 가진 다항식 근의 구성(켤레복소수의 근, 실수근으로 구성된)의 법칙을 따르는 것이 당연하다.

이 상쇄와 제거에 의해, 대부분의 시스템과 동일한 극·영점 배치를 얻는다, 이제부터 ARMA 모델의 계수를 새롭게 계산하면 된다.

차수 선정의 두 가지 방법을 설명하고 각각의 주의점을 기술한다.

AIC: 최솟값을 탐색하는 방법은 인위적 판단을 포함하지 않고 정량적으로 결정할 수 있는 점에서 우수하지만 차수 (p, q)의 모든 조합을 고려할 필요가 있기 때문에 계산 시간과 노력을 필요로 한다. 다만 AIC의 계산에서 사용하는 오차분산이 확률 변수이고 한편 유한 데이터 수 중에서 구해지므로 AIC가 최소라고 해서 최적적합은 아니라는 것을 염두에 둘 필요가 있다.

극·영점 소거법: 큰 차수를 식별해두고 나서 극영점 상쇄를 하면 되기 때문에 계산 시간과 노력 측면에서는 매력적이다. 그러나 상쇄를 위한 가까운 정도가 어느 정도인가는 인위적 판단을 해야 하는 자의성에서 벗어날 수 없다. 또한 당연히 파라미터 추정의 정확도가 높다는 전제가 있다는 것을 염두에 둘 필요가 있다.

그 외: 앞의 예에서 보듯이 데이터 수가 10,000개가 되더라도, 매우 좋은 추정을 할 수 없다는 것을 알아두는 것도 도움이 된다. 또한 ARMA 차수의 경우 예제에서는 자주 한 자리 차수가 이용된다. 실제로는 아카이케씨가 시멘트 가마에 적용했을 때에 5차(AR 모델만의) AR 모델을 사용했다. 인간의 성대 모델은 20~60차 정도의 AR 모델을 필요로 한다. AR 차수는 높아지는 것으로 추정 정확도가 향상되지만 MA에 의한 추정은 어려운 것 같다. 다만 이것을 입력이 이용할 수 없는 경우에는 제어의 경우처럼 입력이 취급되는 경우에는 $p = q + 1$이라고 두는 경우가 많다.

8.4.3 잔차 계열의 검정

파라미터 추정 알고리즘의 다수는 잔차 계열 $\{\varepsilon(k)\}$, $(i = 1 \sim N)$의 백색화를 수행하고 있다. 따라서 시스템 구조와 모델 구조가 일치, 차수가 일치, 노이즈가 없는 등의 조건이 만족되고 있을 때 잔차 $\varepsilon(k)$는 점근적으로 백색 잡음이 된다. 또한 입력을 관측할 수 없는 ARMA 모델의 식별은 $\varepsilon(k)$를 입력으로 이용하고 이 때 백색 잡음을 가정하는 것으로 파라미터 추정의 불편성이나 일치성을 논하고 있기 때문에 백색 잡음인가의 여부를 시험하는 것이 중요하다.

이 사실을 기초로 잔차가 백색 잡음인가의 여부를 평가하는 것을 **백색성 검정**(시험)이라고 한다. 이 순서를 다음에 나타낸다.

잔차 계열의 표본평균을 $\hat{\mu}_\varepsilon$로 두고, 잔차 계열의 자기상관 함수를 다음에서 구한다.

$$R(\tau) = \frac{1}{N} \sum_{i=0}^{N-1} \Big(\varepsilon(i) - \hat{\mu}_\varepsilon\Big)\Big(\varepsilon(i+\tau) - \hat{\mu}_\varepsilon\Big), \quad \tau = 0, 1, 2, \cdots \quad (8.11)$$

$R(0)$가 최댓값을 취한다는 성질을 이용하여 정규화를 수행한다. 즉

$$R_N(\tau) = \frac{R(\tau)}{R(0)}$$

이상적이라면

$$R_N(\tau) = \begin{cases} 1 & \tau = 0 \\ 0 & \tau \geq 1 \end{cases} \quad (8.12)$$

그러나 현실에서는

- 시스템의 비선형성이나 비정규성 잡음 등의 영향에 의해 구조적 오차를 포함
- 데이터 수는 유한 개
- 차수가 부적절

등의 이유에서 이상적인 성질을 바랄 수는 없다. 따라서 실제적으로는 다음 기준이 주어진다.

$$\left.\begin{array}{ll} R_N(\tau) & = 1 \qquad \tau = 0 \\ |R_N(\tau)| & \leq \dfrac{2.17}{\sqrt{N}} \quad \tau \geq 1 \end{array}\right\} \tag{8.13}$$

이 기준은 $R_N(r)$ $(r > 0)$이 점근적으로 정규분포 $N(0, 1/N)$에 가까워진다는 사실을 이용하고 있다. 또한 숫자 2.17은 표준정규분포의 신뢰구간 유의수준 (양측이라는 것에 유의)로부터 계산되는 것이다. 이것은 $|R_N(\tau)| \leq 2.17/\sqrt{N}$의 범위에 있는 확률이 $\alpha = 3\%$라는 것을 의미한다. 덧붙이자면, 그 외의 값으로 $\alpha = 5\%, 7\%$가 이용되는 경우도 있고 각각 1.96, 1.81이 된다.

실제로는 $r = 0$을 제외한 모든 k에서 $|R_N(\tau)| \leq 2.17/\sqrt{N}$이 된다는 것은 드물고, 몇몇 r에서 이 범위를 넘는다. 이 때문에 예를 들면, 다음과 같이 한다. 범위를 넘는 수를 count로 놓고, count/N이 보다 작으면 대략 백색성이라고 간주한다.

이것을 확인하는 스크립트는 다음과 같다. 우선 관측 데이터 x와 잔차 계열 resid(residual의 생략어)를 그린다.

[파일 8.6] ARMA_ParameterEstimation.ipynb

```
plt.plot(x, label='x')
resid = arma21.resid    # short for residual
plt.plot(resid, label='resid')
```

이 그래프는 **[그림 8.15]**와 같다.

다음으로 자기상관 함수를 계산한다. numpy.correlate( )는 양측 자기상관 함수를 계산하므

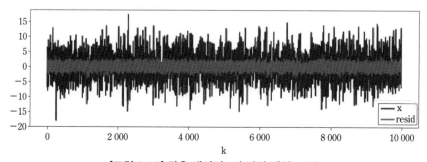

[그림 8.15] 관측 데이터 x와 잔차 계열 resid

로 이 절반인 단측 자기상관 함수를 구한다.

```python
auto_corr = np.correlate(resid, resid, mode='full')
center = int(len(auto_corr)/2)
AutoR = auto_corr[center:]/np.max(auto_corr)
count = 0
for k in np.arange(1,len(AutoR)-1):
    if np.abs(AutoR[k]) > 2.17/np.sqrt(len(AutoR)):
        count += 1
    if np.abs(AutoR[k]) < -2.17/np.sqrt(len(AutoR)):
        count += 1
print('count = ', count, ' len(AutoR) = ', len(AutoR), '  rate =',
    count/len(AutoR))
print('k >= 1, max(AutoR[k] =', np.max(AutoR[1:]), '    min(
    AutorR[k] =', np.min(AutoR[1:]))
```

```
count =  77  len(AutoR) =  10000   rate = 0.0077
```

이 결과를 보면 범위를 넘은 수의 비율은 0.77%로 잔차 계열은 백색 잡음으로 간주한다. 이 때 자기상관 함수의 그래프는 **[그림 8.16]**과 같다. 이 자기상관 함수는 양수와 음수의 값을 갖는 것으로 확인된다. 이 의미에서 시스템 식별은 양호했다고 평가할 수 있다.

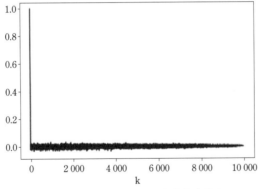

[그림 8.16] 잔차 계열의 자기상관 함수

8.5 ARMA 모델을 이용한 예측

8.5.1 예측 방법

statsmodels을 이용하여 ARMA 모델로 예측하는 절차를 설명한다. 이 예측은 인공 시계열 데이터를 대상으로 한다. 이 때 statsmodels은 시간의 단위(시, 일, 월 등)를 필요로 하므로 pandas를 이용하여 시간계열을 작성한다.

시뮬레이션 조건과 절차를 다음에 제시한다.

- 실제 시스템은 ARMA(2,1)로 하고 차수는 이미 알고 있는 것으로 한다.
- 시스템의 입력은 표준정규분포 $N(0, 1)$로 하고 관측잡음은 없다고 한다.
- 입력 데이터의 초기 500개는 과도 현상의 영향이 없도록 하기 위해 파기한다.
- 다음에 관측 데이터를 nobs=1000개 생성하여 이것을 파라미터 추정을 위한 트레이닝 데이터로 한다(nobs: the number of observation).
- 이 직후부터 추가로 nobs_test=100개를 생성하여 이것을 테스트 데이터로 이용한다.
- 트레이닝 데이터, 테스트 데이터와 함께 pandas로 정한 시간의 인덱스(DatetimeIndex)를 제공한다. 이 때 시간 단위는 일(freq='D')로 한다.
- ARMA 모델 평가로서, 백색성 검정을 수행한다.
- nobs 시점 이후의 예측을 수행한다. 이 때 테스트 데이터와 비교한다.

이것을 구현하는 스크립트 선언부는 다음과 같다.

[파일 8.7] ARMA_Prediction.ipynb

```
import statsmodels.api as sm
from statsmodels.tsa.arima_process import arma_generate_sample
from statsmodels.tsa.arima_model import ARMA
from scipy import stats
np.random.seed(123)
```

트레이닝 데이터와 테스트 데이터를 일괄 생성하는 것을 다음에 제시한다.

```
nobs = 1000
nobs_all = nobs + 100
ar = [1, -1.5, 0.7]
ma = [1.0, 0.6]
y_all = arma_generate_sample(ar, ma, nobs_all, sigma=1, distrvs=
    dist, burnin=500)
```

예측을 하기 위해서는 pandas를 이용한 시간의 인덱스(DatetimeIndex)를 제공한다. 이 시간단위는 일(freq='D')로 한다. 타임 인덱스를 포함한 트레이닝 데이터, 테스트 데이터 각각은 다음과 같이 생성한다.

```
index = pd.date_range('1/1/2000', periods=nobs, freq='D')
y = pd.Series(y_all[:nobs], index=index)

index_tst = pd.date_range('9/27/2002', periods=nobs_test, freq='D')
y_test = pd.Series(y_all[nobs:], index=index_tst)
```

[그림 8.17]에 제시한 y의 자기상관 함수는 완만하게 진동하고 이것은 유색잡음이라는 것을 나타내고 있다.

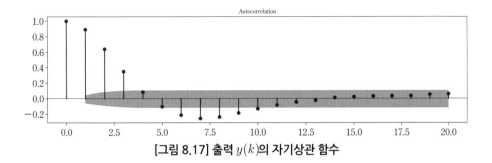

[그림 8.17] 출력 $y(k)$의 자기상관 함수

ARMA 파라미터 추정은 다음과 같다.

```
arma_result = sm.tsa.ARMA(y, order=(2,1)).fit(trend='nc')
print(arma_result.summary())
```

summary의 결과는 Notebook을 보면 된다. 파라미터 추정에 관해서 AR 부분은 약 1%의 추정 오차를 가지지만 MA 부분의 추정오차는 크다. 이것은 데이터 수가 고작 1,000개에서는 정확도가 크지 않기 때문이다.

참고로 잔차 계열의 정규성 검정을 다음과 같이 수행한다.

```
print(stats.normaltest(resid))
```

```
NormaltestResult(statistic=5.5432545565920144, pvalue
    =0.062560119142447537)
```

이것을 보면 pvalue가 6%를 넘고 있기 때문에 정규성 여부를 판정하는 것은 어려운 결과이다.

잔차 계열의 백색성 검정은 다음과 같이 plot_acf( )을 이용한다.

```
sig_val = 0.05 # 유의수준
fig = sm.graphics.tsa.plot_acf(resid.values.squeeze(), lags=20,
    alpha=sig_val, ax=ax1)
```

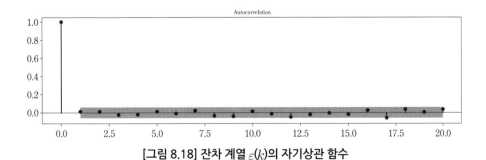

[그림 8.18] 잔차 계열 $\varepsilon(k)$의 자기상관 함수

여기에서 유의수준 α를 변수 sig_val로 나타낸다. **[그림 8.18]**은 잔차 계열의 자기상관 함수를 나타낸다.

그림에서는 유의수준에 기초한 신뢰구간이 진하게 표시되어 있고 이 범위에 자기상관 함수가 있으면 백색 잡음으로 간주할 수 있다.

예측은 다음과 같이 수행한다. 다만 전체 구간을 보는 것은 시각적으로 힘들기 때문에 기간을 start='2002-07-31', end='2002-10-31'로 한정하고 트레이닝 데이터의 제일 마지막이 '2002-09-26'을 포함하도록 설정한다.

```
fig, ax = plt.subplots(figsize=(12,4))
fig = arma_result.plot_predict(start='2002-07-31', end='2002-10-31
    ', ax=ax)
y_test['2002-09-27':'2002-10-31'].plot(color='m', label='real')
```

이 결과가 **[그림 8.19]**이다.

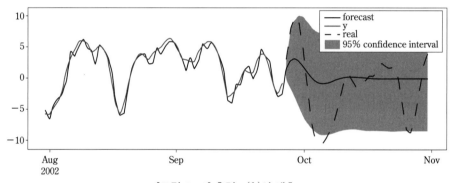

[그림 8.19] 출력 $y(k)$의 예측

이 결과를 살펴보면 y와 real은 동일한 것으로 관측한 출력 데이터이고 forecast가 예측값이다. y와 real이 끊어져 있는 것은 프로그램 문제 때문이고 이 두 가지는 실제로 연결되어 있다.

진하게 칠해진 부분의 기간은 관측 데이터가 없는(이라고 전제) 동안의 예측 기간이고 진하게 칠해진 부분의 상하 폭은 예측값이 95%의 신뢰구간에 들어간다는 것을 나타낸다. 이 기간의 처음 부분에서 예측값이 오르고 내리고, 실제의 출력 파형을 정성적으로 잘 표시하고 있다. 이 뒤에는 예측값이 서서히 0에 가까워지고 더 이상 예측이 수행되지 않는다.

예측의 구조

예측 구조의 원리는 시각 $k - 1$까지의 출력과 입력을 얻어 시각 k의 출력 예측값 $\hat{y}(k)$를 계산한다.

$$\hat{y}(k) = -a_1 y(k-1) - \cdots - a_p y(k-p) + b_1 u(k-1) + \cdots + b_q u(k-q) \qquad (8.14)$$

이것은 $k - 1$시각부터 1단계 진행한 k시각의 예측을 수행하고 있다는 의미에서 1단 예측이라고 한다. 다음에 k시각이 되고 나서 $y(k)$를 관측한다. 이것을 이용하여 다음 예측오차를 계산한다.

$$\varepsilon(k) = \hat{y}(k) - y(k) \tag{8.15}$$

이러한 $\varepsilon(k)$를 $u(k)$에 피드백하여 (8.14) 식으로 돌아가는 것으로 시각을 1단계 전진하여 계산을 계속할 수 있다. $y(k)$의 관측이 중단된 후에는 $\hat{y}(k)$에 가중치를 부과하고 이것을 $y(k)$로서 대입하는 방식이 있다. 이 때문에 **[그림 8.19]**에 나타낸 것처럼 관측이 중단된 후(진하게 칠해진 부분)는 차수의 크기만은 실제의 관측값에 영향이 남기 때문에 예측값(forecast)이 변동되지만 관측값을 모두 사용한 후에는 예측값의 계산은 차츰 0에 수렴한다.

또한, statsmodels은 제공하지 않지만 (8.14) 식의 좌변을 $\hat{y}(k + d)$, $(d \geq 1)$로 두면, 이것은 d단 예측을 수행하는 ARMA 모델이 된다. 이것을 구하는 알고리즘은 지금까지의 파라미터 추정과 다르지 않기 때문에 관심이 있는 독자는 스스로 알고리즘을 작성하기 바란다.

또한 이 장의 범위를 넘는 내용이지만 조금만 다루자면 statsmodels이 이용하는 ARMA 모델은 다음 형식이다.

$$A\left(z^{-1}\right) y(k) = \left(b_0 + b_1 z^{-1} + \cdots + b_q z^{-q}\right) \varepsilon(k) + \varepsilon(k)$$

여기에서 statsmodels은 $\varepsilon(k)$를 오차항으로 정규분포를 따르는 확률 변수로 하고 있다. 이 ARMA 모델을 시스템 이론 관점에서 보고 전달 함수를 표시하면 다음 식이 된다.

$$y(k) = \frac{\left(b_0 + b_1 z^{-1} + \cdots + b_q z^{-q}\right)}{A\left(z^{-1}\right)} \varepsilon(k) + \frac{1}{A\left(z^{-1}\right)} \varepsilon(k)$$

우변 제2항의 $(1/A(z^{-1}))\varepsilon(k)$는 유색잡음이 되고 추정 파라미터에 바이어스가 생기는 것이 알려져 있다(다른 책을 참조). 이 사실을 알고 나서 간단히 시계열 데이터의 추정·예측을 하고 싶은 경우에는 그 정도 주의가 필요하지 않지만 시스템 전달 함수의 특성을 알고 싶은 경우에는 주의가 필요하다.

Tea Break

　　AR 모델은 U. Yule(영국, 통계학자)이 태양흑점의 분석(1927)에 도입한 것을 효시로 한다. 한동안 세상에 알려지지 않았지만 1960년대에 들어 H. Akaike(일본, 통계학자)와 E. Parzen(미국, 통계학자)에 의해 재발견, 재평가되게 되었다. 더욱이 G. Box and G. Jenkins 등이 1960년대 후반부터 70년대에 발표한 ARIMA(비정상 과정), SARIMA(주기적 과정(계절성))의 유효성이 인정되고 경제 데이터나 기상 데이터와 같은 입력을 관측할 수 없는 시계열 데이터에 활발하게 적용되었다.

　　한편, 공학(전기, 기계, 토목, 건축 등) 분야에서는 수식(특히 미분방정식이나 편미분방정식)으로 표현되는 물리 모델을 이용한 식별, 제어, 대상 시스템의 해석과 분석 등이 수학을 기반으로 발전했다. 더 나아가 컴퓨터를 이용한 디지털 제어나 디지털 신호 처리에 관한 이론이나 도구가 발전하고 이 흐름에 따라 시스템 식별론이 발전했다. 현재는 시스템 식별이 수학을 기반으로 하는 확률론, Z변환에 기초한 해석, 그리고 스펙트럼 해석의 발전과 함께, ARMA 모델의 성질이나 해석 방법이 잘 연구되어 있으므로 모델의 해석이나 성질에 대해서는 이 분야의 서적을 참고하기 바란다.

8.6 ARIMA 모델

8.6.1 트렌드

트렌드(trend)란 시계열 데이터의 중요한 주파수 성분(진동 성분이라고 생각해도 된다)이 주파수 성분이 나타내는 기간보다 긴 스팬 동안 부드럽게 변화하는 것이다. 예를 들면, 최근 100년의 상승 경향, 주가의 최근 4분기 변동 경향 등이 있다.

여러 가지 설이 있지만 이 장에서는 트렌드란 시계열 데이터에서 제거하고 싶은 장기의 변동경향이라고 하자. 이 정의로부터 트렌드는 다음 종류가 있다.

- 일정값형(바이어스라고도 한다, 평균값으로 간주하는 것이 가능하다)
- 일차식형 ($y = ax + b$와 같이 x축의 값이 증가하면 선형으로 y축의 값이 증가하는 또는 x축의 값이 감소하면 선형으로 y축의 값이 감소하는 것)
- 주기형(사인파로 표현할 수 있는 것, 계절성이라고도 한다)

ARMA 모델을 이용하는 이상, 해당 파라미터 추정이나 잔차 계열에는 다양한 확률론의 가정이 세워져 있다. 예를 들면, 일차식형의 트렌드는 평균값이 시시각각 변화하는 것이고 정상과정(확률분포의 파라미터(모평균, 모분산 등)가 일정)이라는 가정을 훼손하므로 ARMA 모델론이 성립되지 않게 된다. 주기형도 마찬가지이다. 이론의 관점으로만은 아니고, 수치적으로도 파라미터 추정 알고리즘이 트렌드를 신호라고 착각하여 잘못된 결과를 나타낸다는 문제가 있다.

이러한 이유에서 트렌드를 제거한 형으로 시스템 식별을 하는 것이 바람직하다. 이 방법으로 다음 두 가지 사고 방식이 있다.

- 트렌드의 영향을 낮출 수 있는 기능을 ARMA 모델에 집어넣어 관측 데이터 그 자체를 시스템 식별에 적용한다.
- 관측 데이터에서 트렌드를 사전에 제거하고 나서 보통의 ARMA 모델 시스템 식별에 적용한다.

이 책은 이 두 가지 방식을 설명한다. 전자의 방식에 기초한 것이 ARIMA 모델(1차식형의 트렌드 대응)과 SARIMA 모델(주기형 트렌드를 포함한 총합 대응)이다. 이 사용 방법은 인공 데이터를 대상으로 설명된다. 또한 일정값형 트렌드는 간단히 평균값을 사전에 제거하면 되므로 여기에서 다루지 않는다.

8.6.2 ARIMA 모델의 표현

1차식형의 트렌드에 대처하는 ARIMA(autoregressive integrated moving average, 자기 회귀누적 이동평균) 모델을 설명한다. 이 모델은 다음 식으로 표현된다.

$$A\left(z^{-1}\right)\left(1 - z^{-1}\right)^{d} y(k) = B\left(z^{-1}\right) u(k) \tag{8.16}$$

우선 $d = 1$이라고 두고, 이 식의 의미를 설명한다.

지금 관측값 $y(k)$는 알고 싶은 신호 $s(k)$에 트렌드($trend = ak + b$), (a, b는 상수, k는 이산 시각)가 중첩되어 있다고 한다. 즉, 다음과 같이 표현된다.

$$y(k) = s(k) + trend = s(k) + (ak + b) \tag{8.17}$$

$trend$를 제거하는 첫 번째 방식은 다음 차분을 수행하는 것이다.

$$y'(k) = y(k) - y(k-1) = (1 - z^{-1})y(k) \tag{8.18}$$

이 $(1 - z^{-1})$은 일종의 미분기와 같은 것이므로 직류분이나 저주파수 성분을 막는 디지털 필터의 역할을 한다. 실제로 (8.17) 식에 적용하면

$$y'(k) = (s(k) - s(k-1)) + a$$

가 되고 트렌드를 구성하는 ak와 b를 제거할 수 있다. 다만 상수항 a는 그대로 남지만 이 값이 작으면 무시할 수 있다. 그러나 신호에 관한 차분 $s(k) - s(k-1)$은 주파수 성분과 위상이 변화하게 된다. 즉, 원래의 신호 $s(k)$와는 성질이 다른 데이터가 되는 것에 주의하기 바란다.

이 사고 방식을 도입하여 (8.16) 식의 좌변에 있는 $(1 - z^{-1})y(k)$, ($d = 1$이라고 둔다)에 주목하면 이 모델은 $y'(k)$를 관측하고 있는 ARMA 모델이 된다. 즉

$$A\left(z^{-1}\right) y'(k) = B\left(z^{-1}\right) u(k) \tag{8.19}$$

이 모델에 대해서 지금까지의 ARMA 파라미터 추정을 하면 된다는 사고 방식이다. 또한 $(1 - z^{-1})$은 전달 함수의 분모에 위치한다고 생각하면 비정상을 나타내는 항이라는 관점도 있다.

두 번째 제거 방식은 1차식의 곡선 적합(단순 회귀 모델이라고 생각해도 좋다)을 이용하여 (8.17) 식의 $trend$를 추정하고 이것을 $y(k)$에서 제거하여 신호 $s(k)$를 추출하는 사고 방식이다. 이 방식에서는 $trend$의 추정이 잘 되면, 신호 $s(k)$를 그대로 얻을 수 있게 된다.

8.6.3 트렌드를 가진 시계열 데이터 분석

앞 항에서 기술한 두 가지 사고 방식을 시험하기 위해 다음과 같이 설정한다.

- 트레이닝 데이터로서의 관측 데이터수를 nobs, 테스트 데이터 수를 nobs_test라고 한다.
- 알고 싶은 신호 $s(k)$를 sig0_all, 트렌드 $trend$를 trend0_all, 출력 $y(k)$를 y_all로 나타낸다.

이 설정을 기초로 시스템 식별을 수행하는 스크립트는 다음과 같다.

[파일 8.8] ARIMA_Identufucation.ipynb

```
ar = [1, -1.5, 0.7]
ma = [1.0, 0.6]

nobs = 1000
nobs_test = 100
nobs_all = nobs + nobs_test

# real signal
sig0_all = arma_generate_sample(ar, ma, nobs_all, sigma=1, distrvs
    =dist, burnin=500)

# trend
coef_a, coef_b = 0.05, 4
trend0_all = coef_a*np.arange(len(sig0_all)) + coef_b

# output: training data + test data
y0_all = sig0_all + trend0_all
```

이 sig0_all, trend0_all, y0_all을 트레이닝 데이터와 테스트 데이터로 분할하여 이용한다. 관측값 $y(k)$를 그린 것이 **[그림 8.20]**이다. 여기에서 트레이닝 데이터와 테스트 데이터로 분류하고 있다.

참고하자면 $y'(k) = (y(k) - y(k-1))$의 효과를 볼 수 있는 것이 다음 스크립트이다. 이 결과는 **[그림 8.21]**과 같다.

```
diff = (y - y.shift()).dropna(axis=0)
diff.plot(color='b')
sig_all[:nobs-1].plot(color='gray')
```

첫 번째 행에서 .dropna()를 이용하는 이유는 차분을 수행하면 맨 앞의 데이터가 NaN이 되기 때문에 이것을 제거하기 위한 것이다.

[그림 8.21](지면에서는 흑백이지만 Notebook의 색 이름을 이용한다)을 보면 $y(k)$의 1계 차분계열 $y'(k)$ (푸른색), 신호 $s(k)$ (회색)와는 진폭, 위상이 다른 것을 알 수 있다. $y(k)$에 대한 ARIMA 모델의 파라미터 추정은 다음과 같이 한다.

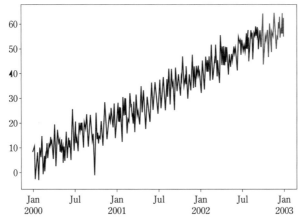

[그림 8.20] 1차식형 트렌드가 중첩된 관측 데이터

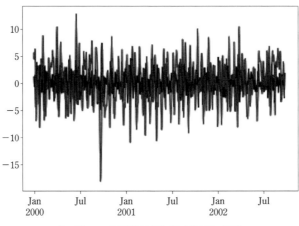

[그림 8.21] 차분의 결과($y'(k)$의 파형)

```
arima_result = sm.tsa.ARIMA(y, order=(2,1,1)).fit(trend='nc')
```

여기에서 인수 order=(p, d, q)로 지정한다. 이것은 차례대로 AR의 계수, (8.16) 식의 d, MA의 차수를 의미한다. 그 외의 인수는 statsmodels.tsa.arima_model.ARIMA를 참조하기 바란다. 추정한 결과 중에 추정 파라미터의 값을 다음에 나타낸다.

	coef	std err	z	P>|z|
ar.L1.y	0.9758	0.057	17.054	0.000
ar.L2.y	-0.4654	0.049	-9.497	0.000
ma.L1.y	0.3049	0.071	4.302	0.000

이것을 보면 실제의 AR, MA 파라미터 값과는 당연히 다른 결과를 얻었다. 식별을 평가하기 위해 잔차 계열의 자기상관 함수를 살펴보면 다음과 같다.

```
resid = arima_result.resid # residual sequence
sig_val = 0.05 # 유의수준
fig = sm.graphics.tsa.plot_acf(resid.values.squeeze(), lags=20,
    alpha=sig_val, ax=ax1)
```

이 잔차 계열의 자기상관 함수([그림 8.22])를 살펴보면 신뢰구간을 넘는 값이 몇 개 확인된다.

식별 결과를 바탕으로 한 예측은 ARMA의 경우와 동일한 스크립트이다. 이 결과를 [그림 8.23]에 제시한다. 이 결과를 보면 예측을 시작한 초기에는 정성적으로 좋은 예측이라고 할 수 있다.

두 번째 트렌드를 사전에 제거하는 방식을 설명한다. 곡선 적합은 numpy.polyfit(x,y,n)을 이용한다. 여기에서 n은 다항식의 차수를 나타낸다. 또한 인수에 (x,y)를 필요로 하기 때문에 x를 더미로 생성하고 이것을 dummy_time으로 한다.

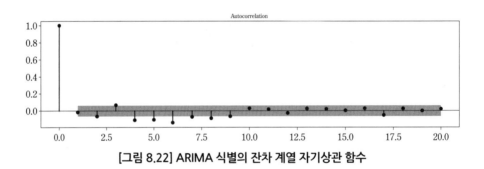

[그림 8.22] ARIMA 식별의 잔차 계열 자기상관 함수

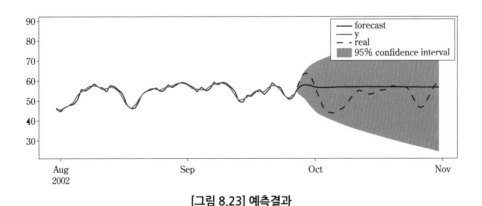

[그림 8.23] 예측결과

```
dummy_time = np.arange(nobs, dtype='float64')
est_a, est_b = np.polyfit(dummy_time,y,1)
print('Est a =',est_a, '     Est b=',est_b)
est_trend = est_a*np.arange(nobs, dtype='float64') + est_b

y_remove = y.sub(est_trend)
y_remove.plot(color='b')
sig_all[:nobs].plot(color='gray')
```

```
Est a = 0.0508554655868     Est b= 3.64899960484
```

참값은 coef_a, coef_b = 0.05, 4였기 때문에 이것에 대한 추정값이 일치하지는 않아도 크게 차이가 나지 않는다. 트렌드를 제거한 y_remove를 그린 것이 **[그림 8.24]**이다. 이것을 보면 트렌드를 제거한 신호는 원래의 신호와 잘 일치한다는 것이 확인된다.

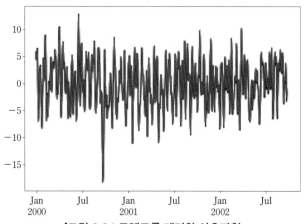

[그림 8.24 트렌드를 제거한 신호파형

```
rma_result = sm.tsa.ARMA(y_remove, order=(2,1)).fit(trend='nc')
```

	coef	std err	z	P>|z|
ar.L1.y	1.4804	0.025	58.095	0.000
ar.L2.y	-0.6804	0.025	-26.833	0.000
ma.L1.y	0.6089	0.028	21.828	0.000

이 결과를 보면 추정 파라미터값은 ARIMA의 경우보다는 좋은 것을 알 수 있다.

잔차 계열의 자기상관 함수 **[그림 8.25]**를 보면 신뢰구간 내 자기상관 함수가 위치한다는

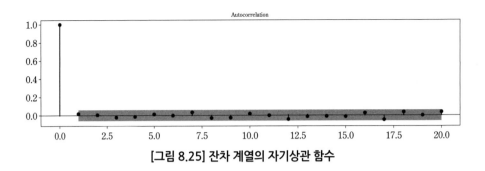

[그림 8.25] 잔차 계열의 자기상관 함수

것을 알 수 있고 이 의미에서 식별은 양호하게 수행되었다고 평가할 수 있다.

예측을 하고 싶지만 statsmodels은 이 식별 결과를 이용하는 도구를 제공하지 않는다. 이론 상으로 구한 ARMA 모델의 예측값에 추정한 트렌드를 중첩하여 예측을 수행하게 된다. 여기에서 관련된 이론을 기술하지는 않는다.

지금까지의 내용을 정리하면 ARIMA 모델을 이용하면 추정 파라미터 값의 정확도는 바랄 수 없지만 이것은 실제의 시스템에 대한 것이다. ARIMA 모델은 여유 있게 트렌드도 고려하여 간단히 예측을 수행하고 싶은 경우에 이용되는 것이다.

한편, 사전에 트렌드를 제거하는 방법은 추정 파라미터값의 정확도는 비교적 좋다. 그러나 예측을 위해서는 사용자 자신이 독자적으로 스크립트를 작성해야 하는 등의 번거로운 단점이 있다.

8.7 SARIMAX 모델

계절성 변동(seasonal variation)의 데이터를 다루는 것을 생각해보자. 사회과학이나 경제에 관한 통계에서는 자연현상, 사회의 제도, 관습 등에서 기인한 것이 있다. 예를 들면, 자연 현상에는 사계절에 기초한 사회의 에너지 소비의 변동, 회사에서 3월, 9월 결산기의 기업 활동이나 금융활동 등에 계절성 변동이 강하게 나타난다. 대개의 경우는 주차, 월차, 4분기, 연차 등의 주기를 말한다. 이 계절성 변동을 제거하여 데이터 처리를 수행하거나 또는 계절성 변동을 포함하여 데이터 처리를 수행하는 방식이다.[10]

이 계절성 변동의 제거 등을 포함하여 시스템 식별을 수행하는 모델로서 SARIMAX 모델(Seasonal ARIMAX with eXogenous model)이 있다.[11] statsmodels이 제공하고 있는 SARIMAX 모델의 구조는 statsmodels.tsa.statespace.sarimax.SARIMAX를 참조하기 바란다. 이 모델에 관한 식의 설명은 복잡하기 때문에 사용 방법만 소개한다.

---

[10] 참조: 정말 그렇군요. 통계학원 고등부, 총무성통계국, http://www.stat.go.jp/koukou/trivia/careers/career9.htm
[11] eXogenous model은 외부로부터의 영향도 모델에 포함시킨다는 의미이지만 이번에는 이용하지 않는다.

8.7.1 항공사의 승객 수

대상으로 하는 데이터는 어느 항공사의 국제선 승객 수로 월별 집계로 1949년 1월 1일부터 1960년 12월까지이다. 원 자료의 출처는 G. E. P. Box, G. M. Jenkins and G. C. Reinsel: Time Series Analysis, Forecasting and Control. Third Edition. Holden-Day, Inc., 1976이고 이 데이터의 설명은 다음에 있다.

https://stat.ethz.ch/R-manual/R-devel/library/datasets/html/AirPassengers.html

이 데이터에 레이블명 등의 수정을 가한 CSV 파일은 아래의 스크립트에 기술된 URL에 업로드했기 때문에 이것을 이용하면 된다.

[파일 8.9] SARIMAX_AirPassenger.ipynb

```
url = 'https://sites.google.com/site/datasciencehiro/datasets/
    AirPassengers.csv'
df = pd.read_csv(url, index_col='Date', parse_dates=True)
```

이 df에서 승객 수는 레이블명 'Passengers'로 액세스할 수 있다. 승객 수 그래프와 자기상관 함수는 **[그림 8.26]**과 같다.

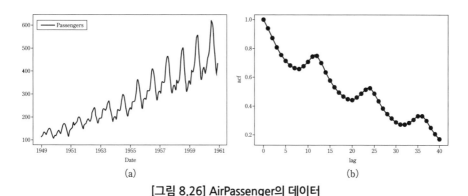

(a)   (b)

[그림 8.26] AirPassenger의 데이터

자기상관 함수를 보면 12점마다의 주기성(데이터 1점이 1개월이므로 12개월의 주기)이 있다는 것이 확인된다. 이 데이터에 대한 SARIMAX 모델의 파라미터 추정은 다음과 같이 수행한다.

```
SARIMAX_model = sm.tsa.SARIMAX(df, order=(3,1,2), seasonal_order
    =(1,1,1,12), fit(maxiter=200)
```

여기에서 order＝(p, d, q)는 ARIMAX 모델과 마찬가지로 AR의 차수, 차분의 계수, MA의 차수이다. 다음으로 SARIMAX 모델은 ARIMA와 다르게 주기성의 모델을 가지고 이 차수를 seasonal_order＝(P, D, Q, s)로 지정한다. 여기에서 (P, D, Q)는 ARIMA 모델의 차수와 유사한 것이고 마지막 s는 주기를 제공한다. 데이터의 검증을 위해로 s=12로 두었다. 또한 그 외의 차수는 시행착오로 정한 것으로 이렇게 하는 것이 최선은 아니다.

추가로 파라미터의 추정에서는 반복계산을 해도, 쉽게 수렴하지 않는 경우가 많이 있다. 이 때문에 fit(maxiter=200)이라는 식으로 반복회수의 상한을 넉넉하게 잡아두는 것이 필요하다. 그 외의 인수(파라미터)는 statsmodels.tsa.statespace.sarimax.SARIMAX를 참조하기 바란다.

식별하여 얻어진 잔차 계열의 자기상관 함수를 그리는 스크립트는 다음과 같다.

```
resid = SARIMAX_model.resid
fig, ax = plt.subplots(figsize=(10,4))
fig2 = sm.graphics.tsa.plot_acf(resid, lags=40, alpha=0.05, ax=ax)
```

[그림 8.27]을 보면 거의 95%의 신뢰구간에 자기상관 함수가 포함된다는 것이 확인된다.

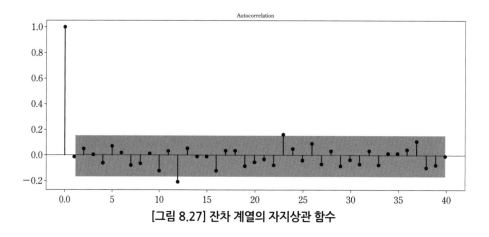

[그림 8.27] 잔차 계열의 자지상관 함수

예측은 다음과 같이 수행한다.

```
pred = SARIMAX_model.predict(start='1960-01-01', end='1962-12-01')
plt.plot(df)
plt.plot(pred, 'r')
```

이 결과는 [그림 8.28]과 같다.

이 결과를 엄밀하게 평가할 수는 없지만 예측값은 주기성과 1차식형의 트렌드 양쪽과 골짜기의 세밀한 변동 부분을 잘 나타내고 있다.

8.7.2 그 외의 계절성 데이터

여기에서는 Google 트렌드(https://trends.google.co.jp/)로부터 계절성 데이터를 취득하는 방법을 기술한다. 여기에 관련된 스크립트나 Notebook은 제공하지 않고, 데이터 취득만을 나

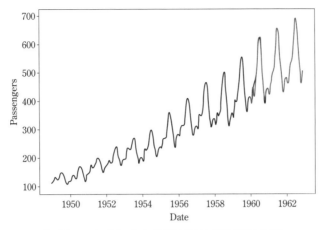

[그림 8.28] 관측 데이터(푸른색)와 예측값(붉은색)

타내기 때문에 시스템 식별이나 시계열 데이터 분석은 독자에게 맡긴다.

Google 트렌드는 검색 키워드, 국가, 주기, 카테고리 등을 지정하면 이 키워드의 검색 회수를 나타낸다. 추가로 이 결과를 CSV 파일로 얻을 수 있다.

여기에서는 검색 키워드로서 세탁과 무의 검색 횟수를 조사하여 CSV 파일을 제공한다.

드라이클리닝의 검색 횟수

다음 조건으로 검색한다.

검색 키워드: 드라이클리닝, 국가: 일본, 2004/1/1 – 2018/3/1, 카테고리: 모두

이 데이터를 업로드했으므로 읽어 들이는 것은 다음과 같이 한다.

```
url = 'https://sites.google.com/site/datasciencehiro/datasets/
    data_Laundry.csv'
df = pd.read.csv(url, index_col='date', parse_dates=True, comment=
    '#')
```

이 데이터(파일명 'Laundry')와 자기상관 함수는 **[그림 8.29]**와 같다. 이 자기상관 함수를 보면 6개월의 주기가 있는 것처럼 보인다. 데이터를 조사해보면(CSV 파일을 저장하는 식으로), 피크는 4월이 가장 강하고 다음 피크는 9~12월에 있다(이것은 연도에 따라 조금씩 다르다). 또한 데이터에는 트렌드가 있는 것처럼 보인다. 이 트렌드가 생기는 배경은 무엇일까? 트렌드의 분석·조사와 고찰은 독자에게 맡기기로 한다.

무의 검색 횟수

다음 조건으로 검색한다.

• **검색 키워드**: 무, 국가: 일본, 2004/1/1 – 2018/3/1, 카테고리: 모두

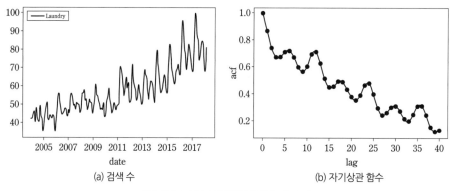

[그림 8.29] 드라이클리닝의 데이터

이 데이터는 다음과 같이 읽어 들인다.

```
url = 'https://sites.google.com/site/datasciencehiro/datasets/
    data_Radish.csv'
df = pd.read_csv(url, index_col='date', parse_dates=True, comment=
    '#')
```

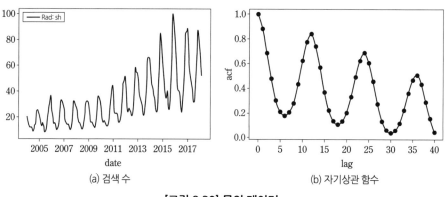

[그림 8.30] 무의 데이터

이 데이터(파일명 'Radish')와 자기상관 함수는 [그림 8.30]과 같다. 이 자기상관 함수를 보면 주기성은 12개월처럼 보인다. 또한 데이터를 조사해 보면 검색 횟수의 피크는 매년 거의 11월에 나타난다. 이 배경이나 이유는 무엇일까? 어떻게 조사하는 것이 좋을까? 추가로 가설로서 검색 횟수와 수요에 양의 상관이 있다고 하면 수요는 앞으로도 늘어나게 된다. 이것을 공급측에서 어떻게 대응하면 좋을까? 다만 농가는 고령화로 인해, 무거운 채소(무, 배추, 양배추)는 재배하기 어렵고, 이대로는 공급량을 유지할 수 없다는 이야기도 있다. 이러한 것들을 하나씩 배경, 원인, 상황 등을 조사 분석하여 앞으로 어떻게 활용해 나갈 것인가가 데이터 과학의 본질이다.

마지막으로 저자의 의문은 앞의 드라이클리닝과 상관이 있는가, 인과 관계는 있다고 말할 수 있을까?

8.8 주가 데이터의 시계열 분석

주가 데이터를 시계열 데이터로 볼 때의 기본적인 분석 기법을 소개한다. 주가(stock price)는 경제·금융 데이터의 일종이고 동적 시스템의 데이터와 비교하여 다음 특징이 있다.

- 원래부터 이산 데이터이고 많은 경우 정수값을 가진다.
- 관측잡음이 중첩되는 경우는 드물다.
- 입력을 관측할 수 없다는 전제를 취하는 경우가 많다.

pandas는 이 데이터에 대한 간단한 분석 도구를 전제로 하고 있다. 이제부터는 주가 데이터를 $\{x(k)\}$, $(k = 0 \sim N - 1)$라고 표현한다.

8.8.1 이동평균

주가 데이터의 이동평균은 미세하게 변동하는 주가 데이터를 인간의 눈으로 확인하기에 적합하도록(여기에 어떤 종류의 휴리스틱이 있다) 만든다. 이를 통해 어느 기간에 오르고 내리는가의 여부를 인간이 쉽게 판단할 수 있는 표현을 제공하는 것이 목적의 하나이다. 앞에 기술한 MA 모델과 유사하지만 더욱 간단한 표현이다. 여기에서는 단순이동평균과 지수이동평균을 소개한다. 그 외의 가중이동평균 등도 있지만 여기에서는 다루지 않는다.

단순이동평균(simple moving average)

다음 식으로 표현된다.

$$y(k) = \frac{1}{W} \sum_{i=0}^{W-1} x(k - i) \tag{8.20}$$

여기에서 W는 윈도우의 폭, 주가 분석에서는 25일 평균이라고 했을 때의 일수 등이라고 부른다. pandas에서는 파라미터 window에 해당한다. 예를 들면, $W = 5$일 때는 다음과 같다.

$$y(k) = \frac{1}{5}\left(x(k) + x(k - 1) + x(k - 2) + x(k - 3) + x(k - 4)\right)$$

이것은 ARMA 모델에서 기술한 MA 모델의 일종으로 간주한다. 또한 단순이동평균은 이산계의 적분기(integrator)의 일종으로 간주할 수 있고 로우 패스 필터의 기능을 나타내기 때문에 다음과 같이 말할 수 있다.

- $y(k)$는 $x(k)$에 비해 위상이 늦다.

- 고주파 성분(극심한 변화)이 감소하고 저주파 성분(완만한 변화)이 $y(k)$에 나타난다.

지수이동평균(exponential moving average)

가장 가까이에 있는 $x(k)$에 강한 영향을 받고, 이전의 $x(k)$로부터 받는 영향은 약하다는 사고 방식에 기초하여 가중치를 변경하는 방식이다. 이것은 다음 식으로 표현된다.

$$y(k) = (1 - \alpha)y(k - 1) + \alpha x(k) \quad (0 \le \alpha \le 1) \tag{8.21}$$

여기에서 α는 평활화 계수(smoothing factor), 망각계수(forgetting factor)라고 부른다.

이 식의 의미는 Z변환에 의해 $(1 - \alpha)^i$, (i는 k부터의 시각차)가 되는 가중치가 $y(k - i)$에 곱해지는 것이다. 예를 들면, $\alpha = 0.1$일 때 $i = 0, 1, 2, 3, 4$에 대해서 $(1 - \alpha)^i = 0.9, 0.81,$ 0.729, 0.6561, 0.59049라는 가중치가 된다. 이 계열의 분포는 지수의 형태를 나타내고, 현재 가까이 있는 쪽의 값의 영향을 중시하는 형태로 되어 있다. 또한 AR 모델의 일종이라고도 볼 수 있지만 주가 데이터에서는 이동평균이라는 체계에 속한다.

pandas에 의하면 α를 제공하는 방식 중 한 가지로 다음이 권장된다.

$$\alpha = \frac{2}{W + 1}$$

이것들의 효과를 알기 위해서 도쿄 증권 거래소의 증권 코드 7203에 있는 어느 기간의 주가를 이용한다. 또한 현재 모든 Web 사이트가 주가 스크래핑(scraping)을 금지하고 있기 때문에 이 데이터는 수작업으로 수집한 것이다. 또한 주가 데이터의 일본어 레이블명을 처리하고 종가에 대한 이동평균을 수행하는 스크립트는 다음과 같다.

[파일 8.10] TSA_StockPrices.ipynb

```
matplotlib.rcParams['font.family'] ='Yu Mincho'   #일본어 폰트 지정
url = 'https://sites.google.com/site/datasciencehiro/datasets/
    Stock_7203.txt'
df = pd.read_csv(url, index_col='日付', parse_dates=[0] )
df = df.sort_index() # sort date in ascending
df.head()
```

[표 8.1]

날짜	시가	고가	저가	종가	거래량	매매대금
2016-09-27	5831.0	6014.0	5824.0	6014.0	10143900	60229614600
2016-09-28	5900.0	5925.0	5861.0	5872.0	8738800	51401382900
2016-09-29	5922.0	5942.0	5888.0	5898.0	7664000	45354268000
2016-09-30	5703.0	5811.0	5703.0	5779.0	10413700	60036839100
2016-10-03	5830.0	5852.0	5791.0	5791.0	5842300	33994829200

이동평균은 pandas.DataFrame.rolling, 지수이동평균법은 pandas.DataFrame.ewm을 이용한다.

```
item='종가*12'
ax = df[item].plot(color='black', label=item)

rol = df[item].rolling(window=Wa5).mean()
rol.plot(ax=ax, label='이동평균25일*13',
    color='red', linestyle='dashed')

ewm = df[item].ewm(span=Wa5).mean()
ewm.plot(ax=ax, label='지수이동평균스팬25',
        color='green', linestyle='dashed')
```

이 데이터에 대한 단순이동평균과 지수이동평균법을 계산하는 스크립트는 다음과 같다.

```
item='종가'
W = 25
ax = df[item].plot(color='black', label=item)

rol = df[item].rolling(window=W).mean()
rol.plot(ax=ax, label='이동평균25일',
    color='red', linestyle='dashed')

ewm = df[item].ewm(span=W).mean()
ewm.plot(ax=ax, label='지수이동평균스팬25',
        color='green', linestyle='dashed')
```

[그림 8.31]을 보면 다음과 같이 지적할 수 있다.

- 이동평균의 결과는 급격한 변화(심한 진동)을 완만하게 만들고 있다(고주파 성분을 줄임).
- 이동평균의 결과, 완만한 파형(저주파 성분)의 위상이 뒤에 쳐져있다. 이것은 원래의 검은 실선보다도 양쪽의 점선이 뒤쳐져 변화하고 있다는 것을 의미한다. 다만 지수이동평균 쪽

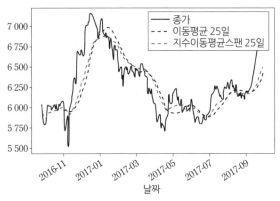

[그림 8.31] 단순이동평균과 지수이동평균

---

* 12 역자 주: 저자의 웹 사이트에서 제공하는 원자료의 컬럼 제목은 終値(오타리네, 綜價)로 되어 있으므로 실제 실행을 위해서는 '종가'가 아닌 '終値'로 대치해야 한다.

* 13 역자 주: 그래프의 레이블명을 한글로 출력하기 위해서는 1.5.3 작업이 필요하다. '이동평균25일' 대신 'moving average 25 days'로 대치하면 깨지지 않고 영문 레이블로 출력할 수 있다.

이 단순이동평균보다는 위상 지연이 작다.

- 단순이동평균 25일은 과거 24일분의 데이터와 현재 데이터의 합계 25점을 이용하여 계산하기 때문에 개시일로부터 24일은 계산할 수 없다. 이 때문에 단순이동평균 25일은 25일째부터 파형이 시작한다. 한편 지수이동평균은 2일째부터 결과가 나타난다.

단순이동평균에서 $W = 7$, $W = 28$인 경우의 결과는 **[그림 8.32]**와 같다.

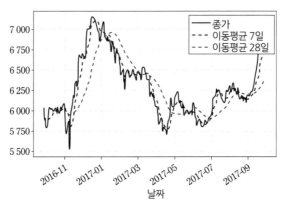

[그림 8.32] 단순이동평균 $W = 7$**과** $W = 28$**의 결과**

이 결과를 보면 W가 큰 쪽이 고주파 성분을 더 줄이고(파형이 더 둔화된다), 위상이 더 지연된다는 것을 알 수 있다. 이것은 제어론이나 디지털 신호론에서 보면 당연한 결과이고 다른 W의 그래프는 위상이 다르기 때문에 반드시 이것들이 교차하는 점이 생긴다.

8.8.2 볼린저 밴드

주식 시장에서 기술적인 지표의 하나로 볼린저 밴드(Bollinger band, J. A. Bollinger(미국, 금융분석가)가 고안)가 있다. 이것은 주가 데이터가 정규분포를 따르는 확률 변수라는 가정 아래에서 다음과 같이 정의한다.

$$B(k) = k \text{일의 이동평균} \pm k \text{ 일의 표준편차}(\sigma(k)) \times m \qquad (8.22)$$

$B(k)$는 2개의 시계열 데이터가 되고 이 2개의 시계열 데이터에 있는 좁은 영역을 볼린저 밴드라고 한다. 의 값은 보통 1, 2, 3이 이용되고 정규분포를 따르고 있다는 가정 아래에 가격의 변동이 볼린저 밴드 내에 위치할 확률은

$$\pm 1\sigma(k) \text{에 위치할 확률} = 68.26\%$$
$$\pm 2\sigma(k) \text{에 위치할 확률} = 95.44\%$$
$$\pm 3\sigma(k) \text{에 위치할 확률} = 99.73\%$$

여기에서 주의해야 할 것은 표준편차 $\sigma(k)$가 시간 변동하기 때문에 에르고드 가정(확률론, 정상 과정 중에 집합평균과 표본평균이 일치하는 것)이 성립하지 않아서 기댓값(평균)을 구할 때는 집합평균을 고려한다는 점이다. 그림 상으로 가로축을 따라 계산하는 평균(표본평균)이 아니다. 몇 개의 시계열 데이터가 있다고 가정하고 어느 시각 k를 고정하여 이 시각에서 세로축을 따르는 평균(이것이 집합평균)을 고려하는 것이 옳지만 아무런 데이터도 얻을 수 없기 때문에 짧은 구간 W에서의 표준편차를 이용한다.

볼린저 밴드를 구하는 스크립트는 다음과 같다. 여기에서 m=2, W=25로 둔다.

```
item = '종가'
W = 25
ax = df[item].plot(label=item, color='black', linestyle='solid')
rolm = df[item].rolling(window=W).mean()
rolst = df[item].rolling(window=W).std()  # unbiased
m = 2
upper_band = rolm + rolst*m
lower_band = rolm - rolst*m
```

여기에서 표준편차를 구하는 rolling(window=W).std()는 pandas.core.window.Rolling.std를 보면 디폴트로 불편표준편차를 구한다. 이 결과([그림 8.33])를 보면 예상한 확률만큼 밴드 내에 위치하지 않고 있다. 이것은 W의 값에 따라 달라지는 것이므로 독자 자신이 확인하기 바란다.

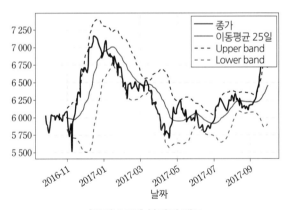

[그림 8.33] 볼린저 밴드

8.8.3 캔들 차트

주가는 해당 일 중의 시가, 종가, 고가, 저가의 4개의 값으로 표현된다. 이것에 추가로 주식 시장이 종료한 시점에서 다음의 (시가 < 종가), (시가 > 종가), 어떤 상태로 끝났는가를 나타내는 중요한 정보이다. 이러한 다섯 가지 정보를 그림으로 표현한 것이 **캔들 차트**(Candlestick

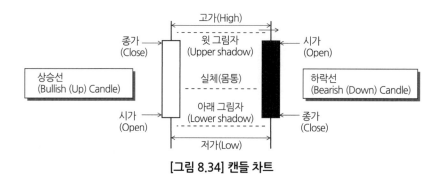

[그림 8.34] 캔들 차트

chart)이다([**그림 8.34**]). 다음과 같은 용어가 있다.

상승선: (시가 < 종가)의 경우를 말한다(상승주)

하락선: (시가 > 종가)의 경우를 말한다(하락주)

캔들 차트를 표현하기 위해서는 candlestick_ohlc를 이용한다. 이 ohlc는 open, high, low, close의 약어를 의미한다. 또한 설치는 1장, 사용 방법은 https://matplotlob.org/api/finance_api.html을 참조하기 바란다.

앞의 주가 데이터에 대해서 캔들 차트를 표현하는 스크립트는 다음과 같다. 다만 한정된 1개월 기간만을 보는 것으로 한다.

```
from mpl_finance import candlestick_ohlc
from matplotlib,dates import date2num

df0 = df.loc['20170901':'20170930', ['시가','고가','저가','종가']]  *14

df0['종가*15'].plot(label='9월의 종가')  *16 # 종가 그래프
plt.legend(loc='upper left')

fig, ax = plt.subplots()

xdate = [x.date() for x in df0.index] # Timestamp -> datetime
ohlc = np.vstack((date2num(xdate), df0.values.T)).T #datetime ->
  float
candlestick_ohlc(ax, ohlc, width=0.7, colorup='g', colordown='r')
```

이 결과는 [**그림 8.35**]와 같다. [**그림 8.35**]에서 상승선은 붉은색, 하락선은 초록색으로 표현되고 있다. 또한 캔들 차트의 표현법을 생각하면 꼬리(수염)가 없는 데이터가 있다는 것도 확인된다.

---

*14   역자 주: 원자료의 컬럼명 대로 각각 '始値', '高値', '安値', '終値'로 대치하면 정상적으로 실행된다.

*15   역자 주: 원자료의 컬럼명 대로 '終値'로 대치하면 정상적으로 실행된다.

*16   역자 주: 그래프의 레이블명을 한글로 출력하기 위해서는 1.5.3 작업이 필요하다. '9월의 종가' 대신 '09_final'로 대치하면 깨지지 않고 영문 레이블로 출력할 수 있다.

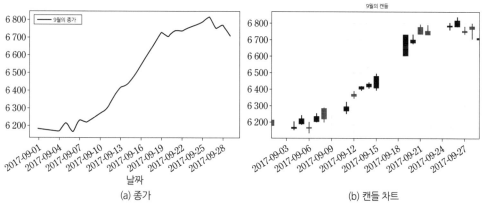

(a) 종가   (b) 캔들 차트

[그림 8.35] 9월의 주가 데이터와 캔들 차트(색은 Notebook 참조)

주가 데이터는 토일·휴일은 누락된다. 이 데이터는 null, 또는 NaN으로 표현되는 경우가 있다. 이러한 대처법을 앞의 Notebook 'TSA_StockPrices.ipynb'에 제시한다. 다만 닛케이 평균 주가지수 http://finance.yahoo.com/q/hp?s=%5EN225를 대상으로 한다.

Tea Break

주가나 외환 등을 다루고, 자산유용 등을 공학적으로 다루는 금융공학(financial engineering, computational finance)은 **확률분포방정식**(stochastic differential equation)을 다룬다. 이것은 역학을 고려한다는 점에서, 이 절의 데이터 처리방법과 결정적으로 다르다. 확률분포방정식은 이토 기요시(일본, 1915-2008)의 〈확률론〉(1952)이나 Doob(미국, 1910-2004)의 〈Stochastic Process〉 등의 선구적인 연구를 기초로 발전을 이루었다. Myron S. Scholes(캐나다·미국, 1941-)는 블랙·숄즈 방정식을 발표한 후, Robert C. Merton(미국, 1944-)과 함께 방정식의 이론을 정비하여 금융파생상품 가격 결정의 새로운 기법을 확립했다. 이 공적에 의해, 두 사람은 1997년 노벨 경제학상을 수상했다. 이 이론은 이토 기요시의 업적 위에 성립된 것이었기 때문에 M. Sholoes가 이토 기요시를 만났을 때 한달음에 달려와 악수를 청하는 것으로 그의 이론을 극찬했다고 한다. 반면에 M. Sholoes와 R. Merton이 경영진에 이름을 올린 거대 투자신탁 LTCM(Long Term Capital Management)이 1998년에 거액의 손실을 내 파국을 가져온 얄궂은 결과가 생겼다.

다른 여담으로서, 세계적인 명저로 루엔버거(David G. Luenberger) 저: 박구현, 윤복식, 이영호 역, 〈금융과학〉, 교우사)가 있다. 루엔버거는 1970년대에 제어공학 분야에서 매우 유명한 **루엔버거 옵저버**(Luenberger observer) (시스템 내부 상태를 추정하는 것)를 발표하여 현재의 정밀기기로부터 대규모 제어의 기초 이론을 구축했다. 그 뒤, 1990년대에 금융

공학에 공헌하는 논문과 저서를 출판했다. 이 출판물에서는 금융파생상품을 결정하기 위해 확률미분방정식과 2점 경계값 문제를 구사한 이론을 전개하였다. 이 분의 활동은 분야를 넘나드는 연구란 이와 같은 것이라고 알려주는 세계적인 모범 사례이다.

# 제 9 장

스펙트럼 분석

센서의 데이터에는 트렌드 외에 바람직하지 않은 신호(잡음이나 외란)가 섞여 있는 경우가 자주 있다. 데이터 본래의 신호 성분과 바람직하지 않은 신호 성분을 가려내기 위해서는 스펙트럼 분석이 유효하고 실제 분석기로서 실용화되어 있다. 이 장에서는 푸리에 변환, 샘플링 정리, 랜덤 신호에 대한 파워 스펙트럼을 구하는 방식과 주의 사항에 관해 설명한다. 도구로는 SciPy를 이용한다.

█ 9.1 기본 사항

9.1.1 주파수란 소리를 내는 것

[그림 9.1]은 주파수와 주기를 설명한다.

- **주파수**(frequency) f: 1초당 사이클 수(파장의 수)로 단위는 [Hz] (헤르츠)이다.
- **주기**(period) T: 1사이클에 소요되는 시간으로 $T = 1/f$의 관계에 의해 단위는 [s]이다.

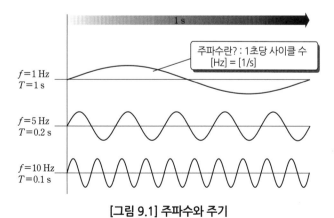

[그림 9.1] 주파수와 주기

예를 들어 소리에 관해서 말하자면 주파수가 높은 것은 고음, 낮은 것은 저음을 가리킨다. 잘 알려져 있는 7음계와 해당 주파수는 **[표 9.1]**을 보면 고음, 저음이 주파수의 크고 작음을 나타낸다는 것을 알 수 있다.

[표 9.1] 음계와 대응하는 주파수, '라'음은 국제규격에 의해 440Hz, 그 외의 음의 주파수는 경우에 따라 다르다.

음계	도	레	미	파	솔	라	시	도
주파수 [Hz]	262	294	330	349	392	440	494	523

이것을 실감할 수 있는 스크립트는 다음과 같다.

[파일 9.1] PyAudio_DoReMi.ipynb

```python
import wave
import struct
import numpy as np
import pyaudio

def play(data, fs, bit):
    p = pyaudio.PyAudio()
    stream = p.open(format=pyaudio.paInt16,
    channels=1,
    rate=int(fs),
    output=True)
```

이 설명은 별도로 하지 않지만 '도레미'음을 각각 1초 정도 들을 수 있다.

각주파수(angular frequency) ω [rad/s]는 다음과 같다.

$$\omega = 2\pi f$$

$\sin(\omega t + \phi)$등의 삼각 함수 표현에서 괄호 안의 인수 단위는 [rad]이다. 즉, ωt, ϕ와 함께 단위는 [rad]이다. 또한 수학에서는 원을 한 바퀴 도는 것을 2π [rad]이라고 표현하고 이것을 1초 사이에 어느 정도 도는가를 ω로 표현하고 있다.

그렇지만 우리들은 주파수 f쪽이 친숙하기 때문에 매우 엄밀한 정의가 필요하지 않을 때는 ω와 f를 동일하다고 생각하고 읽기를 바란다.

9.1.2 스펙트럼이란

스펙트럼이라는 단어로부터 연상되는 것은 일반적인 사람의 경우 태양광선을 프리즘을 통하면 7색의 빛[*1]으로 분해되는 것일 것이다.

빛은 전자파의 일종, 즉 파장과 같은 것이고 주파수라는 양으로 그 특징이 표현된다. 태양광은 주파수가 다른 파장이 여러 개 혼재되어 있는 것으로 프리즘은 이 혼재된 파장을 마치 하나하나의 띠와 같이 분해할 수 있다. 파장의 특징은 주파수와 진폭에 의해 표현된다. 이 때 가로폭은 주파수, 세로 폭은 진폭으로 잡으면 주파수에 관한 분포가 나타난다. 이 분포를 스펙트럼이라고 한다.

스펙트럼 분석이란 시계열 데이터에 잠재되어 있는 복수의 파장으로부터 스펙트럼을 찾아내는 것이다. 이 용도로서 구조물의 해석, 회로 해석·진단, 이미지 분석·인식, 생체 검사 등 폭넓은 분야에서 이용되고 있다.

스펙트럼이라는 용어에는 네 가지 의미가 있다. 첫 번째는 위에 기술한 것과 같은 파형이나 신호의 에너지 분포를 나타내는 것으로 이것을 스펙트럼이라고 부른 사람은 위너 필터와 사이버네틱을 제창한 N. Wiener(미국, 1894-1964, 수학자)이다. 그의 저서 〈Fourier Integral〉(1933)에 다음과 같이 기술되어 있다. "물리적으로 이것은 해당 부분의 진동 전체 에너지이다. 이것은 에너지 분포를 결정하는 것이므로 스펙트럼이라고 부르기로 한다."

이것은 스펙트럼이라는 용어가 이미 물리학 분야에서 잘 알려져 있으므로 이 용어를 수학 분야에 도입하기 위한 설명이다. 두 번째 의미는 뉴턴(Newton)의 분광분석에서의 파장의 차이에 따른 분해, 세 번째는 대상이 어떤지 상관없이 복잡한 것을 단순하게 분해하여 크기 순서대로 늘어놓은 것의 총칭, 네 번째는 선형연산자 고윳값의 모임이다. 또한 정치학에서도 여러 정치세력의 배치도를 political spectrum이라는 용어를 사용하고 있다.

스펙트럼과 관련된 영어 해석은 가끔 혼란스럽기 때문에 현대의 영어 논문에서는 다음과 같이 사용되고 있다는 것을 참고하기 바란다.

- spectrum: (가산명사), 단수형(복수형은 spectra)을 사용하는 예
    - spectrum analysis, power spectrum, power spectrum estimation
- spectral: 형용사를 사용하는 예
    - spectral estimation, FFT spectral estimation, ESD(energy spectral density), PSD(power spectral density)

[*1] 7색은 (빨, 주, 노, 초, 파, 남, 보)로 무지개를 반원으로 볼 때(비행기에서 내려다보면 도넛 형태로 보인다), 바깥쪽 선이 빨간색, 안쪽 선이 보라색이다. 이 7이라는 숫자는 지역이나 시대에 따라 다르고, 미국이나 프랑스 등에서는 일반적으로 6색, 동양은 전통적으로 5방색이다. 무지개를 7색으로 한 것은, 그 유명한 뉴턴(Sir Isaac Newton, 영국, 1642-1727)이 최초라고 알려져 있다.

9.2 푸리에 변환

9.2.1 푸리에 변환과 푸리에 역변환

푸리에 변환과 푸리에 역변환의 식을 다음에 제시한다.

[푸리에 변환과 푸리에 역변환]

$x(t)$가 적분 가능한 조건

$$\int_{-\infty}^{\infty} |x(t)|\, dt < \infty \tag{9.1}$$

을 만족하면 임의의 ω에 대해서

$$X(\omega) = \int_{-\infty}^{\infty} x(t) \exp(-j\omega t)\, dt \tag{9.2}$$

가 존재하고 이 $X(\omega)$를 $x(t)$의 **푸리에 변환**(Fourier transformation)이라고 한다. 이때 $\exp(-j\omega t)$를 푸리에 변환의 **핵**(kernel)이라고 한다. 추가적으로 다음을 푸리에 역변환(inverse Fourier transformation)이라고 한다.

$$x(t) = \frac{1}{2\pi} \int_{-\infty}^{\infty} X(\omega) \exp(j\omega t)\, d\omega \tag{9.3}$$

식의 유도는 다른 책을 참조하기 바란다. 또한 적분 가능 조건은 (9.2) 식의 적분이 수행되는 것을 보증하는 것이므로 $\lim_{t \to \pm\infty} x(t) = 0$이라고 쓸 수도 있다.

또한 각주파수 ω 대신에 주파수 f를 이용한 표현에서는 $\omega = 2\pi f$의 관계를 고려하면 (9.2), (9.3) 식은 다음과 같다.

[푸리에 변환과 푸리에 역변환(주파수 f 표현)]

$x(t)$가 절대 적분 가능한 조건 아래, 푸리에 변환과 푸리에 역변환은 각각 다음 식으로 주어진다.

$$X(f) = \int_{-\infty}^{\infty} x(t) \exp(-j2\pi ft)\, dt \tag{9.4}$$

$$x(t) = \int_{-\infty}^{\infty} X(f) \exp(j2\pi ft)\, df \tag{9.5}$$

여기에서 (9.3) 식과 비교하면 (9.5) 식에서 계수 $1/2\pi$가 소거된 것은 $\omega = 2\pi f$에 의해

$$d\omega = 2\pi df \tag{9.6}$$

의 관계가 있기 때문이다. 수학적으로 취급하는 것은 ω쪽이 편리하고 계측·데이터 처리·신호

처리의 현장에서는 f쪽이 편리한 경우가 있다. 이 때문에 이 책에서는 ω와 f 양쪽 모든 표현을 그때그때 구분하여 사용하기로 한다.

이 책에서는 (9.2)와 (9.3) 식(또는 (9.4) 식과 (9.5) 식)을 다음과 같이 연산자를 이용하여 표현하는 경우가 있다.

[푸리에 변환과 푸리에 역변환의 연산자]

$$X(\omega) = \mathcal{F}\left[x(t)\right], \qquad x(t) = \mathcal{F}^{-1}\left[X(\omega)\right] \tag{9.7}$$

다만 이 책에서는 푸리에 역변환에 대해서는 다루지 않기로 한다.

9.2.2 진폭, 에너지, 파워 스펙트럼

스펙트럼에도 몇 가지 종류가 있다. 여기에서 $X(\omega)$와 $X(f)$는 동일한 것으로 간주하고 이야기를 진행하기 때문에 독자는 마음에 드는 쪽을 선택하여 읽어나가면 된다.

스펙트럼(spectrum)은 신호를 주파수별 성분으로 분해한, 주파수에 대한 해당 분포를 말한다. 일반적으로는 가로축을 ω(또는 f)로 두고, 세로축을 $X(\omega)$의 어떤 세기로 한 것을 스펙트럼이라고 한다.

(9.1) 식의 적분가능 조건을 만족할 때에 $X(f) = \mathcal{F}[x(t)]$가 존재하고 이것은 일반적으로 복소 함수이므로 다음과 같이 표현할 수 있다.

$$
\begin{aligned}
X(f) &= \mathrm{Re}\left(X(f)\right) + j\mathrm{Im}\left(X(f)\right) \\
&= |X(f)| \angle X(f)
\end{aligned}
\tag{9.8}
$$

여기에서 $|X(f)| = \sqrt{\mathrm{Re}\left(X(f)\right)^2 + \mathrm{Im}\left(X(f)\right)^2}$, $\angle$ 는 편각(argument)을 나타내고 다음 식으로 정의된다.

$$\angle X(f) = \arctan \frac{\mathrm{Im}\, X(f)}{\mathrm{Re}\, X(f)} \tag{9.9}$$

(9.8) 식에서 $|X(f)|$는 진폭을 나타내므로 $|X(f)|$의 분포를 **진폭 스펙트럼**(amplitude spectrum), $\angle X(f)$의 분포를 **위상 스펙트럼**(phase spectrum)이라고 한다.

다음으로 시간 신호 $x(t)$의 절댓값의 제곱 $|X(f)|^2$을 전 시간 구간 $(-\infty < t < \infty)$에 걸쳐 적분한 것은 해당 파형의 **전 에너지**를 나타낸다고 볼 수 있다. 다만 이 적분 가능 조건은 만족하는 것으로 한다. 한편, $X(f) = \mathcal{F}[x(t)]$에 관해서 (이 적분가능 조건도 만족하고 있는 것으로 한다)를 전 주파수 구간 $(-\infty < f < \infty)$에 걸쳐서 적분한 것은 $x(t)$의 전 에너지에서 동일하다. 이것을 기술한 것이 다음의 정리이다.

[파시발의 정리(Parseval's theorem)]

$$\int_{-\infty}^{\infty} |x(t)|^2 \, dt = \int_{-\infty}^{\infty} |X(f)|^2 \, dt \qquad (9.10)$$

(9.10) 식의 우변의 적분의 의미를 생각하면 다음과 같다.

피적분 함수인 $|X(f)|^2$는 단위 주파수당 에너지를 나타낸다

이에 따라 $|X(f)|^2$에 대한 분포를 **에너지 스펙트럼 밀도**(ESD: energy spectrum density)라고 한다.

그런데, 실제의 신호로 지속되는 신호는 $\lim_{t \to \pm\infty} x(t) = 0$을 만족하지 않기 때문에 적분가능 조건을 만족하지 않는 경우가 많다(다만 주기 신호는 델타 함수를 도입하여 푸리에 변환할 수 있으므로 제외한다). 이와 같은 신호의 전 에너지는 무한대이므로 위의 에너지 스펙트럼 밀도는 정의할 수 없다. 따라서 에너지 스펙트럼 밀도의 단위 시간당 평균값을 생각한다. 즉

$$\mathrm{PSD}_x(f) = \lim_{T \to \infty} \left[\frac{1}{T} |X(f)|^2 \right] \qquad (9.11)$$

가 정의되었다고 하자. 여기에서 물리의 세계에서는 단위 시간당 에너지를 파워라고 정의하는 것으로부터, $\mathrm{PSD}_x(f)$를 $x(t)$의 **파워 스펙트럼 밀도**(PSD: power spectrum density)라고 한다. 또한 $x(t)$가 랜덤 신호인 경우에는 추가적으로 기댓값 조작이 도입된 PSD가 정의되며, 이 것은 뒤에 설명한다,

또한 에너지 스펙트럼 밀도, 파워 스펙트럼 밀도를 간단히, 에너지 스펙트럼 파워 스펙트럼 이라고 부르는 경우도 있다.

[예제 9.1], **[그림 9.2]**에 나타낸 독립된 방형파 푸리에 변환 $X(\omega)$와 에너지 스펙트럼을 구하라.

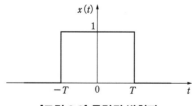

[그림 9.2] 독립된 방형파

해설 (9.2) 식에 의해

$$X(\omega) = \int_{-\infty}^{\infty} x(t) \exp(-j\omega t) \, dt = \int_{-T}^{T} \exp(-j\omega t) \, dt$$

$$= \frac{2}{\omega}\frac{1}{2j}\left(\exp\left(j\omega T\right) - \exp\left(-j\omega T\right)\right) = 2T\frac{2\sin\omega T}{\omega T}$$

가 되고 이것에 의해 다음이 얻어진다.

$$|X(\omega)|^2 = \left|2T\frac{2\sin\omega T}{\omega T}\right|^2$$

$X(\omega)$는 계수 $2T$를 가진 함수이다. $T=\omega$로 두고, 그래프를 [**그림 9.3**]에 나타낸다.

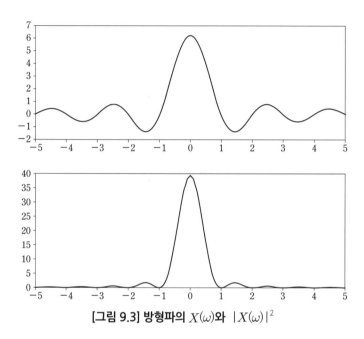

[**그림 9.3**] 방형파의 $X(\omega)$와 $|X(\omega)|^2$

[**예제 9.2**] $\sin\omega_0$와 $\cos\omega_0$의 푸리에 변환을 구하라.

해설 예제의 삼각 함수는 낯익은 것이지만 이것을 푸리에 변환하기 위해서는 다소 번거롭지만 디락의 델타 함수를 도입할 필요가 있다. 델타 함수는 그림으로 생각하면 매우 가는 철사가 하나 서 있고 면적은 1이라는 조건아래 폭이 무한정 작고 높이가 무한정 큰 함수이다. 이 조건에 의해, 다음과 같이 말할 수 있다.

$$\int_{-\infty}^{\infty} x(t)\delta(t-a)dt = x(a) \tag{9.12}$$

이것을 이용하여 주기 신호의 푸리에 변환 방법을 설명한다.

푸리에 변환이 가능하도록 하기 위해서는 절대 적분가능 조건이 필요하다. 한편, 사인파 $x(t) = \sin\omega t$는

$$\int_{-\infty}^{\infty} |\sin \omega t| \, dt = \infty$$

가 되어, 절대 적분가능 조건을 만족하지 않기 때문에 푸리에 변환은 존재하지 않는다.

따라서 조금 작위적이지만 신호 $x(t)$의 푸리에 변환이

$$X(\omega) = 2\pi\delta(\omega - \omega_0) \tag{9.13}$$

으로 주어진 것으로 한다. 이것을 푸리에 역변환하면 델타 함수의 성질에 의해

$$x(t) = \frac{1}{2\pi} \int_{-\infty}^{\infty} 2\pi\delta(\omega - \omega_0) \exp{(j\omega t)} \, d\omega = \exp{(j\omega_0 t)} \tag{9.14}$$

가 된다. 이 관계를 일반화하면

$$X(\omega) = \sum_{n=-\infty}^{\infty} 2\pi c_n \delta(\omega - n\omega_0) \tag{9.15}$$

의 푸리에 역변환은

$$x(t) = \sum_{n=-\infty}^{\infty} c_n \exp{(jn\omega_0 t)} \tag{9.16}$$

가 된다. 이것은 푸리에 급수 표현이다(푸리에 급수는 다른 책을 참조하기 바란다).

이와 같이 푸리에 계수 $\{c_n\}$을 가진 주기 신호 (9.16) 식의 푸리에 변환은 (9.15) 식을 보면 알 수 있듯이 $\{2\pi c_n\}$을 계수로 하는 임펄스 열이 되고 이 열은 가로축을 ω(또는 f)로 잡은 그래프를 생각하면 휘선형 세로선이 나란히 분포하는 즉 스펙트럼을 나타내는 것이 되므로 푸리에 계수를 스펙트럼이라고 부르는 경우도 있다.

(9.15), (9.16) 식의 결과를 이용하여 해를 유도한다. 처음에 $x(t) = \sin \omega_0 t$일 때 이 푸리에 급수 표현은

$$x(t) = \sin \omega_0 t = \frac{1}{2j} \exp{(j\omega_0 t)} - \frac{1}{2j} \exp{(-j\omega_0 t)}$$

이므로 푸리에 계수는 다음과 같아진다.

$$c_1 = \frac{1}{2j}, \quad c_{-1} = -\frac{1}{2j}, \quad c_n = 0 \ \ (n \neq 1)$$

이에 따라 다음의 결과를 얻는다.

$$X(\omega) = \mathcal{F}\left[x(t)\right] = \frac{2\pi}{2j} \left\{\delta(\omega - \omega_0) - \delta(\omega + \omega_0)\right\}$$
$$= -j\pi \left\{\delta(\omega - \omega_0) - \delta(\omega + \omega_0)\right\}$$

이 $X(\omega)$는 [**그림 9.4**](a)와 같다. 다만 세로축은 허수축이라는 것에 주의하기 바란다.

마찬가지로

$$y(t) = \cos \omega_0 t = \frac{1}{2} \exp(j\omega_0 t) + \frac{1}{2} \exp(-j\omega_0 t)$$

이므로 푸리에 계수는 다음과 같다.

$$c_1 = c_{-1} = \frac{1}{2}, \quad c_n = 0 \quad (n \neq 1)$$

이에 따라 다음의 결과를 얻는다.

$$Y(\omega) = \mathcal{F}[y(t)] = \pi \{\delta(\omega - \omega_0) + \delta(\omega + \omega_0)\}$$

이 $Y(\omega)$는 [그림 9.4](b)와 같다. 이 그림의 세로축은 허수축이라는 것에 주의하기 바란다.

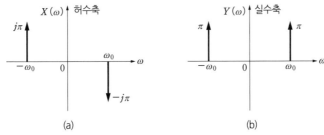

[그림 9.4] $\sin \omega_0 t$, $\cos \omega_0 t$의 푸리에 변환

[그림 9.4]와 같은 스펙트럼은 선으로 표현되는 것이므로 이것을 **선 스펙트럼**(line spectrum)이라고 하고 주기 신호는 선 스펙트럼을 나타낸다. 이것과 대비되는 것이 **연속 스펙트럼**(continuous spectrum)이고 앞의 방형파가 이것을 나타낸다.

다음으로 $x(t) = \sin \omega_0 t$는 기함수 성분(원점에 대해서 대칭)이고 이 스펙트럼은 순허수이다. 한편, $y(t) = \cos \omega_0 t$는 우함수 성분(세로축에 대해서 대칭)이고 이 스펙트럼은 실수가 된다.

한편, 각각의 진폭 스펙트럼 $|X(\omega)|$, $|Y(\omega)|$는

$$|X(\omega)| = |Y(\omega)| = \pi \{\delta(\omega - \omega_0) + \delta(\omega + \omega_0)\} \tag{9.17}$$

이 되고 $\omega = 0$인 축을 중심으로 좌우대칭이 된다. 이 대칭성은 에너지 스펙트럼 밀도, 파워 스펙트럼 밀도와도 동일하다. 이 때문에 데이터에 기초한 현장의 스펙트럼 분석에서는 오른편 한쪽만을 보는 경우가 많다.

9.3 현실의 문제점

연속 시간 신호 $x(t)$에 대해서 푸리에 변환을 실시하는 경우 측정기기 등을 이용하는 현실

의 일을 생각하면 다음과 같은 두 가지 문제점이 있다.

1. 샘플링 주파수와 에일리어싱(aliasing)
2. 유한장 파형을 위한 중단과 누락

첫 번째는 디지털 계측에 있어서 샘플링에 수반되는 문제이다. 두 번째는 디지털, 아날로그에 관계없이 실제의 기록기가 유한 시간만 관측할 수 있기 때문에 파형은 유한장이라는 것에 기인하는 문제이다. 이 절에서는 이 두 가지 문제점에 관해서 설명한다.

9.3.1 샘플링 문제

연속 시간 신호를 샘플링하여 이산 시간 신호를 얻을 때 이 샘플링이 푸리에 변환에서 어떠한 영향을 끼치는가를 설명한다.

지금 $x(t)$의 푸리에 변환 $X(\omega)$는 주파수 구간 $[-\omega_c, \omega_c]$의 범위에만 존재한다고 가정한다. 즉, 다음과 같다.

$$\begin{cases} X(\omega) = \mathcal{F}[x(t)] & |\omega| \leq \omega_c \\ X(\omega) = 0 & |\omega| > \omega_c \end{cases} \tag{9.18}$$

이 $X(\omega)$는 [그림 9.5]의 실선으로 나타낸 함수라고 하자.

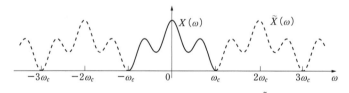

[그림 9.5] $X(\omega)$와 주기적으로 확장한 $\tilde{X}(\omega)$

다음으로 [그림 9.5]에서 실선에 추가하여 점선도 포함한 $\tilde{X}(\omega)$를 고려한다. 이것은 $|\omega| > \omega_c$로 주기적으로 되도록 확장한 함수이다. 이와 같이 하면 $\tilde{X}(\omega)$는 주기 함수로 간주된다.

이것으로부터 유도된 정리를 다음에 제시한다. 다만 ω에서 f의 표기로 바뀐 것에 주의하기 바란다.

[샘플링 정리(sampling theorem)]

표본화 정리라고도 한다. 실 함수 $x(t)$의 푸리에 변환 $X(\omega)$가 존재하고 $|f| \leq f_c$ 이외의 주파수 성분을 포함하지 않을 때 $x(t)$는 $t = k/2f_c$ (k는 정수)의 이산 시점에서 신호의 표본값으로부터 재현할 수 있다. $1/2f_c$를 **나이퀴스트 간격**(Nyquist interval), $2f_c$를 **나이퀴스트 주파수**((Nyquist frequency)라고 한다.

다르게 표현하자면, $x(t)$가 포함하는 성분의 최고 주파수 f_c의 2배 속도로 샘플링을 수행하면 원래의 파형을 완전히 복원할 수 있다.

그렇다면 샘플링 주파수가 최고 주파수의 2배 미만일 때 어떻게 되는가는 다음 항의 에일리어싱에서 설명한다.

9.3.2 에일리어싱

에일리어싱(aliasing[*2], **폴딩잡음**(folding noise)이라고도 한다)이란 연속 신호가 샘플링되어 복원될 때 왜곡이 생겨 다른 파형처럼 보이는 것이다. 예를 들면 **[그림 9.6]**과 같이 주파수 f = 4Hz(주기 0.25)의 사인파를 ΔT = 0.2로 샘플링하면 주기 1의 사인파로 보인다.

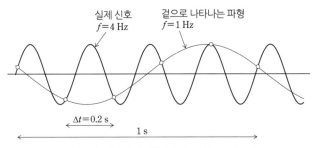

[그림 9.6] 사인파의 샘플링에 의한 에일리어싱

실제 신호를 복원하려고 하면 샘플링 정리에 의해 2 × 4=8Hz 이상의 주파수로 샘플링을 해야 한다. 샘플링 주파수가 이것보다 늦으면 거짓 신호를 보게 된다.

이것을 스펙트럼 분포로 표현한 것이 **[그림 9.7]**이다.

[그림 9.7](a)는 에일리어싱을 일으키지 않았으므로 원래의 스펙트럼 분포를 볼 수 있다. 한편, **[그림 9.7]**(b)는 서로 이웃한 스펙트럼이 서로 겹쳐져, 이제는 실제의 $X(\omega = 2\pi f)$를 찾아내는 것이 불가능하다.

이상에 의해, 에일리어싱을 일으키지 않게 하기 위해서는

- 원래의 파형이 가지는 최고 주파수 f_c의 2배 이상 속도의 샘플링 주파수 f_s를 적용한다.
- 샘플링한 $x(k)$에 적절한 윈도우 함수를 곱한다.
- 이 f_s를 달성할 수 없다면, $f_s/2$를 차단역으로 하는 로우 패스 필터를 이용하여 원래의 파형을 필터링한다.

[*2] alias는 별명, 가명 등의 의미가 있다.

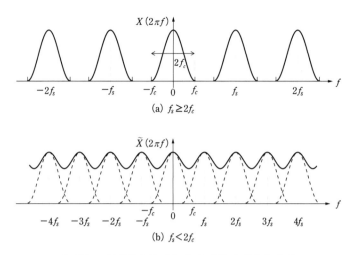

(a) $f_s \geq 2f_c$

(b) $f_s < 2f_c$

[그림 9.7] 샘플링 주파수 f_s와 에일리어싱의 관계

등의 처리가 필요하다. 두 번째의 윈도우 함수와 세 번째의 로우패스 필터의 방법에 관해서는 뒤에 설명한다.

9.3.3 유한 장파형의 문제점

실제의 관측은 유한 시간이다. 따라서 관측하는 파형을 어디선가 중단하지 않을 수 없게 된다. **[그림 9.8]**은 $x(t)$를 시간간격 $[t_1, t_2]$로 관측하여 실제로 취득한 것은 잘라낸 $x_T(t)$[*3]라는 것을 나타내고 있다.

이 경우 가상적으로 그림에 나타낸 **직사각형창**(rectangular window) wt가 $x(t)$에 작용하여 즉 $x(t)$를 잘라 $x_T(t)$를 생성하고 있다고 간주할 수 있다. 9.2.2 항의 예제에서 나타낸 것처럼 고립된 사인파의 푸리에 변환은 양수값과 음수값으로 진동하는 연속된 파형이었다. 이 파형이 $X_T(f) = \mathcal{F}[x(t)]$에 영향을 준다. 이 영향을 표현한 것이 **[그림 9.9]**이다.

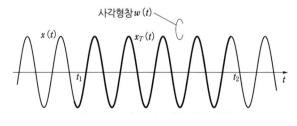

[그림 9.8] 유한 장파형

[*3] truncate는 잘라내다, 끝을 자르다 등의 의미가 있고 본문과 같이 파형을 자르는 것도 영어로 truncate라고 한다. 이 첫 글자를 이용하여 $x_T(t)$의 첨자 T를 이용하고 있다.

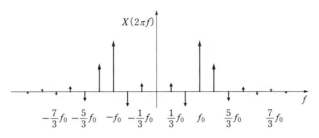

[그림 9.9] 지연된 이미지(메인 로브와 사이드로브)

영향을 받은 $X_T(f) = \mathcal{F}[x(t)]$를 보면 원래의 기본 주파수 f_0의 위치에 극댓값이 나타나고, 그 주위에는 **사이드로브**(side-lobe)[*4] 라고 부르는 일련의 봉우리가 생긴다. 기본 주파수 성분은 각 사이드로브의 크기에 맞춰 크기를 변경하여 주기적으로 나타난다. 이와 같이 마치 주된 스펙트럼이 새고 있는 것처럼 보이기 때문에 스펙트럼의 **누설**(leakage)이라고 한다. 이 누설이 생기기 때문에 기본 주파수 이외에 몇 개의 주파수 성분이 있는 것 같은 엘리어스(alias) 주파수를 인식하게 된다. 이에 대한 대처법으로서 윈도우 함수를 적용하는 것이 있고 이것은 뒤에 설명한다.

9.4 이산 푸리에 변환(DFT)

9.4.1 DFT의 표현

관측된 데이터는 이산 시간 신호 또는 유한장 데이터인 것이 대부분이다. 이 데이터에 대한 푸리에 변환으로 **이산 푸리에 변환**(DFT: discrete Fourier transform)이 있다. 유도는 뒤로 미루기로 하고 표현을 다음에 제시한다.

> **[이산 푸리에 변환(DFT)과 역이산 푸리에 변환(IDFT)]**
>
> 샘플링 시간을 ΔT, 관측 데이터수를 N이라고 하고 관측 데이터는 $\{x(k)\}$, $(k = 0, \cdots, N - 1)$이다. 이 때 기록장 T와 주파수 간격(주파수 분해능이라고도 한다) Δf는 다음과 같아진다.
>
> $$T = N\Delta T, \quad \Delta f = \frac{1}{T} = \frac{1}{N\Delta T} \quad (9.19)$$
>
> 이 조건을 기초로 DFT는 다음 식으로 정의된다.

[*4] sidelobe(길고 주름이 있는 겉옷)와 혼동하지 않도록 한다. lobe의 의미는 원래의 뜻인 그리스어 lobos(귓불)에서 파생되어, 둥글게 돌출한 것을 가리키게 되어, 이하의 사이드로브의 형태가 바로 그 lobe이다.

$$X(n) = \Delta T \sum_{k=0}^{N-1} x(k) \exp\left(-j2\pi nk/N\right) \qquad (9.20)$$

여기에서 $n = 0, \cdots, N-1$의 각 점은 $n\Delta f$를 나타낸다. $X(n)$은 일반적으로 복소수라는 것에 주의하기 바란다.

만약 처음부터 이산 데이터 계열이 주어진 경우에는 $\Delta T = 1$로 두고 계산하면 된다. 이 때 다음 표기를 이용한다. 이것은 (9.20) 식과 동일하다.

$$X(n) = \mathop{\mathrm{DFT}}_{k=0}^{N-1}\left(x(k)\right) \qquad (9.21)$$

또한, IDFT는 다음 식으로 정의된다.

$$x(k) = \frac{1}{N} \sum_{n=0}^{N-1} X(n) \exp\left(j2\pi kn/N\right) \qquad (9.22)$$

푸리에 변환의 경우와 마찬가지로 $|X(n)|$을 진폭 스펙트럼, $|X(n)|^2$을 에너지 스펙트럼 밀도라고 하면 파워 스펙트럼 밀도는

$$\mathrm{PSD}_x(n) = \frac{|X(n)|^2}{T} \qquad (9.23)$$

가 된다.

주의 이산 푸리에 변환(DFT) 계산 방식을 고안하여 이 계산을 고속으로 수행하는 것을 고속 푸리에 변환(FFT: fast Fourier transform)이라고 한다. 이를 위해 SciPy는 fft라는 이름을 이용하여 DFT 계산을 수행한다. 그러나 FFT의 본질은 DFT이므로 본문 중에서는 DFT를 이용한다. DFT와 FFT은 동일한 것으로 간주하고 읽어나가도 된다.

9.4.2 사인파의 DFT 예

사인파의 주기에 대해서 정수배 관측과 비정수배 관측을 한 경우의 DFT의 계산을 고려한다.

[예제 9.3] $x(t) = \sin(2\pi f_0 t)$의 주기의 정수배를 관측하여 그 DFT와 PSD를 구하라.

해설 주파수, 관측 조건 등은 다음 스크립트와 같이 두고 주기의 정수배를 관측하기로 한다.

[파일 9.2] DFT_Sine.ipynb

```
f0 = 1.5    # fundamental frequency [Hz]
T = 2/f0    # observation time[s], two means period.
N = 16      # the number of observation
```

```
dt = T/N    # sampling time
df = 1/T    # frequency resolution
A = 2.0
t = np.linspace(0, N-1, N)*dt    # time line
x = A*np.sin(2*np.pi*f0*t)       # observed signal
```

이 관측 파형에 대한 계산은 다음과 같다.

```
dft = scipy.fftpack.fft(x)    # DFT
esd = (np.**abs**(dft)**2)      # 에너지 스펙트럼
psd = esd/T                   # 파워 스펙트럼
```

이 결과는 **[그림 9.10]**, **[그림 9.11]**과 같다. 다만 $X(\omega)$는 복소수이고 이번의 결과에서는 실수부는 대부분 0이었으므로 허수부만 그린다.

이 결과가 나타내듯이

- 사인파는 기함수이기 때문에 $X(n\Delta f)$는 이론적으로는 허수부만의 값이 생겨, 원점(중심) 대칭이 된다.

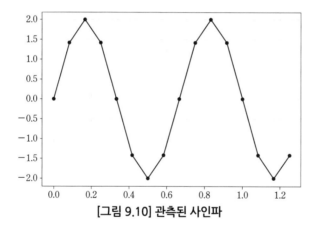

[그림 9.10] 관측된 사인파

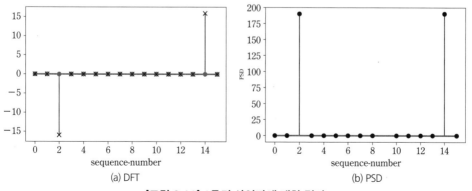

(a) DFT

(b) PSD

[그림 9.11] 1주기 사인파에 대한 결과

- PSD는 $N/2$를 중심으로 해서 좌우대칭이다.

또한, 정수 주기분에 대한 DFT는 다음 식으로 표현된다.

$$
\begin{aligned}
X(n\Delta f) &= \mathop{\mathrm{DFT}}_{k=0}^{N-1}\left(A\sin\left(2\pi f_0\Delta T\, k\right)\right) \\
&= \frac{NA}{2}\left\{-j\delta\left(n\Delta f - f_0\right) + j\delta\left((n-N)\Delta f + f_0\right)\right\}
\end{aligned} \tag{9.24}
$$

이 식과 결과를 비교하면 DFT가 바르게 계산된다는 것을 알 수 있다.

[예제 9.4] 사인파의 주기의 비정수배를 관측하여 DFT와 PSD를 구하라.

해설 주파수, 관측조건 등은 다음 스크립트와 같이 하여 주기의 비정수배를 얻는다.

[파일 9.3] DFT_Sine.ipynb

```
f0 = 1.25   # 기본 주파수 [Hz]
T = 1       # 관측 시간[s]
N = 20      # 샘플수
dt = T/N    # 샘플링 시간
df = 1/T    # 주파수 분해능
t = np.linspace(0, N-1, N)*dt       # 시간축
x = np.sin(2*np.pi*f0*t)            # 관측 신호
```

앞의 계산과 마찬가지로 PSD를 구한 결과는 **[그림 9.12]**와 같다. 이 가로축에는 음의 주파수가 표시되어 있지만 이 표시를 양측 스펙트럼이라고 하고 계산 상태를 나타낸다. 반드시 주파수 0을 중심으로 좌우대칭이므로 주파수가 0 이상인 한쪽만을 보면 충분하다.

이 결과가 나타내듯이 몇 개의 스펙트럼 누설이 확인된다. 이 원인은 9.3.3 항에서 기술한 것처럼 유한장 관측에서 가상적으로 적용한 직사각형 창의 사이드로브의 영향을 나타내고 있기 때문이다.

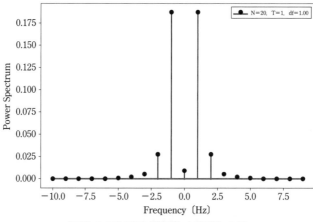

[그림 9.12] 절단 영향을 수반하는 PSD

다음으로 데이터 수 N과 주파수 분해능 ΔT가 PSD에 미치는 영향을 살펴보기 위해 동일한 예제를 대상으로 N과 T를 변경한 결과를 다음에 제시한다. 여기에서

$$T = N\Delta T, \quad \Delta f = \frac{1}{T}$$

인 것에 유의하면 다음과 같이 말할 수 있다.

- T를 길게 하면 주파수 분해능 Δf가 가늘어진다. 또한 ΔT가 커진다.
- N을 증가시키면, 주파수 구간($= N\Delta f$)가 넓어진다.

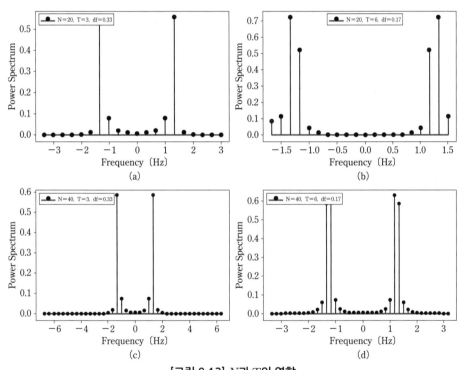

[그림 9.13] N과 T의 영향

9.4.3 제로 패딩

제로 패딩(zero padding)이란 데이터 수가 예를 들면 100개라고 할 때 여기에 28개의 0을 뒤에 추가하는 것을 말한다(이것을 '패딩'이라고 부른다).

제로 패딩의 효용은 다음과 같다.

- 원래의 주파수 성분에 영향을 주지 않는다.

- 겉보기로는 스펙트럼 분포가 매끄러워진다.
- PSD 분포가 매끄러워지므로 주파수 성분이 있는 곳을 알기 쉬워진다.
- 데이터 수를 2제곱할 수 있으므로 FFT를 이용한 고속연산을 위한 목적으로 이용할 수 있다.

주의하자면 원래의 주파수 분해능이 향상되지는 않고, 주파수점 사이를 보간(interpolation)하는 것뿐이다.

시뮬레이션을 통해 제로 패딩을 효용을 알아보도록 하자.

[예제 9.5] 세 개의 주파수 성분을 가지는 신호를 관측하여 이 주파수 성분을 추정하라. 여기에서 주기를 비정수배의 관측으로 한다.

해설 관측 데이터수가 $N = 16$, 신호의 세 가지 주파수 성분은 $f = 1.1, 1.7, 3.1$이고 이 중에 두 개는 근접해있다. 이것은 다음 스크립트와 같다.

[파일 9.4] DFT_ZeroPadding.ipynb

```
N = 16
T = 1.1
dt = T/N    # 샘플링 시간

t = np.linspace(0, N-1, N)*dt # 시간축
x = 0.5*np.sin(2*np.pi*1.1*t)  \
  + 1.0*np.sin(2*np.pi*1.7*t + np.pi/2) \
  + 0.5*np.sin(2*np.pi*3.1*t)
```

제로 패딩은 다음과 같이 지정할 수 있다. 즉, 함수 fft(x, n=Num)는 x.size(1차원 배열 x의 크기)보다도 n만큼 크면 큰 만큼 0을 추가하여 DFT의 계산을 수행한다. 지금 x의 배열의 크기(x.size)는 16이고 n=Num에 16, 32, 64, 512를 지정할 때의 PSD는 **[그림 9.14]**와 같다.

이 결과를 보면 데이터 수 $N = 16, 32, 64$일 때는 어디에 실제의 주파수 성분이 있는지 잘 알 수 없다. $N = 512$일 때 결국 세 가지 주파수 성분을 알 수 있다.

제로 패딩은 겉보기로 데이터수가 많아지므로 외견상 관측 시간이 길어진다. 이 때문에 외견상 주파수 분해능은 향상된다. 그러나 실제의 주파수 분해능이 향상되는 것이 아니라 어디까지나 원래 주파수 간격 사이의 보간에 불과하다는 것에 주의하기 바란다.

9.5 윈도우 함수

9.5.1 윈도우 함수의 종류

주기 신호를 비주기적으로 유한 시간에 관측하는 경우에 스펙트럼 누설(leakage)이 생긴다.

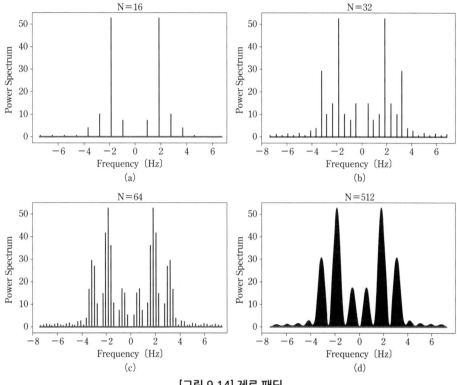

[그림 9.14] 제로 패딩

스펙트럼 누설은 원래 비주기의 신호를 관측하는 경우에도 생기므로 뒤에 기술하는 랜덤 신호의 신호 처리에 있어서 문제가 된다. 이 누설을 억제하는 방법의 하나로 **윈도우 함수**(window function)가 있다.

SciPy가 제공하는 윈도우 함수는 https://docs.scipy.org/doc/scipy/reference/signal.html에 다수 게재되어 있다.

여기에서는 그 중 일부를 소개한다. 아래에 제시한 윈도우 함수의 표현에서 윈도우 함수의 폭을 $n = 0 \sim N - 1$로 하고 이 구간 외에서는 $w(t) = 0$으로 한다.

직사각형 창(rectangular window): 사각형 창이라고도 한다. 입력 신호를 단순히 잘라내어 그대로 사용한다. 주파수 분해능은 뛰어나지만 사이드로브가 크다.

$$w(n) = 1$$

해밍 윈도우(Hamming window): Richard Wesley Hamming(미국, 1915–1998)이 Hann 윈도우의 개량판으로 고안했다. Hann 윈도우보다 주파수 분해능이 조금 좋고, 자주 사용되는 윈도우 함수의 하나이다. 불연속이 되는 것이 특징이다.

$$w(n) = 0.54 - 0.46 \cos\left(\frac{2\pi n}{N-1}\right)$$

Hann 윈도우(Hann window): Julius von Hann(오스트리아, 1839-1921)이 고안했다. 해밍 윈도우가 연상되므로 해닝 윈도우라고도 부른다. 자주 사용되는 윈도우 함수의 하나이다.

$$w(n) = 0.5 - 0.5 \cos\left(\frac{2\pi n}{N-1}\right)$$

블랙맨 윈도우(Blackman window): Ralph Beebe Blackman이 고안했다. Hann/해밍 윈도우보다 주파수 분해능이 나쁘지만 동적 영역이 넓다.

$$w(n) = 0.42 - 0.5 \cos\left(\frac{2\pi n}{N-1}\right) + 0.08 \cos\left(\frac{4\pi n}{N-1}\right)$$

카이저 윈도우(Kaiser window):

$$w(n) = \frac{I_0\left(\pi\alpha\sqrt{1 - \left(\frac{2n}{N-1} - 1\right)^2}\right)}{I_0(\pi\alpha)}$$

여기에서 I_0는 제1종의 0차 변형 베셀 함수이고 파라미터 α를 조정하는 것에 의해 윈도우의 형태가 변한다. $\alpha = 0$에서 직사각형 창, $\alpha = 1.5$에서 해밍 윈도우, $\alpha = 2.0$에서 Hann 윈도우, $\alpha = 3$에서 블랙맨 윈도우에 근사한다.

각 윈도우의 파형은 **[그림 9.15]**와 같다. 모두 양쪽 끝을 누름으로써 스펙트럼의 누설을 절감하도록 의도하고 있다.

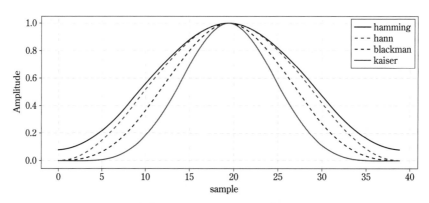

[그림 9.15] 윈도우 함수의 형태

9.5.2 윈도우 함수의 사용 예

Hann 윈도우를 이용하는 예는 다음과 같다.

[파일 9.5] DFT_WindowFunction.ipynb

```python
from scipy import signal

N = 40
w_hann = signal.hann(N)
f0 = 1.25  # 기본 주파수 [Hz]
T = 6      # 관측 시간[s]
dt = T/N   # 샘플링 시간
df = 1/T   # 주파수 분해능
t = np.linspace(0, N-1, N)*dt
x = np.sin(2*np.pi*f0*t)

xw = w_hann*x  # Hann 윈도우
```

원래 신호에 Hann 윈도우를 적용한 신호파형은 **[그림 9.16]**과 같다. 또한 직사각형 윈도우와 Hann 윈도우를 적용했을 때의 PSD는 **[그림 9.17]**과 같다.

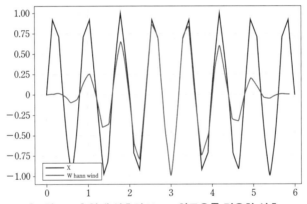

[그림 9.16] 원래 신호와 Hann 윈도우를 적용한 신호

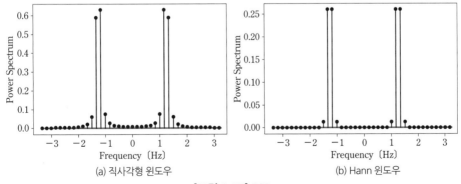

(a) 직사각형 윈도우 (b) Hann 윈도우

[그림 9.17] PSD

Hann 윈도우를 이용하면 사이드로브의 영향이 줄어들어 윈도우 함수의 효용이 확인된다. 그러나 주파수 성분이 두 가지 있는 것처럼 보인다. 그 이유는 주파수 분해능이 커지기 때문이다. 주파수 분해능을 작게 하기 위해서는 관측 시간 T를 늘리면 된다. 주파수가 $f = 1.25\text{Hz}$이므로 주파수 분해능은 최소한 0.125Hz가 바람직하다. 따라서 관측 시간은 적어도 $T = 1/\Delta f$ $= 1/0.125$ 이상이면 좋다. 앞과 마찬가지 조건에서 $T = 8$이라고 할 때의 PSD는 **[그림 9.18]** 과 같다.

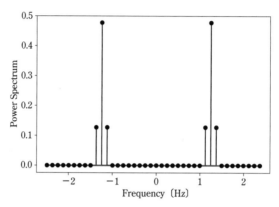

[그림 9.18] 관측 시간을 늘렸을 때의 PSD

이 결과를 보면 기본 주파수가 하나라는 것이 나타난다. 다만 관측 시간 T를 늘리면 주파수 분해능이 작아지고 그 만큼 주파수 구간(= $N\Delta f$)이 좁아진다. 이것을 피하고 싶다면 N을 늘리면 된다.

9.5.3 수학적 표현

여기에서는 이산 푸리에 변환의 유도를 간단히 설명한다. 연속 시간의 푸리에 변환은 다음 식으로 정의된다. 다만 편의상 주파수 f의 표현을 이용하는 것으로 한다.

$$X(f) = \int_{-\infty}^{\infty} x(t) \exp(-j2\pi ft)\, dt \qquad (9.25)$$

우선 연속 시간 신호 $x(t)$를 샘플링 시간 ΔT로 샘플링한다. 다만 무한정의 이산 시간계열

$$x(k) = x(k\Delta T), \quad -\infty < k < \infty \qquad (9.26)$$

을 대상으로 하는 것에 주의하기 바란다. 이 조건 아래, (9.25) 식의 적분은 직사각형 근사에 의해 다음 식으로 표현된다.

$$X'(f) = \int_{-\infty}^{\infty} \left[\sum_{k=-\infty}^{\infty} x(t - k\Delta T) \Delta T \right] \exp(-j2\pi f t)\, dt$$

$$= \Delta T \sum_{k=-\infty}^{\infty} x(k) \exp(-j2\pi f k \Delta T) \tag{9.27}$$

물론, (9.27) 식에서 $\Delta T \to 0$이라면 (9.25) 식이 된다. 또한 $\Delta T \to 0$이라고 하지 않아도, $X(f)$가 $-1/(2\Delta T) \leq f \leq 1/(2\Delta T)$에서 대역 제한되어 있다면 이 구간 내에서 (9.27) 식의 값은 (9.25) 식의 값과 일치한다. 그리고 $X'(f)$는 연속 함수라는 것에 주의하기 바란다.

다음으로 데이터 계열이 $k = 0, \cdots, N - 1$로 한정되어 있다고 하자. 즉, 데이터 수는 N개로 한다. 이때 기록장 T와 주파수 간격 Δf는 다음 관계가 있다.

$$T = N\Delta T, \qquad \Delta f = \frac{1}{T} = \frac{1}{N\Delta T} \tag{9.28}$$

이에 따라 (9.27) 식은 다음과 같다.

$$X(n) = \Delta T \sum_{k=0}^{N-1} x(k) \exp(-j2\pi(n\Delta f)k\Delta T) = \Delta T \sum_{k=0}^{N-1} x(k) \exp(-j2\pi nk/N) \tag{9.29}$$

이 결과가 잘 알려진 DFT이다. 또한, 역이산 푸리에 변환(IDFT: Inverse DFT)은 역 푸리에 변환과 마찬가지로 다음과 같이 주어진다.

$$x(k) = \frac{1}{N} \sum_{n=0}^{N-1} X(n) \exp(j2\pi kn/N) \tag{9.30}$$

9.6 랜덤 신호의 파워 스펙트럼 밀도

9.6.1 파워 스펙트럼 밀도의 표현

연속 시간의 신호 $x(t)$가 다음 식을 만족할 때 $x(t)$는 유한 파워를 가졌다고 한다.

$$\int_{-\infty}^{\infty} |x(t)|\, dt < \infty \tag{9.31}$$

그러나 랜덤 신호의 파워는 유한이 아니다. 따라서 해당 푸리에 변환은 존재하지 않는 것에 주의하기 바란다. 따라서 **[그림 9.19]**에 나타낸 것처럼 구간 $[-T/2, T/2]$에 걸쳐서

$$x_T(t) = \begin{cases} x(t) & (|t| \leq T/2) \\ 0 & (|t| > T/2) \end{cases} \tag{9.32}$$

와 같이 정의되는 $x_T(t)$를 도입한다. $x_T(t)$의 푸리에 변환은 존재하기 때문에 이것을 $X_T(f)$로 나타낸다.

Parseval의 정리에 의해, 다음이 성립 한다.

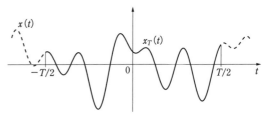

[그림 9.19] 유한 구간에서 정의되는 $x_T(t)$

$$\int_{-\infty}^{\infty} x_T{}^2(t)dt = \int_{-\infty}^{\infty} |X_T(f)|^2 df$$

위 식에서 $|X_T(f)|^2$는 $x_T(t)$의 에너지 스펙트럼 밀도이다. 그런데 $x_T(t)$의 정의로부터 $T \to \infty$일 때 $x_T(t) \to x(t)$이므로 $x(t)$의 에너지 스펙트럼 밀도는 다음과 같이 정의된다면 좋을 것으로 생각된다.

$$\lim_{T \to \infty} |X_T(f)|^2$$

그러나, 이 극한값은 존재하지 않는다. 이 극한값이 존재한다면 처음부터 $x_T(t)$를 도입할 필 요는 없다. 따라서 전 에너지 대신 단위 시간당 에너지, 즉 파워를 고려하기 위해 다음 식을 생 각할 수 있다.

$$\lim_{T \to \infty} \frac{1}{T} \int_{-T/2}^{T/2} x_T{}^2(t)dt = \lim_{T \to \infty} \int_{-\infty}^{\infty} \frac{|X_T(f)|^2}{T} df$$

이것은 모든 f에 대해서 극한값이 존재하기 때문에

$$\lim_{T \to \infty} \frac{|X_T(f)|^2}{T}$$

이것을 파워 스펙트럼 밀도라고 정의하고 싶은 경우가 있다. 그러나 위 식은 랜덤 신호의 견본 과정에 대해서 도입된 것이므로 이 값은 견본과정마다 다른 확률 변수로 부적절하다. 이 때문 에 랜덤 신호(확률 과정으로도 간주되는)의 파워 스펙트럼 밀도는 기댓값을 취해 다음과 같이 정의한다.

$$\mathrm{PSD}_x(f) = \lim_{T \to \infty} E\left[\frac{|X_T(f)|^2}{T} \right] \tag{9.33}$$

이 극한이 존재할 때 $PSD_x(f)$를 정상 확률 과정 $\{x(t)\}$의 파워 스펙트럼 밀도라고 한다.

비고 확정 신호와 랜덤 신호의 경우의 파워 스펙트럼 밀도를 양쪽 모두 동일한 기호 PSD로 나타내고 있지만 어떤 신호에 대한 것인가는 문맥에 의해 쉽게 판단할 수 있다고 생각하여 동 일한 기호를 사용했다.

9.6.2 PSD는 확률 변수

SciPy에서 랜덤 신호의 PSD를 구하는 방법으로 scipy.signal의 'Spectral Analysis'를 보면 주기도법(periodogram), Wlech법, Lomb-Scargle법이 준비되어 있다[*5]. 이 중에서 스펙트럼 분석기에도 이용되어 실용성이 높은 주기도법을 소개한다.

분석 대상이 되는 데이터는 두 주파수가 인접하고 신호에 잡음이 중첩되어 있다고 하자. 이 신호의 상세한 내용은 다음 스크립트에 기술되어 있다.

[파일 9.6] PSD_Periodogram.ipynb

```
f1, a1  = 1.2, 1.0 # freq1 [Hz], amp1
f2, a2  = 1.3, 1.0 # freq2 [Hz], amp2
sd = 5.0   # std for noise

dt  = 0.2   # sampling time [s]
T   = 100   # observation time [s]
Num = 1024  # for zero-padding
df = 1/(dt*Num)  #
t = np.linspace(0, Num-1, Num)*dt # time line
freq = np.fft.fftfreq(Num, d=dt) # freq. line

w_hamming = signal.hamming(Num)  # hamming window

x = a1*np.sin(2*np.pi*f1*t) + a2*np.sin(2*np.pi*f2*t) + \
np.random.normal(loc=0.0, scale=sd, size=Num) # observastion
```

관측 파형([그림 9.20])을 눈으로 보는 것만으로는 어떤 주파수 성분이 포함되어 있는가를 알 수 없다.

앞의 스크립트에 이어서 파워 스펙트럼 밀도(PSD)를 구한다.

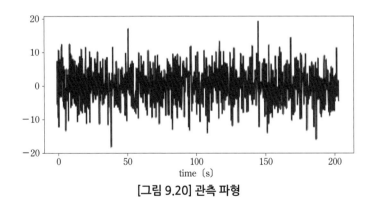

[그림 9.20] 관측 파형

[*5] 고전적인 PSD를 구하는 방법은 BT법(Blackmn-Tukey, 자기상관 함수를 이용한다), MEM(Maximum Entropy Method, AR 모델을 이용한 Burg의 알고리즘에 기초한다)도 있다.

여기에서 PSD는 확률 변수이므로 한 번 PSD를 구하는 것만으로는 잘 알 수 없다. 따라서 PSD를 10번 구한다. 그 중의 몇 가지가 [그림 9.21]과 같다. 이것을 보면 한 번만으로는 어디에 주파수 성분이 있는가 알 수 없고 또한 매번 분포가 변하고 있기 때문에 한 번만의 PSD 계산은 유효하지 않다는 것을 알 수 있다.

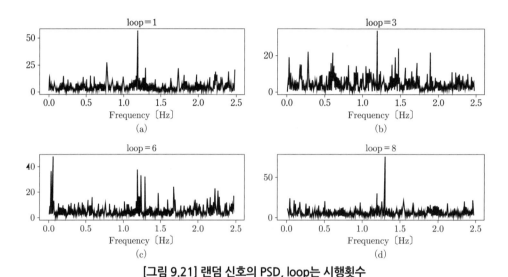

[그림 9.21] 랜덤 신호의 PSD, loop는 시행횟수

이 10번의 PSD를 주파수점마다 산술평균을 구한 결과는 [그림 9.22]와 같다. 이 평균 처리에 의해, 잡음이 섞인 두 개의 주파수 성분을 잘 추출할 수 있다는 것이 확인된다. 이 시뮬레이션에 의해, PSD는 확률 변수라는 것을 잘 알 수 있다.

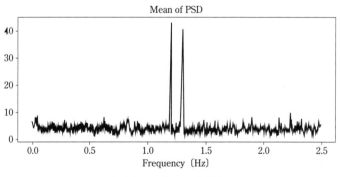

[그림 9.22] PSD의 평균

제 **10** 장
디지털 필터

센서 출력으로부터 잡음이나 외란을 제거하여 원하는 신호성분만을 전달하는 것이 필터이다. 이 장에서는 필터의 기본을 알기 위해 처음에는 아날로그 필터를 설명하고 그 뒤에 디지털 필터의 기본형(FIR, IIR)을 설명한다.

▌10.1 필터의 개요

10.1.1 필터란

필터(filter)란 불필요한 것을 차단하고 필요한 것만을 통과시키는 것이다. 여기에서 설명하는 필터는 지정된 **주파수 대역**(frequency band)을 통과(또는 차단)시키는 것을 말한다.

[그림 10.1]은 높은 주파수 성분과 낮은 주파수 성분이 포함된 신호로부터 원하는 주파수 성분을 통과(apss)시키는 필터(filter)를 설명하고 있다.

여기에서 HPF(high pass filter, 고역 필터)는 높은 주파수 성분을 통과시키고 LPF(low pass filter, 저역 필터)는 낮은 주파수 성분을 통과시킨다.

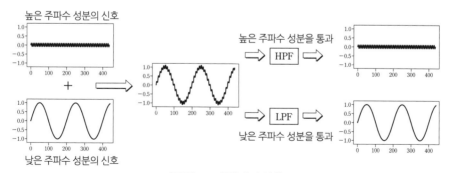

[그림 10.1] 필터의 역할

필터의 전달 함수를 $H(j\omega)$, 진폭 특성을 $|H(j\omega)|$라고 했을 때 통과시키는 신호의 주파수 대역을 진폭 특성으로 나타내고, 이 대역에 기초한 필터의 이름은 **[그림 10.2]**와 같다.

(a) 저역 필터(저역 통과 필터, low pass filter)

(b) 대역 필터(대역 통과 필터, band pass filter)

(c) 고역 필터(고역 통과 필터, high pass filter)

(d) 대역 차단 필터(band stop filter)

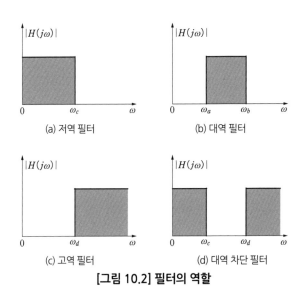

[그림 10.2] 필터의 역할

10.1.2 필터 특성

로우 패스 필터를 예로 들어(**[그림 10.3]**), 필터 특성을 설명한다.

컷오프 주파수

통과역과 저지역의 경계를 **컷오프 주파수**(cutoff frequency) ω_c로 나타낸다[*1]. 현실에서는 통과역과 저지역 사이는 연속적으로 변하고 이곳을 전이역(transition band)이라고 한다. 연속해서 감쇠하는 대역에서 예를 들면 통과하는 에너지가 1/2이 되는 곳을 ω_c라고 하는 경우가 많다. 한편, 전기공학이나 정보이론에서 말하는 게인(gain)은 입력과 출력의 전력이나 에너지 비를 나타내고, 이 비의 영역이 넓기 때문에 로그로 나타내도록 하고 있다. 따라서 에너지가 1/2

[*1] 정확하게는 컷오프 '각' 주파수라고 불러야 하지만 단순히 컷오프 주파수라고 부르고 있다. 단위는 [rad/s]이다. 컷오프 주파수의 경우는 [Hz]가 된다. 현장에서는 *f*가 사용하기 쉽지만 수학적으로 식을 다루는 경우에는 [rad/s]가 편리하므로 이 책에서는 [rad/s]를 많이 이용하고 있다.

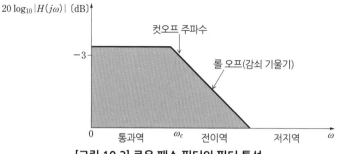

[그림 10.3] 로우 패스 필터의 필터 특성

이 되는 것은 다음과 같이 표현한다.

$$10 \log_{10} \frac{1}{2} \simeq -3.01 \rightarrow -3 \text{ dB} \tag{10.1}$$

이에 따라 -3 dB(단위 [dB]의 의미는 뒤에 기술)가 되는 경계를 컷오프 주파수 ω_c로 나타내는 경우가 많다.

에너지를 전달 함수로 표현하면

$$\frac{출력\ 에너지}{입력\ 에너지} = (전달\ 함수)^2$$

이므로 게인 다이어그램의 세로축을 [dB]로 표시할 때에는 아래 식의 우변으로 나타내는 경우가 많다.

$$10 \log_{10} |H(j\omega)|^2 = 20 \log_{10} |H(j\omega)|$$

다만 로그를 취하는 것은 영역을 넓게 보기 위한 것이므로 로그를 취하지 않고 단순히 진폭(여기에서는 절댓값) $|H(j\omega)|$을 게인 표시로 이용하는 경우도 있다. 이 단위는 차원이 없이 다루기로 한다.

에너지 비 1/2을 전달 함수의 입출력 신호의 진폭으로 생각하면 에너지의 제곱근으로 생각하기 때문에 진폭비가 $1/\sqrt{2} = 0.707$가 되는 주파수가 ω_c가 된다.

[그림 10.3]에 나타낸 **롤오프**(roll-off) 특성은 감쇠의 기울기 정도를 말하고 이것이 급한 쪽이 바람직하다고 여겨진다. 기울기가 가파를수록 리플이 커지는 트레이드오프가 있다(https://en.wikipedia.org/wiki/Filter_(signal_processing).

리플 특성

[그림 10.3]은 아직 이상적이고 현실의 필터 특성은 추가로 **[그림 10.4]**에 나타낸 것처럼 게인이 잔물결 형태로 나타나는 **리플 특성**(ripple characterisitics)이 있다.

이 그림에서 다음 대역을 고려한다.

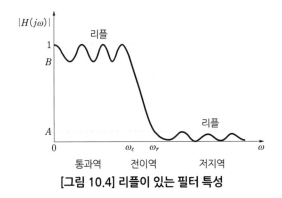

[그림 10.4] 리플이 있는 필터 특성

통과역(통과 대역, passband): $0 \leq \omega \leq \omega_c$

천이역(천이 대역, transition band): $\omega_c \leq \omega \leq \omega_r$

저지역(저지 대역, stopband): $\omega_r \leq \omega$

게인은 진동하는 것을 좋아하지 않고, 명세로는 통과 대역에서는 1, 저지 대역에서는 0으로 하고 싶지만 현실에서는 리플을 완전히 억제하는 것은 어렵다. 이 때문에 **[그림 10.4]**에 제시한 $1 - B$ 및 $0 \sim A$의 범위를 좁게 하는 필터 설계 명세를 제공한다. 이 범위를 좁게 하려고 하면 저차원의 필터로 구현하는 것은 어렵고 고차원의 필터가 될 수밖에 없다. 이 리플의 폭도 설계 명세로 제공되는 것은 뒤에 설명한다.

10.1.3 데시벨 [dB]

필터 성능을 확인하는 단위인 데시벨 [dB]에 관해서 설명한다. d는 수의 접두어(제1장)인 데시(deci)이고 일상에서는 데시리터가 유명한 것처럼 1/10을 나타낸다. B(벨)는 Alexander Graham Bell(스코틀랜드, 과학자, 발명가, 공학자, 1847-1922)의 이름에서 유래했다.

신호인 에너지의 전송비, 즉 입력과 출력의 에너지 비를 고려할 때 이 비가 너무 커지는 경우가 있다. 이 비를 상용로그로 보면 이해하기 쉬운 값이 된다. 예를 들면,

$$\frac{\text{출력 에너지}}{\text{입력 에너지}} = 1\,000\,000$$

으로는 숫자가 너무 크다. 따라서 상용로그를 취해

$$\log_{10} \left(\frac{\text{출력 에너지}}{\text{입력 에너지}} \right) = 6$$

으로 한다. 그러나 이렇게 하면 값이 너무 작아져서 10배 한 것을 생각한다. 즉 단위를 [dB]로 한다.

$$10 \log_{10} \left(\frac{\text{출력 에너지}}{\text{입력 에너지}} \right) = 60 \text{ dB}$$

Tea Break

벨은 전화기의 특허를 세계에서 최초로 취득했지만 다른 방식의 전화기를 발명한 에디슨과 특허 문제의 싸움에 말려들게 되었다. 1878년에 벨 전화회사를 설립했고, 이 회사는 뒤에 대기업 AT&T로 발전했다. 벨은 할아버지와 아버지의 영향을 받아 말년에 청각장애인의 교육에 전념하여 헬렌 켈러(Helen A. Keller)에게 앤 설리번(Anne Sullivan)을 소개해주었다. 설리번은 헬렌 켈러가 가진 세 가지 장애의 극복(발성은 뒤에 어느 정도 극복했다)을 위해 전력을 다했기 때문에 후세에는 기적의 인물이라고 부르고 있다.

10.2 아날로그 필터의 설계

아날로그 필터 중에 다음의 두 가지 필터 설계에 관해서 설명한다.

버터워스 필터: 통과 대역을 평탄하게 하는 것을 중시한다.
체비셰프 필터: 통과 대역에서 리플을 갖더라도, 차단 주파수 부근에서의 감쇠 경도를 중시하며, 다음의 두 가지가 있다. 제1종: 통과 대역에 리플이 있다. 제2종: 저지 대역에 리플이 있다.

이 설계와 주파수 응답에서는 SciPy가 제공하는 다음을 이용한다.

scipy.signal.iirfilter 전반적인 종류의 아날로그 필터에 대해서 공통적으로 이용된다.
scipy.signal.freqs 아날로그 필터의 주파수 응답 계산에 이용된다.

위의 두 설명 사이트에서도 frequency는 각주파수 [rad/s]를 의미한다. 또한 SciPy는 그 외의 필터(베셀, 엘립틱(타원))도 제공하고 있으므로 흥미 있는 독자는 스스로 위의 사이트를 살펴보기 바란다.

로우 패스 필터와 밴드 패스 필터의 설계 사례는 다음과 같다. 하이 패스 필터의 설계는 독자에게 맡기기로 한다. 로우 패스 필터의 설계 명세는 컷오프 주파수(설계에서는 각주파수로 나타낸다)로 하고 또한 그래프의 주파수 범위는 다음과 같이 한다.

```
wc = 100  #Cut off [rad/s]
W_range = np.logspace(0, 3, 100)  # [10^0,10^3] [rad/s]
```

10.2.1 버터워스 필터

버터워스 필터(Butterworth filter, S. Butterworth, 영국, 물리학자)의 특징은 다음과 같이 나열할 수 있다.

- 통과 대역, 저지 대역은 평탄(리플이 없다)
- 롤오프가 체비셰프 필터와 비교하면 완만
- 실제의 회로로 구현하기 쉬움

게인은 다음과 같이 주어진다.

$$|H(j\omega)| = \frac{G_0}{\sqrt{1 + \left(\dfrac{\omega}{\omega_c}\right)^{2n}}} \qquad (10.2)$$

여기에서 n은 필터 차수, ω_c는 컷오프 주파수, G_0은 DC 게인(주파수 0인 게인, 이후에는 G_0 = 1으로 한다)이다.

이것을 설계하여 주파수 응답을 구하는 스크립트는 다음과 같다.

[파일 10.1] AFIL_Design.ipynb

```
from scipy import signal
b, a = signal.iirfilter(N = order, Wn = wc, btype='lowpass',
                        analog=True, ftype='butter')
w, h = signal.freqs(b, a, W_range)
```

여기에서 signal.iirfilter의 파라미터는 N: 필터 차수, Wn: 컷오프 주파수[rad/s], btype: 'lowpass', 'highpass', 'bandpass', 'bandstop' 중 하나를 지정하고 analog: True(아날로그 필터 설계), False(디지털 필터 설계), ftype: 'butter', 'cheby1', 'cheby2', 'ellip', 'bessel' 중 하나를 지정한다. 출력의 b, a는 각각 필터 전달 함수의 분자, 분모의 계수를 나타낸다.

signal.freqs의 파라미터는 W_range: 이 주파수 범위에서 계산을 수행한다. 출력은 w: 계산한 각주파수[rad/s]의 범위, h: 각주파수 응답 $H(j_w)$ (복소수)이다.

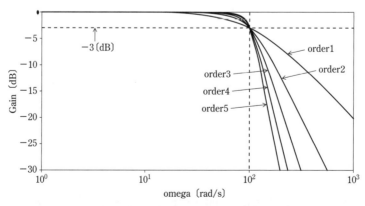

[그림 10.5] 버터워스 필터의 게인 특성

차수(order)를 1~5로 했을 때 필터의 진폭 특성은 **[그림 10.5]**와 같다. 컷오프 주파수의 게인 −3dB에서 선을 그렸다.

이 결과를 보고 지적할 수 있는 것은 통과 대역이 평탄(리플이 없다)하고 차수가 높을수록 롤오프가 크게(가파르게) 된다. 추가로 모든 차수의 경우에 컷오프 주파수와 −3dB 게인과의 교점을 게인 곡선이 통과하고 있다는 것을 알 수 있다. 또한 가로축의 단위 [rad/s]를 보기 어려운 경우에는 $2\pi f = \omega$, (f [Hz], ω [rad/s])의 관계를 이용하여 스크립트 안에서 freq = w/(2*np.pi)로 둔다. 이 단위는 [Hz]이고 plt.plot(frq, gain)이라고 하면 배열의 요소 순서는 바뀌지 않기 때문에 가로축이 [Hz]의 그래프가 된다. 이것은 **[그림 10.6]**과 같다.

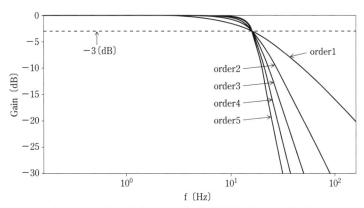

[그림 10.6] 버터워스 필터의 게인 특성, 가로축이 [Hz]

밴드 패스 필터는 통과 대역의 하한 주파수(wc_L)와 상한 주파수(wc_H)가 주어졌을 때 다음과 같은 스크립트로 표현된다.

```
wc_L = 500.0
wc_H = 1500.0
b, a = signal.iirfilter(N=order, Wn=[wc_L, wc_H], btype='
    bandpass', analog=True, ftype='butter')
```

이 결과는 **[그림 10.7]**과 같다. 다만 세로축도 리니어 스케일로 표현했다. 이 때문에 컷오프 주파수의 게인 −3dB 대신에 게인이 $1/\sqrt{2}$이 되는 곳에서 선을 그렸다. 차수에 상관없이 게인 곡선이 컷오프 주파수에서 이 점을 통과하는 것이 확인된다.

이 결과를 보고 알 수 있는 것은 리플이 없고 차수가 클수록 롤오프가 가파르게 된다는 것이다.

10.2.2 체비셰프 필터

체비셰프 필터(Chebyshev filter)는 체비셰프 다항식(Chebyshev polynomials, P.

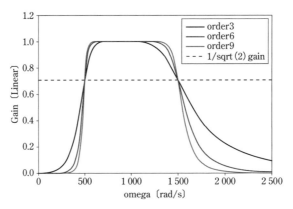

[그림 10.7] 밴드 패스 필터

Chebyshev, 러시아, 수학자)을 이용한 것이다. 체비셰프 다항식은 체비셰프 필터를 나타내는 스크립트에서 간단히 설명하므로 참조하기 바란다.

필터에는 제1종(Type I)과 제2종(Type Ⅱ)이 있고 이것들의 특징은 이미 기술했다. 처음에는 제1종의 설계 사례를 설명한다. 제1종의 게인 특성은 다음 식으로 주어진다.

$$|H(j\omega)| = \frac{1}{\sqrt{1 + \varepsilon^2 T_n^2 \left(\dfrac{\omega}{\omega_c}\right)}} \tag{10.3}$$

여기에서 $T_n(x)$는 체비셰프 다항식, ε는 리플 계수, ω_c는 컷오프 주파수이다.

제1종은 통과 대역에 리플이 있고 이 진폭의 폭이 설계 명세로 규정된다. 통과 대역에서는 체비셰프 다항식은 $-1\sim1$의 범위에 있는 성질이 있다. 이 때문에 2제곱을 생각하면 $0\sim1$의 범위에 있기 때문에 게인 $|H(j\omega)|$의 최댓값은 1, 최솟값은 다음과 같이 주어진다.

$$\text{ripple}\,[\text{dB}] = 20\log_{10}\frac{1}{\sqrt{1 + \varepsilon^2}} \tag{10.4}$$

이 좌변에 있는 ripple이 설계 파라미터로 주어진다. 예를 들면, ripple = 3dB로 주어지면, 리플의 범위는 0~3dB의 범위에 위치한다는 것을 의미한다. 즉, 이때 이다.

체비셰프 필터(제1종)의 설계를 위한 스크립트는 다음과 같다. 여기에서 차수 4, ripple = 5dB로 두었다.

```
ripple = 5 # [dB]
b, a = signal.iirfilter(N=4, Wn=wc, rp=ripple,
                        btype='low', analog=True, ftype='cheby1')
```

이 결과는 [그림 10.8]과 같다. 또한 컷오프 주파수의 게인 −3dB로 지정한 리플의 하한에

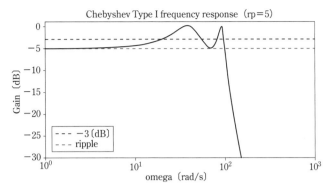

[그림 10.8] 체비셰프 필터(제1종)의 진폭 특성

선을 그렸다.

이 결과를 보면 리플이 파라미터 ripple로 주어진 명세를 만족하고 있다는 것을 알 수 있다. 버터워스 필터의 결과와 비교하면 체비셰프 필터 쪽이 차수가 작아져도 롤오프를 가파르게 만들지만 그러나 통과 대역에서 리플이 생긴다.

제2종은 저지 대역에 리플이 있고 이 진폭의 폭이 설계 명세로 주어진다. 이 게인 특성은 다음 식으로 나타내듯이 체비셰프 다항식의 역수를 이용하고 있다.

$$|H(j\omega)| = \cfrac{1}{\sqrt{1 + \cfrac{1}{\varepsilon^2 T_n{}^2 \left(\cfrac{\omega_c}{\omega}\right)}}} \tag{10.5}$$

또한 리플 폭은 다음과 같이 주어진다.

$$\text{ripple[dB]} = 20\log_{10} \cfrac{1}{\sqrt{1 + \cfrac{1}{\varepsilon^2}}} \tag{10.6}$$

필터 명세는 마찬가지로 차수는 4, 리플 폭은 다음과 같다.

```
ripple = 20 # [dB]
b, a = signal.iirfilter(N=4, Wn=wc, rs=ripple, btype='low', analog
    =True, ftype='cheby2')
```

이 결과는 [그림 10.9]와 같다.

이 결과를 보면 통과 대역은 평탄하고 저지 대역의 게인 특성은 크게 변동하고 있는 것처럼 보이지만 단위가 [dB]이기 때문에 선형으로 보면 작은 변동이다.

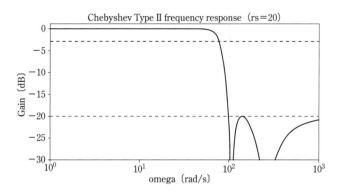

[그림 10.9] 체비셰프 필터(제2종)의 진폭 특성

10.3 디지털 필터의 설계

10.3.1 디지털 필터의 도입

신호는 센서 출력, 통신·전송회로 등에서 보이고 이산 시간의 디지털 신호로서 표현되는 경우가 많다. 디지털 신호에는 노이즈나 불필요한 주파수 성분의 신호가 중첩되어 있는 경우가 많기 때문에 디지털 필터(digital filter)가 도입된다.

디지털 필터의 장점으로 다음을 들 수 있다. 아날로그 필터에 비해 디지털 필터의 성능을 일정하게 유지하기 쉽다. 반면에 아날로그 필터 회로의 경우 아날로그 소자값을 엄밀하게 일정하도록 유지하기 어렵다. 또한 디지털 필터를 선형구조로 하면 하드웨어 회로로 표현하기 쉽다. 디지털 회로의 사용예는 [그림 10.10]과 같다.

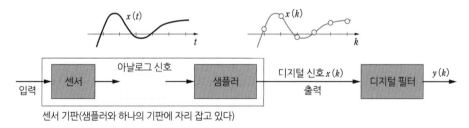

[그림 10.10] 디지털 필터의 사용예

이 그림에서는 다음과 같이 설정한다.

- 그림 중의 점선 사각형(센서와 샘플러의 사이)에는 아날로그 필터가 들어가는 경우가 있지만 여기에서는 고려하지 않는 것으로 한다.
- 샘플러는 실제로는 ZOH(Zero order hold) 회로가 담당하지만 여기에서는 임펄스 샘플링으로 한다.

샘플링 시간 $\Delta T[s]$와 샘플링을 수행한 시각 $t[s]$와의 관계는 서수 $k(\cdots, -2, -1, 0, 1, 2, \cdots)$를 도입하면 $t = k\Delta T$가 된다. 이 표기를 간단히 하기 위해 흔히 ΔT를 무차원화하는 경우가 있다. 이 때문에 단위 시간(unit time)이라는 개념을 이용한다. 이것은 1샘플, 2샘플, $\cdots$, 로 표현한다. 1샘플 사이의 시간은 실제로는 ΔT이지만 이것을 명시하지 않는다. 이 사고 방식에 기초하여 디지털 신호를 다음과 같이 표기한다.

$$\cdots, x(k-2), x(k-1), x(k), x(k+1), x(k+2), \cdots$$

이 책에서는 다음과 같이 가정한다.

- 괄호 안이 k라면 $x(k)$는 디지털 신호, t라면 연속 시간 신호

디지털 필터의 설계 명세로서 통과시키고 싶은 주파수 대역이 있고 이것은 샘플링 시간에도 의존한다. 이것에 관해서는 뒤에 설명한다.

10.3.2 디지털 필터의 구조

필터는 선형 구조로 전달 함수를 $H(z^{-1})$로 한다. 이때 필터의 입출력 관계와 그 구조는 다음과 같이 표현된다.

$$y(k) = H\left(z^{-1}\right) x(k) \tag{10.7}$$

여기에서

$$H\left(z^{-1}\right) = \frac{b_0 + b_1 z^{-1} + \cdots + b_q z^{-q}}{1 + a_1 z^{-1} + \cdots + a_p z^{-p}} \tag{10.8}$$

필터의 전달 함수는 ARMA 모델과 동일한 구조이지만 동적 시스템과 같은 차수 p와 q의 크기에 관한 제약은 없다.

필터 설계에서는 주파수 응답이 이용된다. 이것은 $z^{-1} = \exp(-j\omega\Delta T)$로 두고, 전달 함수를 다음과 같이 나타낸다.

$$H\left(e^{-j\omega\Delta T}\right) = \left|H\left(e^{-j\omega\Delta T}\right)\right| \angle H\left(e^{-j\omega\Delta T}\right) \tag{10.9}$$

여기에서 좌변은 복소수라는 것에 주의하여 $\left|H\left(e^{-j\omega\Delta T}\right)\right|$를 진폭 특성(게인특성이라고 하는 경우도 있다), $\angle H\left(e^{-j\omega\Delta T}\right)$를 위상특성이라고 한다. 이 표현은 ω를 어느 값에 고정할 때 복소수라는 극형식으로 생각하면 크기(진폭 특성)와 편각(위상특성)으로 표현되는 것을 이용한 것이다. 이러한 식에 뒤에 기술하는 정규화 각주파수를 도입하고 $\Delta T = 1$로 두는 표현도 있다.

이 필터의 구조에는 몇 가지가 있는데, 이 중에서 FIR과 IIR을 설명한다.

FIR(finite impulse response) 필터

분모=1의 경우를 말한다. 단위 임펄스 입력 때의 출력 파형은 유한 시간에 0이 되는 경우이므로 FIR라고 이름이 지어졌다.

IIR(infinite impulse response) 필터

분모≠1의 경우를 말한다. 이 경우 단위 임펄스 입력 때의 출력 파형은 일반적으로 무한히 계속되기 때문에 IIR라고 이름이 지어졌다. 분모가 있으면 무한한 열이 생성되는 이유는 예를 들면, 3/7 = 0.428571···과 같이 유리식이 무한급수로 표현되는 경우가 있기 때문이다.

이러한 구조의 차이에 따르는 이론적인 설명은 다른 책에 맡기고, 여기에서는 두 가지 특징을 제시하는 것으로 그친다.

FIR 필터는 분모가 1이므로 항상 필터를 안정되게 설계할 수 있다[*2]. 또한 위상 지연은 직선적이다. 그러나 가파른 필터 특성을 얻기 위해서는 탭 수를 크게 늘리지 않을 수 없다. 이렇게 되면 시간지연이 커지고 비용이 증가하게 된다. 다만 시간지연은 주파수에는 의존하지 않는다. 이러한 이유로 인해 오프라인 처리에 적합하다고도 한다.

IIR 필터는 분모가 있기 때문에 안정 설계에 주의해야 한다. 또한 위상지연은 직선적이 아니다. 반면에 동일한 필터 특성을 얻기 위해서는 FIR에 비해 탭 수를 적게 할 수 있다. 이것은 하드웨어 회로의 소자수를 적게 할 수 있는 것으로 이어진다. 또한 쌍일차 변환을 이용하면 컷오프 주파수가 샘플링 주파수의 영향을 받는다.

이 차이를 간단히 정리한 것을 [**표 10.1**]에 제시한다.

[표 10.1] FIR, IIR 필터의 비교

	FIR 필터	IIR 필터
안정성	항상 안정	불안정하게 되는 경우가 있다.
위상	직선성을 구현 가능	직선성을 구현하기 곤란
차수(비용)	크다.	작다.
지연	크다.	작다.

이 두 가지 필터의 설명을 다음 항에서 기술한다.

10.3.3 FIR 필터

FIR 필터는 (10.8) 식에서 분모가 1이므로 다음과 같이 표현된다.

$$y(k) = b_0 x(k) + b_1 z^{-1} x(k) + \cdots + b_q z^{-q} x(k) \qquad (10.10)$$

[*2] ARMA 모델의 경우 MA 모델만을 생각하면 이 이유는 명백할 것이다.

[그림 10.11] FIR 필터의 임펄스 응답

여기에서 q를 필터 차수, 또한 우변의 각 항을 탭(tap)이라고 하고 $q + 1$의 탭 수가 있다고 한다.

이 식에서 실제로 적당한 수치를 넣어 생각하면 FIR 필터의 단위 임펄스 응답이 유한하다는 것을 알 수 있다. 이것을 그린 것이 **[그림 10.11]**이다.

FIR 필터를 디지털 회로로 구성한 예가 **[그림 10.12]**이다. 이것은 직선형 구성이라고 하고 그 외의 격자형(lattice) 등의 구현법이 있다.

이 그림에서 지연 연산자 z^{-1}을 회로로 구현한 것이 지연기이다. 앞에서 기술한 탭의 의미를 회로에서 생각하면 입력 신호에 영향을 주는 부분을 탭이라고 생각해도 상관없다. 이에 따라 **[그림 10.12]**에서 점선으로 둘러싼 부분을 회로 전체에 적용할 때의 $q + 1$이 탭 수가 된다.

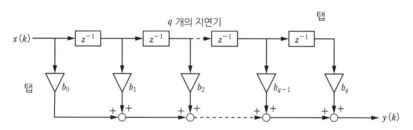

[그림 10.12] FIR 필터의 디지털 회로 구성의 한 가지 예

10.3.4 IIR 필터

IIR 필터는 다음과 같이 표현된다.

$$y(k) + a_1 z^{-1} y(k) + \cdots + a_p z^{-p} y(k) = b_0 x(k) + b_1 z^{-1} x(k) + \cdots + b_q z^{-q} x(k) \quad (10.11)$$

이 차수는 (p, q)이다. 디지털 회로구성에서는 $p = q$라고 하는 경우가 많다. IIR 필터의 단위 임펄스 응답은 **[그림 10.13]**에 나타낸 것처럼 일반적으로 무한히 계속된다.

IIR 필터를 디지털 회로로 구성하는 예로서 직접형은 **[그림 10.14]**와 같다. 그림의 두 가지 구성은 동일한 전달 함수이고 타입 Ⅱ쪽이 소자수가 적어진다. 다만 실제의 디지털 회로로 직

[그림 10.13] IIR 필터의 임펄스 응답

접형을 구현하는 경우 연산오차나 계수의 양자화 오차의 영향이 비교적 크고, 종속형(cascade 형) 등이 자주 이용된다. 여기에서는 소프트웨어로 IIR 필터를 고려하기 위해 이해하기 쉽도록 직접형을 제시한다.

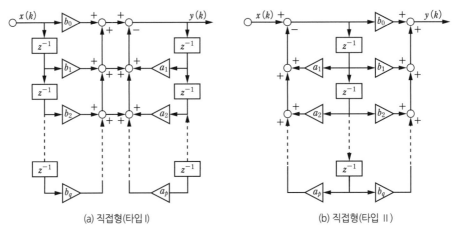

(a) 직접형(타입 I)   (b) 직접형(타입 II)

[그림 10.14] IIR 필터의 디지털 회로 구성의 한 가지 예

10.3.5 정규화 각주파수

연속 시간계의 경우와 다르게 이산 시간계의 표현은 특히 각주파수의 구조를 이해하기 어렵기 때문에 여기에서 설명한다.

우선 다음과 같이 둔다.

- (보통의) 주파수: f [Hz] (1초당 주기수)
- (보통의) 각주파수: ω [rad/s] (1초당 진행하는 위상 [rad])
- 샘플링 시간: ΔT [s]
- 샘플링 주파수: $f_s = \dfrac{1}{\Delta T}$ (단위 시간당 샘플 수)
- 나이퀴스트 주파수: $f_{Nyq} = \dfrac{f_s}{2}$

처음에는 $(\omega\Delta T)$의 단위는 [rad/s][s] = [rad]인 것에 유의하여 이 증감에 의해

$$z^{-1} = \exp\left(-j\omega\Delta T\right) = \cos\left(\omega\Delta T\right) - j\sin\left(\omega\Delta T\right)$$

는[3], 복소평면상의 단위원주 위를 빙글빙글 돌기 때문에 0 ~ 2π의 주기성이 있다는 것을 알 수 있다. 이 때문에 $H(z^{-1})$의 진폭(절댓값) $|H(z^{-1})|$도 0 ~ 2π의 주기성이 있다. 그런데 0 ~ π와 π ~ 2π에서 진폭은 대칭성이 있으므로 0 ~ π 구간만 보는 것으로도 충분하다.

여기에서의 문제는 이 0 ~ π를 어떤 식으로 주파수 f [Hz]와 대응시키면 되는가라는 것이다. 여기에 답을 하기 위해 1샘플당 몇 rad 위상이 진행되는가를 나타내는 양을 정의하면 된다. 이 것을 **정규화 각주파수**(normalized angular frequency) ω_{Nrm} [rad/sample]라는 이름으로 부르기로 한다.

이 정의로부터 다음과 같이 된다.

$$\omega_{Nrm} = \omega\Delta T = 2\pi f\Delta T = 2\pi\frac{f}{f_s} = 2\pi f_{Nrm} \tag{10.12}$$

여기에서 $f_{Nrm} = f/f_s$로 두었다. f_{Nrm}은 1샘플당 주기수가 되고 정규화 주파수(normalized frequency)라고 부르며, 주기는 1이다. 이것들을 정리한 것이 [**표 10.2**]이다.

[표 10.2]

정규화 주파수 f_{Nrm}	정규화 각주파수 ω_{Nrm}
1샘플당 주기수	1샘플당 진행하는 위상 [rad]
1주기는 1	1주기는 2π
단위는 무차원	단위는 [rad/sample]

여기까지의 설명에서 $(\omega\Delta T)$를 고려하면 $|H(z^{-1})|$을 그래프로 나타냈을 때 가로축이 정규화 각주파수 ω_{Nrm}가 되는 것을 알 수 있을 것이다. 그런데, 살펴보아야 할 범위가 π까지이면 되고 이것이 나이퀴스트 주파수 f_{Nrm}에 해당하기 때문에 ω_{Nrm}을 주파수 f [Hz]에 대응시킬 때의 관계는 다음과 같이 나타난다.

$$\omega_{Nrm} : 0 \sim \pi \ \text{[rad/sample]}$$
$$f : 0 \sim f_{Nyq} \ \text{[Hz]}$$

이 관계를 알아두면, 이후에 제시하는 디지털 필터의 주파수 특성의 그래프를 이해할 수 있을 것이다.

---

[3] 이것은 오일러의 공식(Euler's formula)이다.

10.4 FIR 필터의 설계

10.4.1 윈도우 함수를 이용한 설계 방법

FIR 필터의 설계방법 중에 윈도우 함수를 이용한 방법을 **[그림 10.15]**를 이용하여 설명한다. 이 설명에서는 로우 패스 필터의 경우를 고려하고 있다.

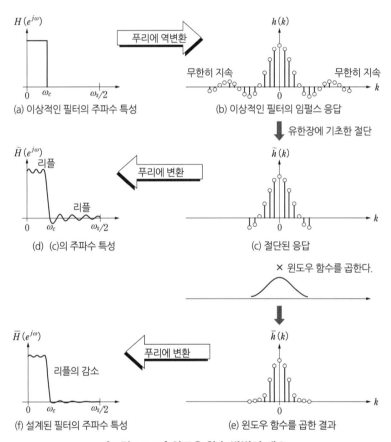

[그림 10.15] 윈도우 함수 방법의 개요

이상적인 로우 패스 필터의 주파수 특성을 그림 (a)라고 할 때 푸리에 역변환을 수행하여 얻어진 임펄스 응답은 무한히 지속된다(그림 (b)). 컴퓨터 처리에서는 이것을 유한장에서 절단하기 때문에 사각형 윈도우를 곱하는 것과 동일하다(그림 (c)). 해당 푸리에 변환에는 리플이 생기는 것이 알려져 있다(그림 (d)). 또한 이 유한장을 늘리기 위해 필터 차수를 너무 크게 잡으면 깁스 현상이 생기고, 비용이 커지는 등의 악영향이 생긴다.

위의 문제의 해결책으로서 윈도우 함수를 도입한다. 이것은 그림 (c)에 대해서 양끝을 매끄럽게 절단하는 윈도우 함수를 곱하는 방식이다. 이에 따라 차단 특성은 희생되는 것의 리플을 억제할 수 있다. 윈도우 함수의 종류는 스펙트럼 분석에서 기술한 것과 동일한 것이 이용된다. 어느 윈도우 함수를 곱한 모양을 그림 (e)에 나타낸다. 이 필터의 주파수 특성은 그림 (f)에 나타낸 것처럼 리플이 감소된다.

SciPy가 제공하는 윈도우 함수에는 해밍, blackman, kaiser 등이 있다(참조: scipy.signal. get_window).

10.4.2 설계 예

FIR 필터 설계에서 scipy.signal.firwin의 Type I을 이용한다. Type I의 필터수는 필터 구조의 특성상 홀수가 된다. 추가적인 설명은 SciPy의 도큐먼트를 참조하기 바란다. 이것의 설계는 윈도우 함수를 이용한 것이고 다음과 같이 각종 필터를 설계할 수 있다.

좌변의 b에는 FIR 필터의 계수가 주어진다.

```
b = scipy.signal.firwin(numtaps, fc_L) # Low-pass
b = scipy.signal.firwin(numtaps, fc_H, pass_zero=False) # High-pass
b = scipy.signal.firwin(numtaps, [fc_L, fc_H], pass_zero=False) # Band-pass
b = scipy.signal.firwin(numtaps, [fc_L, fc_H]) # Band-stop
```

얻어진 필터의 주파수 응답을 보기 위해서는 다음을 이용한다.

```
w, h = scipy.signal.freqz(b)
```

이산 시간계이므로 w = $[0, \pi]$ [rad/sample]이 반환된다. 또한 h에는 복소수에서의 주파수 응답이 반환된다.

설계 예로서 필터의 설계 조건을 다음과 같이 한다. 신호의 주파수 성분은 다음 두 가지가 있다고 하자(이와 같이 기술할 때 두 사인파가 겹쳐져 위상의 차이가 있다 하더라도 고려하지 않아도 된다).

$$f_1, \ f_2 = 1.0, \ 5.0 \ [\text{Hz}]$$

이 신호에 관측 잡음이 중첩되어 있다. 즉, 저역에서 f_1의 신호, 중역에서 f_2의 신호, 고역에서 잡음의 주파수 성분이 있다고 생각하기로 한다[*4]. 여기에서 다음과 같은 필터를 설계한다.

[*4] 잡음에 정규 난수를 이용하면 모든 주파수 대역에 잡음이 존재하지만 이것은 잡음의 파워가 신호 자체에 비해 충분히 작은 경우에는 이야기를 간단히 하기 위해 자주 '고역에는'이라는 가정을 둔다.

- f_1의 신호만을 추출하고 싶은 경우 → 로우 패스 필터를 설계, 컷오프 주파수(fc_L)을 2Hz 로 한다.
- f_2의 신호만을 추출하고 싶은 경우 → 밴드 패스 필터를 설계, 3~7Hz([fc_L, fc_H])의 통 과역으로 한다.

FIR 필터용의 윈도우 함수로서 해밍 윈도우를 이용한다. 이것에 추가하여 주파수 등에 관한 필터 명세를 다음 스크립트와 같이 정한다. 주의할 사항은 아날로그 필터의 경우와 다르게 주파수의 요건은 [Hz]로 주어진다.

[파일 10.2] DFIL_FIR_DEsign.ipynb

```
fc_L    = 3.    # cut off frequency [Hz]
fc_H    = 7.    # upper cut off frequency [Hz]
fsmp    = 50.   # sampling frequency [Hz]
fnyq    = fsmp/2.0  # Nyquist frequency [Hz]

Ntaps  =127  # the number of tap, odd is required
```

로우 패스 필터와 밴드 패스 필터의 설계를 스크립트로 표현한 것은 다음과 같다.

```
from scipy import signal

#Low pass filter
b1 = signal.firwin(numtaps=Ntaps, cutoff=fc_L,
window='hamming', pass_zero=True, fs = fsmp)
w, h = signal.freqz(b1)
gain = 20*np.log10(abs(h))
#Band pass filter
b2 = signal.firwin(numtaps=Ntaps, cutoff=[fc_L, fc_H],
window='hamming', pass_zero=False, fs = fsmp)
w, h = signal.freqz(b2)
gain = 20*np.log10(abs(h))
```

이것과 다른 파라미터 제공 방식은 다음과 같다.

```
b1 = signal.firwin(numtaps=Ntaps, cutoff=fc_L/fnyq, window='
    hamming', pass_zero=True)
```

위에 제시한 방식과의 차이는 파라미터 cutoff에 나이퀴스트 주파수로 규격화한 fc_L/fnyq 를 제공하여 파라미터 fs(샘플링 주파수)를 제거한 점이다. fs는 디폴트로 2가 주어지므로 나이퀴스트 주파수는 1이 된다. 이것을 기준으로 삼은 컷오프 주파수가 fc_L/fnyq이고 처음에 제시한 방법과 동일한 결과를 얻는다.

얻어진 로우 패스 필터와 밴드 패스 필터의 주파수 응답은 **[그림 10.16]**과 같다. 그림 (a), (b)와 함께 위의 그림은 세로축은 게인 [dB], 가로축은 [rad/sample]이다. 다음 그림은 세로축이 선형으로 표현된 게인, 가로축이 [Hz]이다. 선형 게인을 보면 컷오프 주파수로 게인은

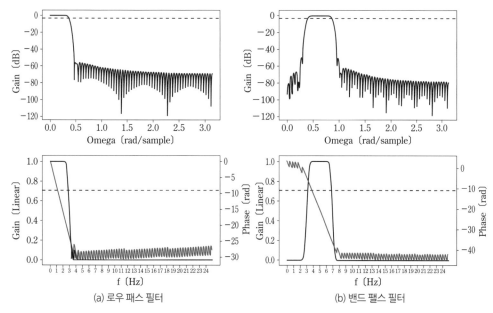

(a) 로우 패스 필터   (b) 밴드 팰스 필터

[그림 10.16] 윈도우 함수를 이용한 FIR 필터의 주파수 특성

$1/\sqrt{2}$보다 작고, 필터 명세를 만족한다는 것을 알 수 있다. 또한 위상 특성은 통과역에서 직선 성을 나타낸다는 것을 알 수 있다.

설계한 필터의 특성을 확인하기 위해 두 가지 주파수 성분을 가진 신호에 관측 잡음을 중첩 시킨 관측 신호를 작성한다.

```
frq1, frq2 = 1.0, 5.0
Num = 256        # the number of data
dt  = 1/fsmp            # sampling time
t = np.linspace(0, Num-1, Num)*dt
y1 = np.sin(2*np.pi*frq1*t)
y2 = np.sin(2*np.pi*frq2*t)
y = y1 + y2 + 0.2*np.random.randn(t.size)
```

이 관측 신호에 대해서 필터링을 다음과 같이 수행한다.

```
y_filt1 = signal.lfilter(b1,1,y)    # low pass filter
y_filt2 = signal.lfilter(b2,1,y)    # band pass filter
```

로우 패스 필터의 결과는 **[그림 10.17]**, 밴드 패스 필터의 결과는 **[그림 10.18]**과 같다. 여 기에서 **[그림 10.17]**의 실선(검은색)이 관측 신호이다. 선 색의 확인은 Notebook에서 하기 바란다.

양쪽 결과 모두, 필터의 출력 신호(녹색)와 통과시키고 싶은 신호성분의 사인파를 점선(붉 은색)으로 그렸다. 다만 FIR 필터의 탭 수에 동반되는 지연이 출력 신호에 있기 때문에 사인

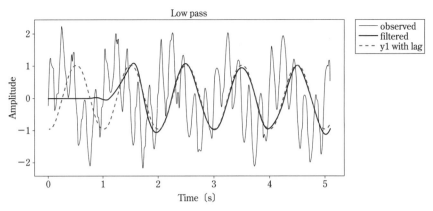

[그림 10.17] 로우 패스 필터의 필터링

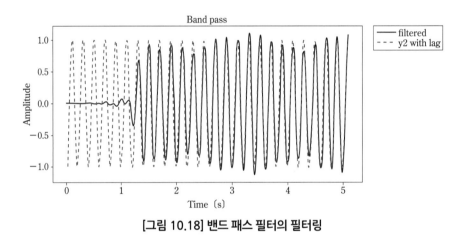

[그림 10.18] 밴드 패스 필터의 필터링

파를 이에 맞추도록 위상을 다르게 하여 그리고 있다. 출력 신호는 엄밀하게 하나의 주파수 성분으로 구성되는 시인파가 아니고, 물론 진폭도 조금밖에 안 되는 변동이다. 이 때문에 필터링 결과가 좋은가의 여부에 대한 평가는 이 필터의 용도나 요건을 고려하여 수행하는 것이다.

10.5 IIR 필터의 설계

10.5.1 아날로그 필터에 기초한 방법

IIR 필터의 설계 방법 중에 아날로그 필터를 프로토타입으로 하는 방법을 설명한다. 아날로그 필터에 어떠한 이산화를 수행함으로써 디지털 필터를 얻는다. 여기에서 이산화는 분자 분모가 있는 유리다항식을 산출한다. 즉, IIR필터를 얻게 된다.

이산화 방법

이산화 방법으로서 임펄스 불변 변환과 쌍일차 변환에 관해서 다룬다.

임펄스 불변(impulse invariance)은 아날로그 필터의 전달 함수 임펄스 응답(무한히 지속)의 이산화식을 Z변환으로 구하는 방법이다. 아날로그 필터의 특성이 나이퀴스트 주파수 이하에 대역 제한이 되지 않고, 아날로그 필터의 주파수 특성과는 다른 특성의 필터가 얻어지는 것에 주의를 요한다.

쌍일차 변환(bilinear transformation)은 다음의 쌍일차 변환을 이용한다.

$$s = \frac{2}{\Delta T}\frac{1 - z^{-1}}{1 + z^{-1}} \tag{10.13}$$

이 변환식을 아날로그 필터의 전달 함수에 대입함으로써, 디지털 필터의 전달 함수를 구할 수 있기 때문에 임펄스 응답을 경유하지 않아도 된다는 이점이 있다.

여기에서 s영역의 각주파수를 Ω, z영역의 각주파수를 ω로 두었을 때 (10.13) 식에 의해 다음 관계로 나타낼 수 있다.

$$\Omega = \frac{2}{j\Delta T}\frac{1 - e^{-j\omega}}{1 + e^{-j\omega}} = \frac{2}{j\Delta T}\frac{e^{\frac{j\omega}{2}} - e^{-\frac{j\omega}{2}}}{e^{\frac{j\omega}{2}} + e^{-\frac{j\omega}{2}}} = \frac{2}{j\Delta T}\frac{2j\sin\frac{\omega}{2}}{2\cos\frac{\omega}{2}} = \frac{2}{\Delta T}\tan\frac{\omega}{2} \tag{10.14}$$

이 변환은 [그림 10.19]와 같이 무한의 범위를 유한의 범위에 대응시키려고 하기 때문에 Ω가 큰 영역에서 크게 꺾인다.

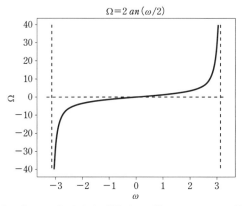

[그림 10.19] 쌍일차 변환의 그림($\Delta T = 1$로 둔다)

이렇게 꺾인 부분이 컷오프 주파수의 차이를 유도하기 때문에 이 보정을 수행할 필요가 있다.

(10.14) 식에서 등호가 성립할 때 아날로그 필터와 디지털 필터의 주파수 특성은 같아지므로 컷오프 주파수 등을 미리 보정할 수 있다. 이것을 **프리워핑**(prewarping)이라고 한다.

쌍일차 변환을 이용한 이산화를 이용하는 IIR 필터의 설계는 다음에 기술한다.

10.5.2 설계 예

IIR의 설계 예와 동일한 필터 명세를 가진 FIR 필터를 설계한다. 여기에서 버터워스 필터를 이용하고 이산화는 쌍일차 변환을 이용한다. 설계에 이용하는 패키지는 아날로그 필터의 경우와 동일한 scipy.signal.iirfilter이다.

[파일 10.3] DFIL_IIR_Design.ipynb

```
Ndeg = 6    # filter order
b1, a1  = signal.iirfilter(N=Ndeg, Wn=fc_L/fnyq,
          btype='lowpass', analog=False, ftype='butter')
w, h = signal.freqz(b1, a1)
gain = 20*np.log10(abs(h))
```

[스크립트의 설명]

- 첫 번째 행: 필터 차수, IIR 필터보다 작은 것에 주목하기 바란다.
- 2~3번째 행: Wn은 디지털 필터의 경우 0~1의 범위를 취하고 1은 나이퀴스트 주파수 fnyq에 해당한다. 이 때문에 컷오프 주파수 fc_L을 fnyq로 정규화한 값을 전달한다. analog=False는 디지털 필터 설계를 의미한다. 좌변의 b1, a1은 각각 필터 전달 함수의 분자, 분모의 계수가 주어진다.

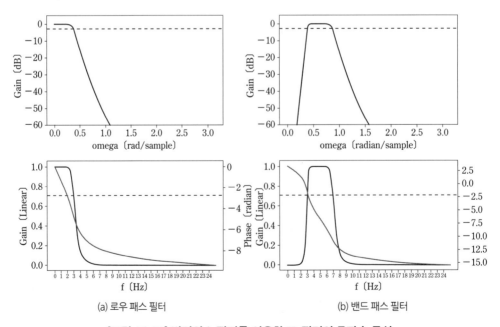

(a) 로우 패스 필터   (b) 밴드 패스 필터

[그림 10.20] 버터워스 필터를 이용한 IIR 필터의 주파수 특성

설계한 IIR 필터의 주파수 특성은 **[그림 10.20]**과 같다.

그림 (a), (b) 모두 위의 그림과 아래의 그림은 스케일이 다를 뿐 게인은 동일하다. 이 결과를 보면 컷오프 주파수에 있는 게인 조건(-3dB)을 만족하고 있는 것과 위상특성이 직선 형태가 아닌 것을 알 수 있다.

IIR과 동일한 잡음이 중첩된 관측 신호의 필터링은 **[그림 10.21]**, **[그림 10.22]**와 같다. IIR과 마찬가지로 기준으로 하는 사인파는 위상을 다르게 해서 필터 출력 신호의 위상에 맞추고 있다.

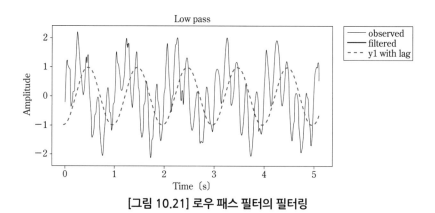

[그림 10.21] 로우 패스 필터의 필터링

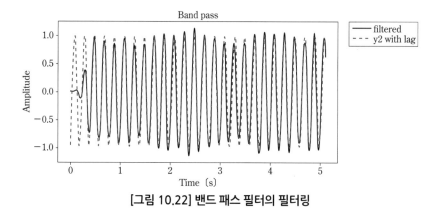

[그림 10.22] 밴드 패스 필터의 필터링

양쪽 결과 모두 주파수 성분은 잘 필터링되어 있지만 약간의 변동이 섞이거나 진폭의 변동이 확인되고 이 평가는 사용조건 등에 의존하는 것으로 된다. 또한 탭 수가 FIR 필터보다도 적기 때문에 과도 현상 기간이 짧은 것을 알 수 있다.

Tea Break

이 장에서는 3명의 이름인 벨, 버터워스, 체비셰프가 등장한다. 벨에 관해서는 이미 기술했지만 추가하자면 벨은 특허 신청 시에는 전화를 acoustic telegraph라고 불렀다. 처음에 telephone이라는 용어를 이용한 것은 요한 필립 라이스(독일, 1834-1874, 발명가·과학자)라고 언급되지만 벨보다도 10년 이상이나 전에 telephone의 프로토타입을 개발하여 실험에 성공했다. 그러나 실용적으로는 문제가 많아 세상에 인정을 받지 못했다. 독일에서는 지금도 전화의 발명자는 라이스라고 하고 있고 그 밖의 기술적 공적을 포함하여 그를 기리는 라이스 상을 만들었다.

스테판 버터워스(Stephen Butterworth, 영국, 1885-1958, 물리학자)는 그리 친숙하지 않은 연구자이다. 이것은 그가 군사에 관한 연구소에 근무했기 때문에 그의 많은 연구 성과의 공개가 금지되었기 때문일 것이다. 그러나 세계 수준의 연구 성과를 여러 개 배출하여 이 공적이 인정되어 대영 제국 훈장이 수여되었다.

체비셰프(Pafnuty Chebyshev, 러시아, 1821-1894, 수학자)의 이름은 수학에서 자주 등장한다. 예를 들면, 체비셰프 다항식 외에 체비셰프 부등식(대수의 법칙의 증명 등에 이용된다), 체비셰프 방정식(이계 선형 상미분방정식), 체비셰프 거리(L 무한거리) 등이 있다. 어릴 때는 빈곤과 장애도 가지고 있었지만 우수한 학문 공적에 의해 말년에는 몇 가지 중요한 직무를 담당했다.

이 3명의 공적은 당초 아날로그 시스템 분야에서 이룬 것이다. 이것이 현대의 디지털 필터 이론에 연결된다. 디지털 필터는 당연히 디지털 회로로 구현된다. 현재의 디지털 회로는 트랜지스터나 CMOS(complementary metal-oxide-semiconductor)라고 하는 아날로그 소자로 구성된다. 또한 초고속 계산을 위한 목적으로 미래에 이용될 조지프슨 소자, 광 컴퓨팅, 양자 컴퓨터도 본질은 아날로그라고 할 수 있다. 요즘 과거를 지칭하는 용어가 아날로그이지만 실은 최첨단 기술의 기반은 아날로그라는 것이 재확인된다.

이미지 처리(image processing)는 이미지 데이터를 가공하여 특징량을 추출하는 방법을 말하고 현대 사회에서 데이터 과학의 중요한 영역이 된다. 이 장에서는 OpenCV 3을 이용하는 기본적인 이미지 처리를 설명한다. 다만 사용 방법에 중점을 두므로 상세한 알고리즘이나 이론에 관해서는 다른 책을 참조하기 바란다. 이미지 데이터의 표현을 설명한 뒤에 2진화, 에지 검출, 주파수 필터, 특징량 추출에 관해서 기술한다. 그 뒤에 몇 가지 인식법에 관해서도 기술한다.

11.1 이미지 처리의 개요

이미지 처리는 다음에 제시한 것처럼 현대사회에서 수많이 실용화되고 있다.

일상용품: 카메라, 비디오, PC, 차량용 블랙박스, 인터폰 등
공공공간: 수상한 사람 감시(ATM, 아파트, 번화가), 자동차 번호 자동 판독기, 하천 관측, 기타
과학·공학·의료: 기상예보, 환경관측, 제품검사, 농작물 분류, 신원 조회(바이오메트릭스), 의료에서의 X선·CT·MRI 검사, 기타

이것들은 이미지 데이터로부터 특징량을 추출하고 이것을 이용하여 분류, 인식을 수행하는 것으로 가치 있는 판단이 이루어지고 있다. 이미지 중심의 사고는 확실히 데이터 과학의 범주에 있다고 말한다. 이 기본을 달성하는 것이 이미지 처리이다.

이미지 데이터의 표현에는 다음에 설명하는 몇 가지 관점이 있다.

11.1.1 색 좌표계

색을 표현하기 위한 여러 가지 방법이 있고 이것을 **색 좌표계**(color coordinate system)라고 부른다. 각 색 좌표계의 색 요소로 구성된 공간을 **색 공간**(color space)이라고 부른다. 대표적인 색 좌표계는 **[표 11.1]**과 같다.

[표 11.1] 대표적인 색 좌표계(채널 수는 색 좌표계의 수를 말한다)

색 좌표계	채널 수	색 요소
RGB	3	Red(적색, 700nm), Green(녹색, 546.1nm), Blue(청색, 435.8nm), 이 파장은 CIE(국제조명위원회)가 정한 값. 그 외의 분야에서는 색의 파장은 폭이 넓다. PC의 디스플레이에서 가장 많이 적용되고 있다.
HSV	3	Hue(색상), Saturation(채도), Value(명도), CG에서 자주 이용되고 있다. 디자인 분야에서 자주 이용되고 있다.
XYZ	3	Y(휘도), Z(청색), X(그 외), 빛의 음영 변화에 비교적 강하고 로봇 비전에 자주 적용되고 있다.
CMYK	4	Cyan, Magenta, Yellow, Key Plate, 인쇄에서 자주 이용된다.

이 책에서 취급하는 칼라 이미지 데이터는 RGB계로 한다. 디스플레이는 빛의 3원색(RGB)에 기초하고 있다. 즉, 3색이 동일 휘도로 서로 섞이면 백색이 된다. 이 데이터 표현에 관해서 다음과 같이 말할 수 있다.

- RGB가 각각 8비트(8비트는 0~255인 256계조가 된다)로 강도를 표현할 때 $256 \times 256 \times 256 = 16,777,216 \simeq 1,670$만 색의 색을 표현할 수 있다.
- 이 경우 검은색은 $R = G = B = 0$, 흰색은 $R = G = B = 255$이다. 이것을 각 색의 256계조라고도 한다. 또한 0~255를 정규화하여 0~1로 나타내는 경우도 있다.
- RGB계에서는 모든 색을 표현하기 어렵기 때문에 XYZ 색 좌표계 등 그 밖의 색 좌표계가 정의되어 있다.

픽셀(pixel)

픽셀은 컴퓨터로 이미지를 다룰 때의 최소단위를 나타내며, 색 정보(색조나 계조)를 가진 화소로 pix(pic=사진, 이미지의 복수형) + element(요소)의 조어이다. 한편, 도트(dot)는 단순하게 점 정보를 의미하고 픽셀과는 다른 것에 주의하기 바란다. 1픽셀에 1비트의 정보만 할당할 수 없으면, 2색만 표현할 수 있다. RGB의 채널에 각 8비트, 합계 24비트의 정보를 할당하면 약 1,670만개의 색이 표현된다. 또한, 픽셀의 배치는 이미지 센서와 디스플레이와는 다르다([그림 11.1]).

그레이 스케일(gray scale)이란 검은색-회색-흰색과 명암이 단계적으로 변하는 것을 말한다. 그레이 스케일로 8비트 계조라는 것은 검은색이 0, 흰색이 255로 표현된다. 이것을 프로그램 상에서 정규화한 0~1이라는 표현도 있다.

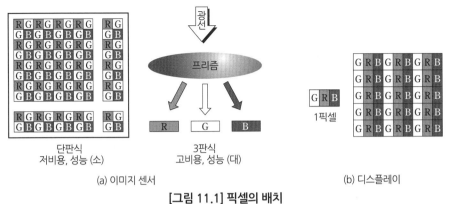

(a) 이미지 센서

(b) 디스플레이

[그림 11.1] 픽셀의 배치

11.1.2 수치로서의 표현

수치로서 이미지 데이터가 어떻게 표현되는가에 관해서 그레이 스케일을 예로 들어 설명한다. [그림 11.2]는 가로세로 6분할, 각 픽셀이 2비트(4계조, 0~3)의 데이터를 나타내고 있다. 이 예에서는 검은색:0, 짙은 회색(암): 1, 밝은 회색(명): 2, 흰색: 3에 대응된다. 또한, 그림 (a)의 괄호 안은 2진수를 나타내고 있다. 그림 (b)는 이 계조를 가상적인 높이로 표현한 이미지이다. 그림 (c)는 디스플레이의 표시이고 눈으로 확인할 수 있다.

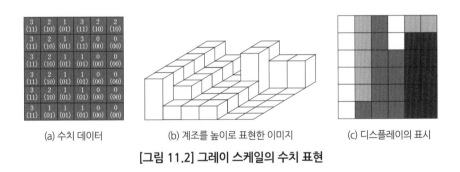

(a) 수치 데이터

(b) 계조를 높이로 표현한 이미지

(c) 디스플레이의 표시

[그림 11.2] 그레이 스케일의 수치 표현

그림 (c)에서 선으로 보이는 곳이 있더라도, 그림 (b)를 보면 그 경계 부분이 가파른 것과 완만한 곳이 있고 어디가 경계인가의 구별이 어렵기 때문에 이것이 컴퓨터 처리에서 2진화, 에지 검출이 어려운 한 가지 원인이 되고 있다.

11.1.3 표본화와 양자화

이미지 데이터에서도 시계열 데이터와 마찬가지로 **표본화**(sampling)와 **양자화**(quantization)가 있다.

[그림 11.3]을 보면 알 수 있듯이 표본화는 정해진 크기로 가로세로를 몇 분할하는가를 말

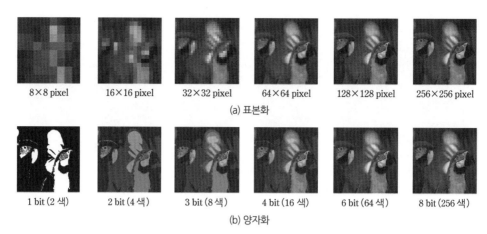

8×8 pixel　　16×16 pixel　　32×32 pixel　　64×64 pixel　　128×128 pixel　　256×256 pixel

(a) 표본화

1 bit (2 색)　　2 bit (4 색)　　3 bit (8 색)　　4 bit (16 색)　　6 bit (64 색)　　8 bit (256 색)

(b) 양자화

[그림 11.3] 표본화와 양자화

하는 것이다. 분할 수가 클수록 정밀한 이미지를 표현할 수 있다. 이것과 유사한 척도로 **해상도** (resolution)가 있다. 이 단위로 dpi(dots per inch), ppi(pixel per inch)가 있고 1인치당 화소 수를 말한다. 이 수가 클수록 정밀한 이미지를 표현할 수 있다.

양자화는 1화소당 계조를 나타내고, bit가 단위가 된다. 그림 (b)는 1화소당 계조를 bit로 나타내고, 계조를 보기 쉽도록 색의 수로 나타내고 있다. 계조는 그레이 스케일로 표현해도 좋고, 8bit 계조라면, 256단계의 그레이로 표현된다. 이 그림의 예에서는 칼라 색조를 계조로 하고 있다(이 책의 지면 인쇄는 그레이로 나타낼 수밖에 없다). 유사한 예로서 전기전자공학의 A/D 변환기에서 10V 풀 스케일에 대한 비트 분해능이 있다. 이것은 10V를 2^N으로 분해하는 것을 의미한다.

11.1.4 이미지 데이터 입수하기

각자가 고안한 이미지 처리·인식 프로그램의 성능 평가에는 공통적인 이미지 데이터기 요구된다. 이 중 하나로 **표준 이미지 데이터베이스 SIDBA**(Standard Image Data-BAse)가 있으며, 세계적인 표준 이미지이다. 구하기 쉬운 웹 사이트는 다음과 같다.

- 남 캘리포니아 대학 SIPI: http://sipi.usc.edu/database/
- CIPR Still Images: http://cipr.rpi.edu/resource/stills/
- 교토대학: http://vision.kuee.kyoto-u.ac.jp/IUE/IMAGE_DATABASE/STD_IMAGES/

그 외에 무료로 이용할 수 있는 이미지 데이터를 가지고 있는 웹 사이트는 다음과 같다. 다만 2차 사용의 경우 그 소속 기관을 명시하는 등, 저작권 준수가 필수적이다.

- 우에다(市) 이미지 데이터베이스(우에다(市)에 있는 사진·영상·PDF 자료를 제공):
  http://museum.umic.jp/imgdb/
- 나가사키대학 전자화 컬렉션(막부 말기·메이지 시기 일본의 각종 사진, 갈라파고스 군도 이미지 등) :
  http://www.cipr.rpi.edu/resource/stills/

11.1.5 OpenCV의 문서

OpenCV의 각종 문서가 있는 곳은 지면에서 기술하지 않고, 독자 자신이 검색하여 찾아보기로 하자. 이 방법을 설명한다. 우선 '**OpenCVdoc**'은 다음을 의미한다.

OpenCVdoc: 공식 홈페이지(https://opencv.org/) → 'Online documentation' → Doxygen HTM 중에서 가장 새로운 버전(표기)을 클릭하여 나타나는 Web 페이지예를 들면, cvtColor(카메라 이미지의 변환을 수행하는 함수)의 문서가 있는 곳은 다음과 같다.

$$OpenCVdoc → 'cvtColor'$$

이 의미는 OpenCVdoc의 페이지에 있는 검색 입력란에서 'cvtColor'로 검색하여 적당한 검색결과로 점프하여 보는 것을 나타낸다.

이것과 별도로 OpenCV의 문서로서 유용한 사이트는 다음과 같다.

OpenCV Wiki https://github.com/opencv/opencv/wiki

OpenCV- Python Tutorials http://opencv-python-tutorials.readthedocs.io/en/latest/ py_tutorials/py_tutorials.html

OpenCV- Python Tutorials's documentation http://opencv-python-tutroals. readthedocs.io

11.1.6 실행 방법

이 책에서 이용하는 OpenCV는 ver.3이지만 파이썬 스크립트에서는 다음과 같이 'cv2'로 한다.

```
import cv2
```

이 장의 이미지 처리는 실시간 처리를 포함하기 때문에 스크립트 파일의 확장자 '.py'로 실행한다. 이를 위해 jupyter notebook을 이용하지 않는다. 실행 방법은 다음 두 가지를 소개한다.

커맨드 입력: 커맨드 프롬프트에서 다음 커맨드를 입력한다.

```
$ python filename.py
```

Spyder Anaconda가 가지고 있는 통합개발환경으로 다음 사용 방법을 참조하기 바란다.
https://sites.google.com/site/datasciencehiro/ → 파이썬 개발 환경 → 파이썬 스크립트
(.py)의 개발 환경

11.2 이미지 처리의 예

11.2.1 2진화

2진화(binarization)는 주로 그레이 스케일(**예** 0~255)의 이미지 데이터를 대상으로 사전에
정한 임곗값(threshold)보다 작으면 흑(0), 크면 백(255)으로 하는 것이다. [0, 1]로 정규화한
방식이라면 다음의 표현이 된다. 다만 Y는 휘도(그레이 스케일)이다.

$$Y \in [0,1] = \begin{cases} 0 & if \ Y < threshold \\ 1 & if \ Y \geq threshold \end{cases} \tag{11.1}$$

칼라 이미지를 그레이 스케일로 변환하는 방법은 몇 가지가 있고 OpenCV의 표준적인
방법은 OpenCVdoc → 'Color conversions'로 다음과 같다.

$$Y = 0.299R + 0.587G + 0.114B \tag{11.2}$$

다음 스크립트는 2진화 처리를 수행하는 것이다. 내용은 처음에 오리지널 이미지를 입력하
고 그레이 스케일로 변환하고 크기를 조정하여 표시하는 것이다.

[파일 11.1] IMG_Gray2Bin.py

```python
VIEW_SCALE = 1.0              # scale factor window size
DEFAULT_THRESH_VAL = 128
MAX_VAL = 255                 # max value for 8bit image

img_org = cv2.imread('data/lena_std.tif') # original image
img_gry = cv2.cvtColor(img_org, cv2.COLOR_BGR2GRAY)  # convert to gray
scale

h = int(img_gry.shape[0]*VIEW_SCALE)
w = int(img_gry.shape[1]*VIEW_SCALE)

cv2.imshow('Input image', cv2.resize(img_org,(w, h)))
cv2.imshow('Grayscale image', cv2.resize(img_gry,(w, h)))
```

이미지 데이터의 경우 계조를 얼마로 할 것인가, 또한 이미지 크기가 가지각색이므로 크기의
스케일 조정을 수행하는 등의 절차가 필요하다.

다음으로 임곗값을 사전에 설정하는 것은 어렵기 때문에 눈으로 확인할 수 있도록 트랙바 (trackbar)로 임곗값을 변경할 수 있도록 한다.

```python
def update(threshVal):
    retVal, img_bin = cv2.threshold(img_gry, threshVal, MAX_VAL,
        type=cv2.THRESH_BINARY)
    h = int(img_gry.shape[0]*VIEW_SCALE)
    w = int(img_gry.shape[1]*VIEW_SCALE)
    cv2.imshow(WIN_Titile, cv2.resize(img_bin,(w,h)))

cv2.createTrackbar('threshold', WIN_Titile, DEFAULT_THRESH_VAL,
    MAX_VAL, update)
```

2진화 처리 결과는 **[그림 11.4]**와 같다.

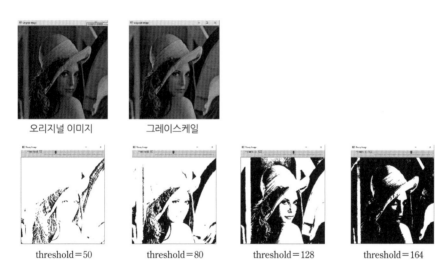

오리지널 이미지   그레이스케일

threshold=50   threshold=80   threshold=128   threshold=164

[그림 11.4] 2진화

이 결과와 같이 threshold의 값을 조정하더라도 빛의 음영이나 콘트라스트가 이미지의 각 영역에 따라 다르기 때문에 이미지 전체에 일정한 임곗값을 이용한 2진화에서는 인물이나 모 자의 추출은 어렵다는 것을 알 수 있다.

2진화의 유용한 용도로서 흰 종이에 검은 문자가 광선의 영향으로 흐릿해지는 것을 선명하 게 추출하는 경우가 있다. 이 용도라면, 음영이나 콘트라스트를 일정하게 하기 쉽다. 그러나 위의 예에서 보는 것처럼 음영이나 콘트라스트가 일정하지 않은 경우에는 임곗값을 이것들에 맞추어 적절하게 변화시키는 방식도 있다.

11.2.2 에지 검출

에지(edge)의 의미는 경계, (두 선이 접하는) 모서리, 칼날 등이다. 이미지에서는 휘도가 크게 변화하고 있는 장소(경계)를 가리키고, 인간은 이미지 데이터의 휘도 변화를 파악할 수 있다. 이것은 인간의 시각세포에서 특정 에지 방향으로 발화하는 뉴런이 있기 때문이다.

이미지 처리에서의 **에지 검출**(edge detection)은 물체의 윤곽을 구하는 것이다. 여기에서는 휘도 변화를 파악하는 방식에 기초한 방법을 설명한다.

휘도변화는 미분에 의한 검출이 쉽게 되는 방식이다. 예를 들면, 이미지 데이터를 연속 또한 1차원으로 가정한 경우 미분은 **[그림 11.5]**와 같다. 이 미분이 나타내듯이 변화하고 있는 곳을 에지로 볼 수 있다. 또한 2계 미분을 수행하여 진동 사이의 0이 되는 곳을 에지로 추출해도 된다. 이미지 데이터는 이산 데이터이므로 미분 대신 차분을 이용해도 동일한 결과가 얻어진다.

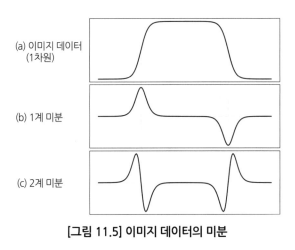

(a) 이미지 데이터 (1차원)

(b) 1계 미분

(c) 2계 미분

[그림 11.5] 이미지 데이터의 미분

이산인 이미지 데이터에 이러한 사고 방식을 적용할 때의 문제는 다음과 같다.

- 추출한 에지는 일반적으로 폭이 있다. 따라서 추출한 에지를 그대로 윤곽선으로 간주해도 좋은가의 여부는 용도와 관련이 있다. 폭이 있는 에지를 선으로 간주하기 때문에 1픽셀까지 세선화 처리를 한다(세선화 처리는 다른 책을 참조).
- 미분은 노이즈에 민감하게 반응한다. 즉, 노이즈를 이미지의 일부로 간주하는 경우가 있다.
- 그림에 나타낸 미분(차분)은 일방향(x축, 또는 y축)이다. 한편, 이미지 데이터는 2차원이므로 x 방향의 기울기가 있더라도 y 방향의 기울기가 없는 경우가 있다. 이 경우 y 방향의 미분은 기울기를 검출할 수 없다. 이 때문에 2차원에 대응할 수 있는 에지 추출기를 고를 필요가 있다.

OpenCV는 에지 검출 방법을 여러 개 제공하고 있다. 그 중에 일부를 소개한다.

Sobel 법: 1차 미분이므로 에지 검출에 방향성이 있다.

Laplacian 법: 2차 미분으로 2방향(가로세로)에 대응할 수 있다.

Canny 법: 비교적 성능이 좋아 자주 사용되는 방법이다. 이미지 중의 노이즈 영향을 낮추기 위해 가우시안 필터를 이용한 평활화를 수행한 후에 여러 단계에 의해 에지 추출을 수행한다(https://en.wikipedia.org/wiki/Canny_edge_detector).

이러한 OpenCV에 의한 구현을 다음 스크립트에 제시한다. 함수의 사용 방법은 스크립트 중에 URL로 나타낸다.

[파일 11.2] IMG_EdgeDetection.py

```python
edge_sob_x = cv2.Sobel(img,cv2.CV_32F,1,0,ksize=5)
edge_lapl = cv2.Laplacian(img, cv2.CV_32F)
edge_cann = cv2.Canny(img, 80, 120)
```

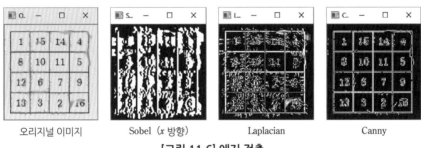

| 오리지널 이미지 | Sobel (x 방향) | Laplacian | Canny |

[그림 11.6] 에지 검출

이 결과([그림 11.6])에 관해서 기술한다. 오리지널 이미지에는 약간의 노이즈(정규 난수)를 일부러 중첩시키고, 또한 번지게 만든다. Sobel 법(방향)의 결과는 세로선을 검출할 수 있지만 가로선의 검출은 할 수 없는 것을 나타낸다. Laplacian 법의 결과는 가로세로의 테두리선은 잘 검출하지만 노이즈에 민감하게 반응하여 숫자의 검출이 불충분하다. Canny 법의 결과는 비교적 노이즈에 강하고 또한 가로세로 방향의 검출도 가능하다. 다만 숫자를 보면 선분의 추출은 되지 않고, 두 개의 경계선, 즉 폭이 있는 에지로 검출된다. 우리들이 학교에서 공부한 선은 수학의 의미에서 폭이 없는 것으로 배웠다. 그러나 눈에 비칠 때는 폭이 있으므로 선이라고 인식한다. 그러나 이미지 데이터의 표현에서 나타낸 것처럼 물체의 윤곽이란 선이 아닌 계조의 차이가 있고 이것을 에지로 추출하면 폭이 있는 것이 아닌 두 경계선으로 표현된다.

윤곽선은 사실 인간의 심리적 개념으로 실제 공간에서는 수학의 의미에서의 선은 존재하지 않는다. 이 개념과 이미지 처리와의 틈을 새로이 메우는 것의 연구는 독자에게 맡긴다. 그렇다면, 필자가 중학교에서 인물화를 그리는 수업을 들을 때 미술교사로부터 윤곽선으로 나타내는 것이 아니라 명암이나 색체로 인물상을 나타내도록 하라고 들은 말이 지금이 되어서야 생각이 난다.

11.2.3 주파수 필터링

주파수 영역상의 표현

시간 영역의 파형은 푸리에 변환에 의해 주파수 영역으로 옮겨 주파수 성분으로 표현된다. 2차원 이미지 데이터는 공간 영역에 있다고 말한다. 여기에 2차원 푸리에 변환(2D-DFT)을 수행하여 주파수 영역으로 옮겨진 것은 공간 주파수로 표현된다. 공간 주파수로 나타내는 것도 이미지의 특징량이 된다. 공간 주파수에 대해 로우 패스 필터, 하이 패스 필터를 적용하는 것으로 이미지가 어떻게 변화하는가를 본다. 또한 DFT(여기에서는 FFT와 동일한 의미로서 이용한다)는 numpy와 OpenCV 모두가 제공되고 양쪽 모두의 사용을 나타낸다.

2d-DFT 및 2D-IDET(이산 푸리에 역변환)는 다음 식으로 주어진다.

$$F(u, v) = \frac{1}{NM} \sum_{y=0}^{M-1} \sum_{x=0}^{N-1} f(x, y) \exp\left\{ \frac{-j2\pi xu}{N} \right\} \exp\left\{ \frac{-j2\pi yv}{M} \right\} \tag{11.3}$$

$$f(x, y) = \sum_{v=0}^{M-1} \sum_{u=0}^{N-1} F(u, v) \exp\left\{ \frac{j2\pi xu}{N} \right\} \exp\left\{ \frac{j2\pi yv}{M} \right\} \tag{11.4}$$

2차원 DFT의 개요는 이미지 데이터를 가로 방향으로 1차원 DFT를 실시하고 다음에는 세로 방향으로 1차원 DFT를 실시하는 것이 된다. 이 그림을 이용한 설명을 **[그림 11.7]**에 제시한다.

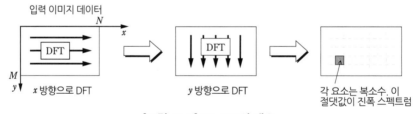

[그림 11.7] 2D-DFT의 개요

시계열 데이터(9장)에서 설명한 진폭 스펙트럼을 이용하여 이미지 데이터의 주파수 영역에서의 표현을 고려한다. **[그림 11.8]**은 이미지 데이터에 대해서 2D-DFT를 적용하여 그 절댓값을 표현한 것이다. 이것은 직사각형 영역의 중심이 고주파를 나타내고, 멀어질수록 저주파를 나타내고, 이대로는 다루기 어렵기 때문에 시프트 처리에 의해 중심부근이 저주파, 멀어질수록 고주파를 표현하도록 데이터를 재설정한다.

시프트된 진폭 스펙트럼에 대해서 필터링 처리(뒤에 기술)를 수행하고 이것에 대해서 역시프트 처리(ISHIFT)를 수행한 데이터에 대해서 2D-IDFT를 실시하면 공간영역에서의 이미지 데이터를 얻을 수 있다. numpy의 FFT를 이용한 진폭 스펙트럼을 구하는 스크립트를 다음에 제시한다.

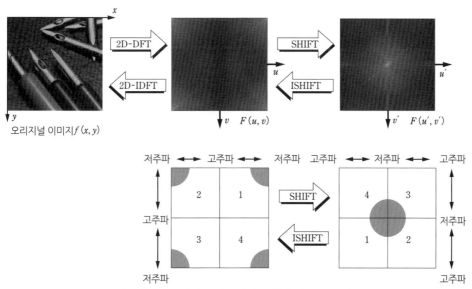

[그림 11.8] 진폭 스펙트럼의 표현과 시프트 처리

[파일 11.3] IMG_FFT.py

```
img1 = cv2.imread('data/Canon_cornfield.png',0)
f = np.fft.fft2(img1)
fshift = np.fft.fftshift(f)
mag1 = 20*np.log(np.abs(fshift))
```

이 결과 [그림 11.9]에서 밝은 쪽이 진폭 스펙트럼의 강도가 강한 것을 나타낸다. Corn Field의 결과는 저주파 성분부터 고주파 성분까지를 골고루 가지고 있다. 이것은 방대한 수의 잎의 영향이라고 생각된다. Pens의 결과는 비교적 저주파 성분을 많이 포함하고 있다. 이것은 칼끝의 에지 수는 Corn의 잎 수보다 매우 작이 때문에 고주파 성분은 비교적 적다고 생각된다. 이에 따라 펜 본체의 직선 형태가 저주파 성분을 많이 발생하고 있는 것으로 생각된다.

주파수 필터링의 예

앞의 진폭 스펙트럼을 이용한 주파수 필터링에 관한 설명은 [그림 11.10]과 같다.

그림 중의 로우패스 필터나 하이 패스필터를 구현하기 위해서 mask 처리를 수행한다. 이 mask는 0,1로 표현되고 로우패스 필터는 중심부의 직사각형 영역이 1, 바깥쪽은 0이다. 하이 패스 필터는 반대의 가중치를 가진다. 이 mask와 진폭 스펙트럼을 곱하는 것으로 필터링을 수행한다. 여기에서는 mask 형태를 직사각형으로 했지만 직사각형 윈도우는 원래는 존재하지 않는 파형이 오르는 것 같은 이미지가 되는 링킹 현상이 생기므로 주의가 필요하다. mask에는 그밖에 원형이나 Gaussian 윈도우가 자주 이용된다.

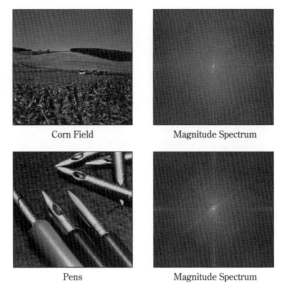

Corn Field   Magnitude Spectrum

Pens   Magnitude Spectrum

[그림 11.9] 진폭 스펙트럼

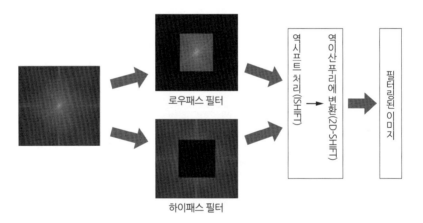

로우패스 필터

하이패스 필터

역시프트 처리(ISHIFT)

역이산푸리에 변환(2D-SHIFT)

필터링된 이미지

[그림 11.10] 이미지 데이터의 주파수 필터링 절차

OPenCV의 DFT를 이용한 스크립트는 다음과 같다.

[파일 11.4] IMG_DFT_FIlter.py

```
isize=10  # half size of mask
# mask for low pass filter
mask = np.zeros((rows,cols,2),np.uint8)
mask[crow-isize:crow+isize, ccol-isize:ccol+isize] = 1
# apply mask and inverse DFT
fshift = dft_shift*mask
f_ishift = np.fft.ifftshift(fshift)
```

```
img_back1 = cv2.idft(f_ishift)
img_back1 = cv2.magnitude(img_back1[:,:,0],img_back1[:,:,1])
```

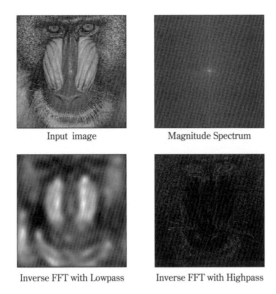

Input image

Magnitude Spectrum

Inverse FFT with Lowpass

Inverse FFT with Highpass

[그림 11.11] 이미지 데이터의 필터링 결과

[그림 11.11]에서 Input Image는 512×512 픽셀이다. 이것을 OpenCV가 제공하는 DFT를 이용하여 주파수 영역으로 변환하고 진폭 스펙트럼의 2D 데이터 원점중심에서 1변 20픽셀 (=isize×2)의 정사각형 윈도우를 마스크로 만든다. 로우패스 필터의 결과는 저주파 성분으로 표현되는 대략적인 윤곽이 추출된다. 하이패스 필터의 결과는 털이나 수염이 추출되고 고주파 성분이 남아 있는 것이 확인된다.

여기에서 마스크 크기(2×isize)의 값을 이미지 크기보다 작은 범위로 두면, 이미지 데이터 양을 감소시킬 수 있다.

11.2.4 특징점 추출

물체의 특징점(feature point) 추출은 물체 인식이나 추적 등에 이용된다. 예를 들면, [그림 11.12]에서는 사람의 얼굴, 복장의 상태 등으로 이미지 처리상의 특징점을 추출하여 이미지 프레임이 진행되어도 동일한 특징량을 가지는 특징점을 대응시켜 추적하는 상황을 나타낸다.

특징점에는 복수의 특징량이 포함된다. 특징량에는 이미지의 색, 휘도, 윤곽, 코너, 고웃값 등이 있고 이것들을 특징 벡터로서 표현하고 특징점이 특징 벡터를 가진다. 따라서 다른 이미지 프레임에서 동일한 특징량을 가지는 것은 동일한 특징 벡터를 보고 있는 것이 된다. 이 개

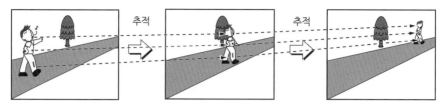

[그림 11.12] 특징점을 이용한 인물 추적

요에 관해서

OpenCVdoc → 'Feature Detection and Description'

여기에서 'Understandings Features', 각종 코너 검출, 특징량 매칭 등이 설명되어 있다. 또한 이 개요의 이미지가 다음에 있으므로 참고하면 된다.

- OpenCV GSOC2015: https://youtu.be/0UbUFn71S4s
- OpenCV GSOC2017: https://youtu.be/b6nJbE1KK7Y

OpenCV가 제공하는 특징점 추출에는 FAST, ORB, BRISK, AKAZE, SHIFT 등이 있다. 이 중에서 AKAZE(Accelerated Kaze)를 이용한 예를 제시한다. KAZE는 SIFT나 SURF의 단점을 해결한 알고리즘이다. 로버스트한 특성을 더 향상시키고 고속화를 의도한 것이 AKAZE[1] 이다. OpenCV의 설명은 다음에 있다.

OpenCVdoc → 'AKAZE'

특징점의 매칭

특징점의 매칭이란 두 개의 이미지로부터 다수의 유사한 특징 벡터를 찾아내어, 이것을 대응시키는(매칭) 것이다. 매칭 방식은 다음과 같다.

완전 탐색(Brute-force): 전체 탐색 공간을 완전 탐색하기 위해서는 시간이 걸리지만 확실히 최근접 이웃(Nearest neighbor)의 특징량을 검색할 수 있다(https://en.wikipedia.org/wiki/Brute-force_search).

고속 근사 최근접 이웃 탐색(FLANN:fast library for approximate nearest neighbors): 탐색 대상의 특징점과 가까운 공간만을 탐색한다. 탐색 공간이 줄기 때문에 고속으로 탐색할 수 있다. 다만 탐색 파라미터의 지정이 적절하지 않으면, 탐색 공간의 선택을 잘못하게 되고 최근접 이웃의 특징점이 포함되지 않은 탐색 공간만을 탐색하게 된다(https://www.cs.ubc.ca/research/flann/).

---

*1 P. G. Alcantarilla, J. Nuevo and A. Bartoli: 〈Fast Explicit Diffusion for Accelerated Features in Nonlinear Scale Spaces〉, In British Machine Vision Conference(BMVC), Bristol, UK, 2013, http://www.robesafe.com/personal/pablo.alcantarilla/kaze.html

여기에서는 Brute-force의 kNN 매칭을 적용한다. 앞에서 기술한 kNN은 탐색 공간으로부터 최근접 이웃의 레이블을 k개 선택하고 다수결로 클래스 레이블을 할당하는 알고리즘이다. k = 2를 지정하면 이미지 사이에 각각 하나씩을 선택하는 것이 된다. 이 설명은 다음에 있다.

OpenCVdoc → 'Feature Matching'

AKAZE + BF(kNN)을 이용한 예는 다음 스크립트와 같다.

[파일 11.5] IMG_FeatureDetectionAKAZE.py

```
# Create A-KAZE detector
# https://docs.opencv.org/3.4.1/d8/d30/classcv_1_1AKAZE.html
akaze = cv2.AKAZE_create()

# Extraction of features and calculate feature vectors
kp1, des1 = akaze.detectAndCompute(img1, None)
kp2, des2 = akaze.detectAndCompute(img2, None)

# Create Brute-Force Matcher
bf = cv2.BFMatcher()

# Matching between feature vectors with Brute-Force+kNN
matches = bf.knnMatch(des1, des2, k=2)

# ratio v.s. connected lines between feature points
ratio = 0.6
good = []
for m, n in matches:
    if m.distance < ratio * n.distance:
        good.append([m])
```

여기에서 특징점이 몇 개 생성되는가 알 수 없기 때문에 ratio를 증감시키는 것으로 특징점의 수를 증감시킬 수 있다. 즉, 특징점을 이어주는 연결선의 수도 조정할 수 있다.

[그림 11.13]은 왼쪽 그림과 오른쪽 그림 각각의 특징점을 구하고 Brute-force+kNN으로 매칭한 결과를 나타낸다. 이 결과에서 보는 것처럼 오른쪽 그림에서 대상이 되는 책이 회전 또한 축소되고 그 외의 책 속에 있는 특징점이라도 대응시킬 수 있다. 이렇게 대응시킨 것이 옳은 것이라면, 물체 추적이 가능하게 된다.

11.3 기타

이미지 처리·인식에 관한 방법을 몇 가지 소개한다. 지면의 제약으로 여기에서는 다만 소개로만 그치므로 상세한 내용은 다른 책이나 논문을 참조하기 바란다. 또한 스크립트나 개요에 관한 문서는 다음 사이트의 검색창에서 찾을 수 있다.

[그림 11.13] 특징점을 대응시킨 결과

Welcome to OpenCV-Python Tutorials's documentation! (http://opencv-python-tutroals. readhtedocs.io/)

문서가 있는 곳은 위 사이트의 약어를 이용하여 'OpenCV-Python Tutorials' → '검색어'라는 식으로 표기한다.

11.3.1 카메라에서 이미지 불러오기

처음에 카메라로부터 이미지를 얻는 설명은 다음에 있다.

OpenCV-Python Tutorials → 'Capture Video from Camera'

이 설명은 그레이 스케일에 관한 것이다. 한편 제공하는 스크립트 'IMG_Video.py'는 카메라 이미지이고 그레이 스케일의 이용 방법은 스크립트에 기술되어 있으므로 이것을 참조하기 바란다.

11.3.2 광학 흐름

이미지 특징점의 움직이는 속도 벡터(크기와 방향)에 맞추어 벡터 표시(이것이 optical flow)를 하는 것으로 움직임의 흐름(flow)을 가시화한 것이다. OpenCV는 Lucas_Kanade 방법을 제공하고 있다. 이 설명은 다음에 있다.

OpenCV-Python Tutorials → 'Optical Flow'

이 스크립트는 'IMG_OpticalFlow.py'로 제공한다.

11.3.3 얼굴 인식

여기에서의 얼굴 인식의 의미는 사람의 얼굴이 이미지 상 어디에 있는가를 인식하는 것으로 사람을 식별하는 것은 아니다. 알고리즘은 Haar cascade를 이용하고 있다. 이것은 얼굴의 각 부분을 Harr like 특징량(https://en.wikipedia.org/wiki/Haar-line_feature)으로 나타내고, 검출 정확도가 다른 복수의 식별기를 연결한 Haar cascade로 얼굴 여부의 판별을 수행하는 것이다. 이 개요는 다음에 수록되어 있다.

OpenCV-Python Tutorials → 'Face Detection'

정지 이미지의 얼굴 인식을 수행하는 스크립트는 'IMG_FaceDetection.py', 카메라로부터 이미지 인식을 이용한 얼굴 인식은 'IMG_FaceDetectionFromCamera'이다.

참고문헌

이 책은 다양한 컨텐츠를 참조하였고, 일부는 본문 중에 기재하였지만 모두 나열할 수는 없다. 그러나 독자 스스로 학습할 수 있는 길을 알려줄 필요가 있다고 생각하여 다음의 참고문헌을 소개한다.

제1장
- 이리 마사오, 후지노 카즈타케: 〈수치계산의 상식〉, 공립출판, 1985
- 하시모토 히로시, 외: 〈도해 컴퓨터 개론 [하드웨어] (개정 4판)〉, 옴사, 2017

제2장
- 야마모토 히로시, 이이즈카 세이야, 후지노 토모카즈: 〈통계 데이터의 시각화로 배우는 데이터 과학〉, 공립출판, 2013

제3장, 제4장
- 도쿄대학 교양학부 통계학 교실 편집: 〈통계학입문(기초통계학 I)〉, 도쿄대학 출판회, 1991
- 미기무라 사다오: 〈입문 첫걸음 통계해석〉, 동경출판, 2006
- A. G. 피어솔, J. S. 벤더트: 〈랜덤 데이터의 통계적 처리〉, 배풍관, 1976
- 무료로 읽을 수 있는 통계 양서는 다음 사이트에 정리하여 수록
  https://sites.google.com/site/datasciencehiro/freebooks

제5장
- 타케자와 쿠니오: 〈시뮬레이션으로 이해하는 회귀분석, R로 배우는 데이터 과학〉, 공립출판, 2012
- 카스야에 이이치: 〈일반화 선형 모델, R로 배우는 데이터 과학〉, 공립출판, 2009
- 쿠보 타쿠야: 〈데이터 해석을 위한 통계 모델링 입문 – 일반화 선형 모델·계층 베이즈 모델·MCMC〉, 암파서점, 2012

제6장
- 히라이 유조: 〈첫걸음 패턴 인식〉, 삼북출판, 2012

- 카나모리 타카후미, 타케노우치 타카시, 무라타 노보루: 〈패턴 인식, R로 배우는 데이터 과학〉, 공립출판, 2012
- 크리스토퍼 비숍, 김형진 역: 〈패턴 인식과 머신러닝〉, 제이펍, 2018
- 카미지마 토시히로: http://www.kamishima.net/jp/

제7장
- 마키노 코우지, 니시자키 히로미츠: 〈Python에 의한 심층 강화학습 입문 Chainer와 OpenAI Gym으로 시작하는 강화학습〉, 옴사, 2018
- 마키노 코우지, 니시자키 히로미츠: 〈산수&라즈베리 파이로 시작하는 딥 러닝〉, 원보드 컴퓨터 시리즈, CQ출판사, 2018

제8장
- A. G. 피어솔, J. S. 벤더트: 〈랜덤 데이터의 통계적 처리〉, 배풍관, 1976
- 아다치 슈이치: 〈사용자를 위한 시스템 식별 이론〉, 계측자동제어학회, 1993
- 아다치 슈이치: 〈시스템 식별의 기초〉, 동경전기대학 출판부, 2009
- 다니하기 다카시: 〈ARMA 시스템과 디지털 신호 처리〉, 디지털 신호 처리 라이브러리, 코로나 사, 2008
- 타니이케 히로지, 나카가와 토이치로: 〈동적 시스템의 통계적 해석과 제어〉, 사이언스 사, 2000
- 오오스미 아키라, 카메야마 켄타로우, 마츠다 요시타카: 〈칼만 필터와 시스템의 식별, 역동적 문제의 접근〉, 삼북출판, 2016

제9장, 제10장
- S. M. Kay and S. L. Marple: 〈Spectrum Analysis − A Modern Perspective〉 Proc. IEEE, Vol.69, No.11, pp.1380−1419, 1981
- A. G. 피어솔, J. S. 벤더트: 〈랜덤 데이터의 통계적 처리〉, 배풍관, 1976
- 아다치 슈이치: 〈디지털 신호 처리와 기초 이론, 디지털 신호 처리 라이브러리〉, 코로나 사, 1996
- 아다치 슈이치: 〈디지털 필터와 신호 처리, 디지털 신호 처리 라이브러리〉, 코로나 사, 2001
- 히노 미키: 〈스펙트럼 해석〉, 조창서점, 2010

제11장
- 이미지정보교육진흥회: 〈디지털 이미지 처리(개정신판)〉, 이미지 정보 교육 진흥협회, 2015
- G. Bradski, A. Kaehler: 〈상세한 해석 OpenCV 3 − 컴퓨터 비전 라이브러리를 사용한 이미지 처리·인식〉, 오라일리 재팬, 2018

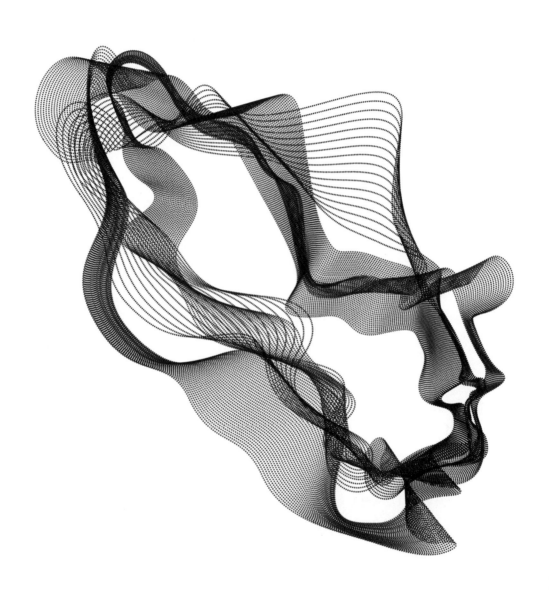

맺음말

이 책은 데이터 과학자가 되기 위한 문 앞까지 인도한 것에 지나지 않는다. 이 문 앞에는 아래에 제시한 분야에서 데이터 과학자로서 활약할 수 있는 장이 펼쳐져 있다.

[스포츠] 선수나 공의 움직임 등을 분석하고 전략·전술뿐만 아니라 마케팅에 활용한다. 영화 '머니볼'이 유명하고 현재는 럭비, 축구, 야구 등의 선수에게 GPS를 부착하여 행동 분석, 공의 궤도 측정 결과 등이 전략전술의 수립이나 코칭뿐만 아니라 귀중한 비즈니스 자원으로 활용되고 있다.

[기상] 태풍, 홍수 예측으로 인명, 사회 자원을 보호하거나 재해를 줄이는 것이 목적이다. 일기 예측에 의해 농작물의 안정 공급이나 여가 시설이나 편의점에서의 식료품의 공급량 조정 관리에 의해 경영의 안정화를 도모한다.

[사회 문제] 인구 예측에 기반한 복지 의료 시스템의 재검토, 인적 능력을 초월한 방대한 수의 노령화된 토목·건조물(주로 인프라)의 진단 등이 있다.

[서비스] 현대의 서비스학에 기반을 둔 고객 만족도의 추정이나 사람과 환경과 서비스의 상호작용의 공학적 계측에 기반한 부가가치의 평가 등이 있다. 또한 현대의 서비스학은 종래 서비스의 정의를 확장시킬 수 있는 것을 입증하여 고객 행동·심리의 공학적 센싱을 구사하여 비즈니스학과 과학적 기법을 융합시킨 서비스론을 발전시키고 있다.

[사물인터넷] 커넥티드 인더스트리에서는 IoT를 인프라로 두고, 성공 열쇠의 하나로 다양한 종류의 센서로부터 센싱 데이터를 분석한다. 더 나아가 로지스틱으로부터 제조 생산, 유통, 판매, 고객 조사까지의 제어, 분석, 평가를 완수하는 역할을 담당하고 있다,

독자 여러분들이 이러한 분야에서 활약할 뿐만 아니라 새로운 분야를 개척하기 바란다. 활약하면 할수록 다수의 제약 조건에 가로막힌 방대한 데이터를 마주하게 되고 이와 같은 곤란한 상황 아래에서 데이터 과학자로서의 직감이 요구되는 장면과 마주치게 될 것이다. 이와 같은 장면에 마주치기 전에 다음 문장을 마지막에 들려주고 싶다.

올바른 직관력을 키우기 위해서는 올바른 지식과 올바른 다수의 반복 연습이 필요하다.

2018년 10월

저자를 대표하여 하시모토 히로시

색 인

저자 소개

하시모토 히로시
1988년 와세다대학교 대학원 이공학연구과 박사 과정 수료
현재 산업기술대학원 대학창조기술연구과 교수
공학박사(와세다대학교)

주요 저서
- 〈도해 컴퓨터 개론 [하드웨어] (개정 4판)〉, 옴사(2017), 공저
- 〈도해 컴퓨터 개론 [소프트웨어·통신 네트워크] (개정 4판)〉, 옴사(2017), 공저
- 〈Scilab로 배우는 시스템 제어의 기초〉, 옴사(2007), 공저
- 〈전기회로교본〉(제2판), 옴사(2019), 그 외 저서 다수

마키노 코오지
2008년 도쿄공업대학 대학원 이공학연구과 제어시스템공학 전공 수료
현재 야마나시대학 대학원 종합연구부 조교
공학박사(도쿄공업대학)

주요 저서
- 〈파이썬에 의한 심층 강화학습 입문 Chainer와 OpenAI Gym으로 시작하는 강화학습〉, 옴사(2018), 공저
- 〈산수&라즈베리 파이로부터 시작하는 딥러닝〉, CQ출판사(2018), 공저
- 〈쉽게 할 수 있는 Intel Edison 전자공학〉, 도쿄전기대학출판국(2017)
- 〈쉽게 할 수 있는 Arduino 전자제어〉, 도쿄전기대학출판국(2015)
- 〈쉽게 할 수 있는 Arduino 전자공학〉, 도쿄전기대학출판국(2012)

역자 소개

권기태
서울대학교 계산통계학과를 졸업하고 동 대학원에서 전산학 전공으로 이학석사 및 이학박사 학위를 취득했다.
현재 강릉원주대학교 컴퓨터공학과 교수로 재직 중이다.

주요 저서 및 역서
- 〈프로그래밍 언어론〉, 홍릉과학출판사(2010)
- 〈소프트웨어공학(제10판)〉, 한티미디어(2016)
- 〈엑셀로 배우는 딥러닝〉, 성안당(2018)
- 〈성공과 실패를 결정하는 1%의 프로그래밍 작동 원리〉, 성안당(2019)
- 〈누구나 파이썬 통계분석〉, 한빛아카데미(2020)
- 〈현장에서 사용할 수 있는 앙케트 분석 입문〉, 성안당(2020)
- 〈R로 하는 다변량 데이터 분석〉, 한빛아카데미(2020)
- 〈엑셀로 배우는 순환 신경망·강화학습 초(超)입문〉, 성안당(2020)

데이터 사이언스 교과서

2020. 10. 20. 초 판 1쇄 인쇄
2020. 10. 27. 초 판 1쇄 발행

지은이 | 하시모토 히로시, 마키노 코오지
옮긴이 | 권기태
펴낸이 | 이종춘
펴낸곳 | **BM** (주)도서출판 **성안당**
주소 | 04032 서울시 마포구 양화로 127 첨단빌딩 3층(출판기획 R&D 센터)
       10881 경기도 파주시 문발로 112 파주 출판 문화도시(제작 및 물류)
전화 | 02) 3142-0036
       031) 950-6300
팩스 | 031) 955-0510
등록 | 1973. 2. 1. 제406-2005-000046호
출판사 홈페이지 | www.cyber.co.kr
ISBN | 978-89-315-5681-0 (93000)
정가 | 25,000원

이 책을 만든 사람들
책임 | 최옥현
편집·진행 | 조혜란
교정·교열 | 이정인
본문 디자인 | 조계원
표지 디자인 | 박원석
홍보 | 김계향, 유미나
국제부 | 이선민, 조혜란, 김혜숙
마케팅 | 구본철, 차정욱, 나진호, 이동후, 강호묵
마케팅 지원 | 장상범, 조광환
제작 | 김유석

www.cyber.co.kr
★★★
성안당 Web 사이트

■ 도서 A/S 안내

성안당에서 발행하는 모든 도서는 저자와 출판사, 그리고 독자가 함께 만들어 나갑니다.
좋은 책을 펴내기 위해 많은 노력을 기울이고 있습니다. 혹시라도 내용상의 오류나 오탈자 등이 발견되면 **"좋은 책은 나라의 보배"**로서 우리 모두가 함께 만들어 간다는 마음으로 연락주시기 바랍니다. 수정 보완하여 더 나은 책이 되도록 최선을 다하겠습니다.
성안당은 늘 독자 여러분들의 소중한 의견을 기다리고 있습니다. 좋은 의견을 보내주시는 분께는 성안당 쇼핑몰의 포인트(3,000포인트)를 적립해 드립니다.
잘못 만들어진 책이나 부록 등이 파손된 경우에는 교환해 드립니다.